紫图图书 出品

超好玩的沙盘世界史

[日] 田中正人/著
[日] 祝田秀全/编
[日] 玉井麻由子/绘
李敏/译

超好玩的
沙龙世界史

古 代

001 人类的诞生 — 2
从狩猎到农耕

002 四大文明 — 4
各地蓬勃发展的古代文明

003 最初的希腊世界 — 6
爱琴文明和希腊文化

004 成熟的希腊世界 — 8
雅典民主制和波斯战争

005 日渐式微的希腊世界 — 10
伯罗奔尼撒战争与城邦的衰落

006 亚历山大东征 — 12
亚历山大帝国

007 罗马共和国成为地中海的霸主 — 14
布匿战争

008 摇摇欲坠的罗马共和国 — 16
面包与马戏

009 恺撒崛起与遇刺 — 18
恺撒渡过卢比孔河

010 罗马帝国的建立 — 20
罗马和平

011 三世纪危机 — 22
从元首制到君主专制

012 罗马帝国的分裂 — 24
东罗马帝国和西罗马帝国

013 罗马国教的出现 — 26
耶稣教义的广泛传播

中 世 纪

014 日耳曼人大迁徙 —— 从古代到中世纪 —— 30

015 法兰克王国的发展 —— 查理大帝的加冕和西欧世界的建立 —— 32

016 中世纪世界的形成 —— 法兰克王国的分裂 —— 34

017 卡诺莎之辱 —— 教会威力的鼎盛时期 —— 36

018 诺曼人大迁徙 —— 来自北方的维京人 —— 38

019 斯拉夫人和东欧诸国 —— 不断扩张的欧洲世界 —— 40

020 拜占庭帝国和东正教 —— 持续千年的东罗马帝国 —— 42

021 十字军东征① —— 以圣地为目标的十字军 —— 44

022 十字军东征② —— 世俗化的十字军 —— 46

023 十字军东征的影响 —— 封建制度的瓦解和商业的发展 —— 48

024 中世纪国家① —— 法国 —— 50

025 中世纪国家② —— 英国 —— 52

026 中世纪国家③ —— 德国（神圣罗马帝国）—— 54

027 中世纪国家④ —— 葡萄牙、西班牙、意大利和北欧 —— 56

028 百年战争 —— 冲锋陷阵的圣女贞德 —— 58

近代早期

029 文艺复兴
人文主义的再生 ···································· 62

030 新航路开辟①
葡萄牙的印度航线 ································ 64

031 新航路开辟②
西班牙的大西洋航线 ······························ 66

032 宗教改革①
德国的新教——路德派 ···························· 68

033 宗教改革②
瑞士新教——加尔文派 ···························· 70

034 宗教改革③
英国新教——英国国教会 ·························· 72

035 主权国家的建立
国王掌权的时代和意大利战争 ······················ 74

036 西班牙的君主专制
日不落帝国 ······································ 76

037 荷兰的独立和繁荣
17世纪的黄金时代 ································ 78

038 英国的君主专制①
从君主专制到英国资产阶级革命 ···················· 80

039 英国的君主专制②
光荣革命和君主立宪制 ···························· 82

040 英国和法国的殖民政策
英国成功殖民帝国 ································ 84

041 法国的君主专制
朕即国家 ·· 86

042 德国的君主专制①
三十年战争和神圣罗马帝国的衰败 ·················· 88

043 德国的君主专制②
腓特烈二世和玛利亚·特蕾莎 ······················ 90

044 俄国的君主专制
寻求不冻港 ······································ 92

近代

045 第一次工业革命
英国掀起的新浪潮 ---- 096

046 法国大革命①
革命的开端 ---- 098

047 法国大革命②
国王出逃 ---- 100

048 法国大革命③
处决国王 ---- 102

049 法国大革命④
罗伯斯庇尔的"恐怖统治" ---- 104

050 拿破仑加冕
法兰西帝国时代的开始 ---- 106

051 拿破仑垮台
民族会战和流放厄尔巴岛 ---- 108

052 维也纳体系的建立
不是议事会，而是舞会 ---- 110

053 维也纳体系的瓦解
1848年欧洲革命 ---- 112

054 维多利亚时代①
不列颠治下的和平 ---- 114

055 维多利亚时代②
"维多利亚王朝"的殖民政策 ---- 116

056 意大利统一
维托里奥·埃马努埃莱二世的野心 ---- 118

057 德国统一①
俾斯麦的野心 ---- 120

058 德国统一②
德意志帝国的建立 ---- 122

059 古代美洲文明
繁盛的拉丁美洲文化 ---- 124

060 大西洋三角贸易
被盗走的安宁 ---- 126

061 美国独立①
无代表，不纳税 ---- 128

062 美国独立②
《美国独立宣言》 ---- 130

063	美国西部开拓　天定命运	132
064	南北战争　"民有、民治、民享"	134
065	移民大国美利坚　追寻美国梦	136
066	拉丁美洲独立运动　觉醒的拉美国家	138
067	美国的加勒比海地区政策　西奥多·罗斯福的大棒政策	140
068	帝国主义的兴起　欧洲开展殖民扩张	142
069	俄国的南下政策①　克里米亚战争	144
070	俄国的南下政策②　俄土战争	146
071	迟暮的奥斯曼帝国　欧洲病夫	148
072	印度帝国的建立　英国控制下的印度	150

073	非洲的殖民统治　瓜分非洲	152
074	东南亚和太平洋地区的殖民统治　势力范围的扩大	154
075	近代中国的演变①　两次鸦片战争	156
076	近代中国的演变②　摇摇欲坠的清政府	158
077	近代中国的演变③　辛亥革命	160
078	日俄战争　开始向外扩张的日本	162
079	俾斯麦体系及其崩溃　俾斯麦体系和威廉二世的即位	164
080	第一次世界大战前夕　心怀鬼胎的各国	166
081	第一次世界大战①　萨拉热窝事件	168
082	第一次世界大战②　美国参战与一战结束	170

现代

083 **十月革命①** 革命家列宁 —— 174

084 **十月革命②** 社会主义国家的诞生 —— 176

085 **凡尔赛体系和华盛顿体系** 不平等条约 —— 178

086 **奥斯曼帝国的灭亡** 穆斯塔法·凯末尔的土耳其革命 —— 180

087 **美国的繁荣和崛起** 黄金年代 —— 182

088 **黑色星期四** 引发第二次世界大战的经济大萧条 —— 184

089 **法西斯势力的崛起** 纳粹党的诞生 —— 186

090 **第二次世界大战前夕** 失控的纳粹党 —— 188

091 **第二次世界大战①** 欧洲战场 其一 —— 190

092 **第二次世界大战②** 欧洲战场 其二 —— 192

093 **第二次世界大战③** 太平洋战争 —— 194

094 **冷战时期①** 铁幕演说 —— 196

095 **冷战时期②** 柏林封锁 —— 198

096 **冷战时期③** 古巴导弹危机 —— 200

097 **冷战时期④** 越南战争 —— 202

098 **印度独立** 甘地倡导非暴力不合作 —— 204

099 **巴勒斯坦问题①** 阿拉伯人和犹太人 —— 206

100 **巴勒斯坦问题②** 中东战争和持续不断的冲突 —— 208

101	**伊朗和伊拉克①** 两伊战争	210
102	**伊朗和伊拉克②** 海湾战争和伊拉克战争	212
103	**走向统一的欧洲** 欧盟的诞生	214

索引 217

出版后记 229

欢迎来到《超好玩的沙盘世界史》

❧

本书将世界历史上的重大事件整理为 103 个沙盘。

想要看懂这些沙盘，尤其要留意沙盘上的"开始"图标和箭头指引。

这样便能一目了然地看到世界历史上的重大转折点。

从"开始"处按顺序浏览，即可整体把握从古至今历史长河的流向。

每一节中左页是对该段历史的说明，可以让您更详细地了解右页所对应的沙盘。

沙盘即将揭幕，敬请欣赏。

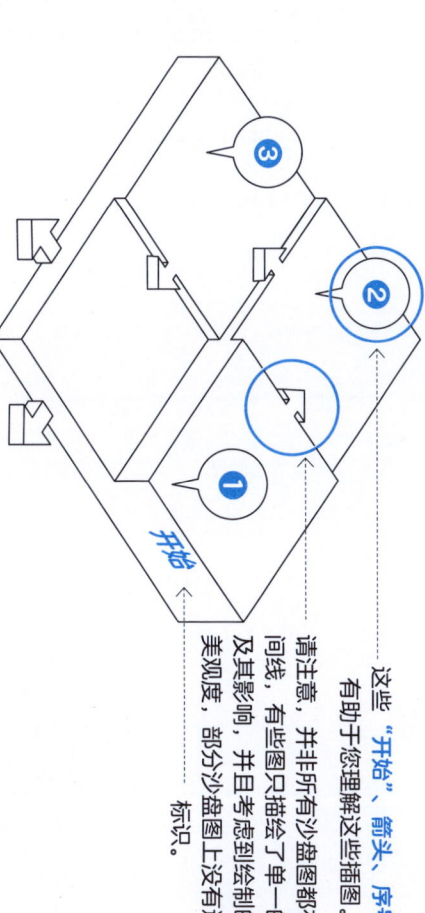

这些"开始"、箭头、序号 有助于您理解这些插图。

请注意，并非所有沙盘图都有明确的时间线，有些图只描绘了单一的重大事件及其影响，并且考虑到绘制的完整性与美观度，部分沙盘图上没有这些文字和标识。

001

人类的诞生

从狩猎到农耕

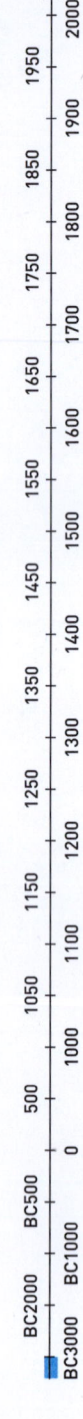

约 700 万年前，非洲大陆出现了人类的祖先——猿人。他们用两条腿直立行走，使用打制石器。

约 200 万年前，出现了会使用火的直立人。随后，约 60 万年前，出现了拥有殡葬文化的早期智人。

然后，在约 20 万年前，晚期智人出现，从解剖结构上看，现今人类就属于晚期智人。

在冰河时代，晚期智人依靠狩猎生存。当冰河时代结束，气候逐渐变暖，晚期智人选择定居生活并开始耕种和放牧。自此，人类社会从使用打制石器狩猎的旧石器时代步入使用磨制石器来进行农业生产的新石器时代。

后来，青铜器和其他金属器代替了磨制石器，人类迎来了金属器时代（包括金石并用时代、青铜时代和后来的铁器时代）。

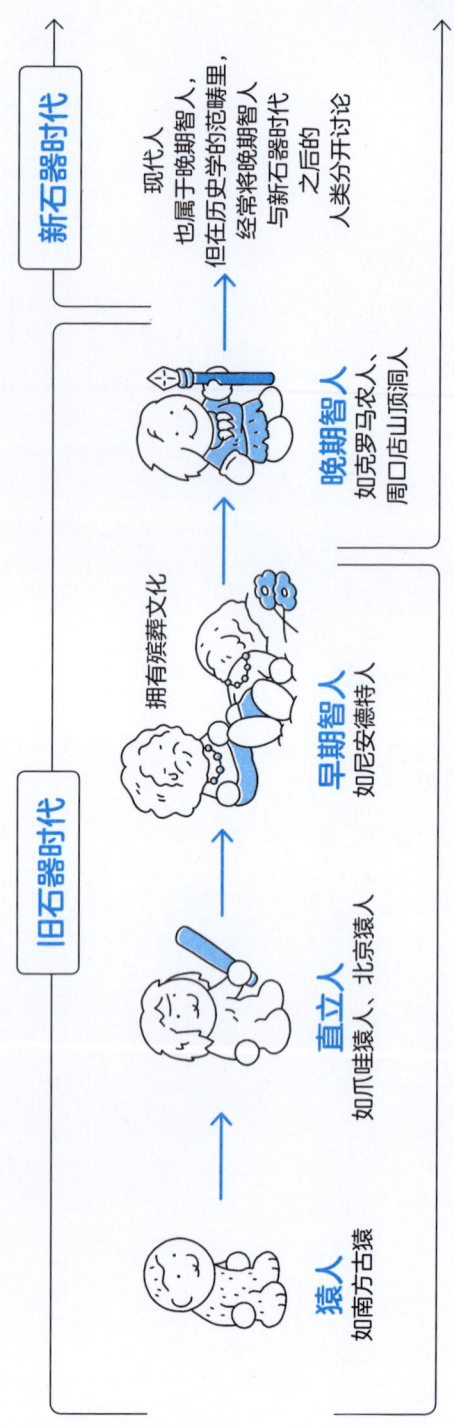

旧石器时代

猿人
如南方古猿

直立人
如爪哇猿人、北京猿人

早期智人
如尼安德特人
拥有殡葬文化

新石器时代

晚期智人
如克罗马农人、周口店山顶洞人

现代人
也属于晚期智人，但在历史学的范畴里，经常将晚期智人与新石器时代之后的人类分开讨论

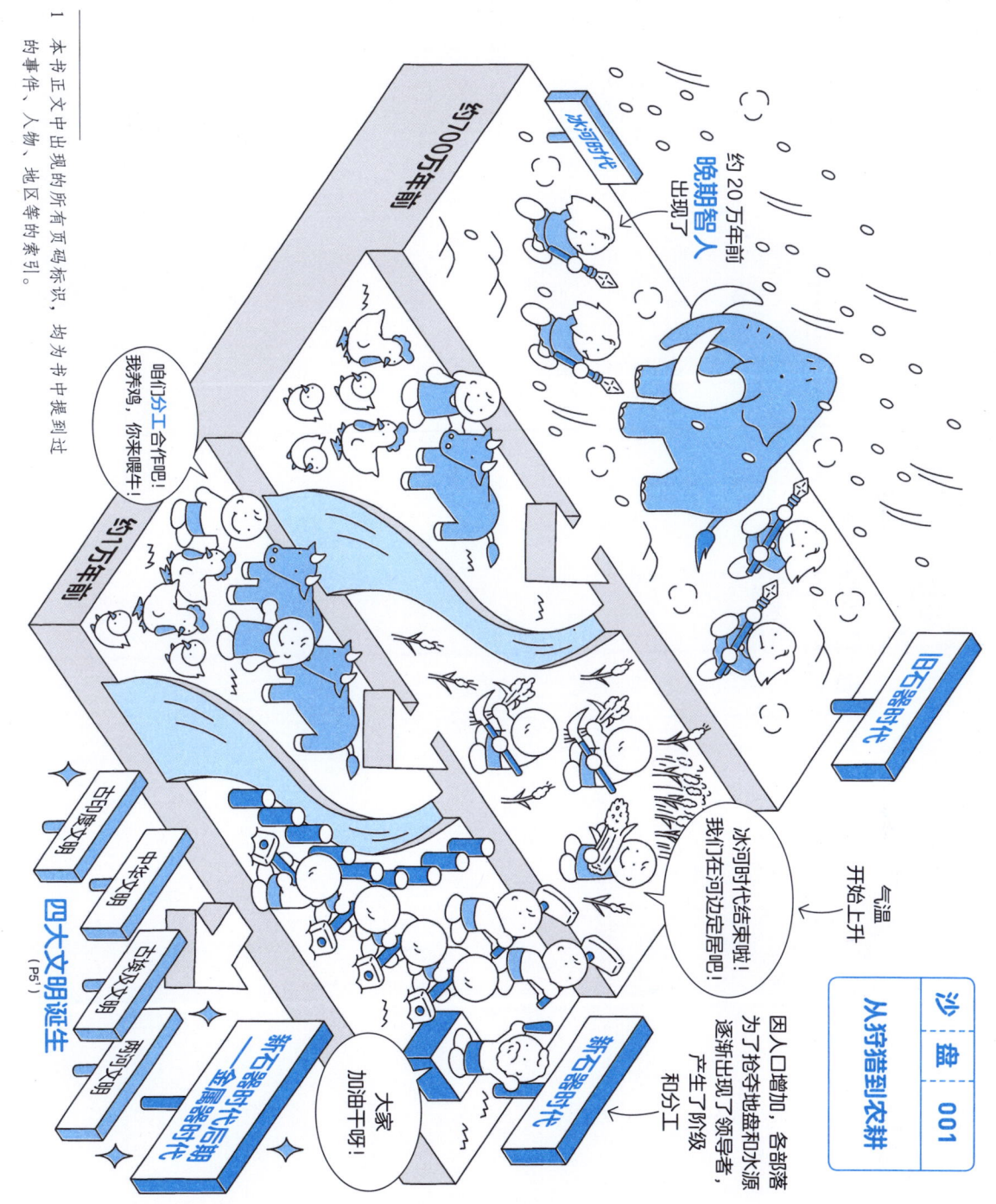

1 本书正文中出现的所有页码标识，均为书中提到过的事件、人物、地区等的索引。

002

四大文明

各地蓬勃发展的古代文明

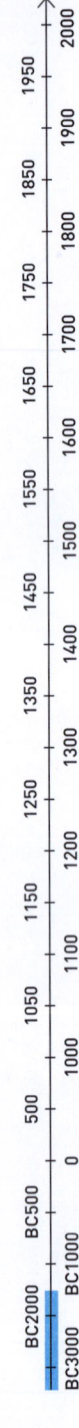

冰河时代（P2）结束后，人们开始集体从事耕种和放牧，并组建部落。这些部落最终发展为城市或国家，在不同的地区孕育出了各种各样的文明。

其中历史悠久、影响深远的人类文明是发源于底格里斯河和幼发拉底河沿岸的两河文明（美索不达米亚文明）、尼罗河流域的古埃及文明、印度河流域的古印度文明以及发祥于黄河流域和长江流域的中华文明。这些文明被称为四大文明。

美索不达米亚文明主要是由苏美尔人（他们非常神秘，至今还有很多未解之谜）创造的，后由于内战和种族冲突逐渐没落。由法老（即国王，臣民相信其为太阳神之子）统治的古埃及孕育了繁荣的古埃及文明，最后被罗马帝国（P20）所吞并。

中美洲文明（P124）和安第斯文明等古代文明在拉丁美洲蓬勃发展。

欧洲也曾孕育出爱琴文明（P6）和以巨石阵而闻名的巨石文明。

四大文明

两河文明
公元前3000年左右，在底格里斯河和幼发拉底河流域兴起。苏美尔人发明了楔形文字、太阴历、六十进制等。

古埃及文明
公元前3000年左右，在尼罗河流域兴起。由法老（国王）统治，埃及人发明了太阳历、圣书体等。

古印度文明
公元前3000年左右，在印度河流域兴起。由达罗毗荼人创建，以摩亨佐・达罗和哈拉帕等遗址闻名。

中华文明
公元前5000年左右勃兴，大体分为黄河流域和长江流域两大区域，文明起源与发展呈现多元一体格局。

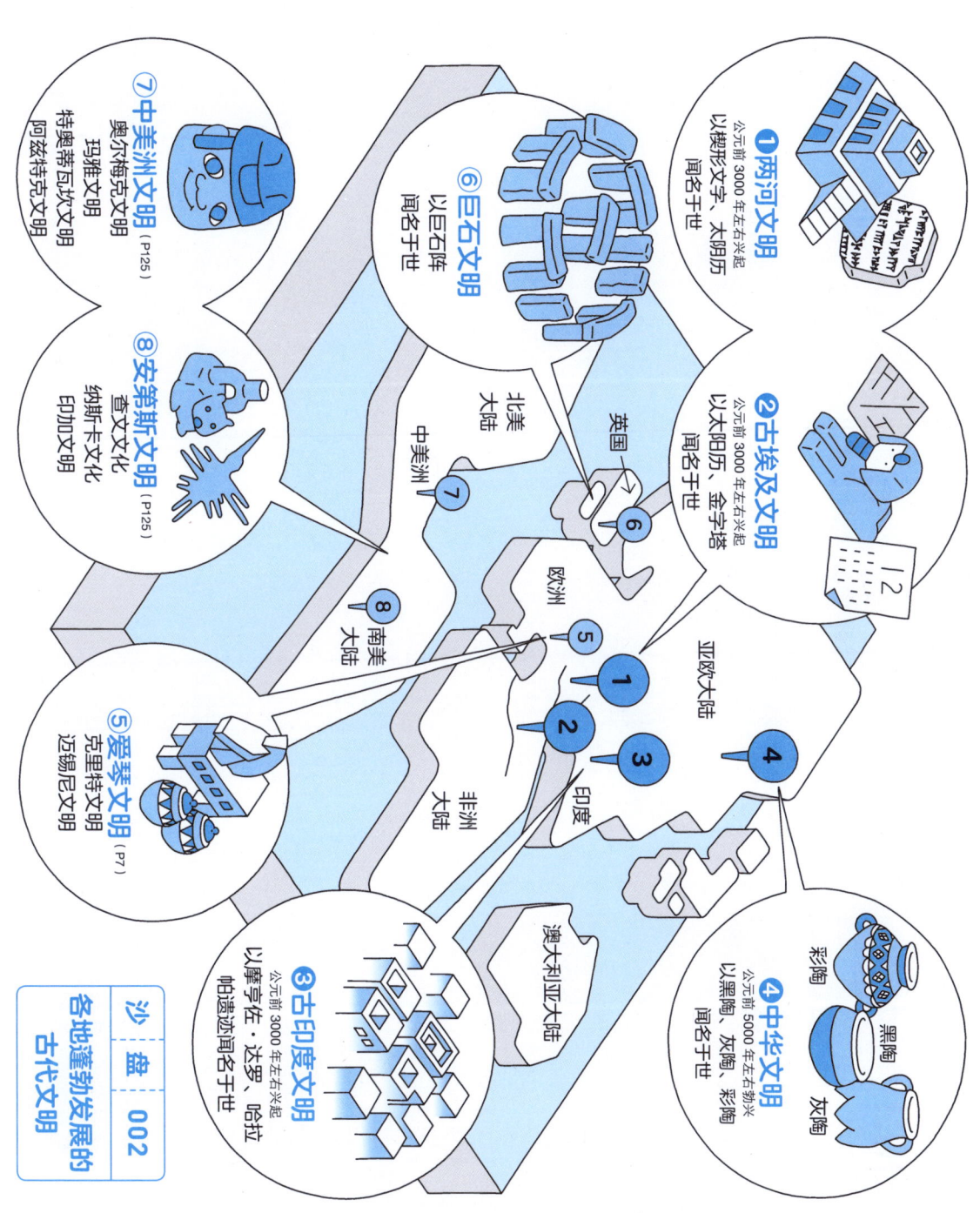

003

最初的希腊世界

爱琴文明和希腊文化

欧洲文化的起源可以追溯到**希腊文化**。**希腊文化**发祥于克里特岛（又称**米诺斯文明**，公元前3000—前1400年左右）。**克里特文明**集中在希腊爱琴海克里特岛，是以贸易为主、繁荣开放的文明形态。

然而，在遭受来自欧洲大陆的**亚该亚人**（母语是希腊语）入侵之后，克里特文明走向了衰落。亚该亚人好战，他们在希腊地区创造了**迈锡尼文明**（公元前1600—前1200年左右），并经常与他们的邻国特洛伊（在土耳其西北部形成了特洛伊文明）发生战争。

上述克里特文明和迈锡尼文明就是后世人们所说的**爱琴文明**（公元前3000—前1200年左右）。

迈锡尼文明灭亡后的400年间，希腊进入动荡时期，内战及与其他国家之间的战争接连不断。

后来，希腊人分散在多个城邦中。每个城邦拥有各自的政治制度和意识形态，并且相互独立。不过，因为各城邦的公民都说**希腊语**，在参加**奥林匹亚盛典**这种共同的活动时，他们也非常重视彼此间的合作。不计其数的城邦中，**雅典和斯巴达**是最著名的两个。**雅典**是第一个具有民主主义思想的国家，其公民要接受严格的军事训练。**斯巴达**是一个军事国家，其公民要接受严格的军事训练。

	雅典	**斯巴达**
	民主主义	军事主义
	公民是爱奥尼亚人	公民是多利亚人
	以贸易为中心	以农业为中心
	土地、房屋等归公民所有	土地、房屋等归城邦（国家）所有

根据所用方言的差异，希腊人分为多利亚人、爱奥尼亚人、亚该亚人等。

> 这一时期，中国历史上第一个奴隶制国家夏朝（公元前2070—前1600年左右）建立。

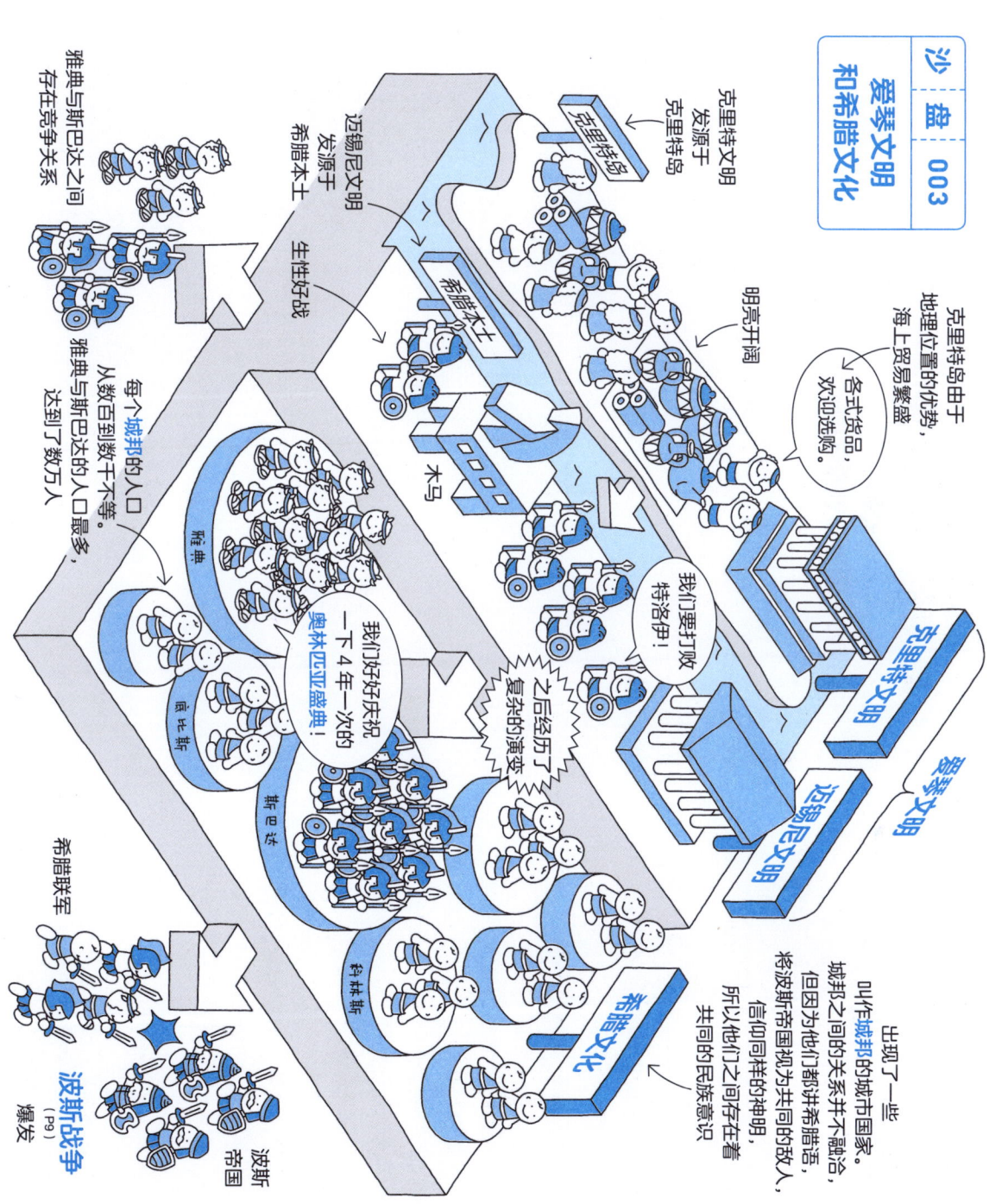

成熟的希腊世界

雅典民主制和波斯战争

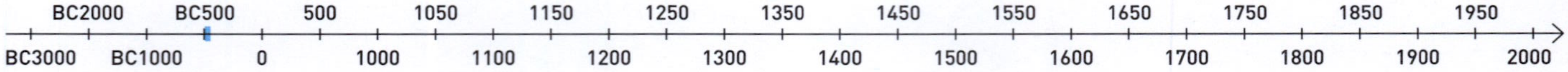

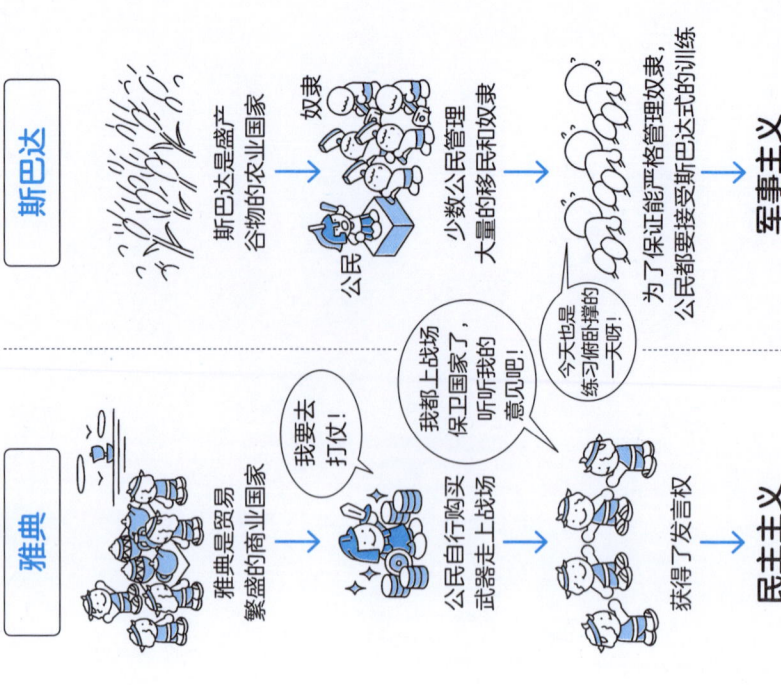

在希腊的众多城邦中,最著名的是雅典和斯巴达(P6)。

雅典虽然粮食产量不高,但贸易尤其兴盛。随着海上贸易的繁盛,富人越来越多,他们开始对贵族的政治垄断感到不满。为了保证所有公民都能参与政治,城邦设立了**公民大会**,开始实行直接民主制。

同一时期,邻国波斯帝国(**阿契美尼德王朝**)入侵了希腊。雅典和斯巴达组建了一支联军,成功地击退了波斯帝国(**波斯战争**,公元前 500—前 449 年)。战争期间,**重装步兵**起到重要作用,公民的意见也变得越来越重要,雅典的民主制度逐渐成熟起来。

而斯巴达作为一个粮食富足的农业大国,仅需要少数公民来严格管理大量的**农奴黑劳士**(**希洛人**),所以斯巴达坚持军事主义,对公民进行严格的军事训练。雅典和斯巴达的分歧也因此逐渐加深。

这一时期,中国开始向分邦建国演化,中国著名的思想家孔子(公元前 551—前 479 年)诞生。

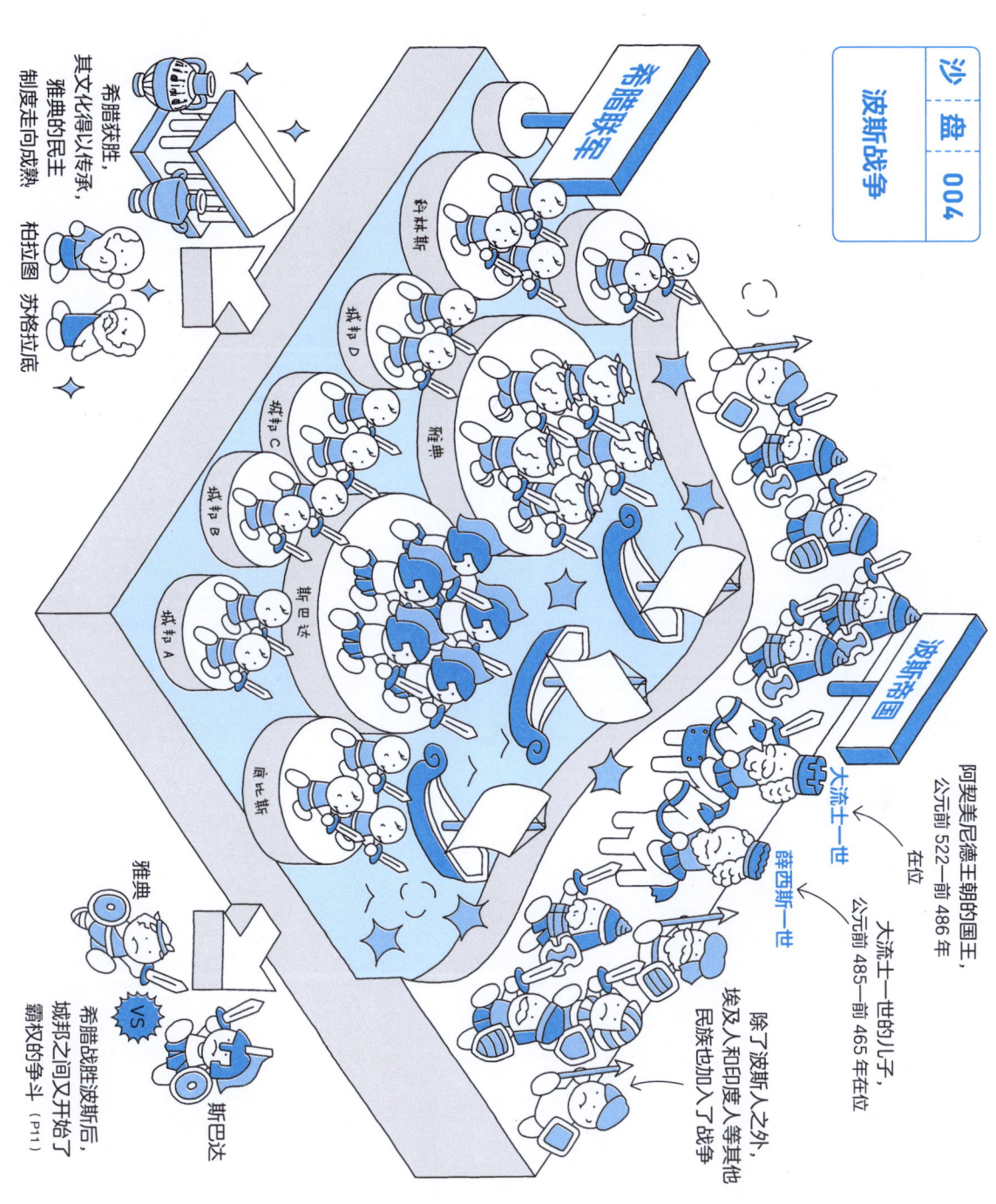

005 日渐式微的希腊世界

伯罗奔尼撒战争与城邦的衰落

BC3000 BC2000 BC1000 BC500 0 500 1000 1050 1100 1150 1200 1250 1300 1350 1400 1450 1500 1550 1600 1650 1700 1750 1800 1850 1900 1950 2000

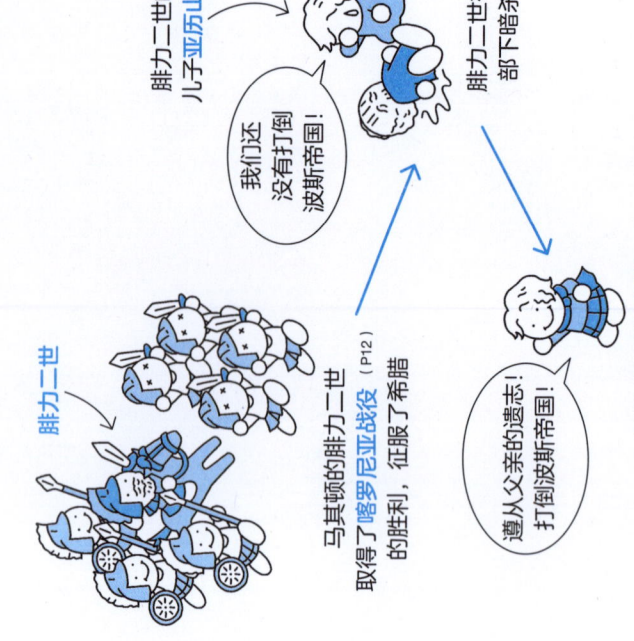

希腊在**波斯战争**（P8）中获得胜利。为了防备波斯帝国再次来袭，希腊的多个城邦组成了提洛同盟（公元前 478 年左右）。雅典作为提洛同盟的关键成员，在希腊的影响力越来越大。

斯巴达对雅典的势力很是忌惮。为了对抗提洛同盟，斯巴达与伯罗奔尼撒半岛上的城邦联合起来，结成了伯罗奔尼撒同盟。斯巴达和雅典之间的冲突逐渐加剧，最终爆发了伯罗奔尼撒战争（公元前 431—前 404 年）。

斯巴达在其邻居和昔日的敌人——**波斯帝国**（P8）的支持下取得了胜利。然而，城邦间的霸权争斗仍在继续。各个城邦开始招募雇佣兵，“城邦自治”的原则逐渐名存实亡。随之消失的还有人们对所属城邦的自豪感和城邦内部的团结。相反地，**煽动民意的政治领袖阶层**——演说家开始崛起，他们利用民众的恐惧、偏见和无知来执掌政权。

最终，底比斯城邦称霸希腊，但并没有维持多久。希腊的城邦因长期争斗而民生凋敝，开始走向衰落。

随着城邦的衰落，希腊北部国家马其顿伺机而动。在征服了希腊的马其顿国王**腓力二世**（P12）被暗杀后，他的儿子**亚历山大**开始了**东征**（P12）。

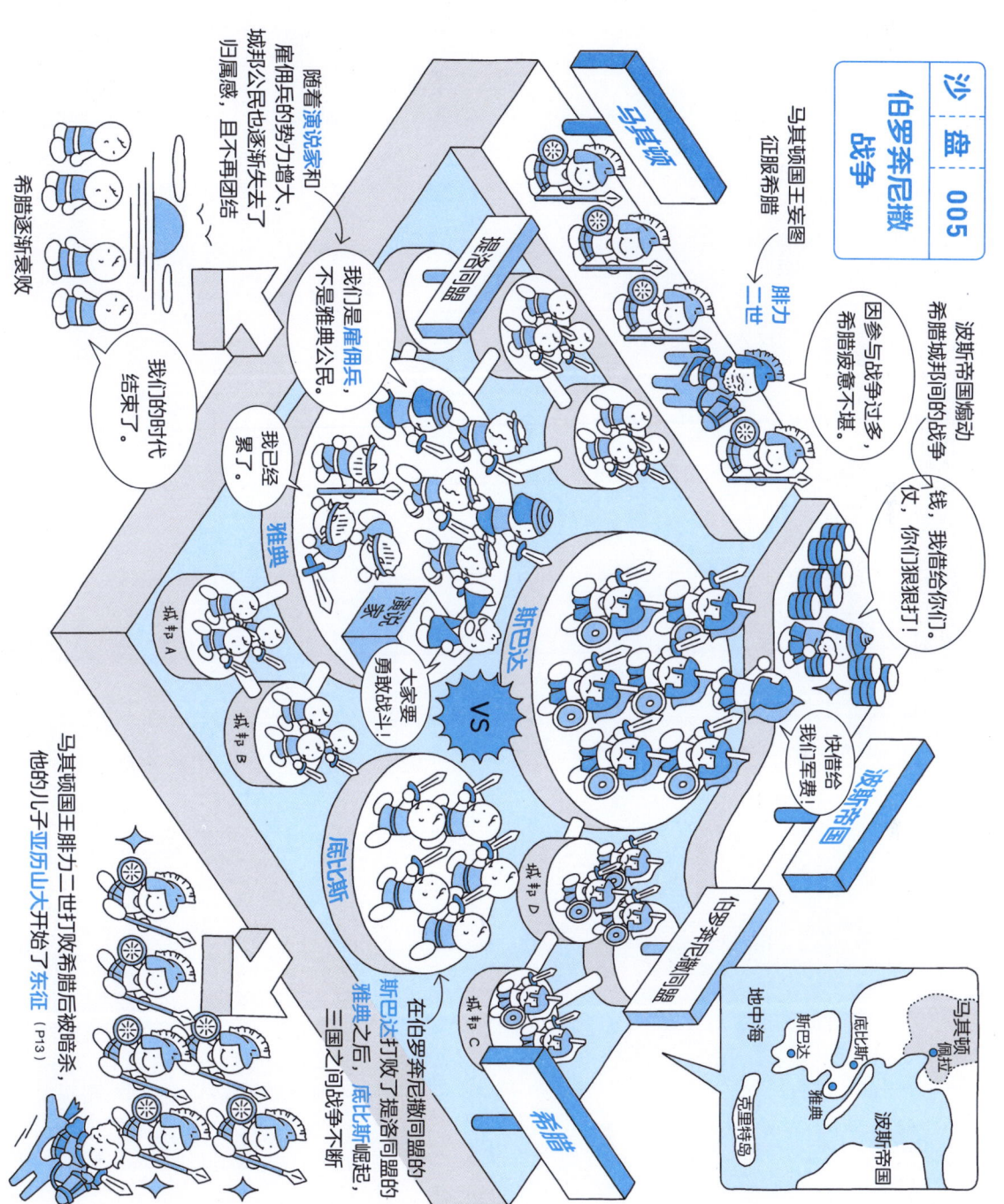

006 亚历山大东征

亚历山大帝国

全盛时期的亚历山大帝国

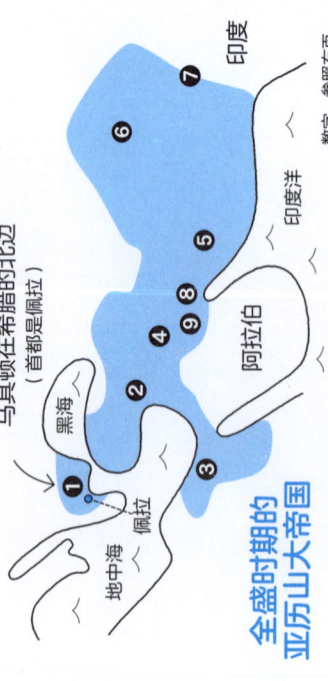

频繁的军事冲突使各个城邦民生凋敝，希腊逐渐衰落(P10)。位于希腊北部的国家马其顿注意到了这种情况，伺机而动。

马其顿主体人口为希腊人，但居住在雅典城邦的人称他们为"野蛮人"。马其顿国王腓力二世(公元前359—前336年在位)在喀罗尼亚战役(公元前338年)中击败了实力大不如前的雅典和斯巴达比联军，征服了希腊。

亚历山大大帝(公元前336—前323年在位)继承了腓力二世的王位后取得了巨大的成功。亚历山大大帝率领马其顿和希腊联军队进行东征(公元前334年)，对抗宿敌波斯帝国(阿契美尼德王朝)。他在伊苏斯战役(公元前333年)中击败了波斯帝国。他的军队一直行进到了印度近郊，最终建立了庞大的亚历山大帝国。

然而，亚历山大在到达印度河流域后因病去世(公元前323年)。亚历山大帝国的领土扩张速度之快，使殖民地的建设和政策都无法跟上。于是，在亚历山大大帝死后，亚历山大帝国爆发了内战，分裂成了三个国家。

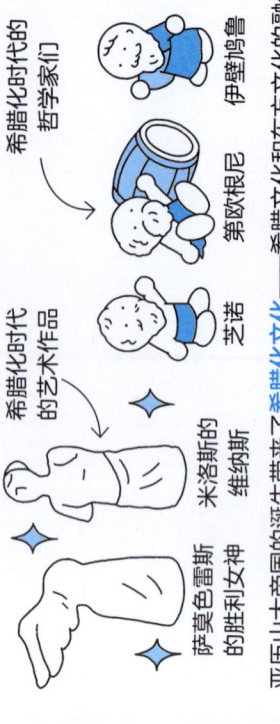

亚历山大帝国的诞生带来了希腊化文化——希腊文化和东方文化的融合。从亚历山大东征开始后约300年的时间被称为希腊化时代。

中国进入战国时期，秦国为改革图强，进行商鞅变法(公元前356年，公元前350年)，为秦统一六国，建立统一多民族封建国家打下了坚实的基础。

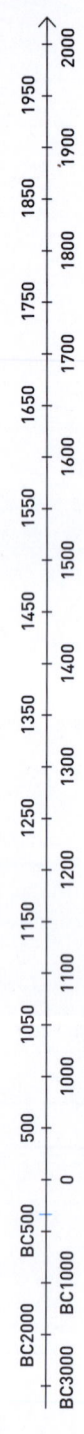

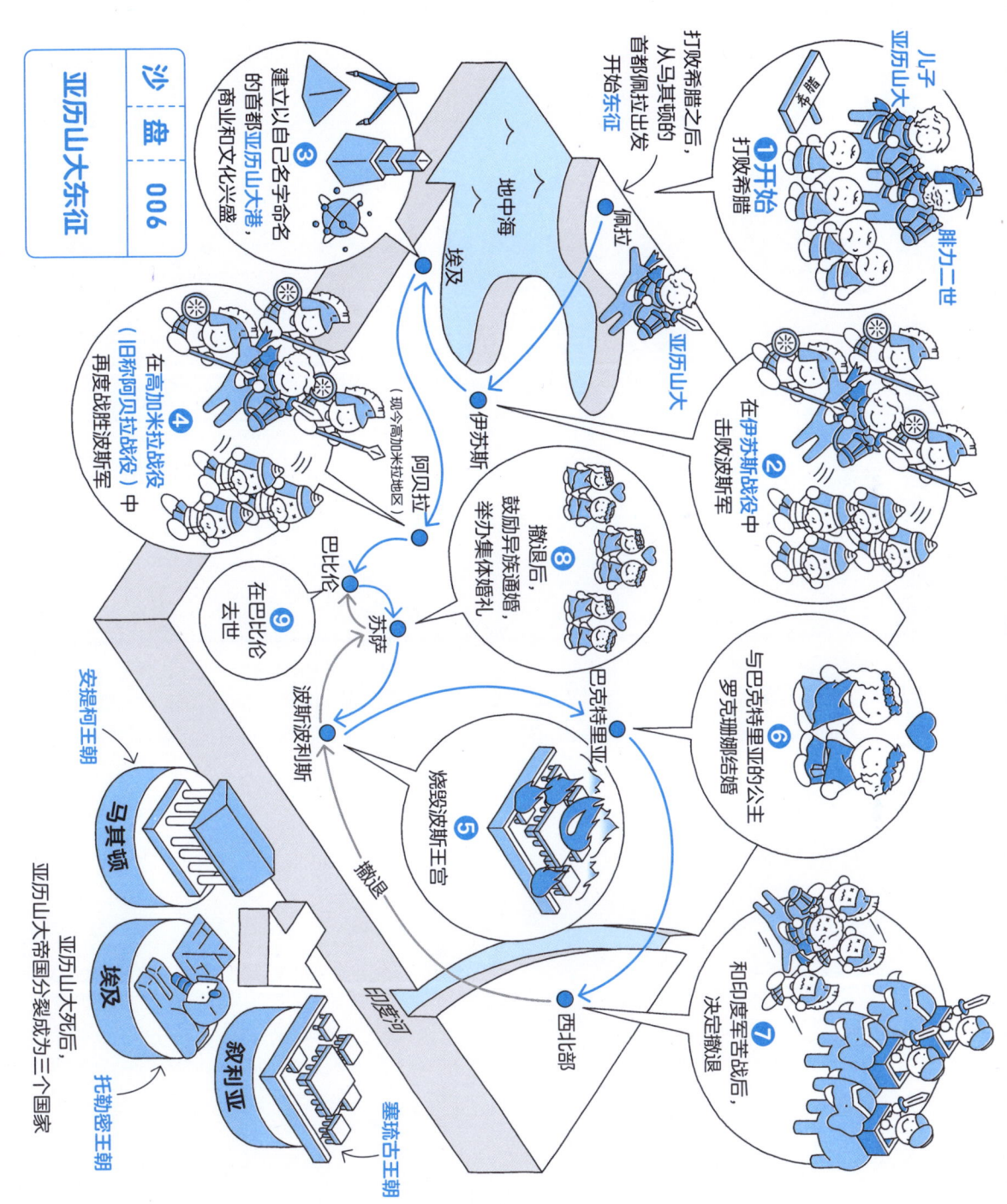

罗马共和国成为地中海的霸主

布匿战争

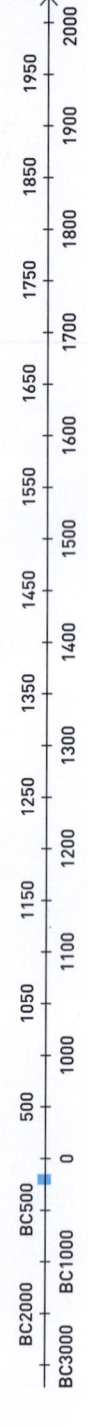
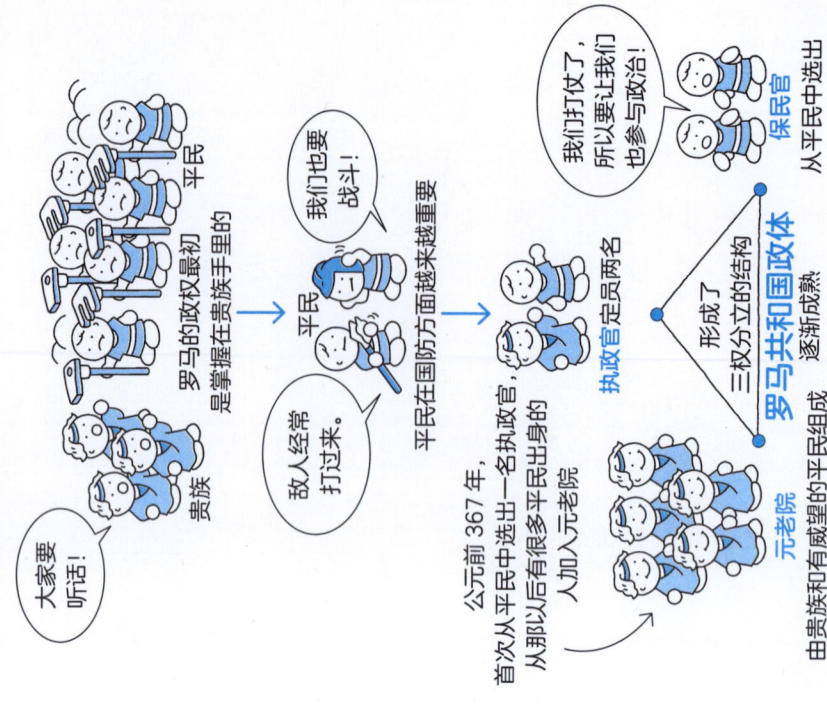

当亚历山大大帝（P12）迅速扩张的时候，罗马在意大利半岛上逐渐壮大自己的实力，从王政国家形成了一个由拉丁人组成的共和制国家，其首脑并非国王，而是由选举产生的。

虽然叫作共和国，但罗马的政权最初掌握在贵族手里的。对此，心怀不满的平民进行了抗争。之后，平民的代表——保民官被允许参与政治。这标志着新共和制度的开始，保民官、元老院和执政官形成了三种权力相互制约的结构。

罗马共和国稳步发展。在其扩张过程中，为与地中海另一边的迦太基争夺西西里岛和地中海西部控制权，**布匿战争爆发了**。罗马与迦太基名将汉尼拔（公元前247—前183年）率领的军队开了苦战，最终将军大西庇阿（公元前235年左右—前183年）的出色指挥下赢得了这场战争。

罗马以布匿战争的胜利为立足点，征服了希腊地区，成为整个地中海地区的霸主。

> 这一时期，秦始皇统一六国，中国历史上第一个君主专制中央集权国家——秦朝（公元前221—前207年）建立。

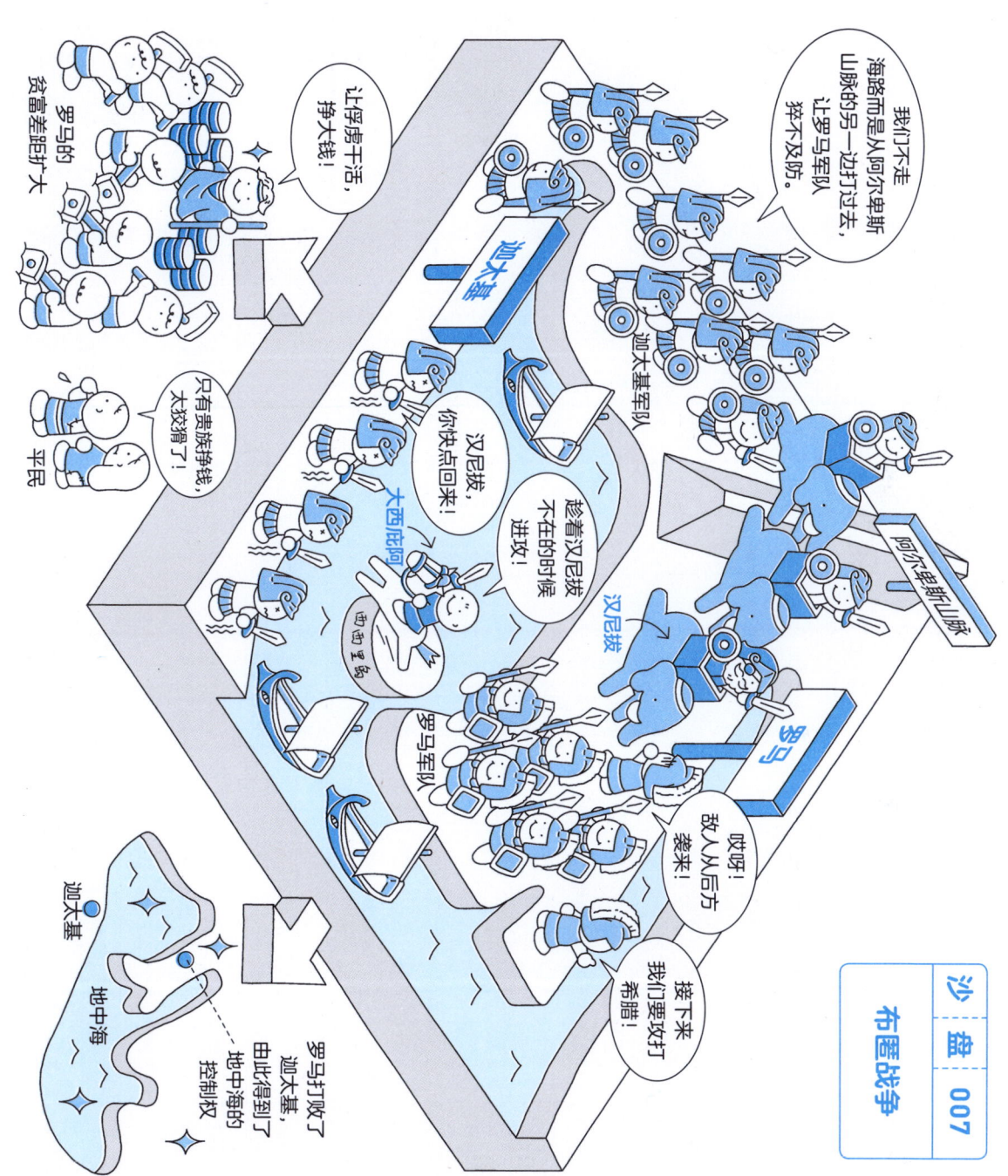

摇摇欲坠的罗马共和国

面包与马戏

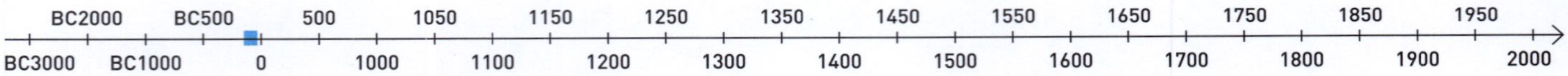

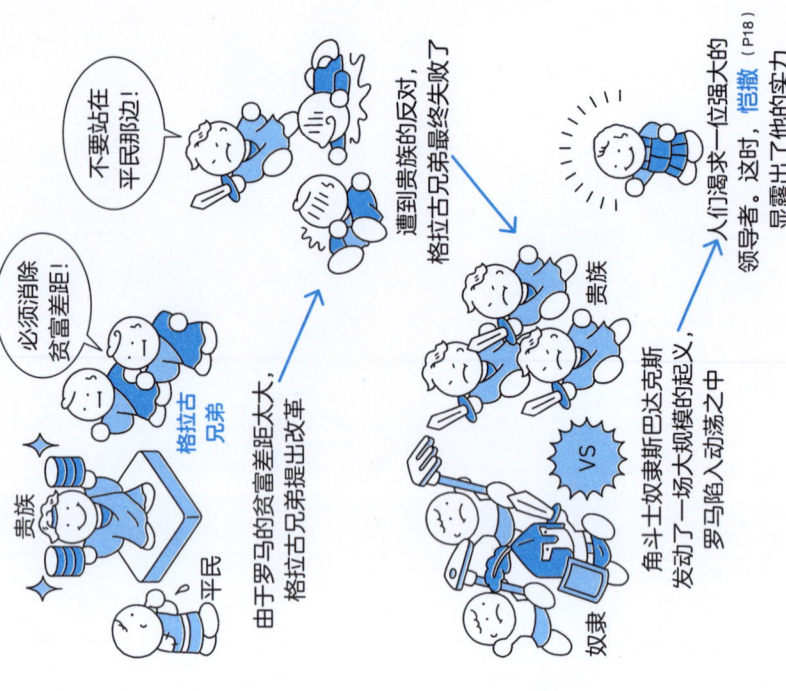

罗马共和国(P14)打赢了众多战争,征服了不少地区,并将这些地区并入自己的行省。然而,作为重装步兵被遣往战场的农民已经筋疲力尽,农田也荒废了。贵族们收购了这些农田,用于经营大型种植园,驱使沦为奴隶的殖民地居民干活。贵族和平民之间的贫富差距逐渐扩大。

为了抑制平民的不满情绪,政客们实施了被称为"面包与马戏"的政策,即为平民提供低价食物和角斗士表演的娱乐项目。情况并没有因此好转。

感受到危机的保民官(P14)**格拉古兄弟**(公元前164—前133年,弟弟:公元前154—前121年)提议将贵族多占的土地分配给平民。然而,"哥哥"被反对这一提议的贵族杀害,"弟弟"也被迫自杀。

在此之后,发生了一系列平民起义,罗马共和国进入一个被称为**百年内乱**(公元前133—前33年)的时代。最后,原本从事角斗士表演的**角斗士奴隶斯巴达克斯**(公元前73—前71年)发动了一场大规模起义。

西汉建立后,公元前138年、公元前119年张骞两次出使西域,贯通了陆上丝绸之路。

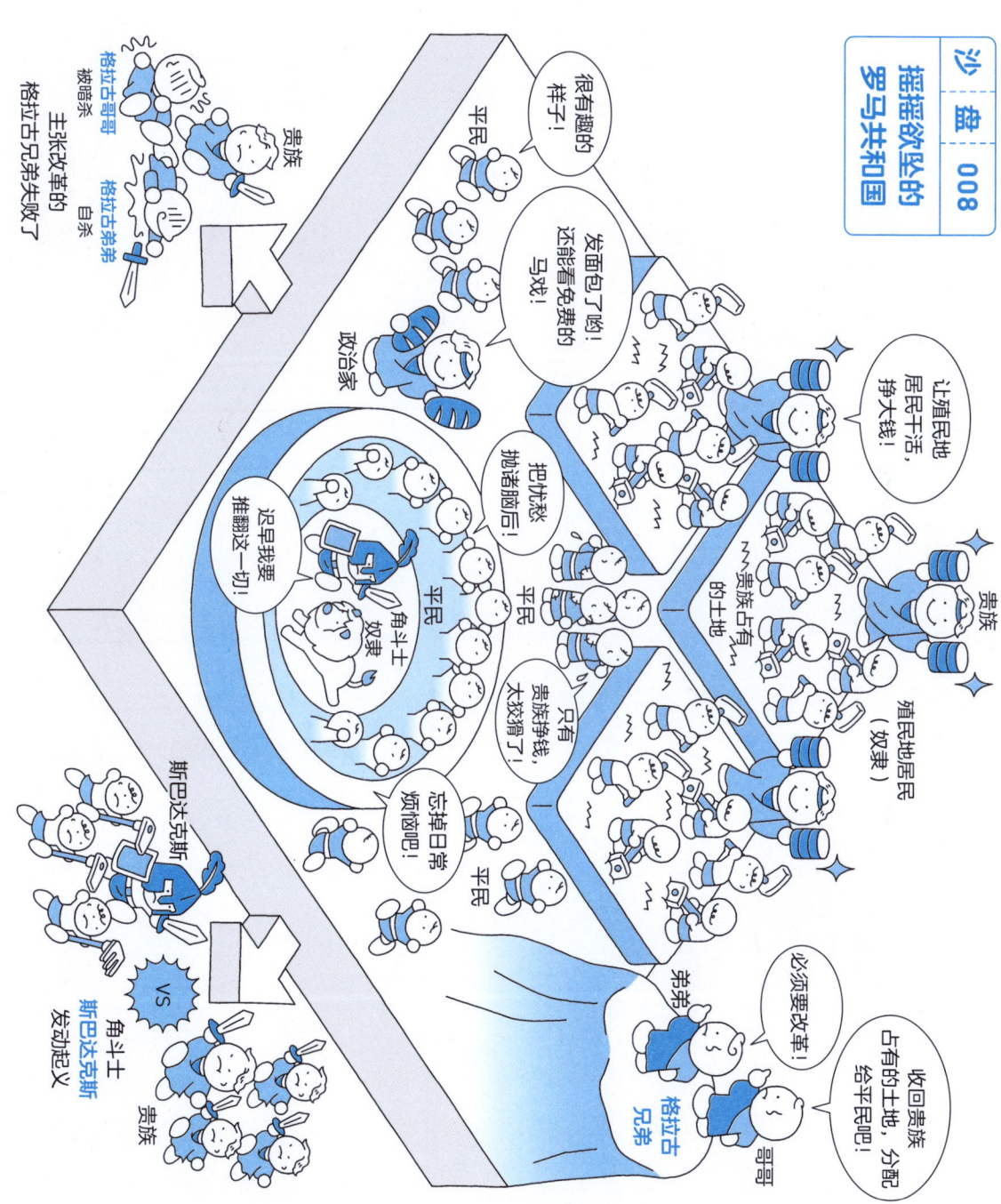

009

恺撒崛起与遇刺

恺撒渡过卢比孔河

| BC3000 | BC2000 | BC1000 | BC500 | 0 | 500 | 1000 | 1050 | 1100 | 1150 | 1200 | 1250 | 1300 | 1350 | 1400 | 1450 | 1500 | 1550 | 1600 | 1650 | 1700 | 1750 | 1800 | 1850 | 1900 | 1950 | 2000 |

战士庞培（公元前106—前48年）和克拉苏（公元前115—前53年）镇压了角斗士奴隶斯巴达克斯（P16）的起义。这两个人和恺撒（公元前100—前44年）结成同盟起来对抗元老院，统治罗马，史称"前三头政治"（公元前60—前53年）。

克拉苏在远征东方时阵亡，而军事实力强大的恺撒在几次远征高卢（公元前58—前54年）（区域大体为当今法国）中接连取得胜利，声望大增。

恺撒势力的壮大引起了庞培的戒心。在元老院的支持下，庞培对渡过卢比孔河远征归来的恺撒发起了挑战。然而，恺撒取得了胜利。从那时起，恺撒开始无视元老院反对共和制(P14)，成了专制皇帝一般的独裁者。恺撒逐渐引起人们的反感，后来被共和派政治家暗杀（公元前44年）。

此后，恺撒的部下安东尼（公元前83—前30年）、雷必达（公元前89—前13年左右）和恺撒的养子屋大维（公元前63—前14年）这三个人结成了同盟，史称"后三头政治"（公元前43—前30年）。

恺撒的名言

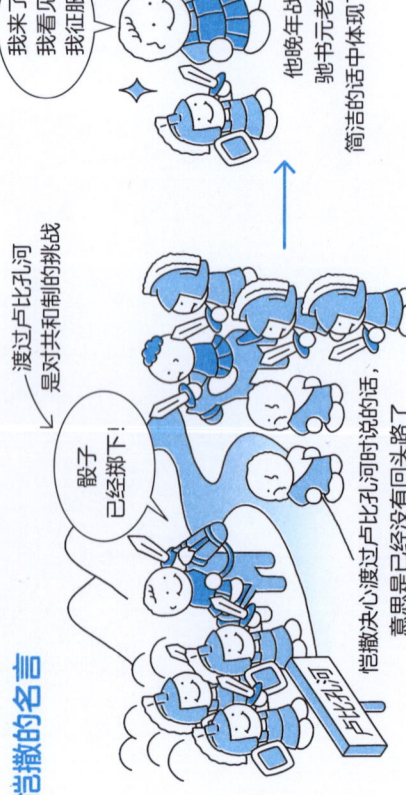

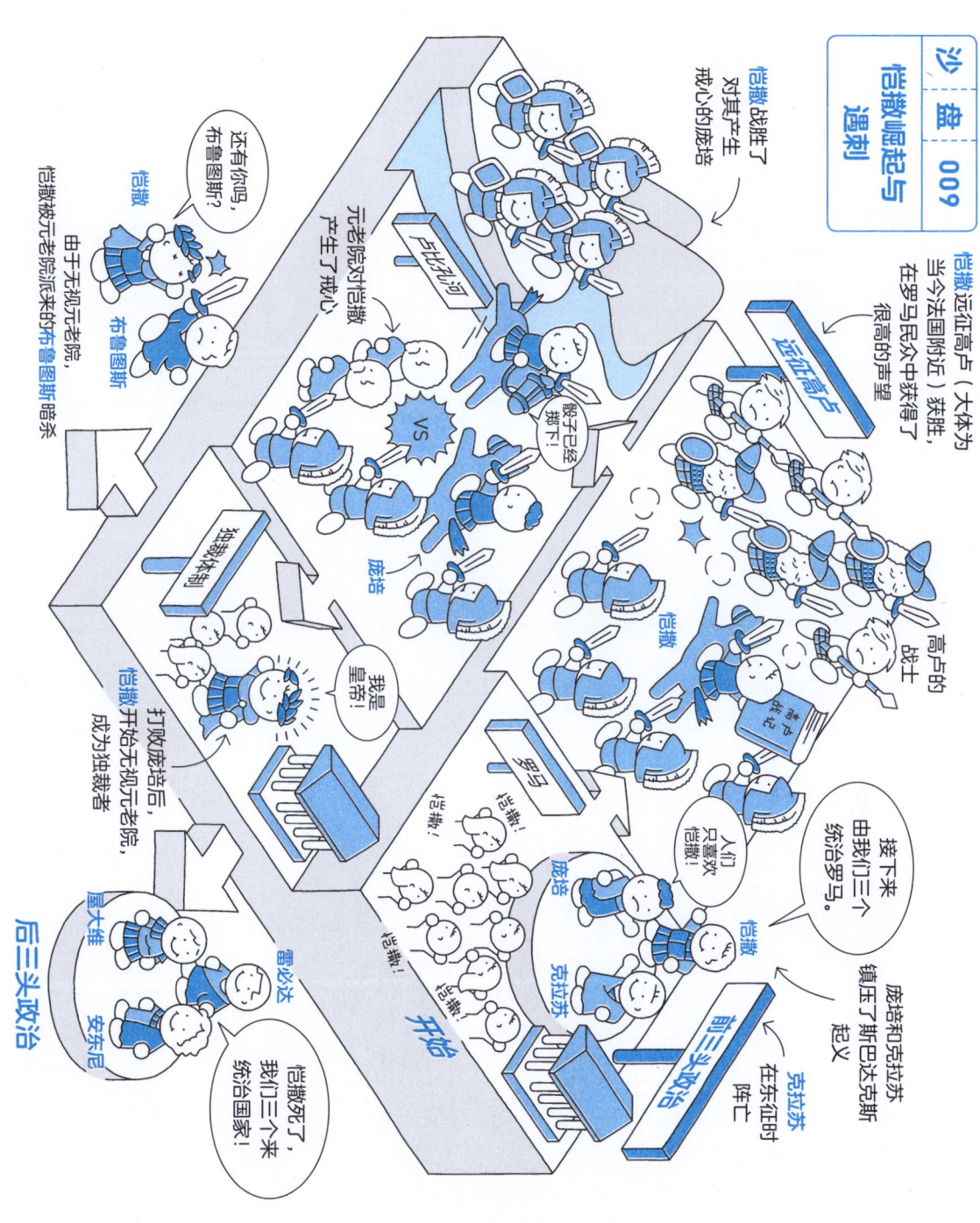

010 罗马帝国的建立

罗马和平

BC3000 BC2000 BC1000 BC500 0 500 1000 1050 1100 1150 1200 1250 1300 1350 1400 1450 1500 1550 1600 1650 1700 1750 1800 1850 1900 1950 2000

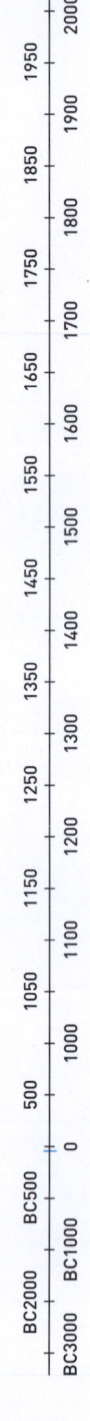

屋大维、**安东尼**、**雷必达**三人结成了同盟，史称“**后三头政治**”(P18)。但是没过多久这三个人就开始争夺领导权。

首先是雷必达在与屋大维派系斗争中败下阵来。之后**安东尼**和托勒密**埃及王国**(P13)的女王**克利奥帕特拉（公元前 51—前 30 年在位）**联手对抗屋大维，但还是被屋大维打败了。屋大维因此吞并了埃及，罗马的元老院授予他当政皇帝的名号——**奥古斯都（意为至尊者）（公元前 27—14 年在位）**。屋大维从恺撒的垮台中吸取了教训，并没有称帝，而是自称（罗马的）**第一公民（元首）**。

就这样，**罗马共和国**(P14)覆灭了，而采取**元首制（普林斯制）**的**罗马帝国**诞生了。罗马帝国内部政治稳定，不断向外扩张、增加**行省**，进入了长达 200 年的全盛时期——史称**罗马和平（罗马帝国统治下的和平时期）**。

> 中国这一时期，汉光武帝刘秀结束新末大乱，建立了东汉王朝（25—220 年），其在位时期的治世被称作“光武中兴”。

罗马和平
奥古斯都
（即屋大维）
皇帝提比略
皇帝卡利古拉
皇帝克劳狄乌斯
（即克劳狄一世）
皇帝尼禄
皇帝涅尔瓦
为暴君尼禄善后
皇帝图拉真
罗马版图扩大到了最大范围
皇帝哈德良
从激进地扩张变为保守的对外政策
皇帝安东尼·庇护
人格高尚的人
皇帝马可·奥勒留
精通斯多葛派哲学
沉思录
五贤帝时代
从奥古斯都到马可·奥勒留的这 200 年是罗马的全盛时期

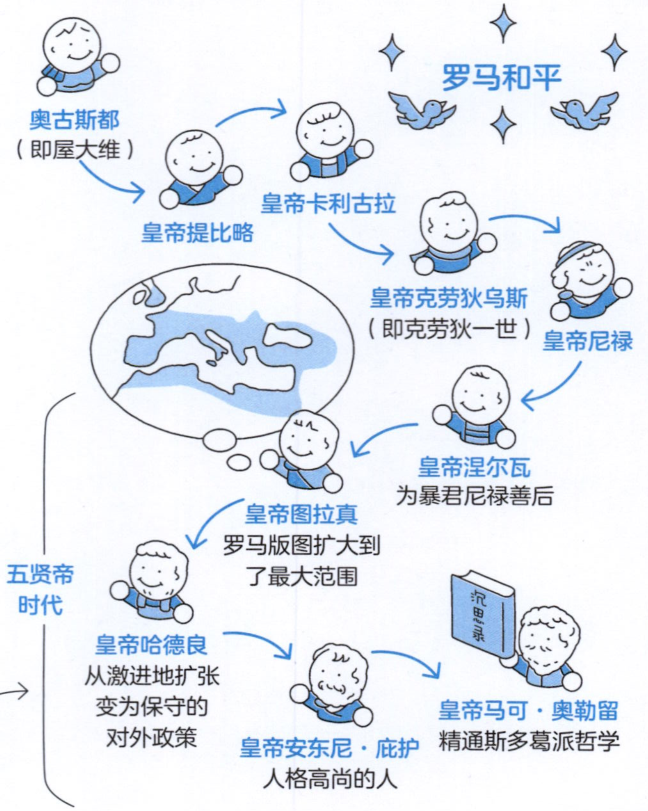

沙盘 010 罗马帝国的建立

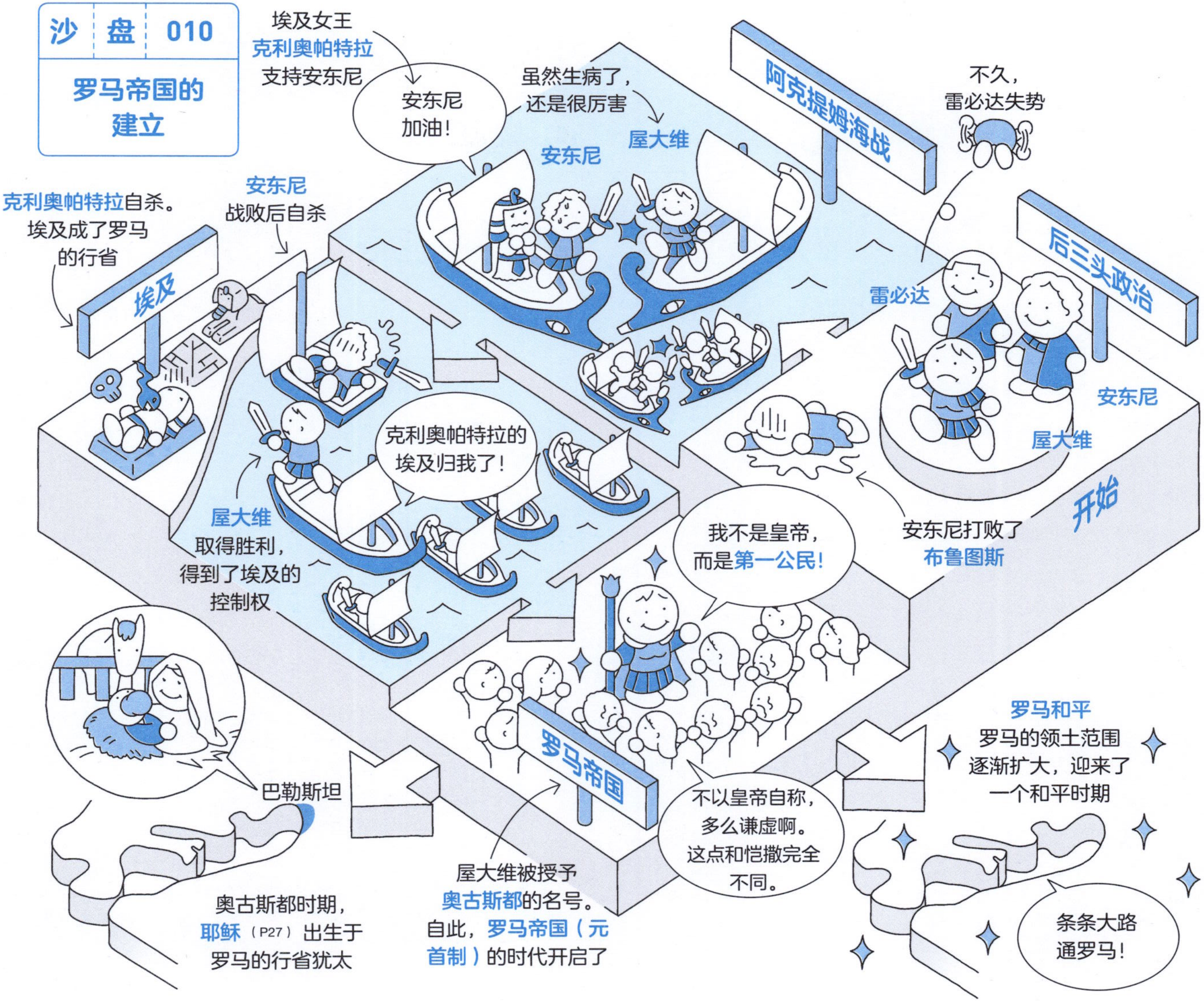

埃及
克利奥帕特拉自杀，埃及成了罗马的行省。

巴勒斯坦

支持克利奥帕特拉

安东尼战败后自杀

屋大维取得胜利，得到了埃及的控制权

"克利奥帕特拉，埃及归我了！"

"安东尼加油！"

"虽然生病了，这是很厉害"——屋大维

阿克提姆海战

雷必达

不久，雷必达失势

后三头政治 开始

屋大维 安东尼

安东尼打败了布鲁图斯

罗马帝国

屋大维被授予奥古斯都的名号。自此，罗马帝国（元首制）的时代开启了

"不以皇帝自称，多么谦虚啊，这点和凯撒完全不同。"

"我不是皇帝，而是第一公民！"

◆ 罗马和平
罗马的领土范围逐渐扩大，迎来了一个和平时期

◆ 条条大路通罗马！

奥古斯都时期，耶稣（P27）出生于罗马的行省犹太

21 古代

011

三世纪危机

从元首制到君主专制

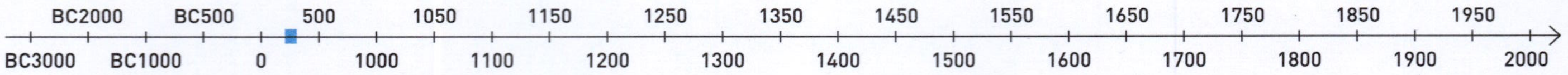

罗马帝国国内政治稳定,对外也不断扩张并增加了行省的数量,从此进入长达200年的全盛时期——罗马和平(P20)。然而,随着各行省逐渐繁荣,首都罗马的地位开始动摇。

3世纪时罗马帝国迎来了**士兵皇帝时代(235—284年)**,各行省的将军纷纷称帝,相互争夺政权。**日耳曼人**(P30)和**波斯帝国(萨珊王朝)**频繁入侵。罗马因为疆域过大,内忧外患同时出现,面临着巨大的治理危机(**三世纪危机**)。

戴克里先(284—305年在位)在3世纪末即位,他要求公民称他为**多米努斯(意为"主")**。他想成为一个强大的掌权者,统治整个帝国。从此,罗马帝国的政体从尊重共和制传统的元首制(P20),变成了君主专制。

罗马历史

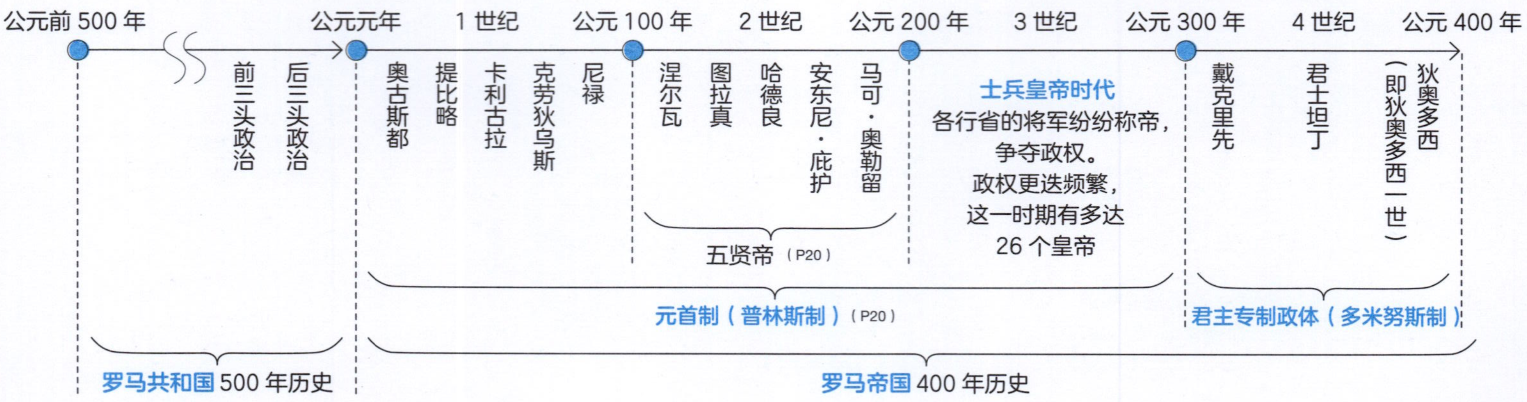

```
公元前500年   公元元年   1世纪   2世纪   3世纪   公元300年   4世纪   公元400年
               │         │       │       │        │         │        │
             奥古斯都   提比略   图拉真          戴克里先  君士坦丁  狄奥多西
             前三头政治 卡利古拉 哈德良                              (即狄奥多西一世)
             后三头政治 克劳狄斯 安东尼·庇护
                       尼禄    马可·奥勒留
```

- 元首制(普林斯制)(P20) —— 五贤帝 —— 罗马和平(P20)
- 三世纪危机:土兵皇帝时代——各行省的将军纷纷称帝,争夺更迭频繁,政权一时期有多达26个皇帝 (P20)
- 帝国末期:君主专制政体(多米努斯制)

罗马共和国500年历史 | 罗马帝国400年历史

沙盘 011 — 三世纪危机

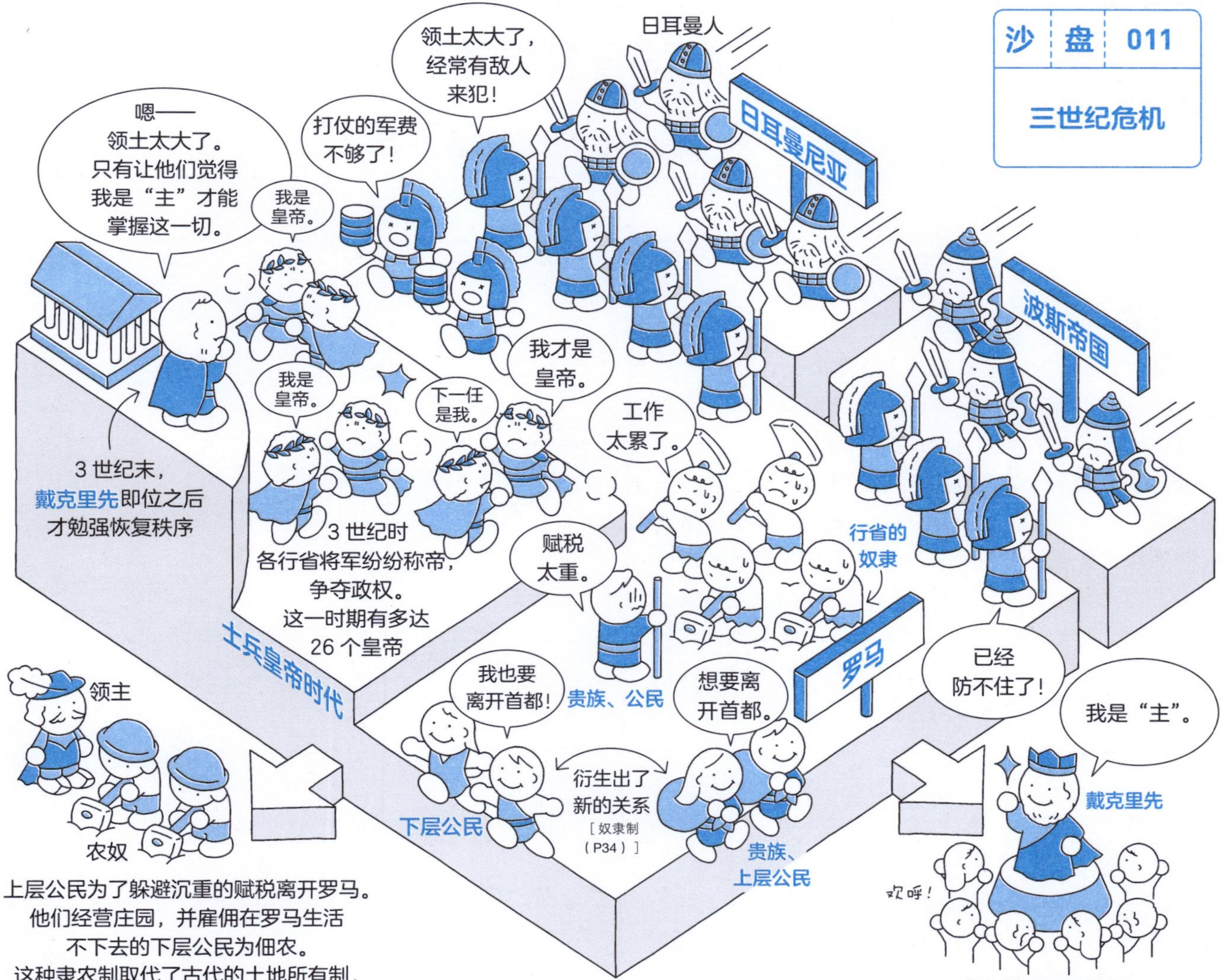

> 嗯——领土太大了，只有让他们觉得我是"主"才能掌握这一切。

3世纪末，戴克里先即位之后才勉强恢复秩序。

士兵皇帝时代

3世纪时各行省将军纷纷称帝，争夺中央政权，这一时期有多达26个皇帝。

- 我是皇帝。
- 我是皇帝。
- 下一任是我。
- 我才是皇帝。
- 赋税太重。
- 工作太累了。

> 打仗的军费不够了！
> 领土太大了，经常有敌人来犯！

日耳曼人 → 日耳曼尼亚

罗马

- 贵族、公民想要离开首都。
- 我也要离开首都。
- 衍生出了新的关系〔农奴制 (P34)〕

行省的奴隶

波斯帝国

- 已经防不住了！
- 我是"主"。
- 戴克里先
- 呃呼！

罗马结束了元首制，改为君主专制政体。

领主

上层公民为了躲避沉重的赋税离开罗马。他们经营庄园，并雇佣在罗马生活不下去的下层公民为佃农。这种隶农制取代了古代的奴隶制，成为中世纪的农奴制形式（P34、P35）。

下层公民

上层公民

23　古代

罗马帝国的分裂

东罗马帝国和西罗马帝国

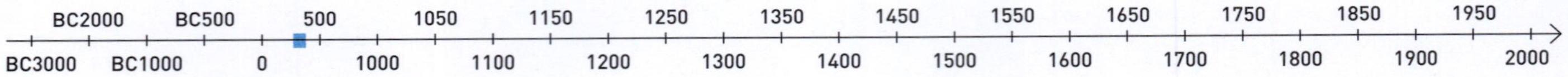

012

罗马皇帝戴克里先（P22）自称为主，试图统治庞大的罗马帝国。然而，这一策略激起了**基督教**（P26）徒的对立情绪。当时，苦于赋税沉重，民众开始信仰基督教，对他们来说，戴克里先并不是他们的主。

戴克里先镇压了基督徒的反抗。然而，到了下一任皇帝**君士坦丁大帝（306—337年在位）**统治的时候，基督教已经传播到了无法压制的程度，再加上军事因素，君士坦丁颁布了**《米兰敕令》（313年），正式承认基督教合法**。这期间，行省叛乱不息，外族入侵不断。最终，君士坦丁大帝将首都从罗马迁至古城拜占庭，试图建立新秩序。他用自己的名字重新命名了拜占庭——君士坦丁堡，并试图维持**君主专制**（P22）。

然而，到了**狄奥多西大帝**（P30）的全面入侵，统治时期，由于日耳曼民族的全面入侵，地域广阔的罗马难以捍卫其领土完整。因此，狄奥多西将帝国**划分（395年）为西罗马帝国和东罗马帝国（拜占庭帝国）**，分别让他的两个孩子继承。他还将基督教定为国教（基督教国教化，392年），以便利用宗教（在思想上）统一罗马帝国。

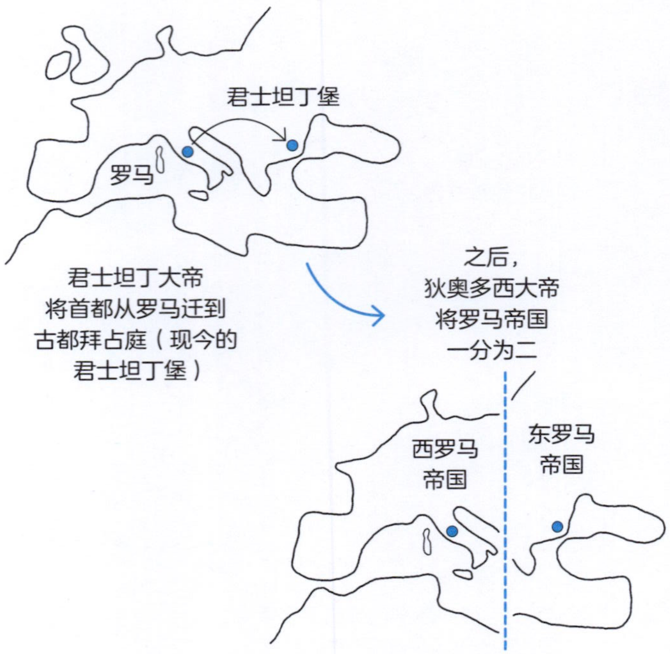

（时间轴：BC3000 BC2000 BC1000 BC500 0 500 1000 1050 1100 1150 1200 1250 1300 1350 1400 1450 1500 1550 1600 1650 1700 1750 1800 1850 1900 1950 2000）

君士坦丁大帝将首都从罗马迁到古城拜占庭（现今的君士坦丁堡）

之后，狄奥多西大帝将罗马帝国一分为二

西罗马帝国　东罗马帝国

24

沙盘 012 罗马帝国的分裂

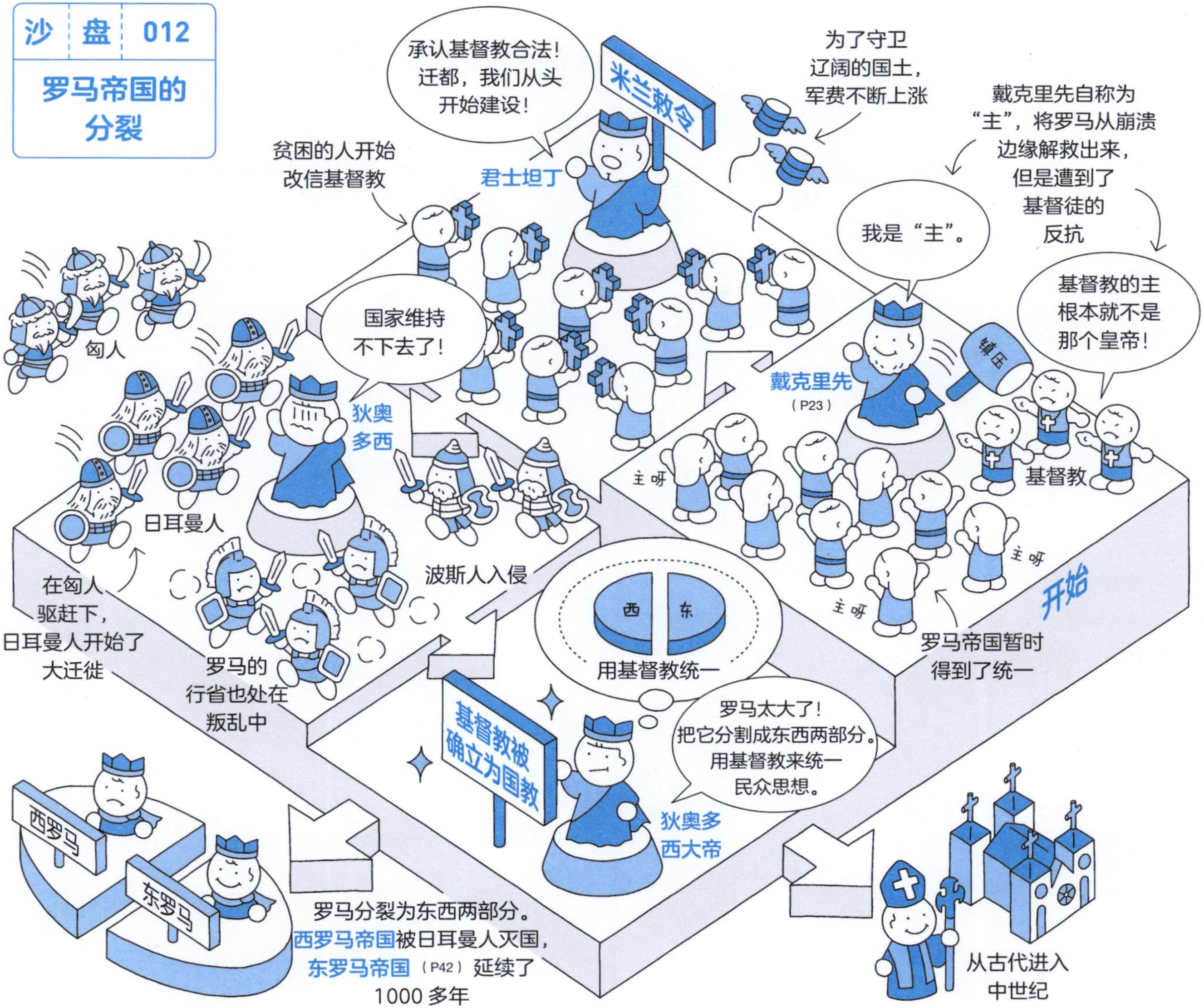

匈人

在匈人驱赶下，日耳曼人开始了大迁徙

日耳曼人

罗马的行省也处在叛乱中

波斯人入侵

狄奥多西

贫困的人开始改信基督教

国家维持不下去了！

君士坦丁：承认基督教合法！迁都，我们从头开始建设！

米兰教令

为了守卫辽阔的国土，军费不断上涨

戴克里先（P23）：戴克里先自称为"主"，将罗马从崩溃边缘解救出来，但是遭到了基督徒的反抗

我是"主"。

基督教的主根本就不是那个皇帝！

基督教被确立为国教

狄奥多西：罗马太大了！把它分割成东西两部分。用基督教统一民众思想。

用基督教统一

罗马帝国暂时得到了统一

开始

西罗马 / 东罗马

罗马分裂为东西两部分。
西罗马帝国灭亡，
东罗马帝国（P42）延续了1000多年

从古代进入中世纪

25 | 古代

罗马帝国国教的出现

耶稣教义的广泛传播

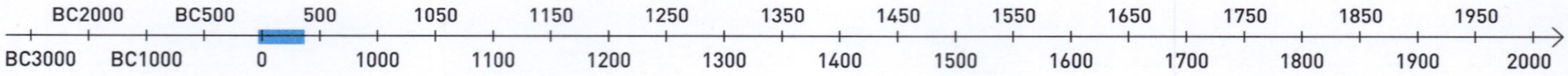

耶稣的教义

- 不要以眼还眼，以牙还牙。有人打你的右脸，连左脸也转过来由他打。
- 好的牧羊人如果丢了一只羊，他会把剩余的99只羊留在那里，去找那只迷途的羊。
- 人不能单靠面包（金钱、食物）活着。
- 即使在安息日也会照顾病人（批判法利赛派的形式主义）。

门徒彼得和保罗将耶稣的教义传播到整个罗马帝国

让我们稍微向前回溯，将目光投向始于奥古斯都（P20）的罗马帝国全盛时期。**耶稣（公元前4年左右—公元30年左右）**出生于罗马帝国的行省**犹太**（公元前4年左右—公元30年左右）出生于罗马帝国的行省**犹太**（现今巴勒斯坦地区）。当时巴勒斯坦地区的人被称为犹太人，信仰犹太教。犹太教中最重要的一派是强调律法（上帝的教诲和诫命）的法利赛派。但耶稣与法利赛派的人不同，他宣扬对上帝的爱和信仰。

治愈病人的佳话让耶稣赢得了底层民众的心。但罗马政府和法利赛派的人却将耶稣视为危险人物，将他处死在了十字架上。

此后，尽管耶稣的门徒**彼得（不详—公元64年左右）**和**保罗（不详—公元67年左右）**等人受到罗马政府的迫害，但他们还是将**耶稣教义**传播到整个罗马帝国。随着耶稣教义在贵族和其他上层阶级间的广泛传播，基督教在4世纪成了**罗马帝国的国教**（P24）。

后来，罗马国被分割为东西两部分（P24），形成了**西罗马帝国的天主教**会和**东罗马帝国的东正教**会这两个独立的组织，基督教在地中海地区广泛传播。

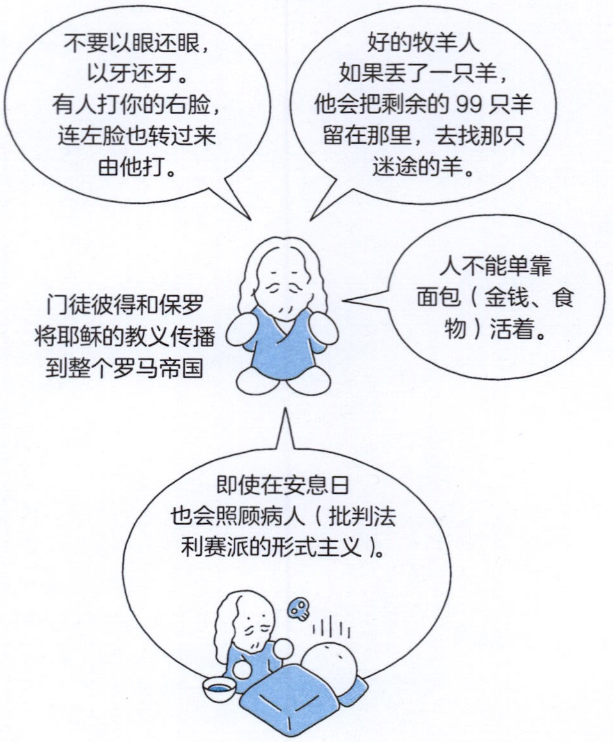

沙盘 013 罗马帝国国教的出现

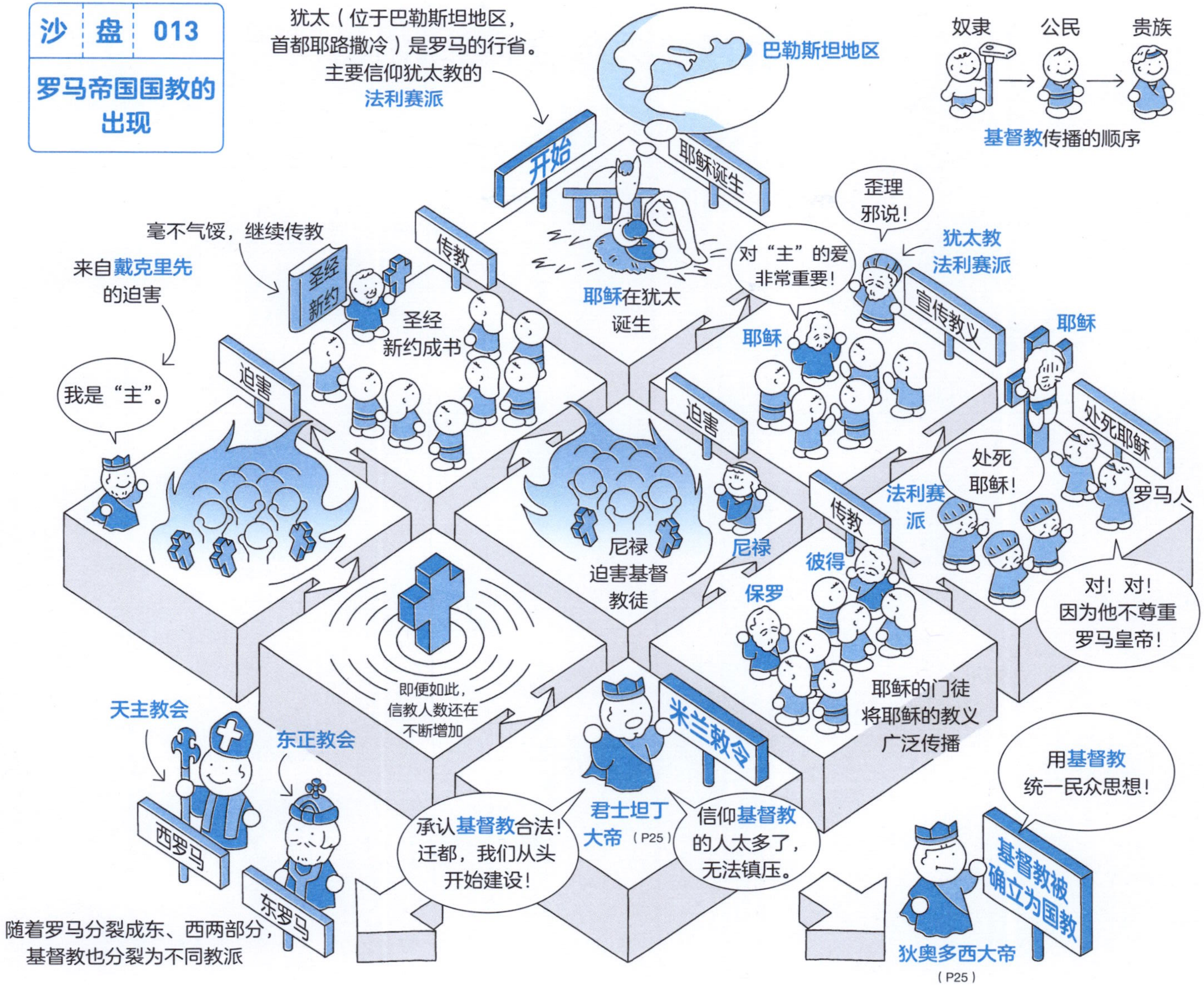

犹太（位于巴勒斯坦地区，首都耶路撒冷）是罗马的行省。主要信仰犹太教的法利赛派。

巴勒斯坦地区

奴隶 → 公民 → 贵族

基督教传播的顺序

耶稣诞生

"对"主"的爱非常重要！"

"歪理邪说！"

耶稣在犹太诞生

犹太教 法利赛派

宣传教义

"处死耶稣！"

"对！对！因为他不尊重罗马人！"

耶稣 处死耶稣！ 罗马皇帝

我是"主"。

毫不气馁，继续传教

来自耶路撒冷的迫害

迫害

圣经 新约

圣经新约成书

传教

即便如此，信教人数还在不断增加

迫害基督教徒

尼禄 迫害

尼禄基督教徒

保罗 彼得 传教

耶稣的门徒将耶稣的教义广泛传播

君士坦丁大帝（P25）

"承认基督教合法！迁都，我们从头开始建设！"

米兰敕令

"信仰基督教的人太多了，无法镇压。"

狄奥多西大帝（P25）

基督教被确立为国教

"用基督教统一民众思想！"

天主教会

西罗马

东罗马

东正教会

随着罗马分裂成东、西两部分，基督教也分裂为不同教派。

27 | 古代

中世纪

014

日耳曼人大迁徙

从古代到中世纪

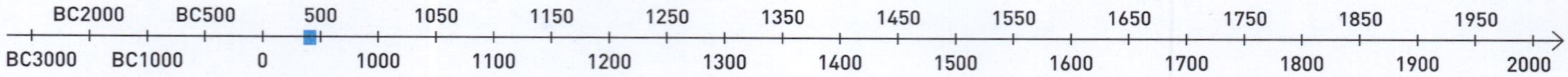

罗马的全盛时期随着皇帝马尔克·奥列里乌斯·安东尼（马可·奥勒留）的逝世而结束（P20）。随后，罗马帝国进入了政权更迭频繁的动荡时期，史称士兵皇帝时代（P22）。在4世纪下半叶，**日耳曼人全面入侵罗马**。

日耳曼人原本居住在日耳曼尼亚地区（即在现在的德国、波兰、捷克、斯洛伐克和丹麦一带）。然而，随着亚洲游牧民族匈奴人不断逼近日耳曼人的定居点，日耳曼人进行了一场大迁徙。他们不断占领欧洲的土地，相继建立了多个国家，包括法兰克王国（481—843年）（P32）、西哥特王国（418—714年）、东哥特王国（493—553年）、汪达尔王国（429—534年）、勃艮第王国（443—534年）、盎格鲁-撒克逊七国（449—829年）和伦巴第王国（568—774年）等。这也导致了以拉丁人为主的罗马帝国的衰落，最终，罗马帝国分裂为东罗马帝国和西罗马帝国（P24）。

476年，即罗马帝国分裂后约80年，西罗马帝国被日耳曼人出身的罗马雇佣军将领奥多亚克（约434—493年）推翻（P26）。天主教会（东罗马帝国）幸存下来。自此，西罗马帝国灭亡后幸存下来，欧洲历史进入了中世纪。

由日耳曼人创建的国家

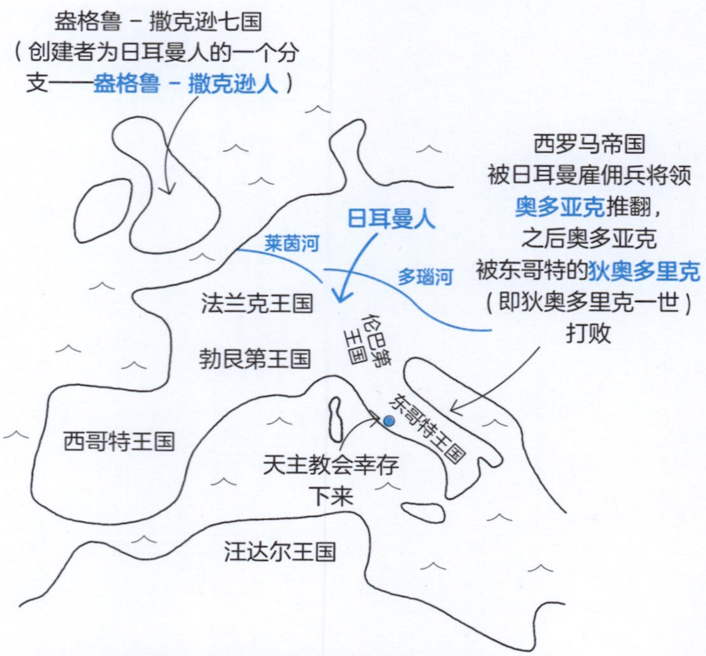

盎格鲁-撒克逊七国
（创建者为日耳曼人的一个分支——盎格鲁-撒克逊人）

西罗马帝国被日耳曼雇佣兵将领奥多亚克推翻，之后奥多亚克被东哥特的狄奥多里克（即狄奥多里克一世）打败

（图示：莱茵河、多瑙河、日耳曼人、伦巴第王国、东哥特王国、法兰克王国、勃艮第王国、西哥特王国、汪达尔王国、天主教会幸存下来）

由日耳曼人建立的国家大多数都是"短命"的，但法兰克王国（P32）最终发展成了西欧王国的中心。

沙盘 014 日耳曼人大迁徙

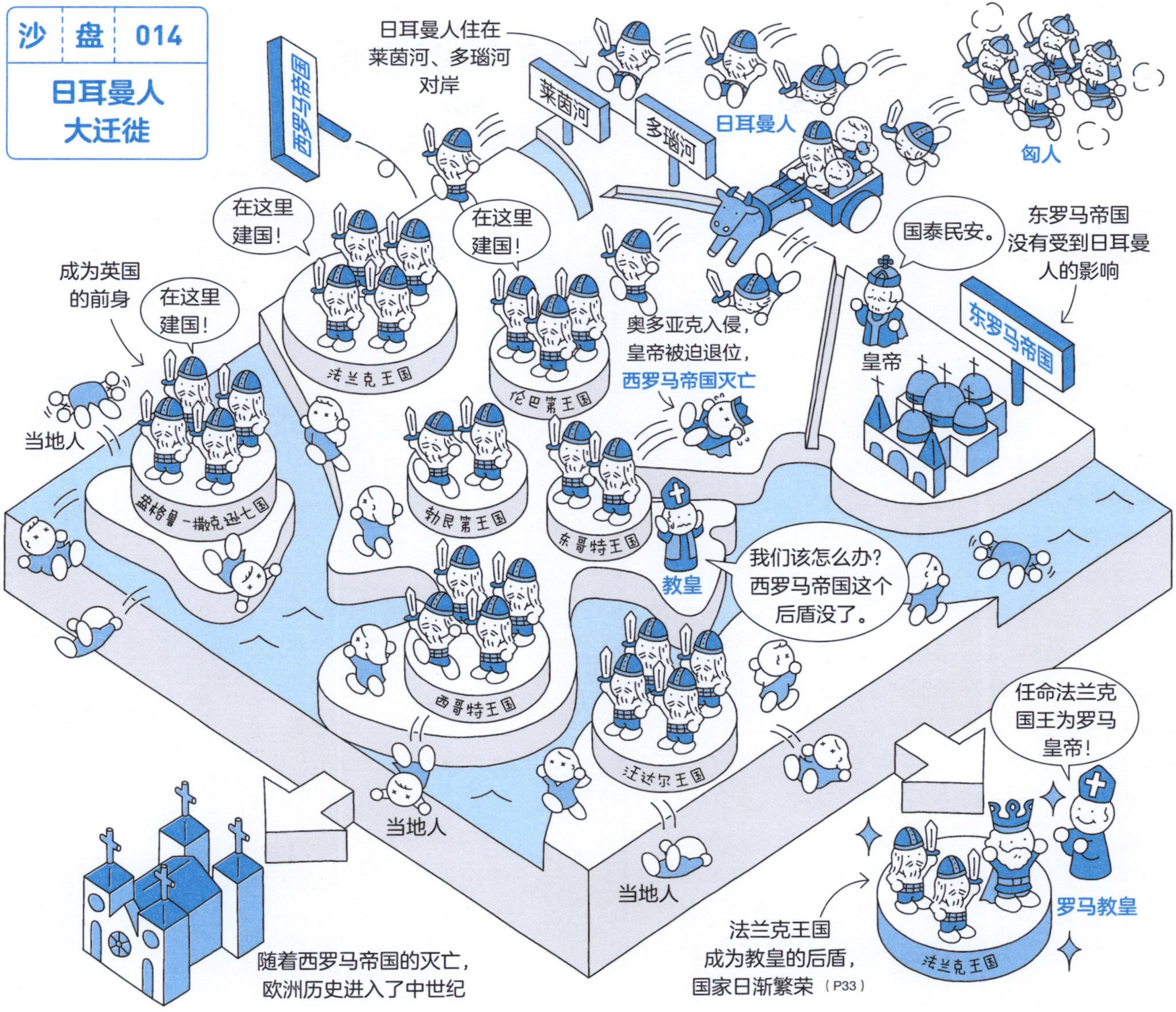

015

法兰克王国的发展

查理大帝的加冕和西欧世界的建立

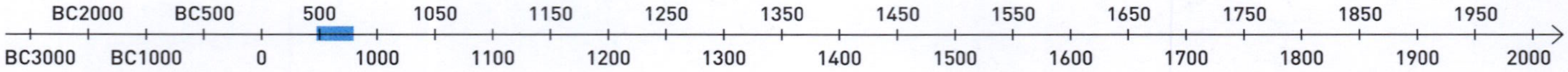

日耳曼人（P30）在欧洲建立了许多国家，其中发展最好的是法兰克王国。

当时大多数日耳曼人信奉的是基督教中被视为异端的阿里乌教派。然而，法兰克国王克洛维（481—511年在位）本人却改信被视为正统的阿塔纳修西乌斯教派。因此，他成功地赢得了当地信奉西乌斯派的罗马民众（拉丁人）的信任，扩大了国家版图。

克洛维之后，查理·马特（688—741年）接管法兰克国的实权，并在普瓦提埃战役（732年）中击败了从东方入侵的穆斯林军队，保卫了基督教势力。

当时，由于西罗马帝国的覆灭，马特的成功，罗马教皇失去了后盾。看到这种的后盾，承认查理·马特的儿子丕平三世（751—768年在位）为"罗马教皇承认的国王"。

由于教皇的承认，法兰克王国更加得势，丕平三世的儿子查理大帝（768—814年在位）统一了现在法国、意大利、德国的广大领土，即查理大帝的加冕（800年）。这件事实质上是教皇与法兰克王国相互利用，以复活西罗马帝国。

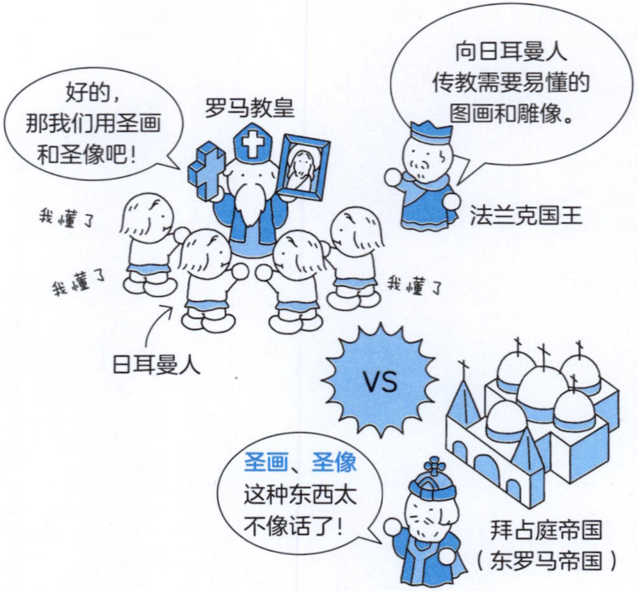

沙盘 015 法兰克王国的发展

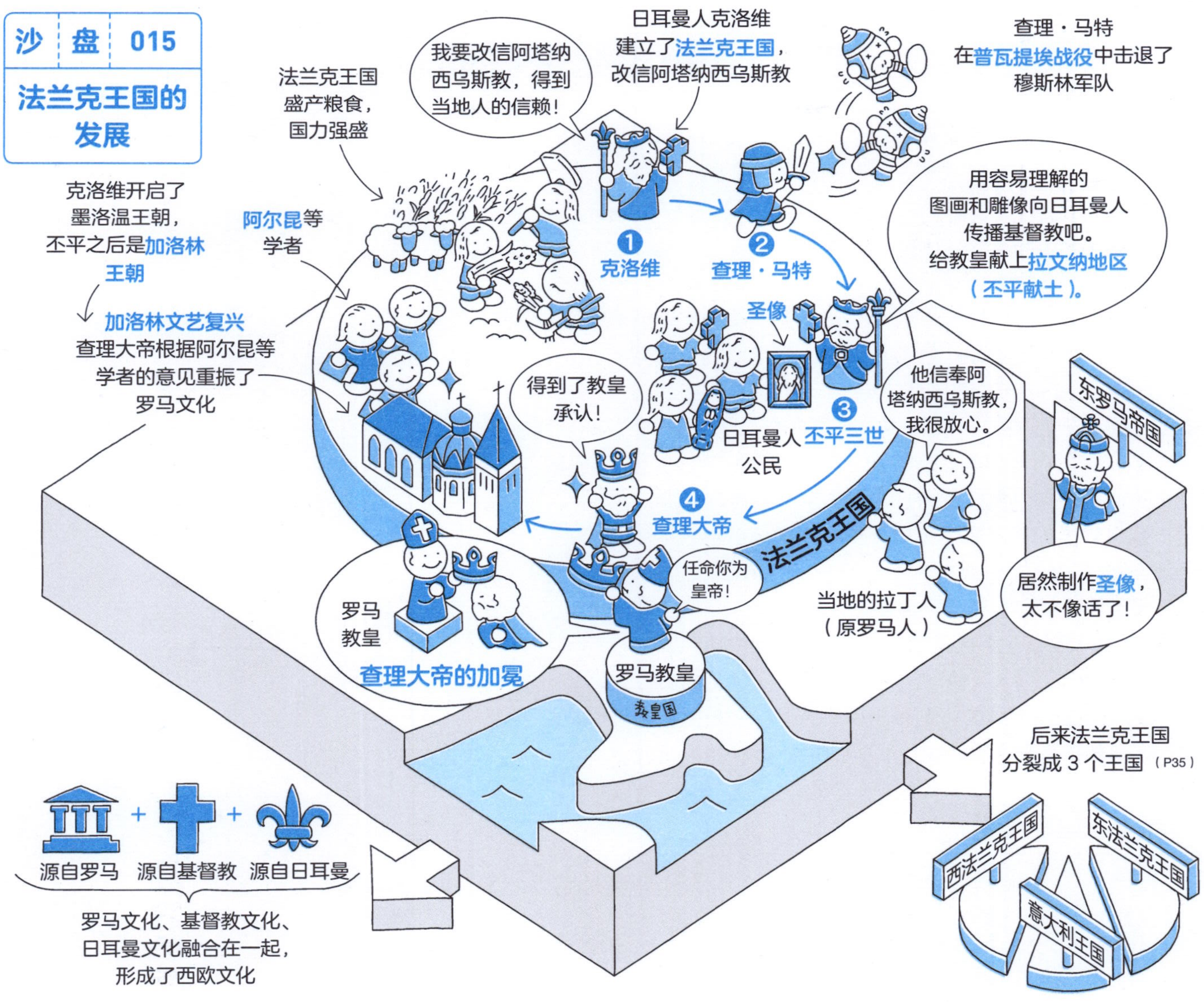

克洛维开启了墨洛温王朝，墨洛温之后是加洛林王朝

加洛林文艺复兴
查理大帝根据阿尔昆等学者的意见重振了罗马文化

法兰克王国盛产粮食，国力强盛

阿尔昆等学者

① 克洛维
② 查理·马特
③ 丕平三世
④ 查理大帝

"我要改信阿塔纳西乌斯派，得到当地人的信赖！"

日耳曼人克洛维建立了法兰克王国，改信阿塔纳西乌斯教

"得到了教皇承认！"

罗马教皇
罗马教皇国

查理大帝的加冕

法兰克王国
日耳曼人丕平三世公民

"任命你为皇帝！"

"他信奉阿塔纳西乌斯教，我很放心。"

查理·马特在普瓦提埃战役中击退了穆斯林军队

查理·马特用容易理解的图画和雕像向日耳曼人传播基督教，给教皇献上拉文纳地区（丕平献土）。

当地的拉丁人（原罗马人）

"居然制作圣像，太不像话了！"

东罗马帝国

血 + 十 + 斧

罗马文化，源自罗马
基督教文化，源自基督教
日耳曼文化，源自日耳曼
三种文化融合在一起，形成了西欧文化

后来法兰克王国分裂成3个王国 (P35)

西法兰克王国 / 意大利王国 / 东法兰克王国

33 中世纪

中世纪世界的形成

法兰克王国的分裂

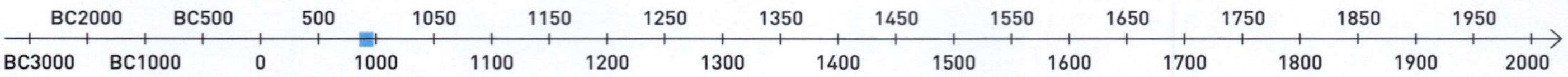

查理大帝死后（P32），在他的三个孙子之间的继承大战中，法兰克王国分裂为三个独立的王国——东法兰克王国（843—911年）、西法兰克王国（843—987年）和意大利王国（分别为今天德国、法国和意大利的雏形）。

一直以法兰克王国为后盾的教皇，不得不从这三个王国中选择新的后盾。最终他选择了击退来自东方的外国人侵者，实力最强的东法兰克王国。教皇将罗马皇帝皇冠授予了东法兰克王国的奥托一世（936—973年在位）。东法兰克王国因此被称为神圣罗马帝国（962—1806年）。

西法兰克王国在卡佩家族（P50）掌权后改称法兰西王国，该王国延续了很长一段时间。

意大利王国因为经常受到神圣罗马帝国和伊斯兰势力的攻击，分裂成许多国家（如热那亚和威尼斯），直到近代才统一。

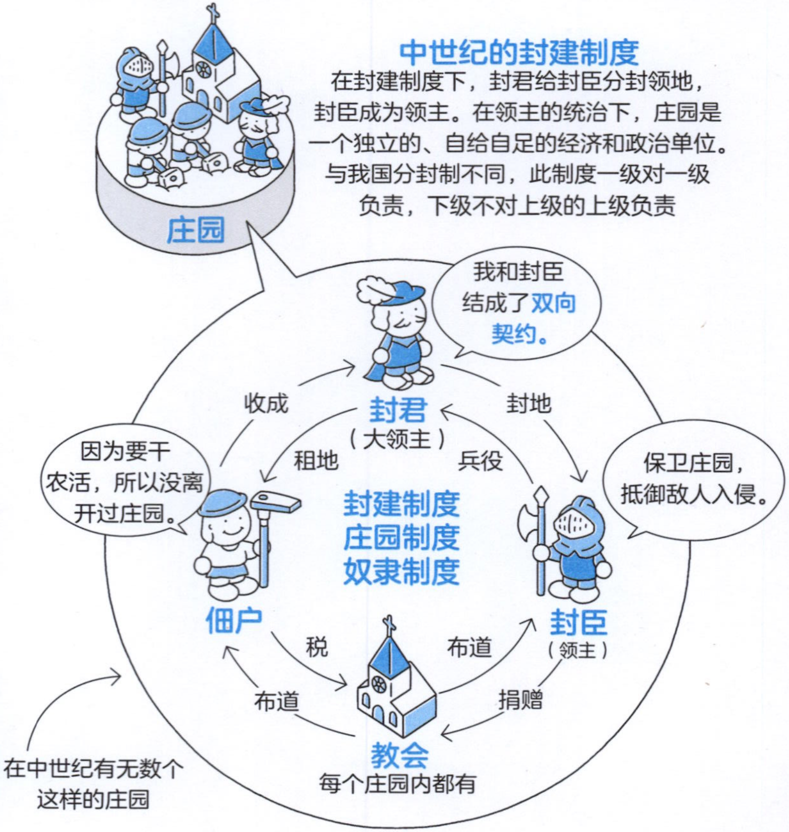

中世纪的封建制度

在封建制度下，封臣给封臣分封领地，庄园主成为领主。在领主的统治下，庄园是一个独立的、自给自足的经济和政治单位，与我国分封制不同，此制度一级对一级负责，下级不对上级负责。

封建制度
庄园制度
奴隶制度

- 封君（大领主）
- 封臣（领主）
- 佃户
- 教会

我和封臣结成了双向契约。

保卫庄园，抵御敌人入侵。

因为要干农活，所以没离开过庄园。

每个庄园内都有

在中世纪有无数个这样的庄园

这一时期，中国处于唐代（618—907年），在隋朝统一中国的基础上，唐太宗开启"贞观之治"，成为当时世界上最强盛的国家之一。

沙盘 016 中世纪世界的形成

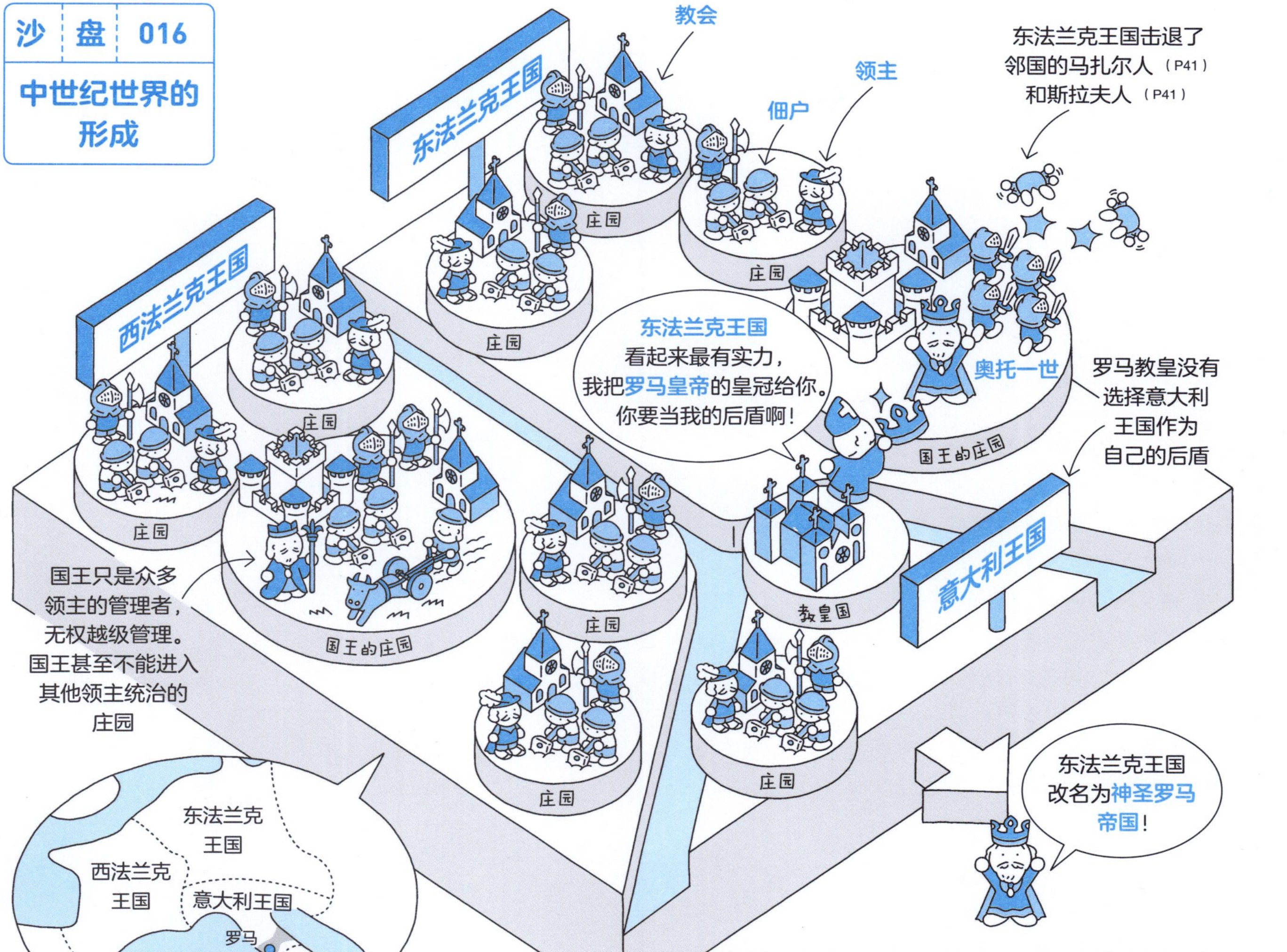

西法兰克王国

东法兰克王国

意大利王国

教会
佃户
领主

东法兰克王国击退了邻国的马扎尔人和斯拉夫人（P41）

奥托一世

罗马教皇没有选择意大利王国作为自己的后盾

东法兰克王国看起来最有实力，我把罗马皇帝的皇冠给你，你要当我的后盾啊！

东法兰克王国改名为神圣罗马帝国！

国王只是众多领主的管理者，无权越级管理。国王甚至不能进入其他领主统治的庄园。

东法兰克王国
西法兰克王国
意大利王国
灰色区域为教皇国

东法兰克王国与罗马教皇联合，改名为神圣罗马帝国（P55）。
西法兰克王国改名为法兰西王国（P51），延续了很长一段时间。
意大利王国后来分裂成许多小国（P57）。

庄园 / 国王的庄园 / 教皇国

中世纪
35

017

卡诺莎之辱

教会权力的鼎盛时期

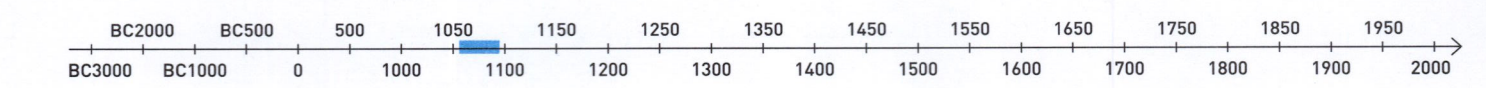

亨利四世（1056—1106年在位）在位时，由于主教和其他神职人员的任命权（**叙任权**）掌握在神圣罗马帝国的皇帝手中，且入选神职人员意味着富裕的生活，因此当时人们对皇帝的贿赂很猖獗。

罗马教皇试图打破这种局面，宣布"任命神职人员的权力属于教皇，而不是皇帝"。随即，神圣罗马帝国皇帝宣布与之对抗。皇帝和教皇之间掀起了**叙任权斗争**。

后来，罗马教皇**格里高利七世**（1073—1085年在位）宣布将亨利四世革除教籍（革除教籍者无法得到上帝的救赎）。皇帝慌忙在卡诺莎城堡门前的雪地中，赤着脚向教皇乞求宽恕。

这就是著名的"**卡诺莎之辱**"（1077年）。当时教皇的影响力比国王和皇帝更大得多。天主教会从整个西欧征收捐**税**（**什一税**）和捐献款，拥有了强大的力量。

当时原属于罗马天主教圣地的耶路撒冷落入伊斯兰教手中。为了收复失地，罗马天主教教皇趁势决定派遣**十字军**（P44）东征（P42），以拯救因穆斯林的攻击而身处危机之中的拜**占庭帝国**（P44）。

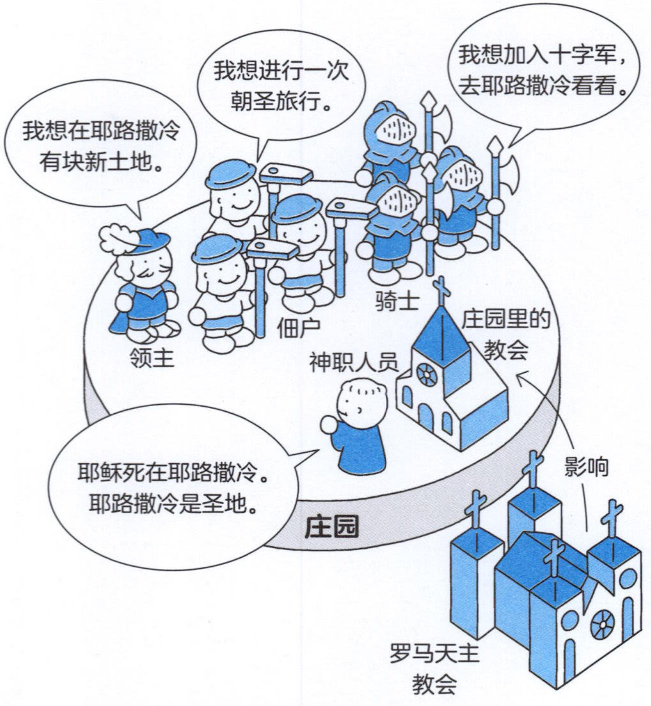

向庄园内的神职人员寻求教诲的那些人都很向往耶路撒冷，有很多人自愿加入十字军（P44）

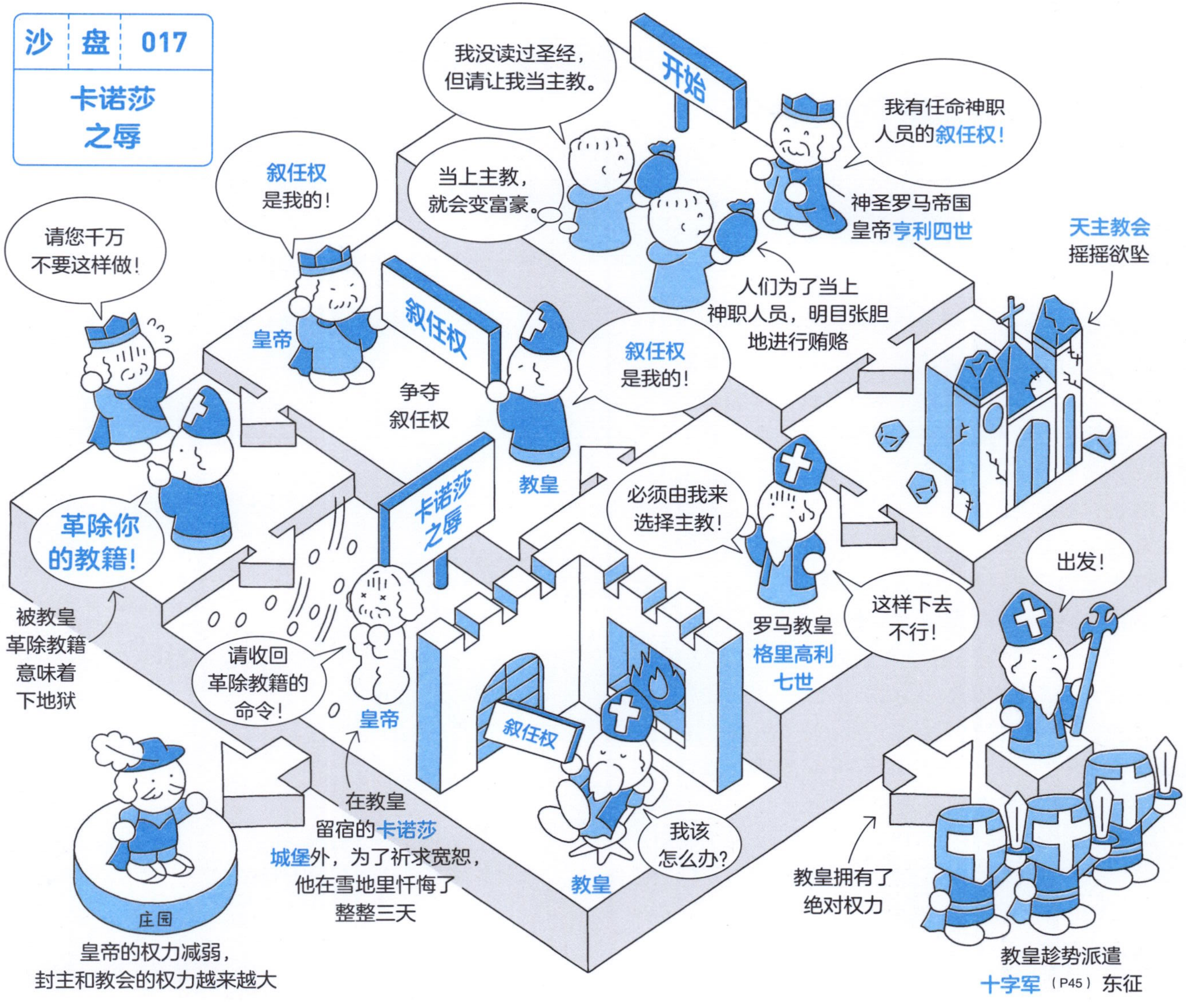

沙盘 017
卡诺莎之辱
开始
我没读过圣经，但请让我当主教。
我有任命神职人员的叙任权！
神圣罗马帝国皇帝亨利四世
当上主教，就会变富豪。
人们为了当上神职人员，明目张胆地进行贿赂
天主教会摇摇欲坠
叙任权是我的！
请您千万不要这样做！
皇帝
叙任权
争夺叙任权
叙任权是我的！
教皇
革除你的教籍！
被教皇革除教籍意味着下地狱
卡诺莎之辱
必须由我来选择主教！
罗马教皇格里高利七世
这样下去不行！
出发！
请收回革除教籍的命令！
皇帝
叙任权
我该怎么办？
教皇
在教皇留宿的卡诺莎城堡外，为了祈求宽恕，他在雪地里忏悔了整整三天
教皇拥有了绝对权力
庄园
皇帝的权力减弱，封主和教会的权力越来越大
教皇趁势派遣十字军（P45）东征

018

诺曼人大迁徙

来自北方的维京人

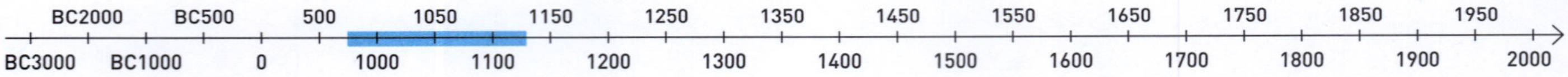

日耳曼人大迁徙（P30）后不久，又发生了一次民族大迁徙。这一次的主角是来自欧洲北部日德兰半岛和斯堪的纳维亚半岛的维京人，而其后定居于法国北部的后裔就是诺曼人。他们在寻找定居地点的过程中不断建立属于自己的国家。

首先，由罗洛（约860—933年）率领的一派诺曼人在西法兰克王国（P34）的北部建立了**诺曼底公国**。然后，从中分离出来的一个派别在意大利半岛南部建立了**两西西里王国**（1130—1861年，即诺曼西西王国）。罗洛的五世孙——诺曼底公爵威廉（约1027—1087年）在英格兰王国登陆，以威廉一世（1066—1087年在位）的身份即位，建立了诺曼王朝（1066—1154年）。威廉一世也成了现一事件被称为"**诺曼征服**"（1066年），这也成了现今英国王室的创始人。

诺曼人迁徙到第聂伯河流域，与生活在那里的斯拉夫人融合，并在9世纪建立了诺夫哥罗德公国，随后又建立了**基辅公国**（9—13世纪）。后来，从基辅公国独立出来了**莫斯科大公国**（P40），这也是今天俄罗斯的起源。

诺曼人随后又建立了丹麦王国、挪威王国和瑞典王国，完成了大迁徙。

诺曼人建立的北欧国家

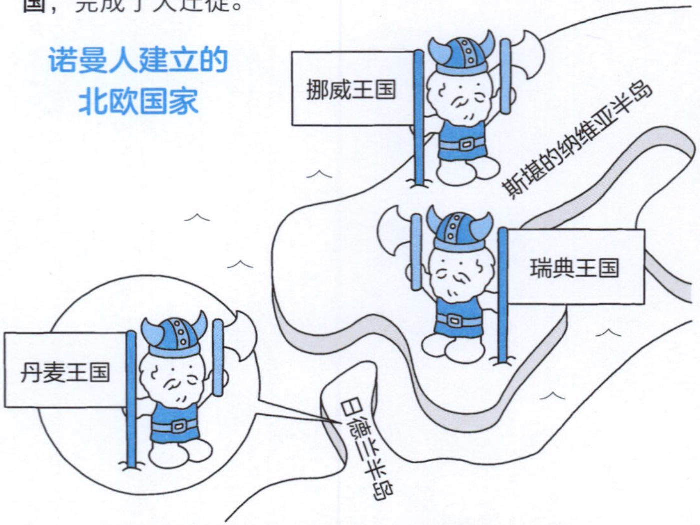

斯堪的纳维亚半岛

挪威王国　瑞典王国

日德兰半岛

丹麦王国

诺曼人在原居住地日德兰半岛建立了丹麦王国，在斯堪的纳维亚半岛建立了挪威王国和瑞典王国

北宋（960—1127年）时期，中国处于经济文化高度繁荣的时代，海外贸易兴盛，对外交往也进一步发展。

沙盘 018 诺曼人大迁徙

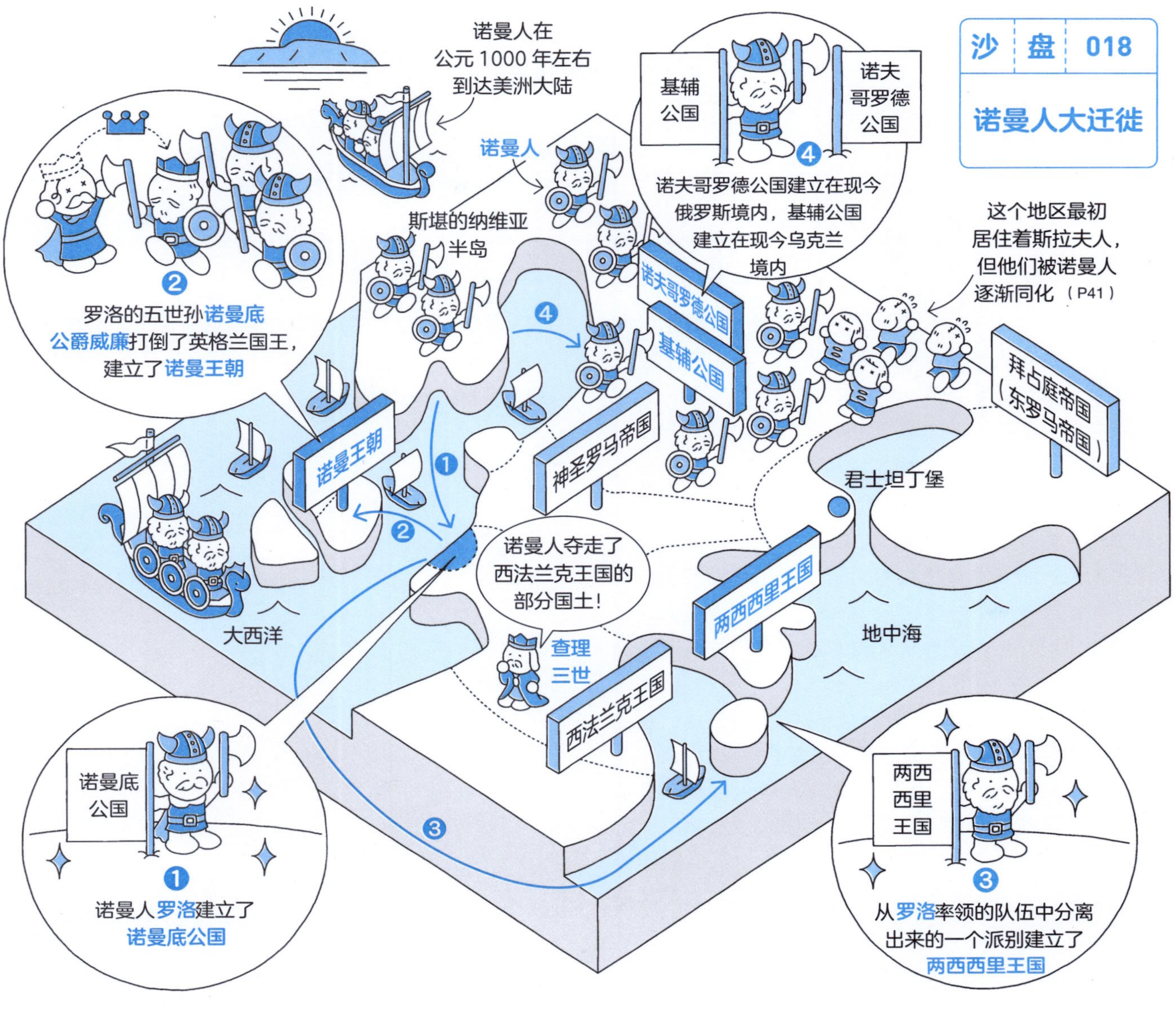

中世纪

39

① 诺曼底公国
诺曼人罗洛建立了诺曼底公国

② 诺曼王朝
罗洛的五世孙诺曼底公爵威廉打倒了英格兰国王，建立了诺曼王朝

③ 两西西里王国
从罗洛率领的队伍中分离出来的一个派别建立了两西西里王国

④ 基辅公国
诺夫哥罗德
诺夫哥罗德公国建立在现今俄罗斯境内，基辅公国建立在现今乌克兰境内

诺曼人在公元1000年左右到达美洲大陆

这个地区最初居住着斯拉夫人，但他们被诺曼人逐渐同化（P41）

大西洋
斯堪的纳维亚半岛
西法兰克王国
查理三世
诺曼人夺走了西法兰克王国的部分国土！
神圣罗马帝国
地中海
君士坦丁堡
拜占庭帝国（东罗马帝国）

019 斯拉夫人和东欧诸国

不断扩张的欧洲世界

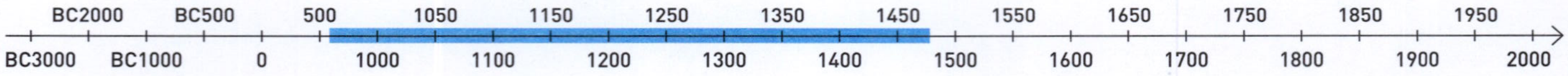

巴尔干半岛的北部是巨大的喀尔巴阡山脉。喀尔巴阡山脉西边有波兰人、捷克人和斯洛伐克人，东边有俄罗斯人、乌克兰人和白俄罗斯人，南边有斯洛文尼亚人、克罗地亚人和塞尔维亚人。他们各自形成了自己的文化圈。虽然他们同属一个民族，即分布在东欧到巴尔干半岛地区的斯拉夫人，但各自建立了不同的国家。

7世纪，保加利亚人最早在该地区建立了保加利亚王国。保加利亚人最初是突厥血统，但他们进入巴尔干半岛后就成了斯拉夫血统的一员。12世纪时，塞尔维亚人建立了塞尔维亚王国。他们信奉东正教，并与拜占庭帝国（P42）关系密切。

10世纪，捷克人建立了波希米亚（捷克）王国（P26）。人建立了波兰王国。这些国家信奉天主教。

9世纪，诺曼人（P38）与东斯拉夫人融合，在现今俄罗斯境内建立了诺夫哥罗德公国，随后在乌克兰建立了基辅公国。他们信奉东正教，但从13—15世纪，他们接受了蒙古人的统治。这段被蒙古人统治的历史被称为"鞑靼枷锁"。

15世纪，以商业城市莫斯科为中心发展起来的莫斯科大公国在伊凡三世（1462—1505年在位）的带领下摆脱了蒙古人的统治，重新获得了独立。伊凡三世认为自己是拜占庭帝国的继承人，以"第三罗马"自居。

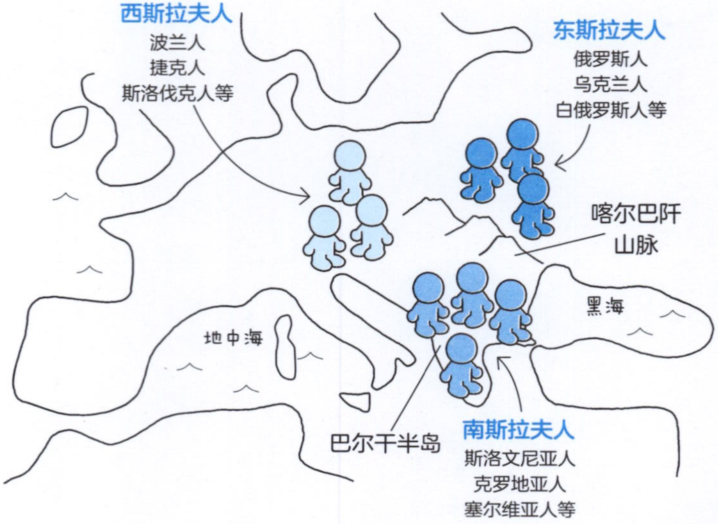

西斯拉夫人
波兰人
捷克人
斯洛伐克人等

东斯拉夫人
俄罗斯人
乌克兰人
白俄罗斯人等

南斯拉夫人
斯洛文尼亚人
克罗地亚人
塞尔维亚人等

喀尔巴阡山脉
黑海
巴尔干半岛
地中海

沙盘 019 斯拉夫人和东欧诸国

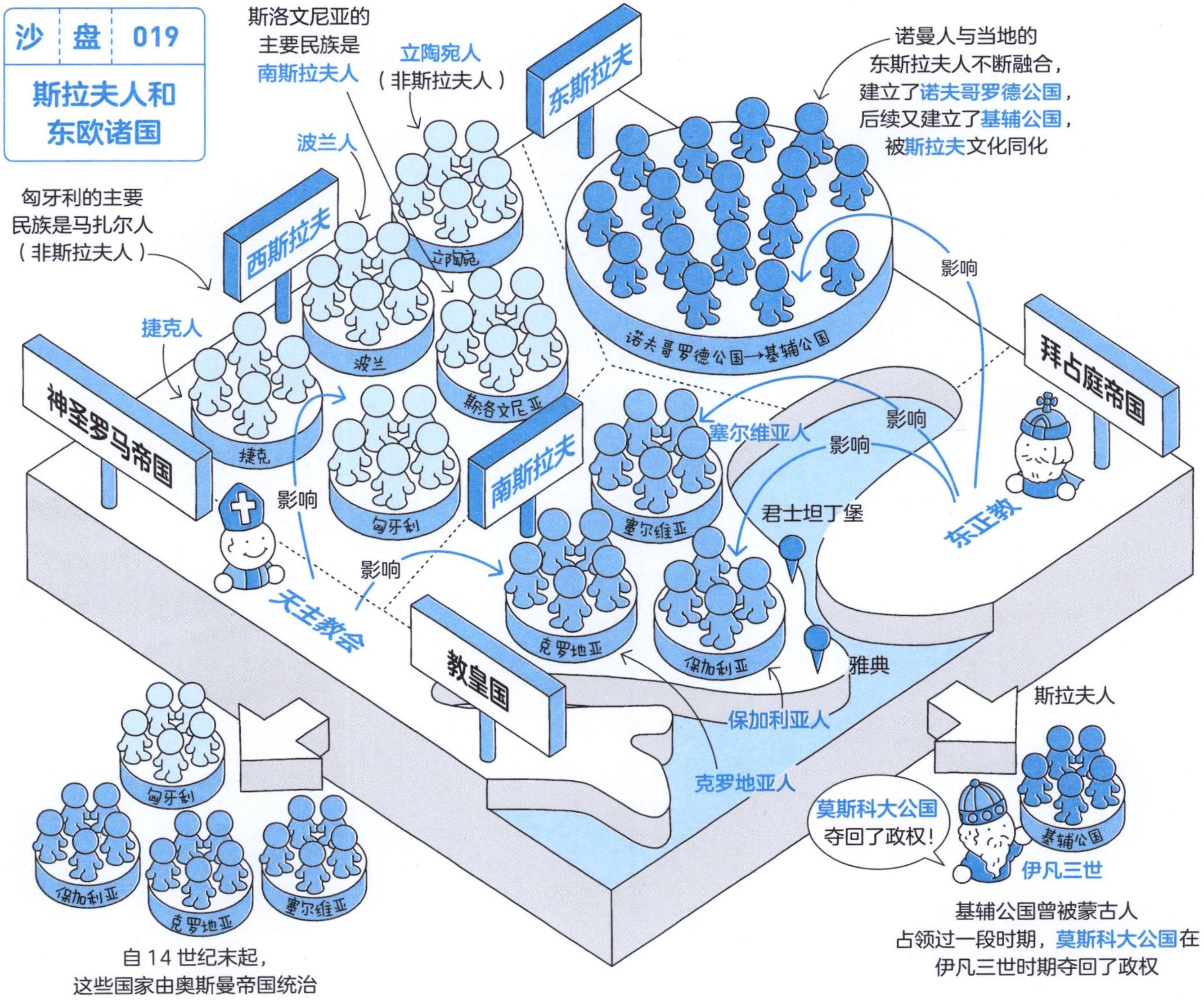

斯洛文尼亚的主要民族是南斯拉夫人（非斯拉夫人）

匈牙利的主要民族是马扎尔人（非斯拉夫人）

神圣罗马帝国：保加利亚、匈牙利、克罗地亚、塞尔维亚

西斯拉夫：捷克人、波兰人、斯洛文尼亚、立陶宛人

南斯拉夫：克罗地亚、塞尔维亚、保加利亚人

东斯拉夫：诺夫哥罗德公国 → 基辅公国

诺曼人与当地的东斯拉夫人不断融合，建立了诺夫哥罗德公国，后续又建立了基辅公国，被斯拉夫人文化同化

教皇国 — 天主教 — 影响 西斯拉夫、克罗地亚人

拜占庭帝国 — 东正教 — 影响 南斯拉夫、东斯拉夫

君士坦丁堡、雅典

莫斯科大公国 — 伊凡三世："夺回了政权！"

基辅公国曾被蒙古人占领过一段时期，莫斯科大公国在伊凡三世时期夺回了政权

目14世纪末起，这些国家由奥斯曼帝国统治

中世纪 — 41

020

拜占庭帝国和东正教

持续千年的东罗马帝国

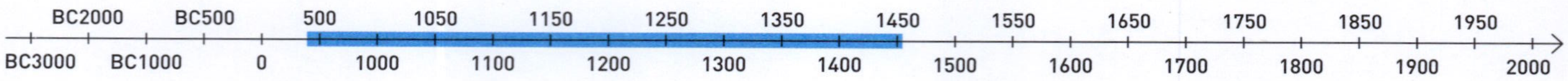

狄奥多西大帝之后，罗马帝国被分为信奉天主教的西罗马帝国和信奉**东正教**的**东罗马帝国**（P24）。

西罗马帝国被日耳曼部落消灭，变成了法兰克王国（P32），而东罗马帝国则维持了**1000多年**的帝国统治。

东罗马帝国因为首都是古希腊城市拜占庭（P24），所以也被称为**拜占庭帝国（395—1453年）**。拜占庭帝国维持千年的原因之一是它在地理上没有受到日耳曼人入侵的影响，且因其地理位置优越（位于亚洲和欧洲中心），逐渐发展成为一个贸易繁盛的国家。另一个重要原因是其皇帝还担任着东正教教皇的职务，从而能够顺利治理国家。在皇帝**查士丁尼（527—565年在位）**统治时期，拜占庭帝国在征服了北非的汪达尔王国（P30）和意大利半岛的东哥特王国（P30）的同时，也成功地征服了整个地中海地区。

然而，拜占庭帝国在与塞尔柱王朝（突厥人建立的伊斯兰王朝）的战斗中惨败。天主教会派出的十字军（P44）也没有取得胜利，最终被奥斯曼帝国所灭。

拜占庭最后一位皇帝将侄女嫁给北方莫斯科大公国（俄罗斯帝国的前身）的伊凡三世（P40）后，将拜占庭文化和东正教带到了俄国（P92）。

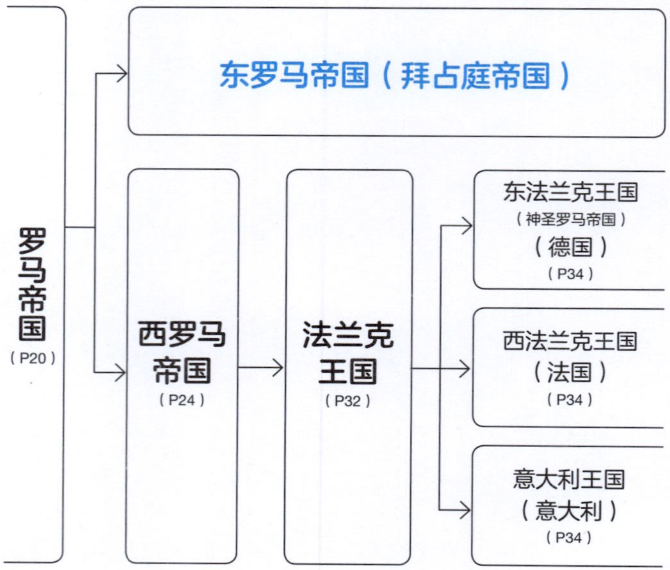

罗马帝国（拜占庭帝国）

- 罗马帝国(P20)
  - 西罗马帝国(P24)
    - 法兰克王国(P32)
      - 东法兰克王国（神圣罗马帝国）（德国）(P34)
      - 西法兰克王国（法国）(P34)
      - 意大利王国（意大利）(P34)
  - **东罗马帝国（拜占庭帝国）**

BC3000 BC2000 BC1000 BC500 0 500 1000 1050 1100 1150 1200 1250 1300 1350 1450 1500 1550 1600 1650 1700 1750 1800 1850 1900 1950 2000

42

沙盘 020 拜占庭帝国的繁荣与衰退

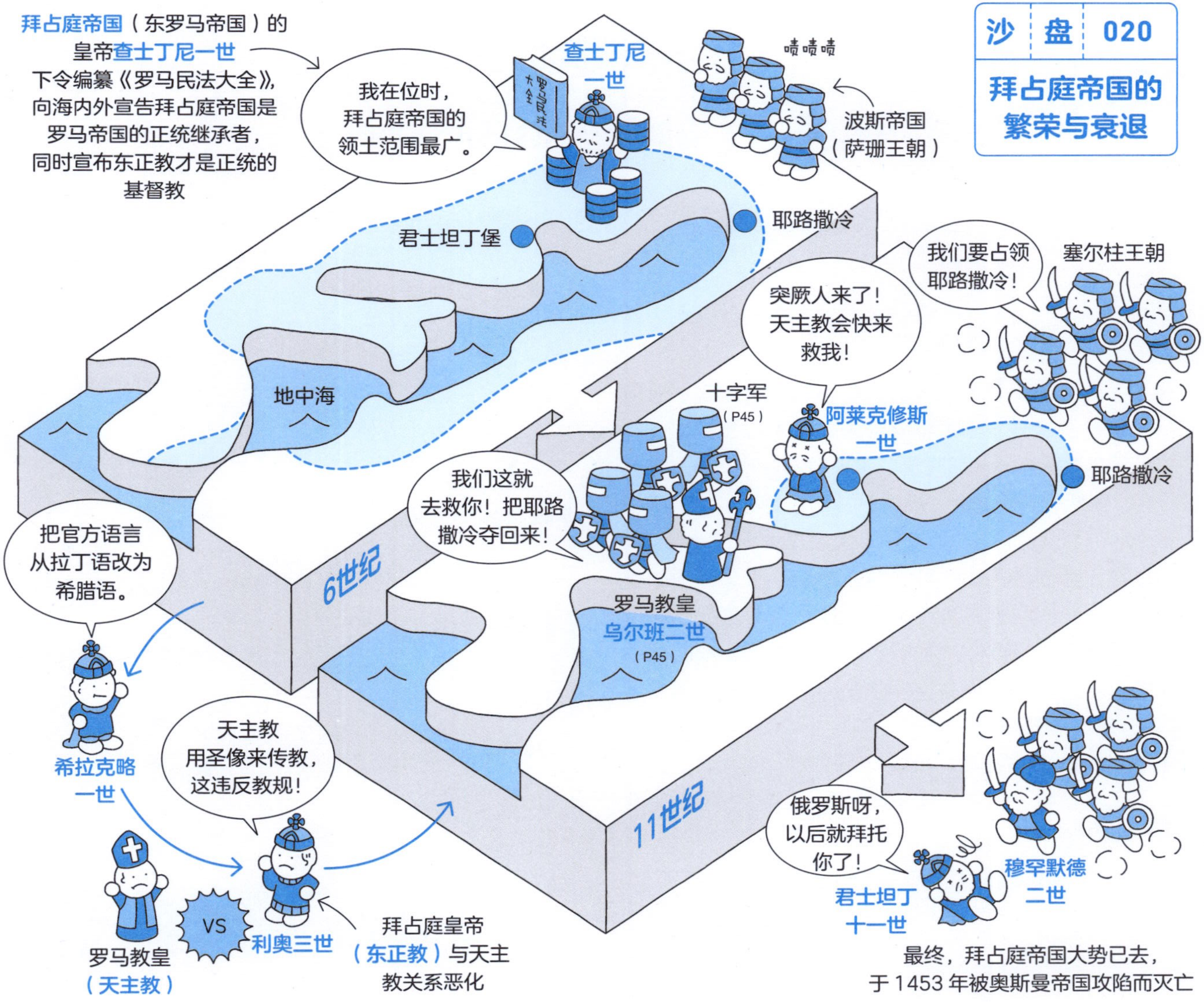

拜占庭帝国（东罗马帝国）的皇帝查士丁尼一世

下令编纂《罗马民法大全》，向海内外宣告拜占庭帝国是罗马帝国的正统继承者，同时宣布东正教才是正统的基督教。

> 我在位时，拜占庭帝国的领土范围最广。 ——查士丁尼一世

地中海 · 君士坦丁堡

波斯帝国（萨珊王朝）

6世纪

把官方语言从拉丁语改为希腊语。 ——希拉克略一世

罗马教皇（天主教） VS 拜占庭皇帝（东正教）教关系恶化

天主教用圣像来传教，这违反教规！ ——利奥三世

11世纪

我们这就去救你！把耶路撒冷夺回来！ ——罗马教皇乌尔班二世（P45）

十字军

耶路撒冷

突厥人来了！天主教会快来救我！ ——阿莱克修斯一世

我们要占领耶路撒冷！——塞尔柱王朝

俄罗斯呀，以后就拜托你了！ ——君士坦丁十一世

穆罕默德二世

最终，拜占庭帝国大势已去，于1453年被奥斯曼帝国攻陷而灭亡

耶路撒冷

中世纪 43

十字军东征 ①

以圣地为目标的十字军

十字军东征（1096—1291年）是中世纪的一个重要事件。

天主教会在向日耳曼民族传播基督教义时，曾经使用了本应禁止的圣像（P32）。从那时起，西方的天主教会和东方的**东正教正统才是正统**，虽然同为基督教，但关系并不融洽。

因为伊斯兰教同样把耶路撒冷视为圣地，11世纪时，将伊斯兰教定为国教的塞尔柱王朝占领了东罗马帝国的圣地耶路撒冷，东罗马帝国皇帝被迫求助于正处于权力巅峰的天主教会教皇**乌尔班二世（1088—1099年在位）**。收到求助信息后，乌尔班二世决定向耶路撒冷派遣十字军（**克莱蒙会议，1095年**）。

十字军的士兵分别来自神圣罗马帝国、法兰西王国和英格兰王国等国家。为了夺回圣城耶路撒冷，十字军一共进行了9次东征。

> 南宋时期（1127—1279年），经济文化仍然发达，此时市民阶级兴起，商业和城市非常繁荣，对外交流、贸易也愈发频繁。

第三次东征时，各国声名显赫的国王率领十字军东征

- 法兰西国王**腓力二世**（尊严王）(P50)
- 神圣罗马皇帝**腓特烈一世**（红胡子） — 在行军途中溺水而死
- 英格兰国王**理查一世**（狮心王）

法兰西国王路易九世（圣路易）战绩显赫，但他发动的第七次和第八次东征都失败了

十字军东征

	十字军	伊斯兰军队
第一次东征	胜	负
第二次东征	负	胜
第三次东征	平局 阿尤布王朝的伊斯兰领袖萨拉丁的功绩卓越	
第四次东征	十字军占领了君士坦丁堡 (P46)	
第五次东征	负	胜
第六次东征	负	胜
第七次东征	负	胜
第八次东征	平局	平局
第九次东征	负	胜

021

沙盘 021

十字军东征 ①

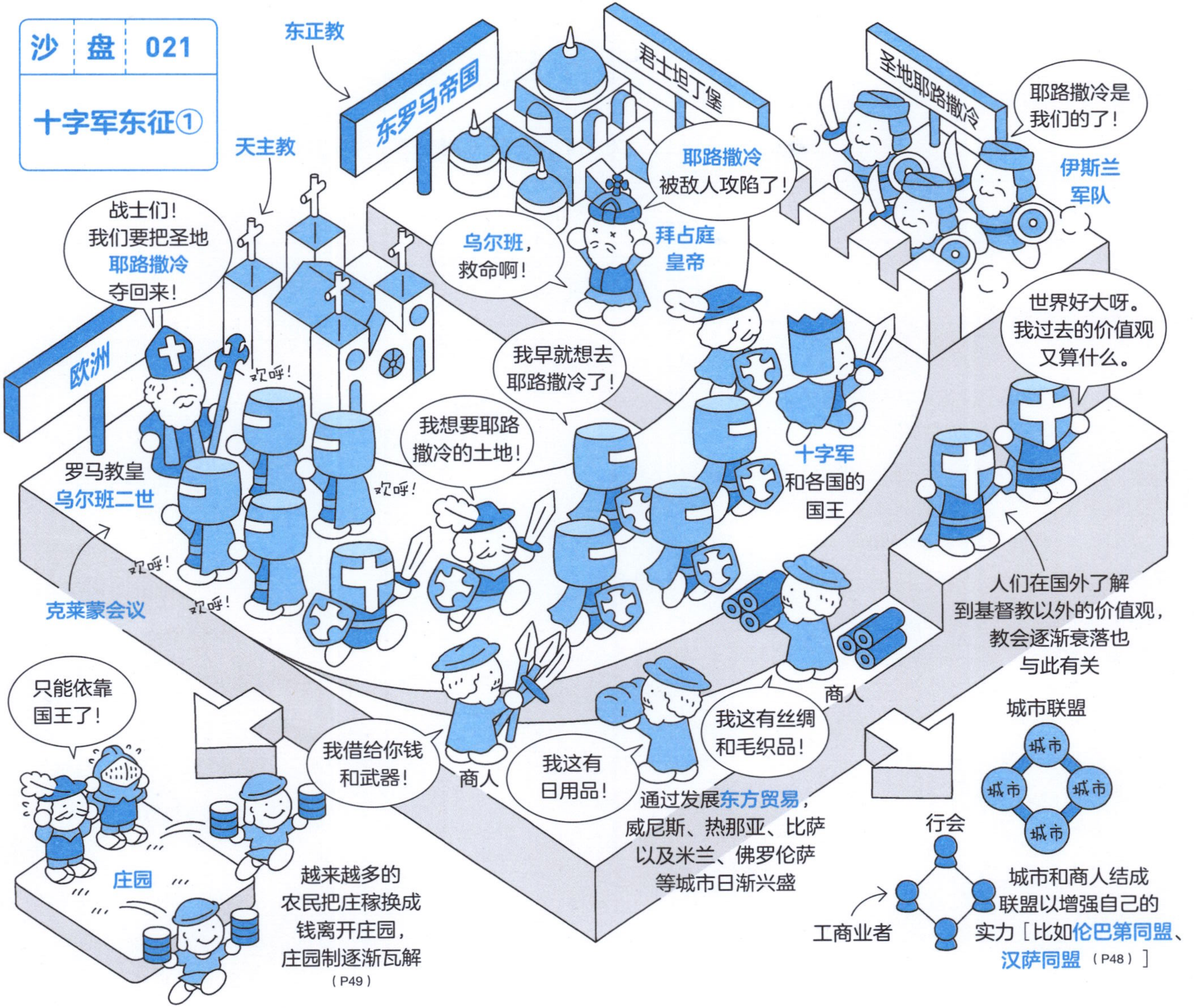

十字军东征②

世俗化的十字军

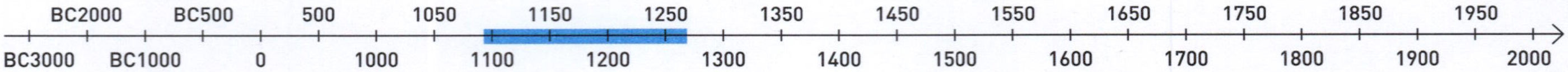

当时天主教会势力庞大，在罗马教皇乌尔班二世号召下，许多领主、骑士和农民加入了**十字军**(P44)。来自**神圣罗马帝国、法兰西王国和英格兰王国的十字军**，共进行了9次东征。

第一次东征成功夺回了圣地。**第二次东征经历一番苦战**，圣地又一次被攻陷。**第三次是各国国王率领的大规模东征**，但以平局草草收场。**第四次东征期间，十字军占领了拜占庭帝国首都君士坦丁堡**，这个城市原本是被救援的对象。

随着东征的次数不断增加，十字军偏离了他们收复圣地的目标，甚至对东征时途经的城市肆意掠夺，导致其名声逐渐变差。同时，人们对罗马教皇的信任逐渐消失，天主教会的权威也开始减弱。

在教会失去权威的同时，参加东征的领主和骑士在经济上也不堪重负。相反，东征中表现出优秀领导能力的各国国王的实力越来越强大。

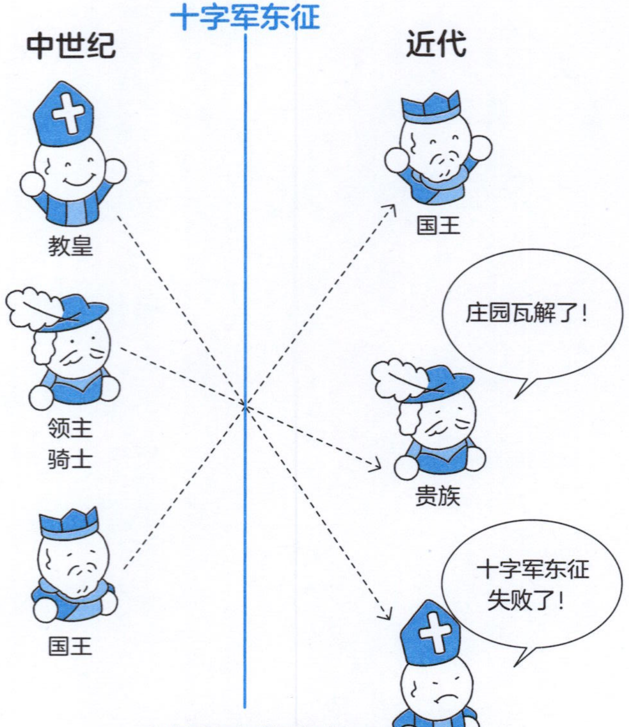

十字军东征前后权力结构的变化

中世纪：教皇 / 领主 骑士 / 国王

近代：国王 / 贵族"庄园瓦解了！" / 教皇"十字军东征失败了！"

沙盘 022
十字军东征②

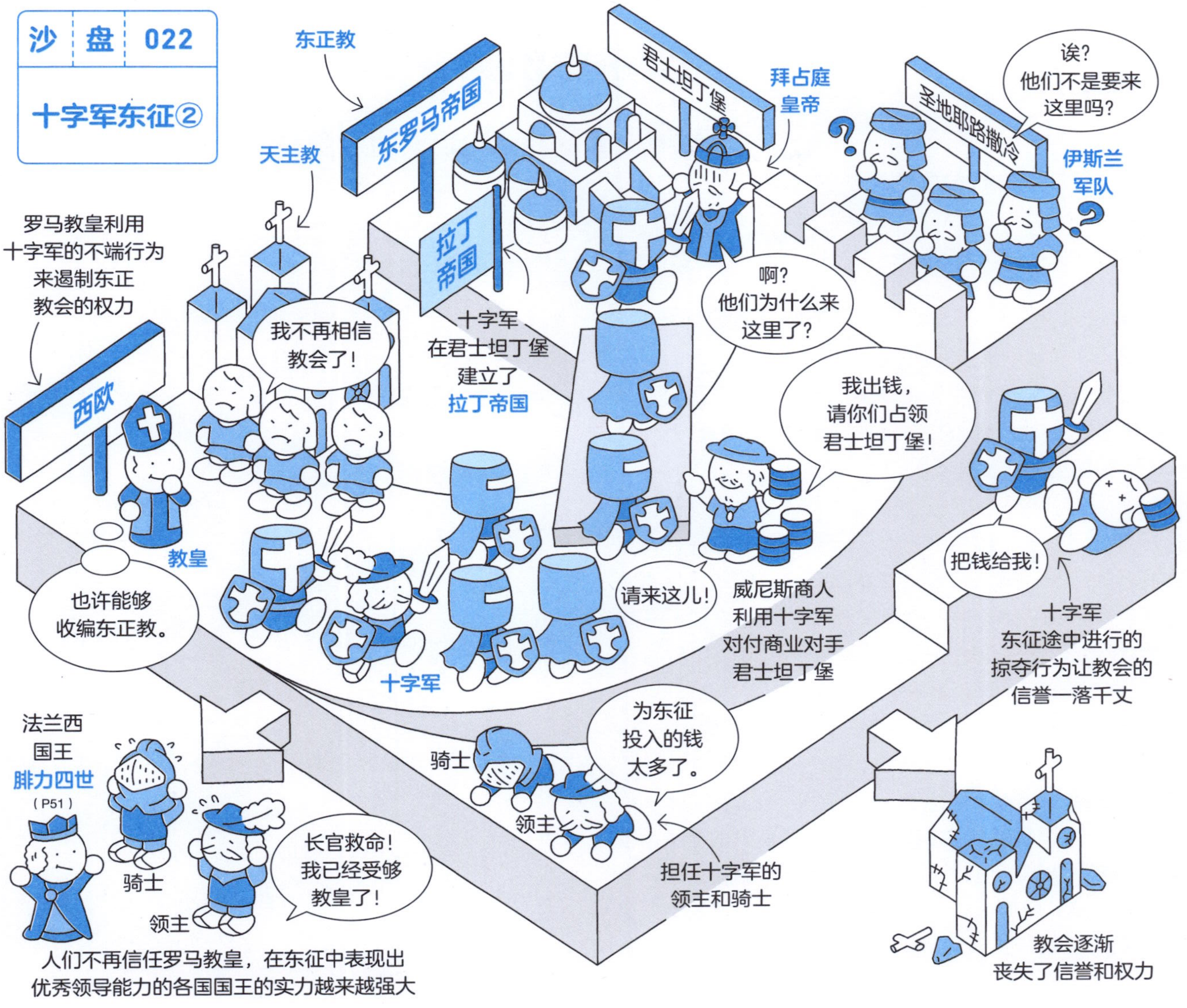

东正教

东罗马帝国

罗马教皇利用十字军的不端行为来遏制东正教会的权力

西欧

教皇
也许能够收编东正教。

天主教

我不再相信教会了!

十字军在君士坦丁堡建立了拉丁帝国

拉丁帝国

君士坦丁堡

拜占庭皇帝
诶?他们为什么来这里了?

圣地耶路撒冷
诶?他们不是要来这里吗?

伊斯兰军队

请来这儿!

我出钱,请你们占领君士坦丁堡!

威尼斯商人利用十字军对付君士坦丁堡

把钱给我!

十字军东征途中进行的掠夺行为让教会的信誉一落千丈

为东征投入的钱太多了。

骑士
领主
担任十字军的领主和骑士

法兰西国王
腓力四世（P51）

骑士
领主

长官救命!我已经受够教皇了!

人们不再信任罗马教皇,在东征中表现出优秀领导能力的各国国王的实力越来越强大

教会逐渐丧失了信誉和权力

中世纪

47

023 十字军东征的影响

封建制度的瓦解和商业的发展

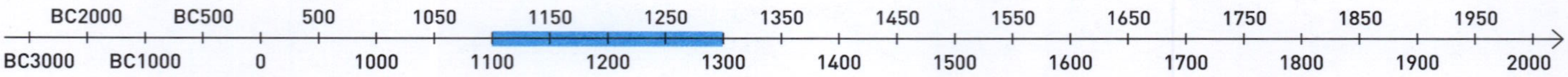

十字军东征（P44）后来偏离了"夺回圣地耶路撒冷"的最初目标，并给欧洲带来了巨大的变化。

十字军东征的过程中，交通得到了发展，与伊斯兰商人进行的**贸易**也越发频繁，这促成了**威尼斯、热那亚和比萨**等**独立的城市共和国的发展**。

12世纪，斧头和镰刀等金属工具的普及，彻底改变了农耕方式，提高了农业生产力。庄园里劳作的农民开始相互交换剩余产品，商业城市由此发展起来。德国吕贝克和**汉堡**等城市建立了横跨北海与波罗的海的**城市联盟**。英国伦敦和比利时的联合也使羊毛纺织业繁荣起来。

来自各地的产品在法国香槟区这个国际市场进行交易，并运往欧洲各地。货币经济也随之得以发展。另外，因为科学和神学研究的不断发展，欧洲最早的大学也在这个时期诞生。

然而，14世纪时，**教会对黑死病（鼠疫）**的流行束手无策，十字军直到最后也没能夺回耶路撒冷。相反，教皇逐渐丧失了权威，领主和骑士阶层也没落了。国王的力量变得越发强大。

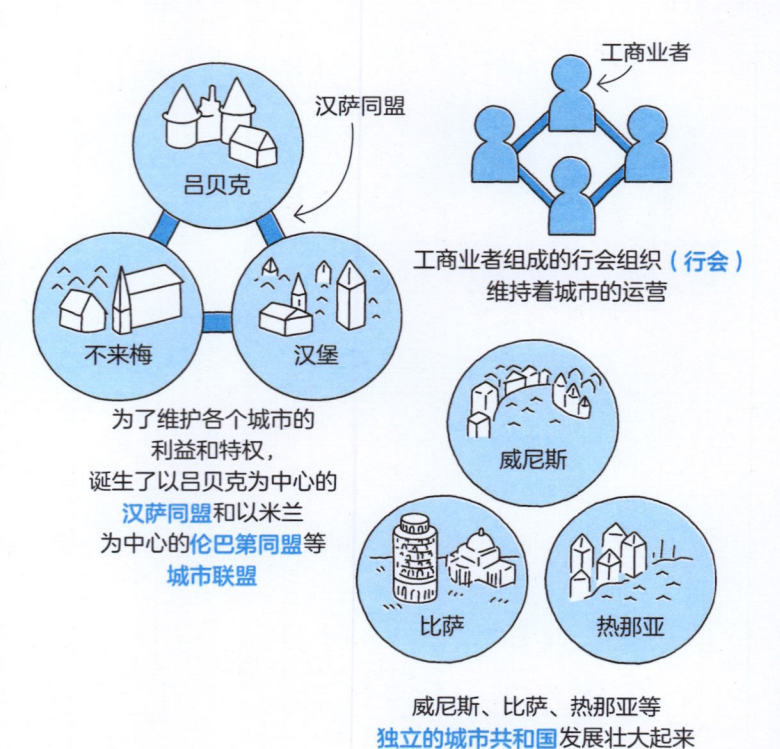

为了维护各个城市的利益和特权，诞生了以吕贝克为中心的**汉萨同盟**和以米兰为中心的伦巴第同盟等**城市联盟**。

威尼斯、比萨、热那亚等**独立的城市共和国发展壮大起来**。

工商业者组成的行会组织（**行会**）维持着城市的运营。

48

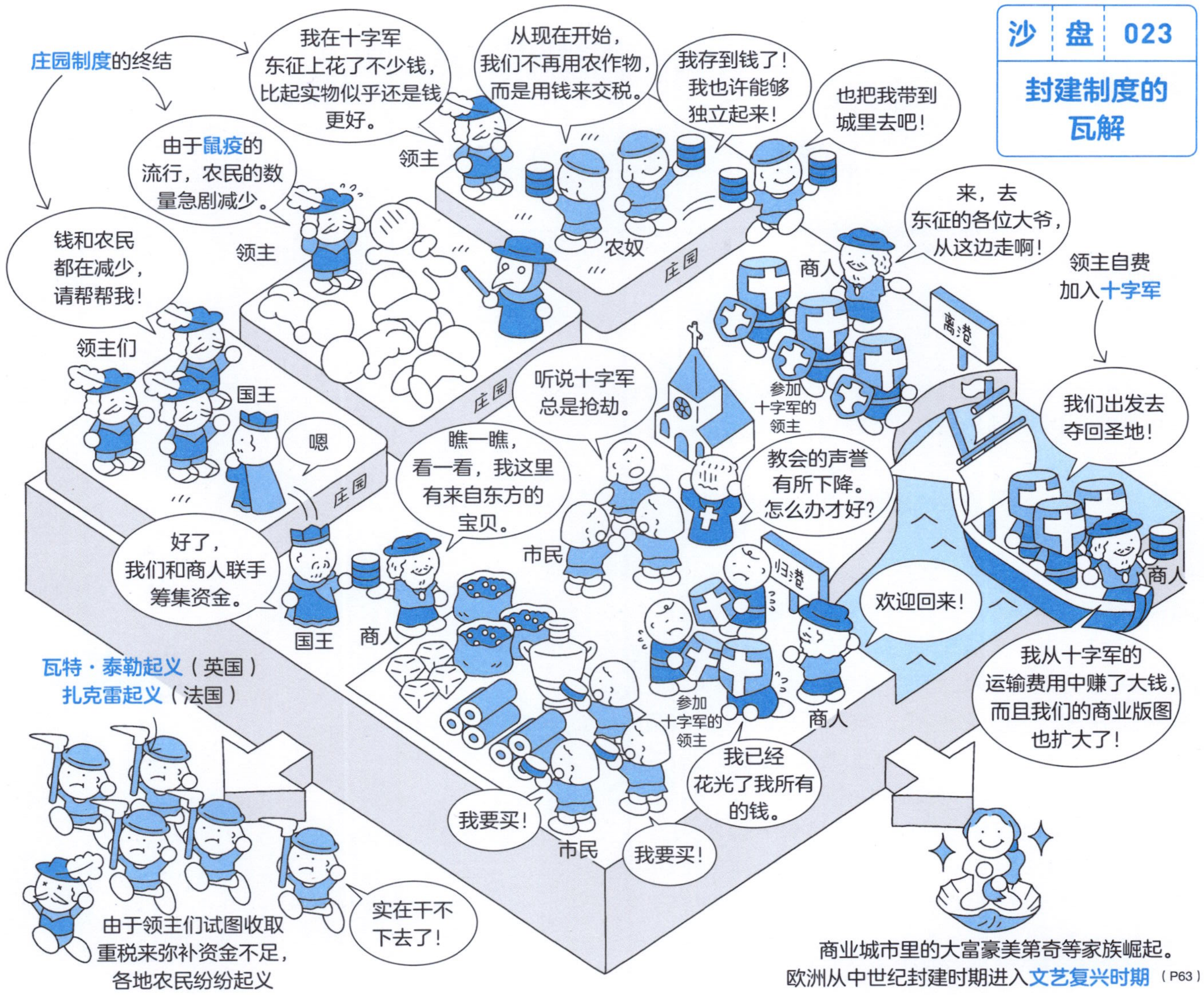

沙盘 023
封建制度的瓦解

庄园制度的终结

由于鼠疫的流行，农民的数量急剧减少。

领主们，钱和农民都在减少，请帮帮我！

从现在开始，我们不再用农作物，而是用钱来交税。

我在十字军东征上花了不少钱，比起实物似乎还是钱更好。

我存到钱了！我也许能够独立起来！

东征的各位大爷，从这边走啊！

领主自费加入十字军。

也把我带到城里去吧！

我们出发去夺回圣地！

听说十字军总是抢劫。

教会的声誉有所下降。

十字军的领主花光了我所有的钱。

参加十字军的领主，我已经怎么办才好？

我从十字军中赚了大钱，运输费用中赚大钱，而且我们的商业版图也扩大了！

欢迎回来！

瞧一瞧，我这里有来自东方的宝贝。

我要买！
我要买！

瓦特·泰勒起义（英国）
扎克雷起义（法国）

好了，我们和商人联手筹集资金。

嗯。

由于领主们试图收取重税来弥补资金不足，各地农民纷纷起义。

实在干不下去了！

商业城市里的大富豪美第奇等豪族崛起，欧洲从中世纪封建时期进入文艺复兴时期（P63）

中世纪国家①

法国

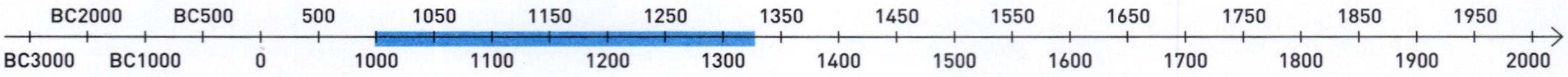

欧洲中世纪是以教会为中心的时代，**罗马教皇**拥有巨大的权力。然而，在**十字军**东征失败后，教皇丧失了权威(P46)，欧洲各国的非宗教势力开始扩张。

首先是**法兰西王国**。由于**加洛林王朝**(P33)绝嗣，987年，法兰西王国诞生了。法兰西公爵雨果·卡佩（987—996年在位）成为其首位国王（**卡佩王朝**，987—1328年）(P52)。但在12世纪中叶，法国西部的领土成为英国属地，直到13世纪，**腓力二世**（1180—1223年在位）挽回局势，收回了大部分领土。

14世纪，由于腓力二世的孙子**腓力四世**（1285—1314年在位）公开向教会征税，全面引发了与罗马教皇的冲突。于是，腓力四世召开了一个由神职人员、贵族和平民代表组成的**三级会议**（1302年），即等级代表会议。他试图加强国家集权，压制教会权力。

1303年，发生了**阿纳尼事件**。即腓力四世绑架并监禁了坚持教皇权力至高无上的罗马教皇卜尼法斯八世（1294—1303年在位），此后，腓力四世开始主张王权至高无上。

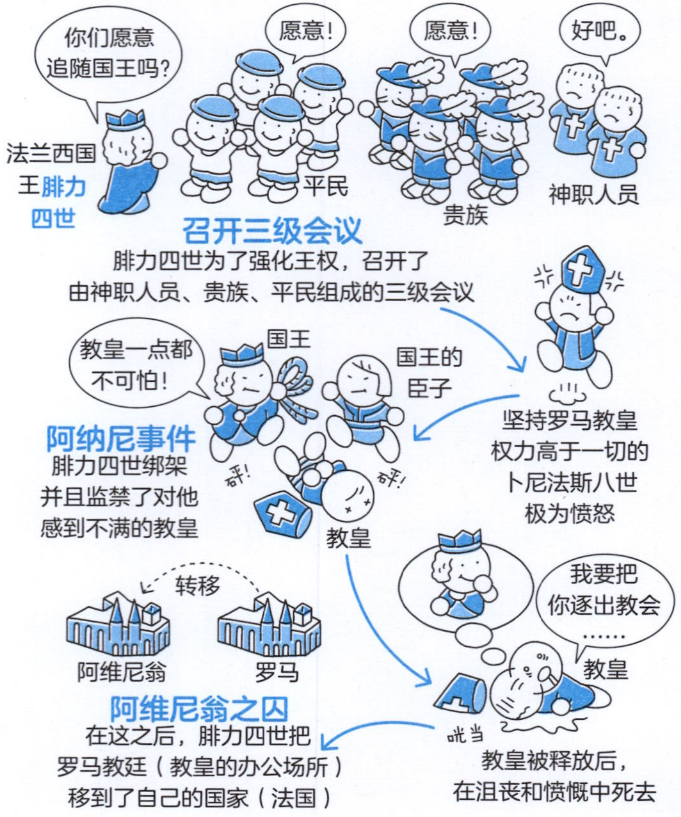

召开三级会议
腓力四世为了强化王权，召开了由神职人员、贵族、平民组成的三级会议。

阿纳尼事件
腓力四世绑架并监禁了一个由神职人员感到不满的教皇

阿维尼翁之囚
在这之后，腓力四世把罗马教廷（教皇的办公场所）移到了自己国家（法国）

坚持罗马高于一切权力的罗马教皇卜尼法斯八世极为愤怒

教皇被释放后，在沮丧和愤慨中死去

沙盘 024 中世纪的法国

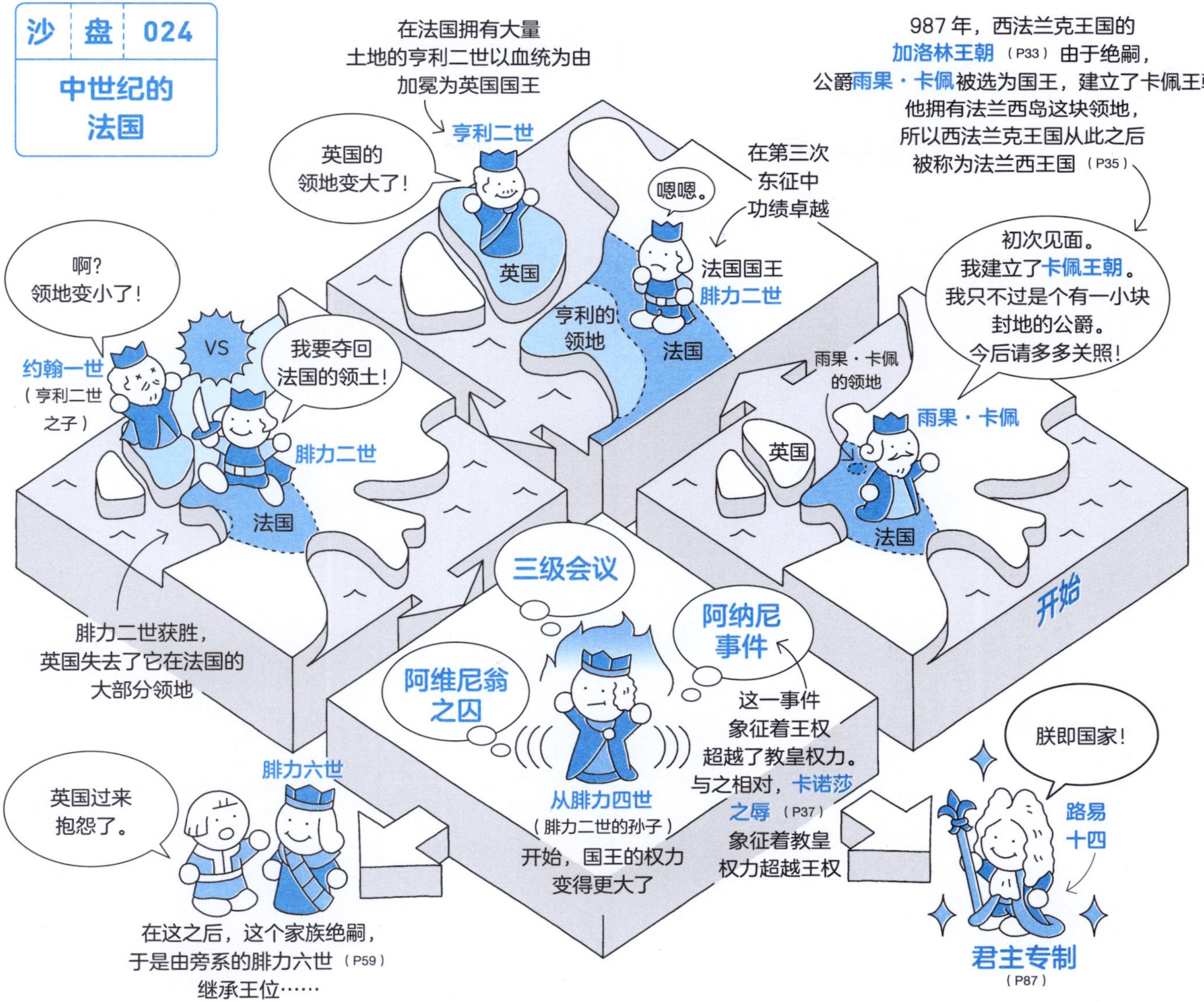

987年，西法兰克王国的加洛林王朝（P33）由于绝嗣，公爵雨果·卡佩被选为西法兰克国王，建立了卡佩王朝。他拥有法兰克岛这块领地，所以西法兰克王国从此之后被称为法兰西王国（P35）

> 初次见面，我建立了卡佩王朝，我只不过是个有一小块封地的公爵，今后请多关照！
> —— 雨果·卡佩

开始

在法国拥有大量土地的亨利二世以血统为由加冕为英国国王

> 英国的领地变大了！
> —— 亨利二世

在第三次东征中功绩卓越

> 嗯嗯。
> —— 法国国王腓力二世

> 啊？领地变小了！
> —— 腓力二世

VS

> 我要夺回法国的领土！
> —— 法国

亨利二世

腓力二世获胜，英国失去了它在法国的大部分领地

> 英国过来抱怨了。
> —— 约翰一世（亨利二世之子）

在这之后，这个家族绝嗣，于是由旁系的腓力六世继承王位……（P59）

腓力六世

三级会议

阿维尼翁之囚

> 从腓力四世（腓力二世的孙子）开始，国王的权力变得更大
> 超越了教皇之辱（P37），象征着王权与之相对，卡诺莎之辱，象征着教皇权力超越王权

阿纳尼事件

这一事件象征着王权超越了教皇权力

路易十四（P87）

> 朕即国家！

君主专制（P87）

中世纪 51

中世纪国家②

英国

英国和法国的关系

亨利二世时期的英国领土

约翰一世时期的英国领土

百年战争后的英国领土

佛兰德斯地区

巴黎

加来

从此以后，加来市在长达 200 年的时间里被英国占领。

■ 英格兰领土
□ 法兰西领土

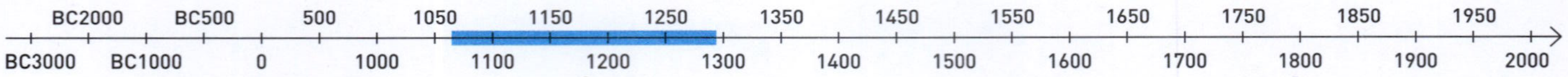

英国的历史从 1066 年开始，当时法国（卡佩王朝）的附庸诺曼底公爵威廉（**威廉一世**）登陆英国并建立了**诺曼王朝**（P38）。法国的语言文化也在这个时候传入英格兰。例如，英语单词"beef"（牛肉）和"pork"（猪肉）就来自法语单词"bœuf"（牛）和"porc"（猪）。

1154 年，诺曼王朝绝嗣，来自法国的大领主安茹伯爵**亨利**（**1133—1189 年**）——**亨利二世**（**1154—1189 年在位**）在英格兰登基，建立了**金雀花王朝**。由于安茹伯爵在法国西部拥有广阔的领土，法国近一半的土地成了英国领土。

但在与法国交战失利后，英格兰国王**约翰一世**（**1199—1216 年在位**）将原属于法国的大部分领土又交还给了法国（卡佩王朝）的**腓力二世**（P50）。约翰一世试图通过征税来弥补战败的损失，但遭到了贵族们的抵制。因此，他被迫签署了《**大宪章**》（**1215 年**），其中规定不得随意征税和进行逮捕。13 世纪末，在贵族的推动下，英格兰王国建立了等级代表会议机构——**模范议会**（**1295 年**）。

后来，英格兰王国因争夺领土和佛兰德斯地区的控制权与法国开战，史称**百年战争**（P58）。

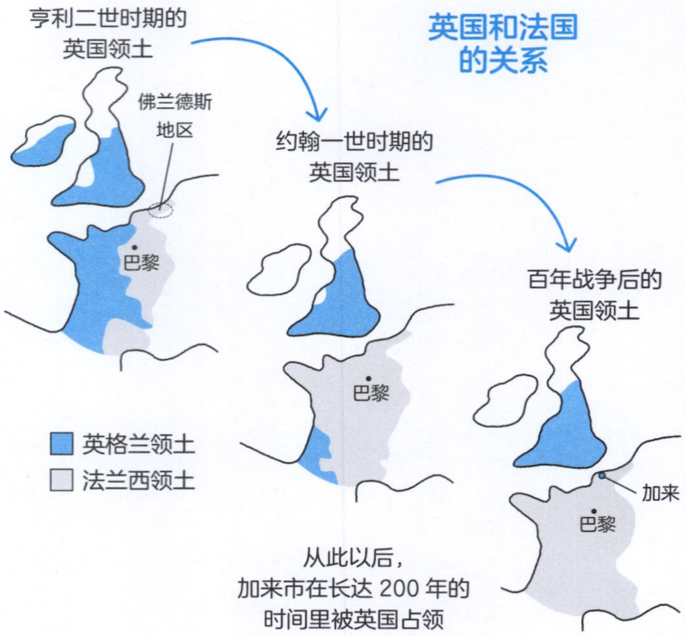

沙盘 025 中世纪的英国

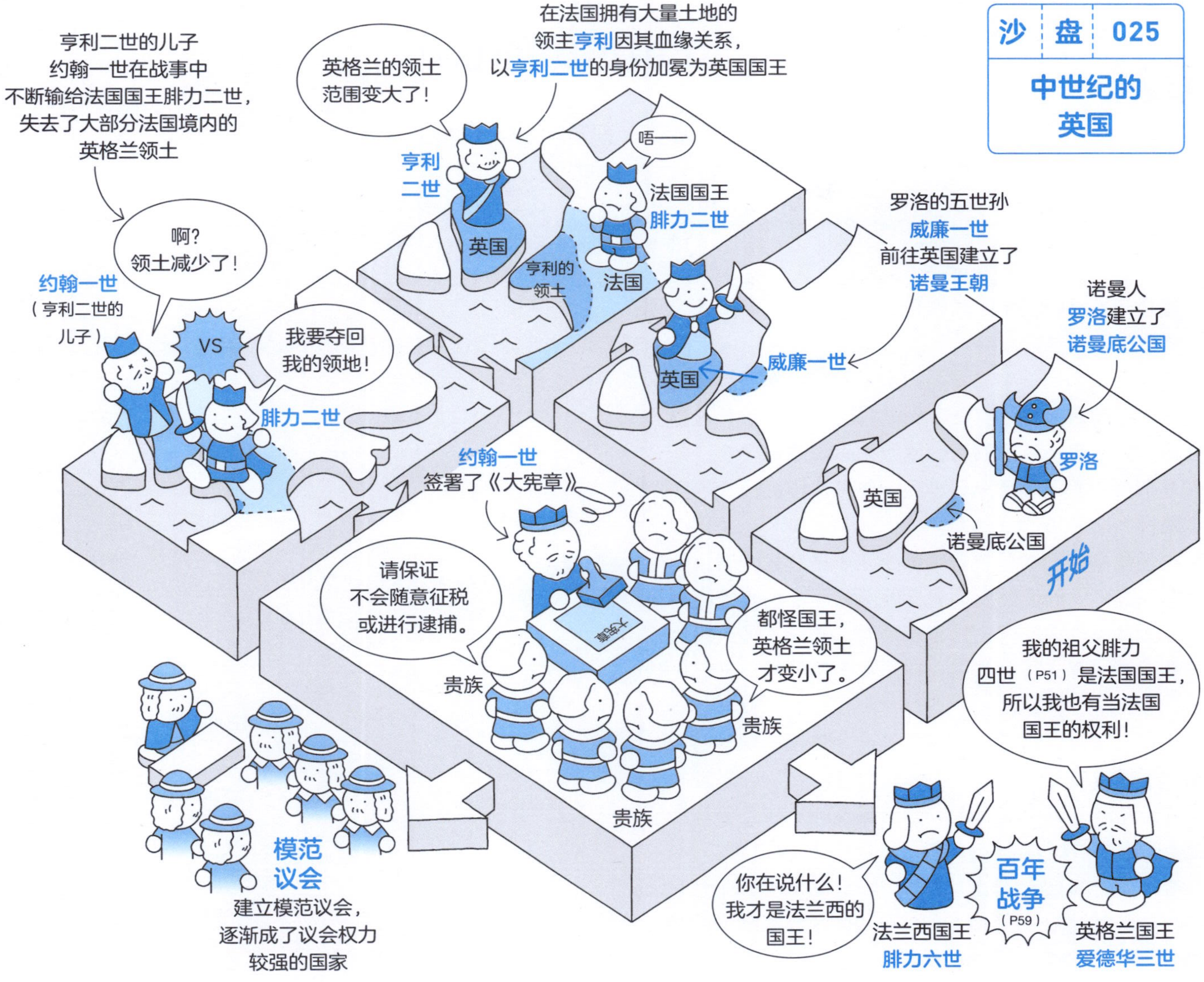

026

中世纪国家③

德国（神圣罗马帝国）

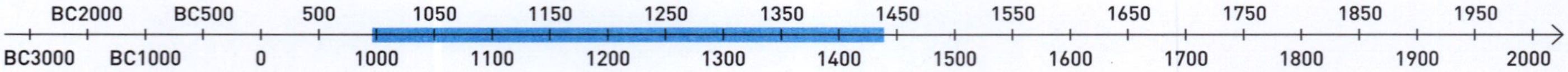

BC3000　BC2000　BC1000　BC500　0　500　1000　1050　1100　1150　1200　1250　1300　1350　1400　1450　1500　1550　1600　1650　1700　1750　1800　1850　1900　1950　2000

接下来让我们看看德国的起源——**神圣罗马帝国（962—1806年）**（P34）。

神圣罗马帝国是得到**罗马教皇**承认的，**罗马帝国**的正式继承国。然而，神圣罗马帝国的领土却不包括最重要的**罗马**。神圣罗马帝国的历代皇帝都很在意这件事，于是他们为了占领罗马和意大利半岛，曾多次出兵意大利（**意大利政策，10—13世纪**）。

神圣罗马帝国的历代皇帝都专注于领**意大利**，他们经常不在国内。他们外出期间，国内的领主们的实力不断增强，统治自身领地的权力也越来越大。最终，领主们的领地发展成为拥有主权的**邦国**。神圣罗马帝国的邦国一度达到300个。

因此，与其说神圣罗马帝国是一个由皇帝领导的统一国家，不如说它是一个由众多邦国组成的邦联。皇帝的领地也只是众多邦国中的一个。与法国不同，神圣罗马帝国皇帝（国王）的权力即使到了近代也没有变得太大。

神圣罗马帝国最终进入了一个没有皇帝的大空位时代（**1254—1273年**）。为了结束这种局势，帝国制定了选举的规则——**从7位有实力的选侯（七大选侯）中选出神圣罗马皇帝（《金玺诏书》，1356年）**。15世纪，神圣罗马帝国从哈布斯堡家族中选出了一位皇帝，从此以后，神圣罗马帝国的皇位都由哈布斯堡家族世袭。

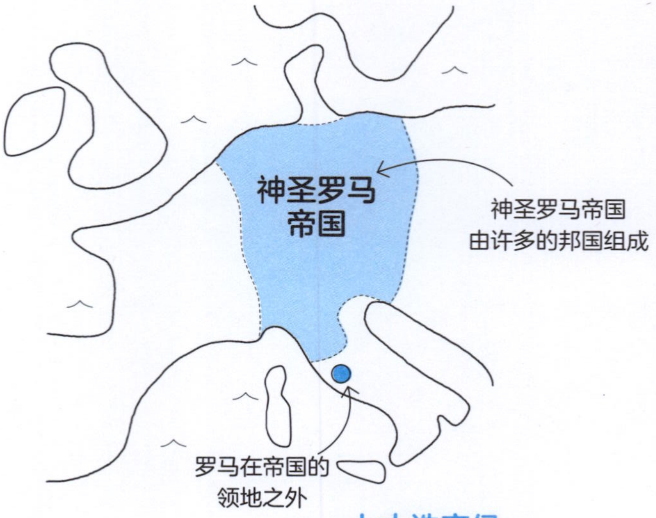

神圣罗马帝国由许多的邦国组成

神圣罗马帝国

罗马在帝国的领地之外

七大选侯

由以下7个邦国的统治者来决定神圣罗马皇帝

美因茨、科隆、特里尔、普法尔茨、萨克森、波希米亚、勃兰登堡

沙盘 026
中世纪的德国

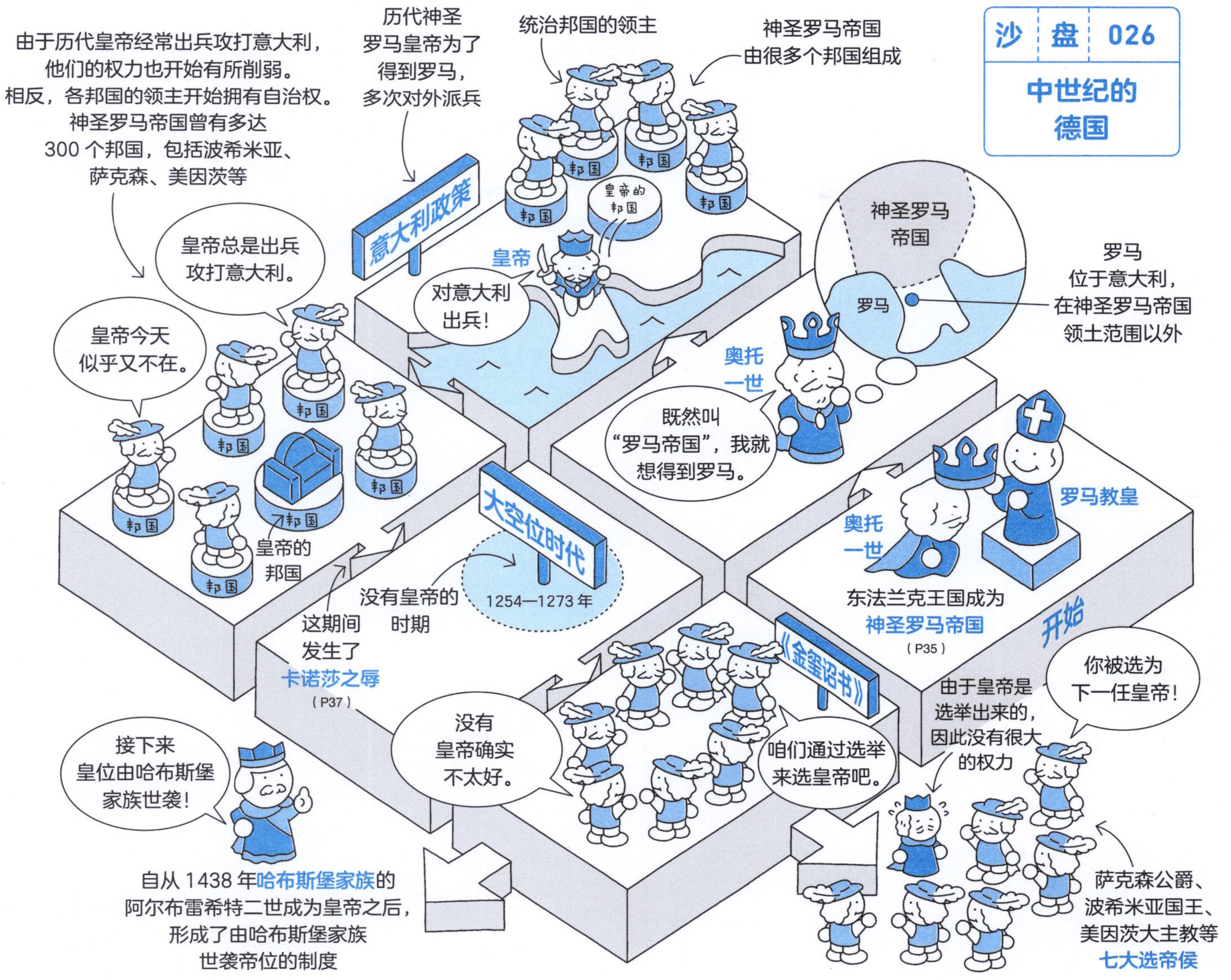

由于历代皇帝经常出兵攻打意大利,他们的权力也开始有所削弱。相反,各邦国的领主开始拥有自治权。神圣罗马帝国曾有多达300个邦国,包括波希米亚、萨克森、美因茨等。

历代神圣罗马皇帝为了得到罗马,多次对外派兵。

统治邦国的领主
神圣罗马帝国由很多个邦国组成

神圣罗马帝国
位于意大利、在神圣罗马帝国领土范围以外

罗马
罗马教皇

意大利政策
对意大利出兵!
皇帝总是出兵攻打意大利。
皇帝今天似乎又不在。
皇帝的

奥托一世
既然叫"罗马帝国",我就想得到罗马。

东法兰克王国成为神圣罗马帝国
开始
由于皇帝是选举出来的,因此没有很大的权力
你被选为下一任皇帝!

大空位时代
1254—1273年
这期间没有皇帝的时期
发生了**卡诺莎之辱**(P37)
没有皇帝的皇位确实不太好。

《金玺诏书》(P35)
咱们通过选举来选皇帝吧。
七大选帝侯
萨克森公爵、波希米亚国王、美因茨大主教等

接下来皇位由哈布斯堡家族世袭!

自从1438年哈布斯特一世成为皇帝之后,阿尔布雷希特二世成为皇帝之后,形成了由哈布斯堡家族世袭帝位的制度

027 中世纪国家④

葡萄牙、西班牙、意大利和北欧

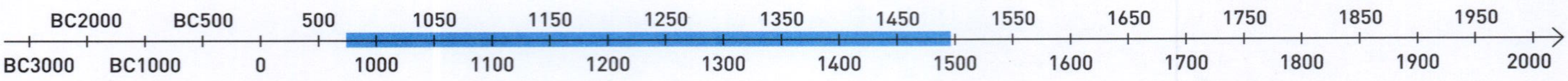

现在西班牙和葡萄牙所在的伊比利亚半岛，曾经属于日耳曼人建立的王国——西哥特王国（P30）。然而，伊比利亚半岛遭到倭马亚王朝（阿拉伯帝国）入侵，落入阿拉伯人的手中。为了挽回同势，以"恢复天主教国家"为口号的**收复失地运动（718—1492年）**开始。

12世纪，在收复失地运动的过程中，天主教国家**葡萄牙王国**诞生了。15世纪，卡斯蒂利亚王国和阿拉贡王国合并，诞生了天主教国家**西班牙王国**。西班牙王国的建立标志着持续了近800年的收复失地运动结束。

教皇国是罗马教皇的所在地意大利半岛，自8世纪以来一直是罗马教皇的领地。然而，教皇国常受到神圣罗马帝国入侵 [意大利政策（P54）]，因经常受到神圣罗马帝国入侵，教皇国的势力日渐衰弱。两西西里王国、**威尼斯共和国、米兰公国**等国家内部，各种势力此起彼伏，意大利直到19世纪才实现统一。

14世纪末，位于斯堪的纳维亚半岛的北欧形成了一个以**丹麦**女王玛格丽特一世（1387—1412年在位）为中心，由丹麦、挪威、瑞典组成的共主邦联——**卡尔马联盟（1397年）**。联盟致力于维护其从北海到波罗的海的商业利益。

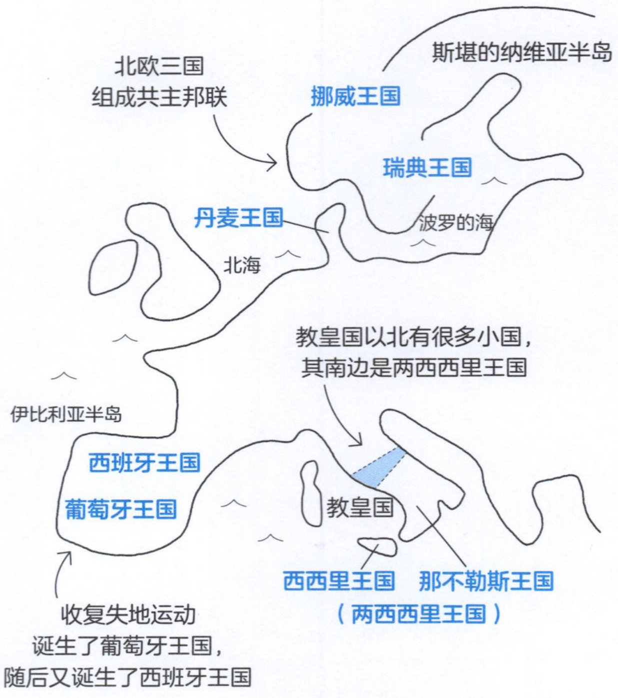

斯堪的纳维亚半岛
挪威王国
瑞典王国
波罗的海
北欧三国组成共主邦联
丹麦王国
北海
伊比利亚半岛
西班牙王国
葡萄牙王国
收复失地运动，诞生了葡萄牙王国，随后又诞生了西班牙王国
教皇国以北有很多小国，其南边是两西西里王国
教皇国
西西里王国 那不勒斯王国
（两西西里王国）

沙盘 027 中世纪的西班牙等国家

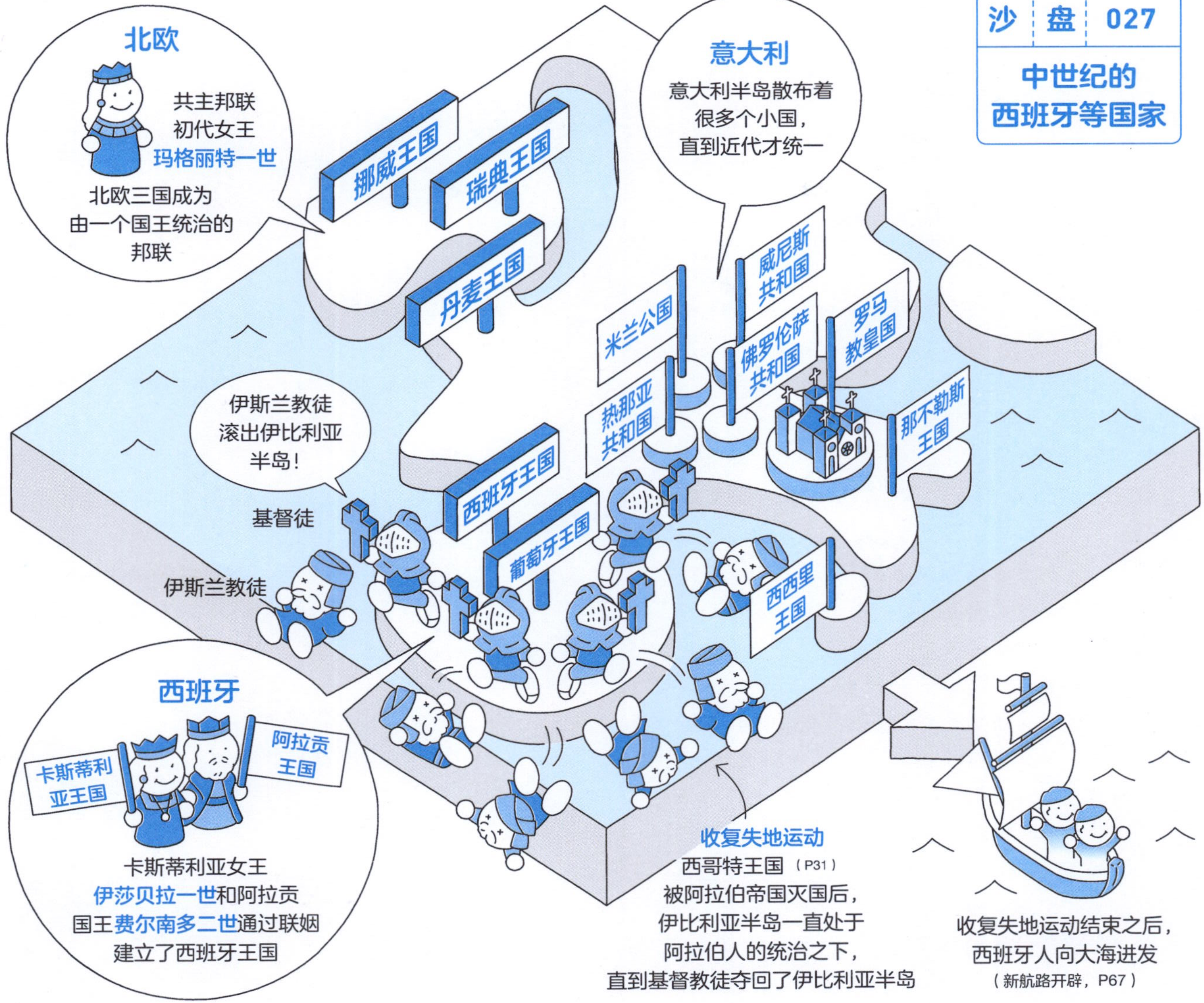

北欧
共主邦联
玛格丽特一世
北欧三国成为由一个国王统治的邦联

- 挪威王国
- 丹麦王国
- 瑞典王国

意大利
意大利半岛散布着很多个小国，直到近代才统一

- 米兰公国
- 热那亚共和国
- 威尼斯共和国
- 佛罗伦萨共和国
- 罗马教皇国
- 那不勒斯王国
- 西西里王国

西班牙
卡斯蒂利亚王国
阿拉贡王国

卡斯蒂利亚女王伊莎贝拉一世和阿拉贡国王费尔南多二世通过联姻建立了西班牙王国

伊斯兰教徒
基督徒
伊斯兰教徒滚出伊比利亚半岛！

- 西班牙王国
- 葡萄牙王国

收复失地运动（P31）
西哥特王国被阿拉伯帝国灭国后，伊比利亚半岛一直处于阿拉伯人的统治之下，直到基督教徒夺回了伊比利亚半岛

收复失地运动结束之后，西班牙人向大海进发（新航路开辟，P67）

028

百年战争

冲锋陷阵的圣女贞德

在中世纪晚期，教会的影响力急速衰退，甚至连能够牵制国王的最后王牌——"教会仲裁"也消失了，国王之间的利益冲突开始加剧。

1328年，由于继承法国国王腓力四世王位的查理四世去世，卡佩王朝（P50）因后继无人而终结，法国瓦卢瓦王朝（1328—1589年在位）随之建立。英国国王爱德华三世（1327—1377年在位）以自己是腓力四世的孙子为由要求继承法国王位。英国试图阻止法国向盛产羊毛织品的佛兰德斯地区进行扩张。两国争执不下，最终百年战争（1337—1453年）爆发。

百年战争前期，爱德华三世和其子黑太子爱德华（1330—1376年）战绩斐然（克雷西战役，1346年；普瓦捷战役，1356年）。英国占据了法国的蔓延和扎克雷起义（P49）带来的重危机，已经处在崩溃的边缘。法国由于黑死病（P48）的蔓延和扎克雷起义（P49）带来的重危机，已经处在崩溃的边缘。

这时，贞德（1412—1431年），一个出生在法国农家的年轻女孩站了出来。她声称得到了上帝的启示，率领法国军队踏上了抗击外敌的征程，并从英国人手中夺回了奥尔良城（奥尔良战役，1428—1429年），重整旗鼓的法国人，成功地将英军赶出了法国。虽然法国赢得这场战争，但领主和骑士却因此陷入波弱态势，逐渐没落，以国王为中心的中央集权统治（P86）趁机快速发展起来。

百年战争之后，为争王位，英国的兰开斯特家族（家徽为红玫瑰）和约克家族（家徽为白玫瑰）之间爆发了玫瑰战争（1455—1485年）。英国各地的领主和骑士们选边站队，加入了这场持续了30年的内战，这也导致了领主和骑士阶层的没落。最后，拥有兰开斯特家族血统的亨利·都铎，即亨利七世（1485—1509年在位）获胜。他即位后迅速巩固了英国的君主专制政体（自此，英国进入都铎王朝统治时期，1485—1603年）。

解放奥尔良城后的第二年，贞德落到了英军手中。经宗教裁判所判决，英国人以异教徒的罪名在法国鲁昂对她施以火刑

沙盘 028 百年战争

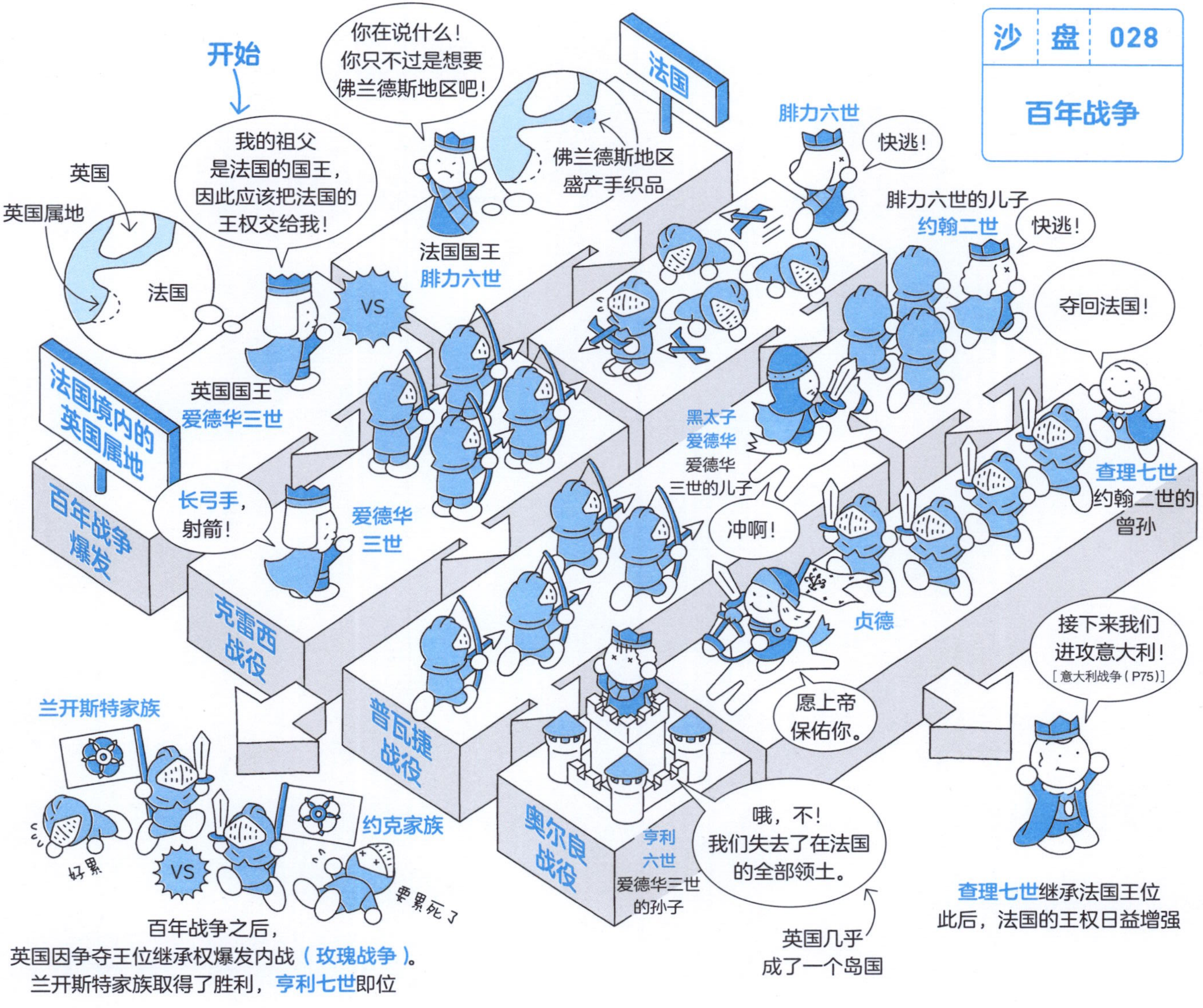

中世纪

59

近代早期

029

文艺复兴

人文主义的再生

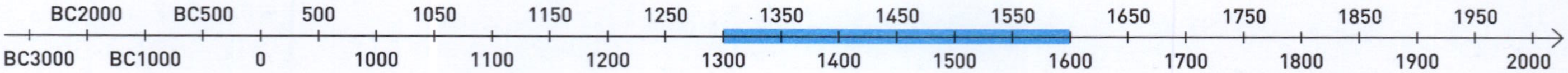

BC3000 BC2000 BC1000 BC500 0 500 1000 1050 1100 1150 1200 1250 1300 1350 1400 1450 1500 1550 1600 1650 1700 1750 1800 1850 1900 1950 2000

随着十字军东征的最终失败(P46)，人们对罗马教皇的信任度也逐渐下降(P48)。加入了十字军前往耶路撒冷的人开始接触到天主教以外的价值观念。

在这种背景下，在意大利佛罗伦萨通过与伊斯兰文化圈进行东方贸易而繁荣起来的城市中兴起了文艺复兴运动。"文艺复兴"的英文本意是"再生"，这是一场人文主义运动，从以教会为中心的价值观回归到以"人性"(人文主义)为中心的价值观。与早期基督教的圣像画相比，文艺复兴时期的艺术作品涉及许多基督教出现之前的希腊绘画和雕塑的主题。达·芬奇(1452—1519年)、米开朗基罗(1475—1564年)和拉斐尔(1483—1520年)等艺术家的作品也都表现了他们在希腊文化中探寻到的"人性"。

从贸易中获得巨大财富的佛罗伦萨伦贵族、美第奇家族等富人阶层，成了艺术家和思想家的主要赞助人，意大利的文艺复兴运动蓬勃发展。然而，由于罗马教皇也是主要赞助人，所以在意大利的文艺复兴运动扩展到德国和法国后，品也不在少数，但当文艺复兴运动扩展到德国和法国后，批判教会的作品陆续涌现(北方文艺复兴)。

> 文艺复兴时期，中国处于明期。四大发明中的火药、指南针、印刷术通过阿拉伯人传至欧洲。

勃鲁盖尔（尼德兰地区）
作品的主人公是农民，作品的主人公是人，而不是上帝

霍尔拜因（德国）
作品的主人公是人，而不是上帝

蒙田（法国）
用日记风格的文字记录自己的想法

莎士比亚（英国）
撰写戏剧作品

伊拉斯谟（尼德兰地区）
批判了神职人员

塞万提斯（西班牙）
以喜剧手法描写了一个不合时宜的骑士

北方文艺复兴

（意大利以外的文艺复兴）文艺复兴运动起源于意大利的佛罗伦萨，随后在阿尔卑斯山以北地区传播开来，并出现了许多表达人类本真的作品

沙盘 029 文艺复兴

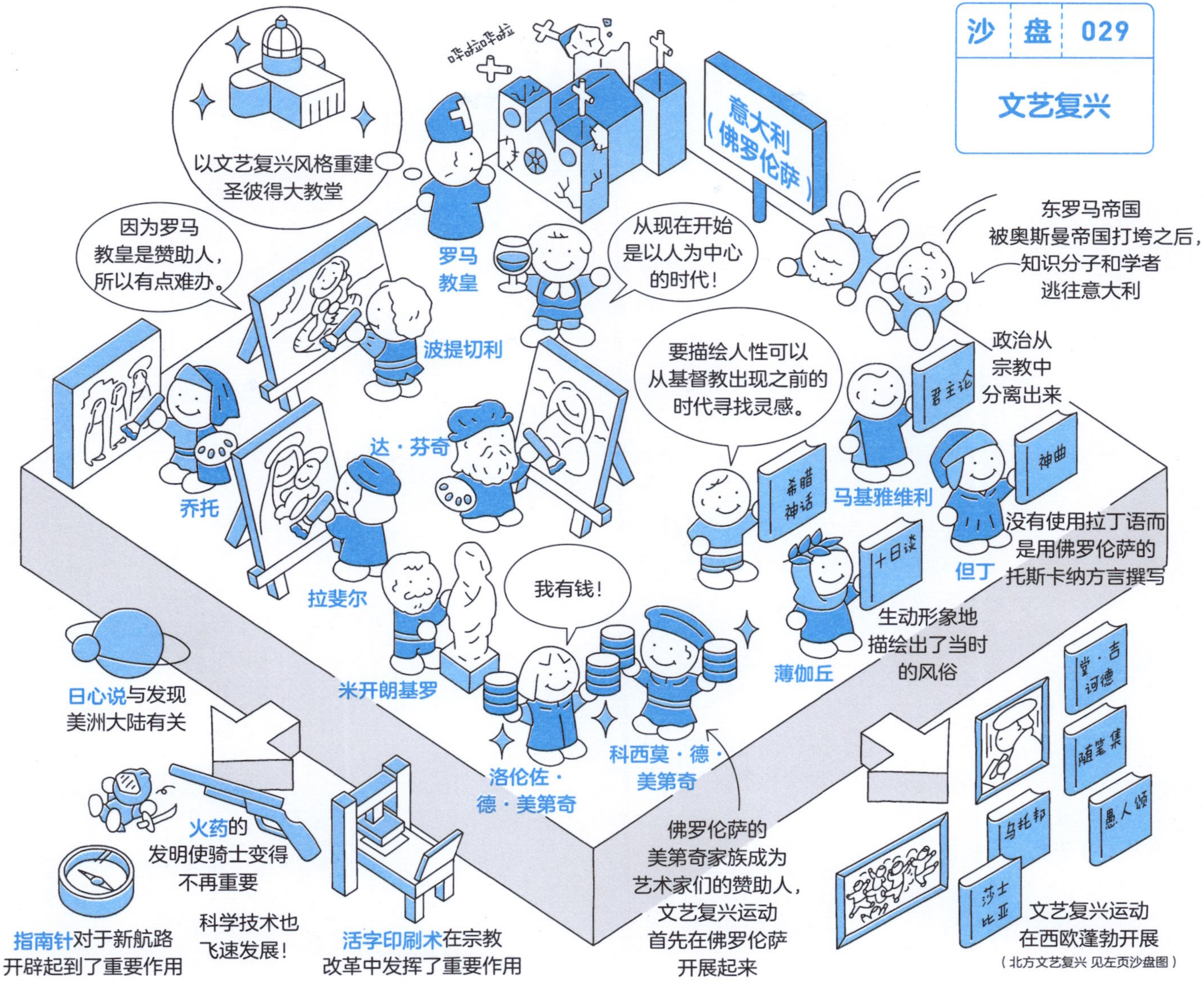

意大利（佛罗伦萨）

东罗马帝国被奥斯曼帝国打垮之后，知识分子和学者逃往意大利

政治从宗教中分离出来

君主论

以文艺复兴风格重建圣彼得大教堂

因为罗马教皇是赞助人，所以有点难办。

罗马教皇

乔托

达·芬奇

拉斐尔

波提切利

米开朗琪罗

洛伦佐·德·美第奇

我有钱！

科西莫·德·美第奇

从现在开始是以人为中心的时代！

要描绘出人性可以从基督教出现之前的时代寻找灵感。

薄伽丘

十日谈

希腊神话

但丁用佛罗伦萨的托斯卡纳方言撰写

生动形象地描绘出了当时的风俗

乌托邦 莫尔

浮士德 歌德

愚人颂 伊拉斯谟

文艺复兴运动在西欧蓬勃开展
（北方文艺复兴见另页沙盘）

日心说与发现美洲大陆有关

火药的发明使骑士变得不再重要

活字印刷术在宗教改革中发挥了重要作用

指南针对于新航路开辟起到了重要作用

科学技术也飞速发展！

艺术家们的赞助人，文艺复兴运动首先在佛罗伦萨开展起来

美第奇家族成为

030 新航路开辟①

葡萄牙的印度航线

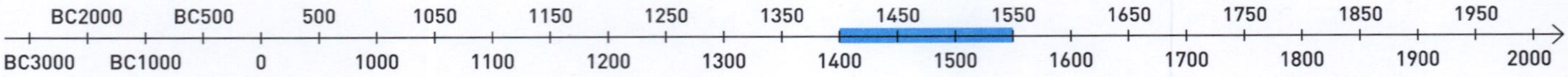

由于14世纪的欧洲盛行肉食主义，印度产的香料（如胡椒）价格也相对昂贵。到了15世纪，随着奥斯曼帝国势力的扩张，东方贸易变得不稳定，香料的价格开始飙升。因此，葡萄牙开始寻求一条通往印度的航线，以便直接获取香料。**新航路开辟**的序幕由此拉开，这段历史被称作大航海时代（15—17世纪）。

开辟新航路需要大型船只。当时能够提供相应经费打造大型船只的只有葡萄牙和西班牙这两国。这是因为两国国王在收复失地运动（P56）中发挥的强大领导力使其拥有了巨大的权力和财富。

葡萄牙的商船先是在恩里克王子（1394—1460年）的协助下抵达非洲西海岸。接着，葡萄牙航海家迪亚士（约1450—1500年）抵达非洲南端的**好望角**。最后，葡萄牙航海家达·伽马（约1469—1524年）到达了印度的卡利卡特。

开辟了印度航线后，葡萄牙无须经过奥斯曼帝国便可以直接与印度进行香料贸易。葡萄牙国王从中获得了巨额利益，首都里斯本一度成为商业中心，16世纪时抵达日本种子岛。葡萄牙的船只继续航行，

葡萄牙的印度航线
由于陆路被阻断，葡萄牙人只能寻找一条通往印度的海上航线

卡利卡特
印度洋
好望角
非洲西海岸
大西洋
葡萄牙

用了胡椒后，肉真好吃！

胡椒对于欧洲人来说是必不可少的

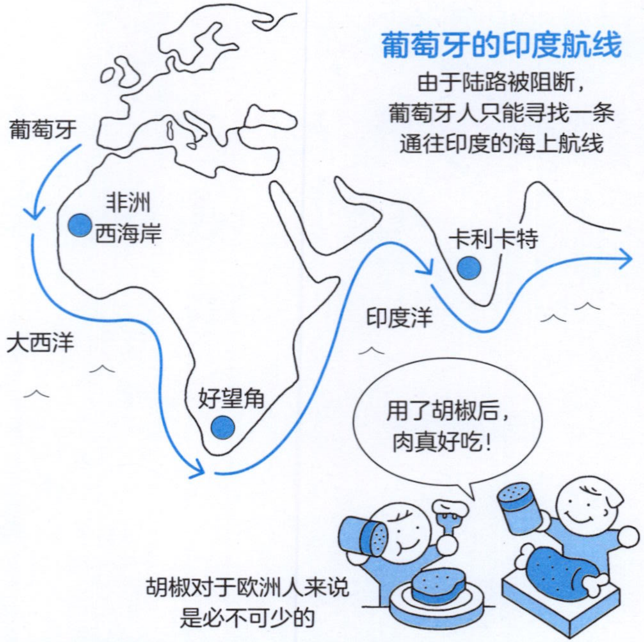

1405—1433年，明朝的郑和七次奉命下西洋，郑和下西洋是中国古代规模最大、船只和海员最多、时间最久的海上航行，也是人类航海史上的壮举。

64

沙盘 030
新航路开辟①
葡萄牙

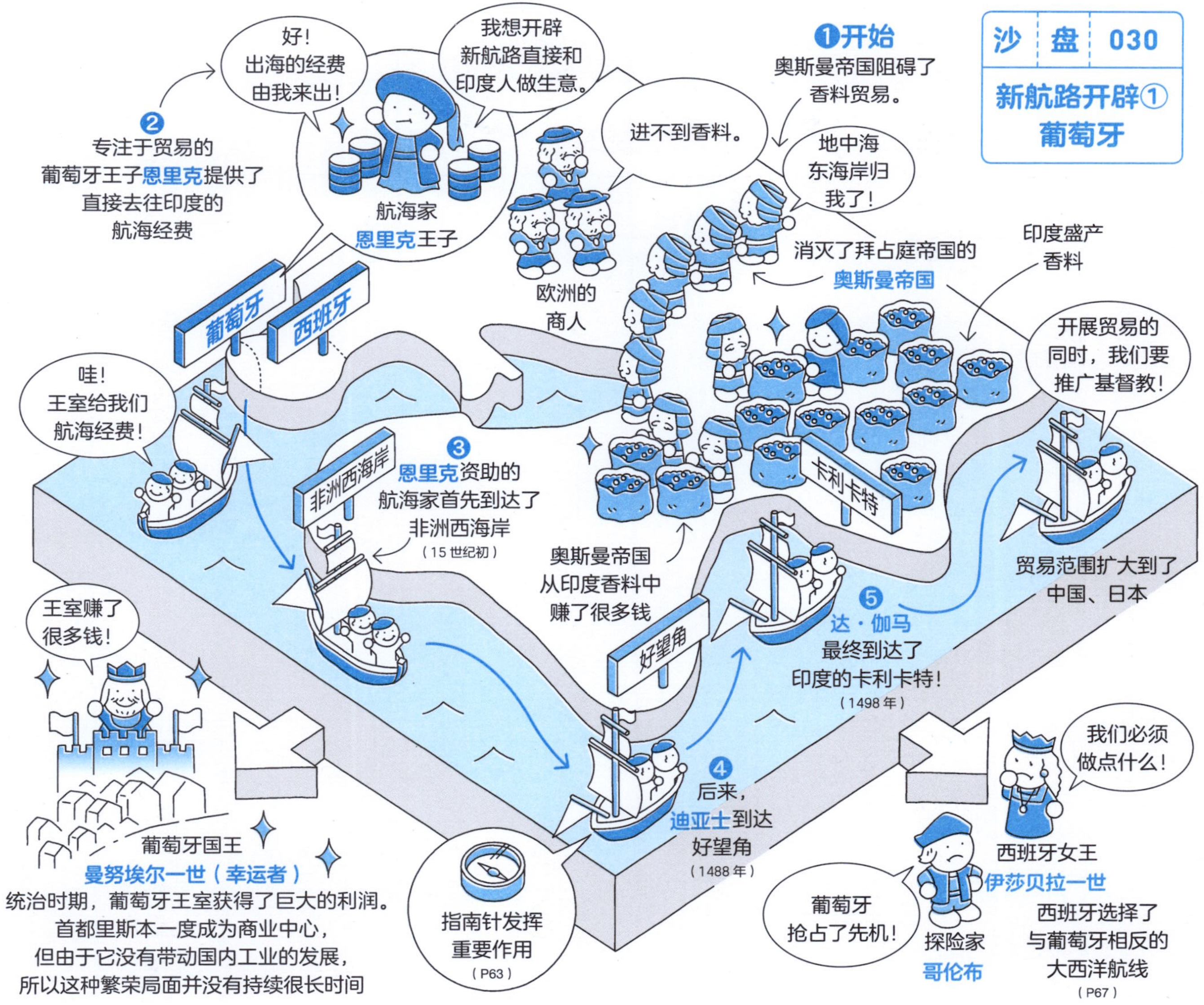

❶ 开始

奥斯曼帝国阻碍了香料贸易。

地中海东海岸归我了！ —— 奥斯曼帝国

消灭了拜占庭帝国的奥斯曼帝国，同时，我们要开展贸易！ 推广基督教！

印度盛产香料

进不到香料。 —— 欧洲的商人

我想开辟新航路直接和印度人做生意。 —— 恩里克王子

❷

好！出海的经费由我来出！ —— 葡萄牙王子恩里克提供了直接去往印度的航海经费。

哇！王室给我们航海经费！

王室赚了很多钱！

曼努埃尔一世（幸运者）葡萄牙国王

统治时期，葡萄牙王室获得了巨大利润，首都里斯本一度成为商业中心，但由于它没有带动国内工业的发展，所以这种繁荣局面并没有持续很长时间。

指南针发挥重要作用（P63）

❸

恩里克王子资助的航海家首先到达了非洲西海岸（15世纪初）

非洲西海岸

葡萄牙 ←→ 西班牙

❹

后来，迪亚士到达了好望角（1488年）

好望角

❺

最终到达了印度的卡利卡特！ 达·伽马（1498年）

奥斯曼帝国从印度香料中赚了很多钱

贸易范围扩大到了中国、日本

伊莎贝拉一世 西班牙女王

我们必须做点什么！

葡萄牙抢占了先机！

西班牙选择了与葡萄牙相反的大西洋航线（P67）

哥伦布 探险家

近代早期

65

新航路开辟②

西班牙的大西洋航线

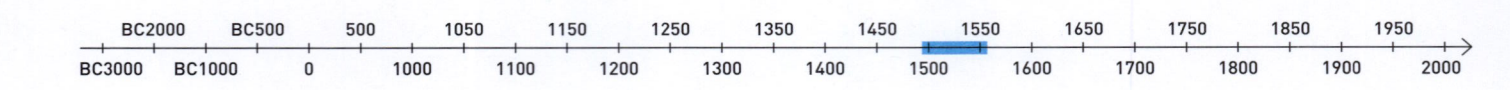

探险家哥伦布（1451—1506年）相信"地圆说"。他认为，如果向西穿越大西洋，就可以到达印度。因为被葡萄牙抢占先机（P64），**西班牙女王伊莎贝拉一世（1474—1504年在位）**便答应资助哥伦布开辟大西洋航线。

哥伦布向西进发，经过两个月的航行，到达了一片陆地。然而，那里并不是印度，而是加勒比海的**圣萨尔瓦多岛**。尽管探险家**阿美利哥·维斯普西（1454—1512年）**后来指出那里是"新大陆"，但哥伦布终其一生都认为那里就是印度。因此，该地区今天仍被称为**西印度群岛**。

后来，**麦哲伦（约1480—1521年）**的船队在西班牙国王卡洛斯一世（1516—1556年在位）的资助下，绕过南美大陆，横跨太平洋，抵达了菲律宾。船队还完成了穿越印度洋绕行地球一周的壮举。

国王卡洛斯一世立即派遣探险家科尔特斯（1485—1547年）和皮萨罗（约1471—1541年）前往新大陆。他们征服了**阿兹特克帝国**（P124）和**印加帝国**（P124），并强迫原住民开采了大量的银矿。西班牙王室积累了巨额的财富，就这样，全球的商业中心从地中海转移到了大西洋。

沙盘 031

新航路开辟② 西班牙

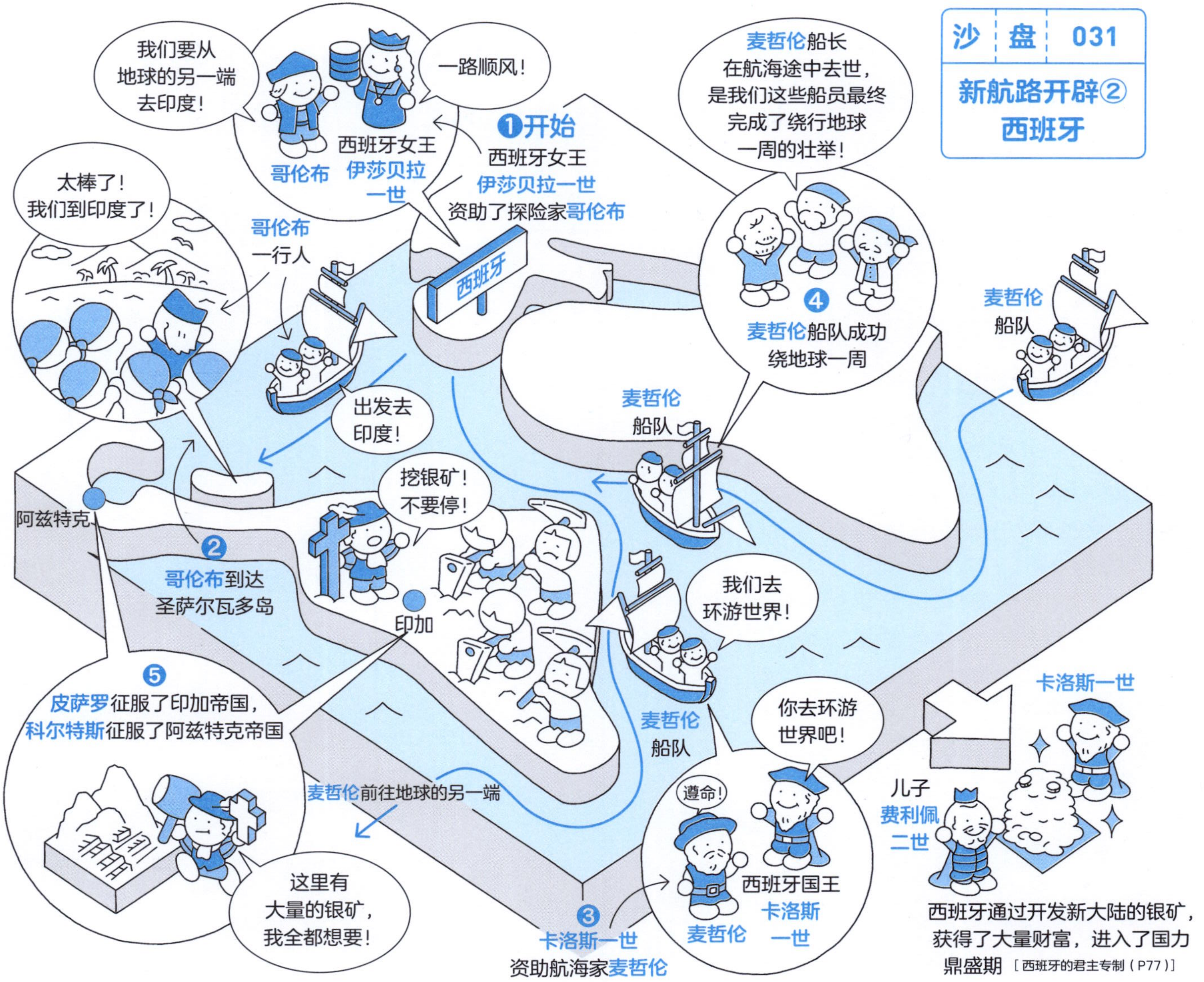

西班牙通过开发新大陆的银矿，获得了大量财富，进入了国力鼎盛期
［西班牙的君主专制（P77）］

032

宗教改革①

德国的新教——路德派

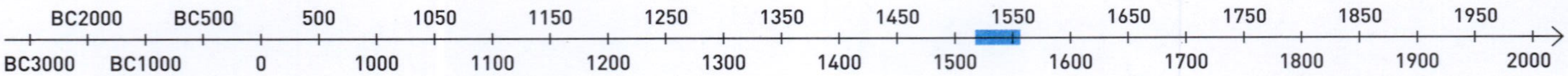

16世纪的神圣罗马帝国

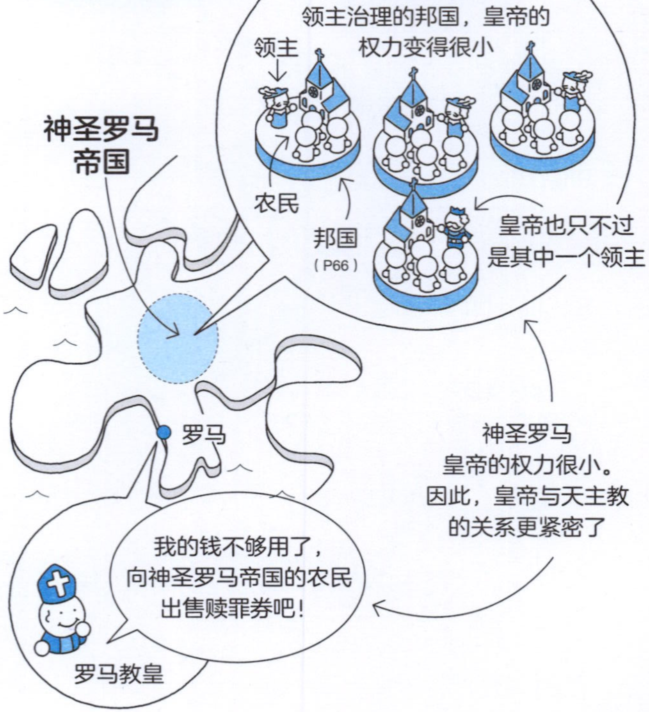

神圣罗马帝国逐渐分裂成多个领主治理的邦国，皇帝的权力变得很小

邦国(P66)

领主 农民

皇帝也不过是其中一个领主

神圣罗马帝国

神圣罗马皇帝的权力很小，因此，皇帝与天主教的关系变得更紧密了

我的钱不够用了，向神圣罗马帝国的农民出售赎罪券吧！

罗马教皇

天主教会失去了以往的绝对权威(P48)后，罗马教皇利奥十世（1513—1521年在位）为了筹集资金，开始出售**赎罪券**（上天堂的凭证）。教会盯上了德国（神圣罗马帝国）的农民，向他们兜售赎罪券以攫取钱财。

看到家乡的农民被天主教会剥削，神学家路德（1483—1546年）在维登堡教堂的大门上张贴《**九十五条论纲**》，向人们指出救赎应该在圣经中寻求而不是向教会购买，这便是宗教改革运动的直接导火索。

教皇和神圣罗马帝国皇帝想要消灭那些遵循路德教义的人——被称为新教徒们。然而，信奉路德派的人迅速增多。由于无法镇压人民，皇帝提议签订《**奥格斯堡和约**》，领主在天主教和新教之间做出选择，领主的选择将决定**邦国**(P54)民众的信仰。

从此，神圣罗马帝国的政治和宗教都被领主所控制，领主拥有的权力越来越大，导致神圣罗马帝国虽为帝国，却具有邦联的性质。

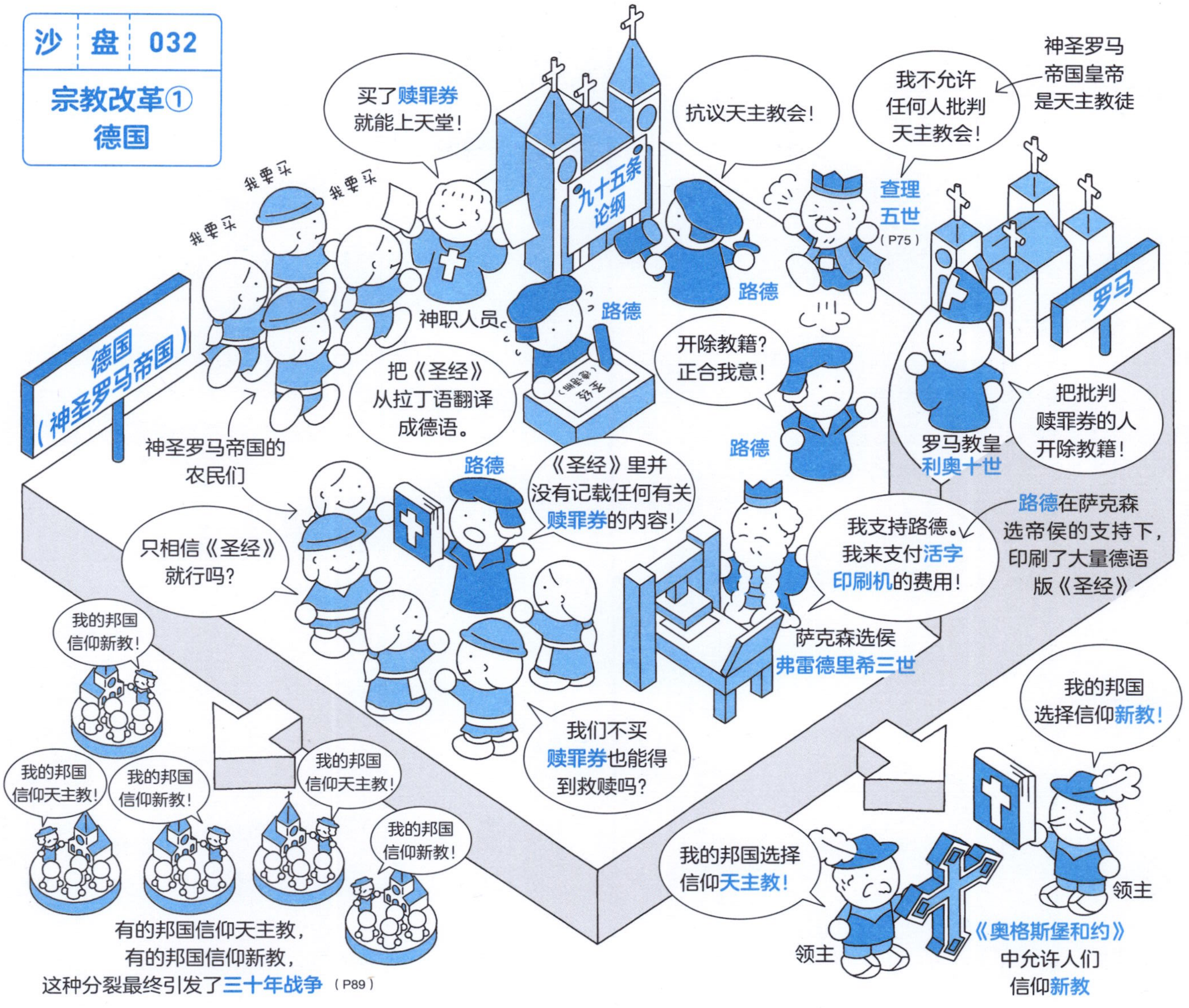

沙盘 032 宗教改革① 德国

德国（神圣罗马帝国）

神圣罗马帝国的农民们：
- 我要牛
- 我要羊
- 只相信《圣经》就行吗？

神职人员：买了赎罪券就能上天堂！

路德：
- 把《圣经》从拉丁语翻译成德语。
- 《圣经》里并没有记载赎罪券的内容！
- 我们不买赎罪券也能得到救赎吗？
- 开除教籍？正合我意！
- 抗议天主教会！

九十五条论纲

查理五世（P75）：我不允许任何人批判天主教会！神圣罗马帝国皇帝是天主教徒

罗马教皇利奥十世：把批判赎罪券的人开除教籍！

罗马

萨克森选侯弗雷德里希三世：
- 我支持路德，我来支付活字印刷机的费用！
- 路德在萨克森选侯的支持下，印刷了大量德语版《圣经》

筑主：我的邦国选择信仰天主教！

筑主：我的邦国选择信仰新教！

《奥格斯堡和约》中允许人们信仰新教

我的邦国信仰天主教
我的邦国信仰新教

这种分裂最终引发了三十年战争（P89）
有的邦国信仰天主教，有的邦国信仰新教

宗教改革②

瑞士新教——加尔文派

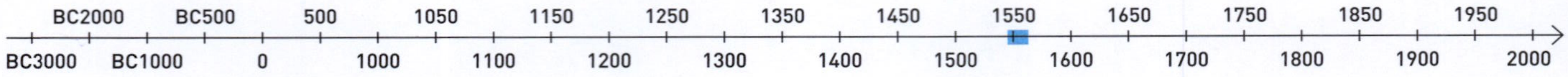

继路德之后，活跃于瑞士的加尔文也发起了宗教改革。

加尔文的宿命论（一切救赎是由上帝预先决定的）被当时对赚钱还心存愧疚的工商业者广泛接受。在天主教教义中，赚钱是邪恶的，但加尔文的教义认为，赚钱是人们忠于上帝的行为。加尔文主义被认为对资本主义精神产生了巨大影响。

加尔文派在法国、英国和西班牙属尼德兰等工商业地区广泛传播。

一方面（反宗教改革），天主教会发起了反对加尔文派等新教的运动（反宗教改革）。天主教会在特伦托会议（1545—1563年）上强调了天主教会的正统性，异教徒受到排挤。另一方面，也是在这一时期，耶稣会的传教士依纳爵·罗耀拉（约1491—1556年）、弗朗西斯·泽维尔（约1506—1552年）和利玛窦（1552—1610年）等被派往中国、日本等地区活动。

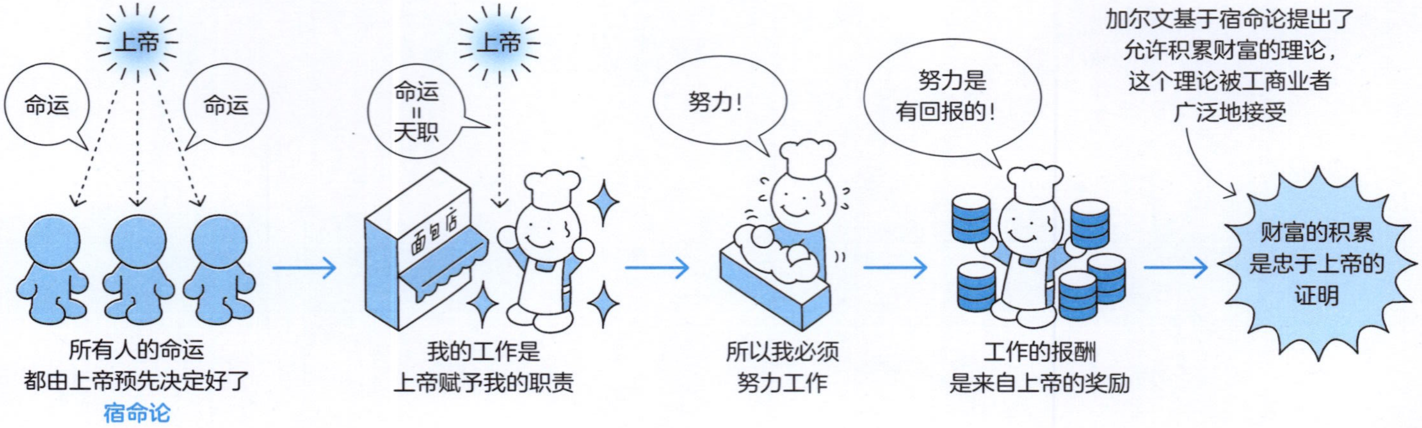

所有人的命运都由上帝预先决定好了
宿命论

我的工作是上帝赋予我的职责
命运＝天职

所以我必须努力工作

工作的报酬是来自上帝的奖励

加尔文基于宿命论提出了允许积累财富的理论，这个理论被工商业者广泛地接受

财富的积累是忠于上帝的证明

沙盘 033 宗教改革② 瑞士

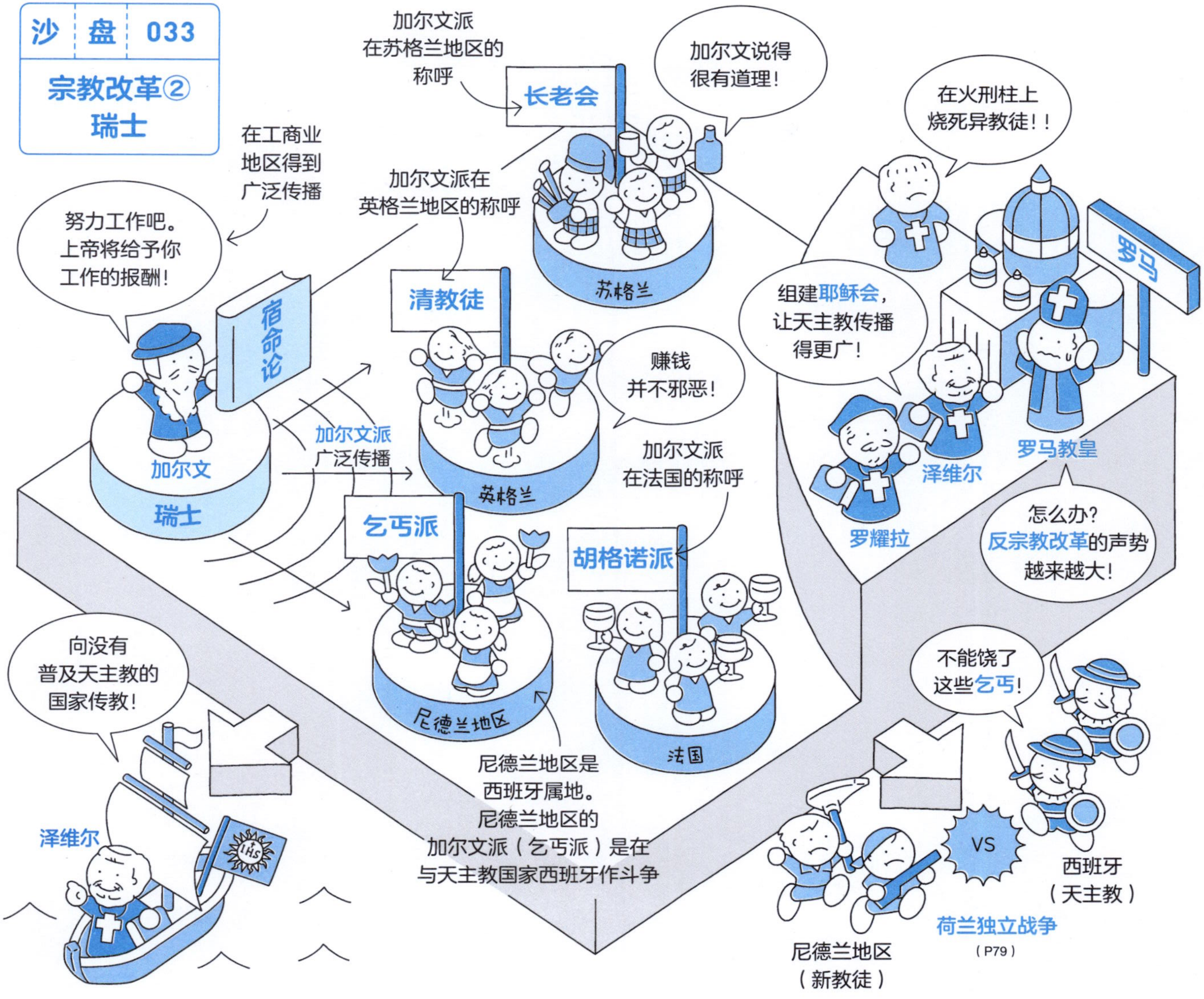

加尔文（瑞士）：努力工作吧，上帝将给予你工作的报酬！

沙维尔：向没有普及天主教的国家传教！

加尔文教派在工商业地区广泛传播 → **信徒**

加尔文教派广泛传播 → **乞丐派**（加尔文教派在尼德兰地区的称呼）

清教徒（加尔文教派在英格兰地区的称呼） — 英格兰

长老会（加尔文教派在苏格兰地区的称呼） — 苏格兰："加尔文说得很有道理！"

胡格诺派（加尔文教派在法国的称呼） — 法国："赚钱并不邪恶！"

尼德兰地区是西班牙属地。加尔文教派（乞丐派）在尼德兰地区与天主教国家西班牙作斗争。

罗耀拉：组建耶稣会，让天主教传播得更广！

沙维尔 — **罗马教皇**：怎么办？反宗教改革的声势越来越大！

在火刑柱上烧死异教徒！！

VS 不能烧了这些乞丐！

尼德兰地区（新教徒） vs 西班牙（天主教）
→ 荷兰独立战争（P79）

71 近代早期

034

宗教改革③

英国新教——英国国教会

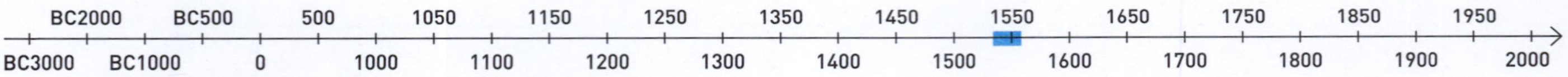

与德国和瑞士的宗教改革不同（P68、P70），英国的宗教改革是在国家的主导下进行的。

亨利八世（1509—1547年在位）在英国国王亨利七世（P58）去世之后继承了王位。因为亨利八世想要离婚另娶，便脱离了禁止离婚的天主教会，建立了英国自己的教会体系——英国国教会（1534年）。

亨利八世把天主教会的土地分给了国民——主要是被称为**乡绅**（P80）的地主阶层，这一改革在英国大受欢迎。

在天主教徒**玛丽一世**（1553—1558年在位）统治期间，英国国教会曾被镇压。然而，**伊丽莎白一世**（1558—1603年在位）即位后，英国国教会最终还是被定为国教，其仪式和教义（《统一法令》，1559年）也逐渐完善。至此，英国形成了一个由国王同时控制宗教和政治的体系，并且英国尊重议会统治的传统[模范议会（P52）]被保留了下来。

伊丽莎白一世去世后，英国的清教徒（P80）与英国国王（英国国教会）展开了斗争。

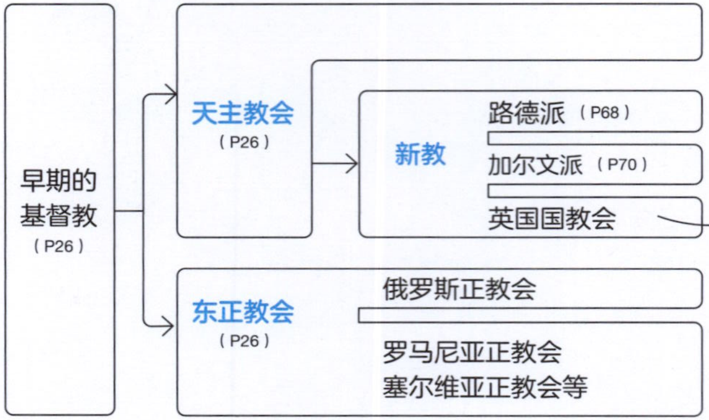

> 英国国教会的教义和仪式也吸收了天主教和加尔文派的要素。

> 我同时控制着宗教（英国国教会）和政治。我也会听从议会的意见。

伊丽莎白一世

早期的基督教（P26）
→ 天主教会（P26）
　　→ 新教
　　　 路德派（P68）
　　　 加尔文派（P70）
　　　 英国国教会
→ 东正教会（P26）
　　俄罗斯正教会
　　罗马尼亚正教会
　　塞尔维亚正教等

沙盘 034

宗教改革③ 英国

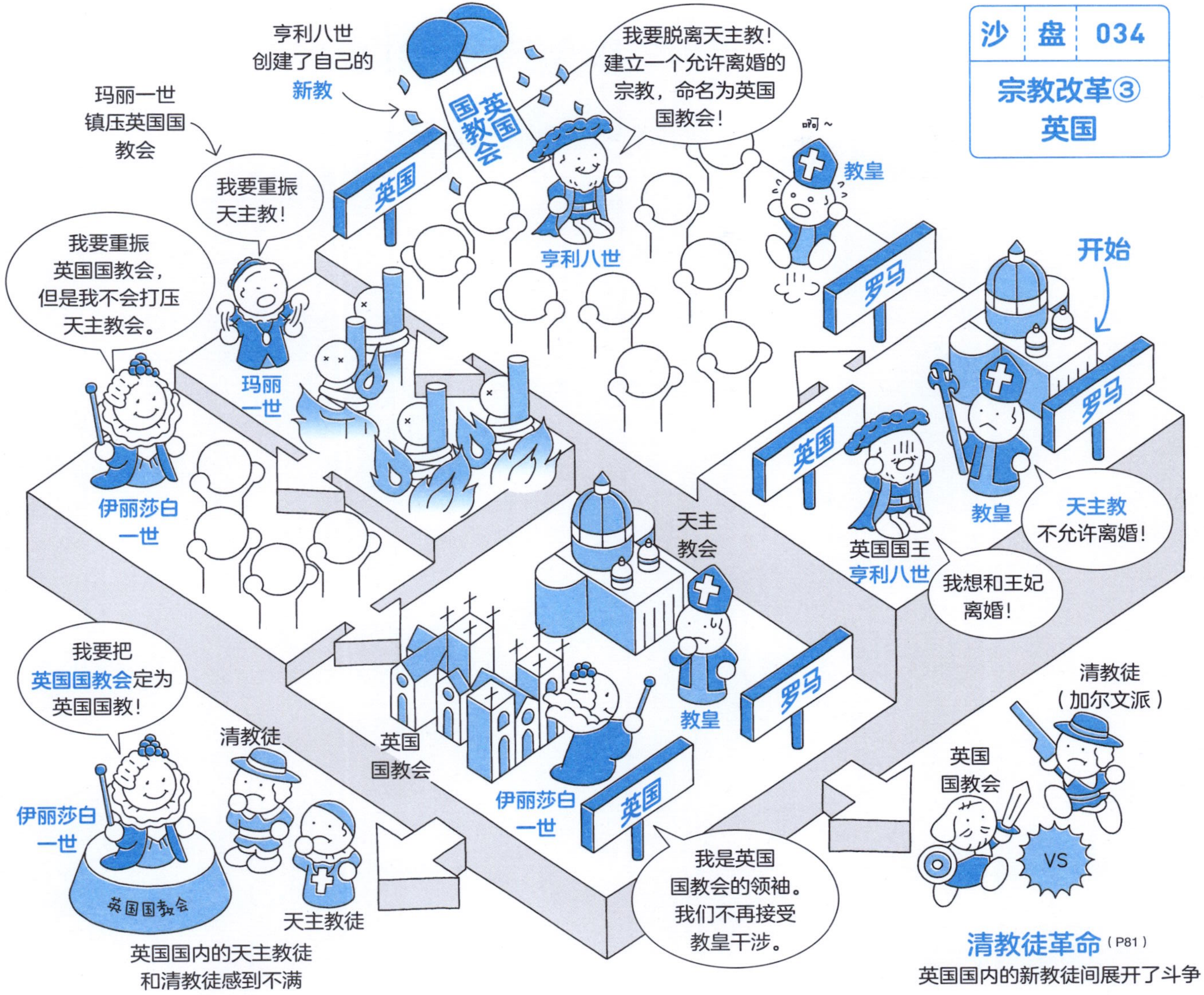

035 主权国家的建立

国王掌权的时代和意大利战争

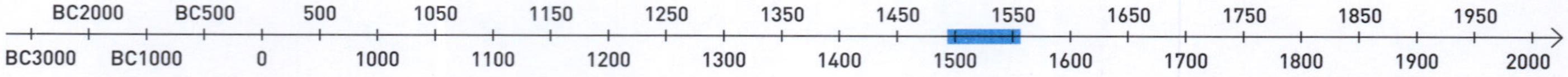

BC3000 BC2000 BC1000 BC500 0 500 1000 1050 1100 1150 1200 1250 1300 1350 1400 1450 1500 1550 1600 1650 1700 1750 1800 1850 1900 1950 2000

中世纪晚期,教皇和领主的权力越来越小(P46),导致领主统治下的庄园之间的界限越来越模糊。相反,各国的国王成为最高权威,掌管着本国的所有事务。

决定国家意志与政策的权力被称为主权,拥有主权的国家便被称为主权国家。16世纪出现了君主专制以后,相继出现了多个由国王掌握主权的国家——君主专制国家。促成这些主权国家出现的导火索便是一场在法国(瓦卢瓦王朝,1328—1589年)和神圣罗马帝国〔哈布斯堡家族(P54)〕之间持续了60年的**意大利战争(1494—1559年)**。法国王室想得到"商业城市意大利",神圣罗马帝国皇帝则想得到"拥有罗马的意大利"。包括英国在内的各国都为了本国利益加入这场战争。由此划定的势力范围最终成为各个国家的领土范围。

自意大利战争开始,法国王室和哈布斯堡家族便展开了旷日持久的争斗。

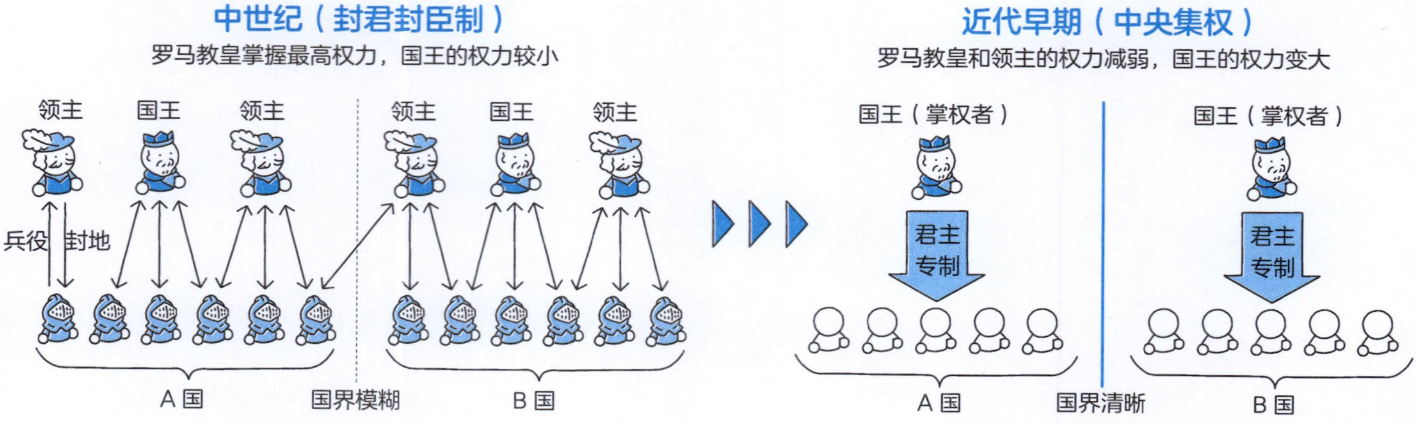

中世纪(封君封臣制)

罗马教皇掌握最高权力,国王的权力较小

领主 ↔ 领主 领主 领主 领主
兵役↕ 封地↕
领主 领主 领主 领主 领主 领主 领主 领主 领主
A 国   B 国
国界模糊

近代早期(中央集权)

罗马教皇和领主的权力减弱,国王的权力变大

国王(掌权者) 国王(掌权者)
君主专制   君主专制
A 国   B 国
国界清晰

74

沙盘 035 意大利战争

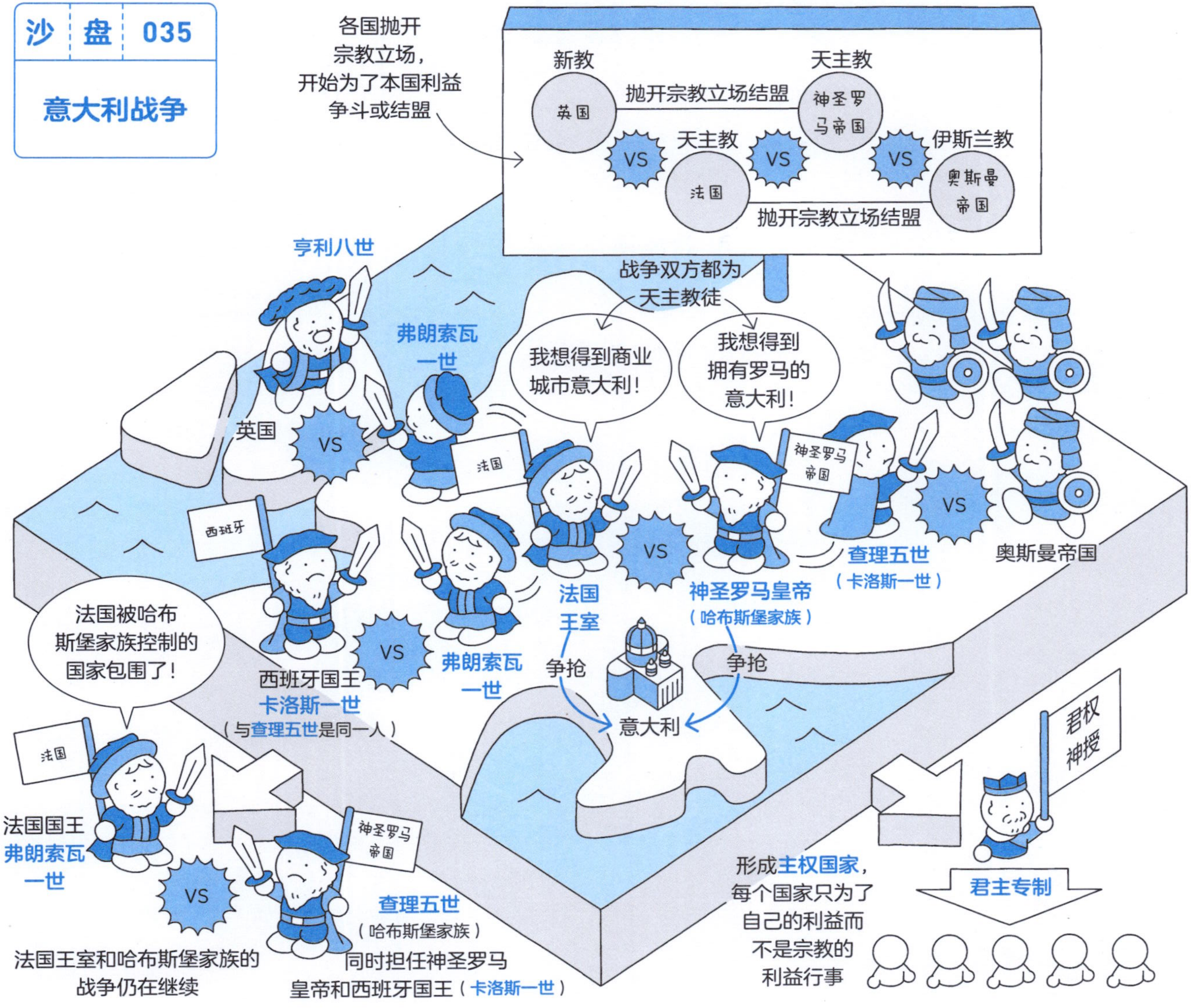

各国抛开宗教立场，开始为了本国利益争斗或结盟

新教
- 英国 VS 法国
- 法国 VS 神圣罗马帝国
- 神圣罗马帝国 VS 奥斯曼帝国（伊斯兰教）

天主教
抛开宗教立场结盟

战争双方都为天主教徒

亨利八世（英国）

法国被哈布斯堡家族控制的国家包围了！

法国国王 弗朗索瓦一世 VS **西班牙国王 卡洛斯一世**（与查理五世是同一人）

我想得到商业城市意大利！

法国王室（弗朗索瓦一世） 争抢 意大利 争抢 **神圣罗马皇帝 查理五世**（哈布斯堡家族）

我想得到罗马的拥有意大利！

神圣罗马帝国 VS 奥斯曼帝国

法国王室和哈布斯堡家族的战争仍在继续

（哈布斯堡家族的皇帝和西班牙国王（卡洛斯一世）同时担任神圣罗马皇帝和西班牙国王（卡洛斯一世））

君主专制
形成主权国家，每个国家只为了自己的利益而不是宗教行事

君权神授

036

西班牙的君主专制

日不落帝国

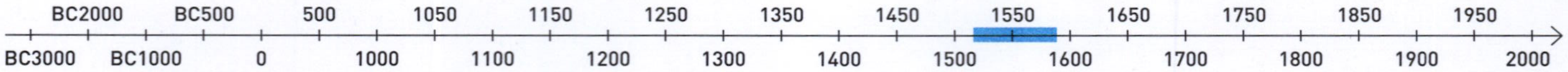

1516年，西班牙由哈布斯堡家族统治的王朝（1516—1700年）诞生了。首任国王是卡洛斯一世（1516—1556年在位）(P66)。卡洛斯一世拥有贵族血统，他的祖父是神圣罗马帝国皇帝（哈布斯堡家族）**马克西米利安一世**（1493—1519年在位），外祖母是西班牙女王伊莎贝拉一世。

神圣罗马皇帝
马克西米利安一世
（哈布斯堡家族）
→父亲
来自尼德兰地区

西班牙女王
伊莎贝拉一世
→母亲
西班牙公主

儿子
西班牙国王卡洛斯一世
西班牙哈布斯堡家族诞生。
西班牙进入了哈布斯堡王朝。

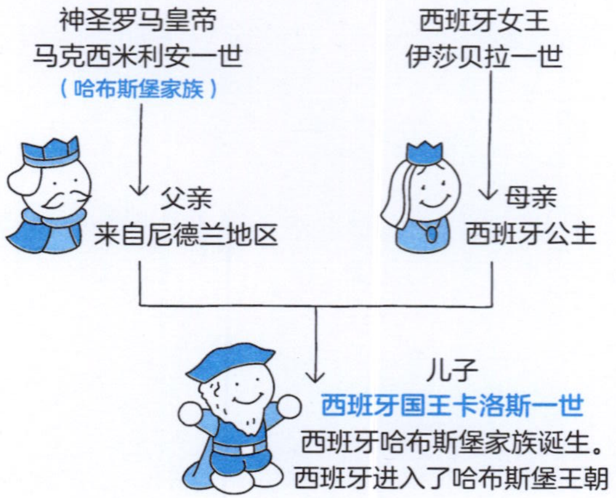

卡洛斯一世19岁时从祖父那里继承了神圣罗马帝国王位，因此西班牙的国王卡洛斯一世，也是神圣罗马帝国的皇帝查理五世。于是，卡洛斯一世的统治范围覆盖了奥地利、比利时、荷兰、卢森堡、米兰、那不勒斯、西西里等除法国以外的欧洲，以及中美洲和南美洲大陆，最远可至菲律宾。

16世纪下半叶，在卡洛斯一世的儿子**费利佩二世**（1556—1598年在位）统治期间，南美洲波托西银矿的银产量迅速增长。此外，其领土范围因为吞并葡萄牙而扩张到了非洲和印度。

就这样，西班牙被称为"**日不落帝国**"，因其"国力"极其强盛，即使夜幕降临本土，太阳也仍然能照耀其他某部分领土"。

西班牙的衰落始于**荷兰独立战争**(P78)。当时，荷兰被西班牙王室统治。在新教徒主导的荷兰独立战争中，英国对荷兰伸出了援手。费利佩二世一直想通过对他这件事对天主教一整个欧洲，但英国支持荷兰这件事对他造成了重大打击。随后，西班牙在格拉纳沃利诃海战（1588年）中被英国击败，逐渐衰落。

沙盘 036 西班牙的君主专制

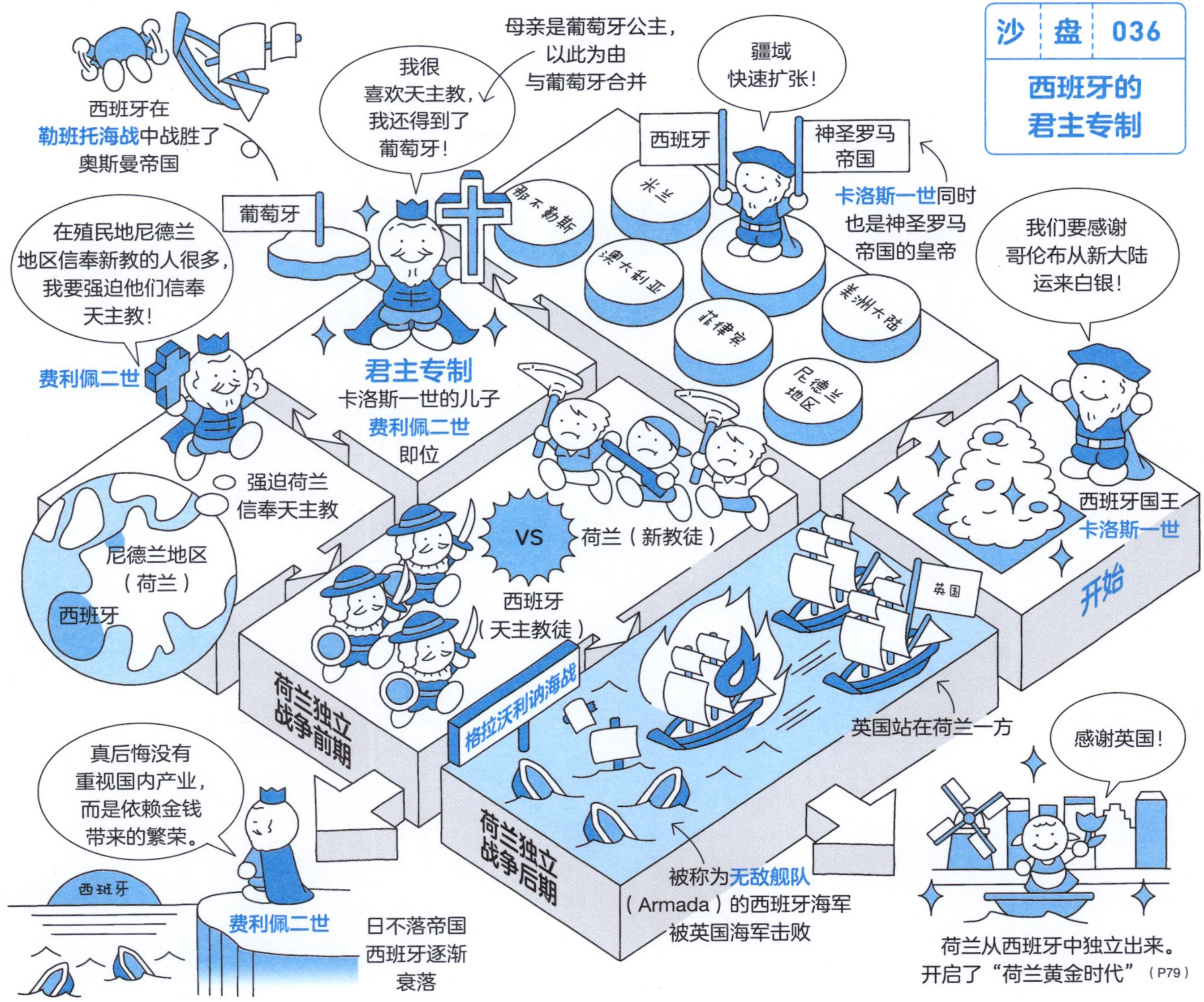

037

荷兰的独立和繁荣

17世纪的黄金时代

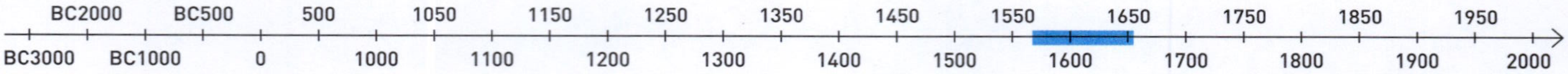

宗教改革后，在商业帝国荷兰（尼德兰地区）居住着大量的加尔文派新教徒——乞丐派。然而，统治荷兰的西班牙王室（哈布斯堡家族）信奉天主教，因此他们强迫尼德兰地区国民信奉天主教。人们奋起反抗，在他们的领袖奥兰治亲王威廉（1533—1584年）的领导下发动了反对西班牙的**荷兰独立战争（1568—1648年）**。

在英国的支持下[格拉沃利讷海战（P80）]，荷兰取得了独立，**尼德兰联省共和国**（首都是阿姆斯特丹）正式成立。随后，荷兰在巴达维亚（现在的雅加达）建立了殖民地，并以此为据点垄断了东南亚的香料贸易。除此之外荷兰还侵占台湾岛，在非洲建立了**开普殖民地（1652年）**，在美洲建立了新阿姆斯特丹（现在的纽约），控制了整个世界贸易。

荷兰公民生活变得更加富足，也创造了丰富的文化作品，出现了**伦勃朗（1606—1669年）**和**维米尔（1632—1675年）**等著名画家，也因此有了"17世纪是荷兰的世纪"这一说法。

然而，随着过境贸易（将进口的商品出口到另一个国家的贸易形式）的繁荣，为了争夺海上霸权，荷兰在与英国展开的第一次英荷战争（1652—1654年）中战败，从此便逐渐衰落。

17世纪荷兰的全球扩张

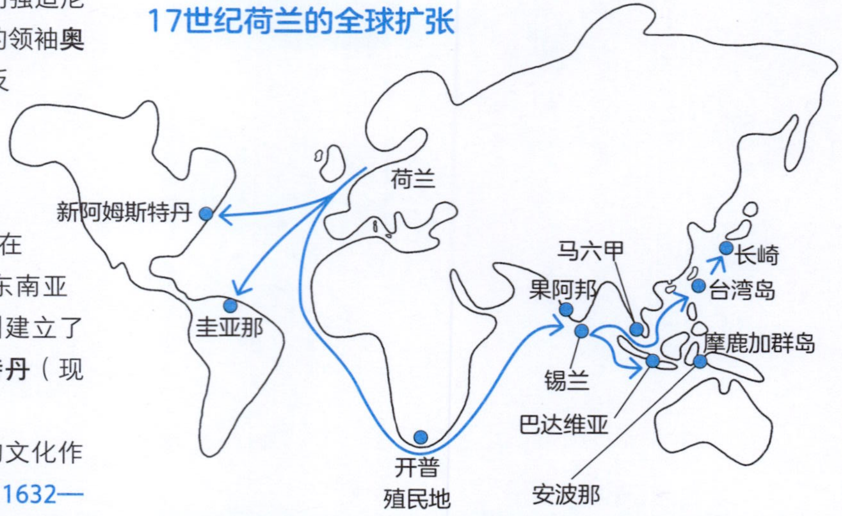

17世纪的中国处于明朝与清朝交替时期。1616年，明朝建州卫地方官努尔哈赤叛离大明，建立后金，后来努尔哈赤的儿子皇太极改国号为清。1644年，清兵入关，明朝灭亡，清朝建立。

78

沙盘 037 荷兰的独立和繁荣

当葡萄牙被西班牙吞并时(P77)，荷兰建立了世界上第一家股份制公司——**荷兰东印度公司**，并在亚洲各国建立了殖民地和贸易基地。紧接着，成立了**荷兰西印度公司**(西印度群岛指的是美洲)，扩大了与美洲大陆之间的贸易。

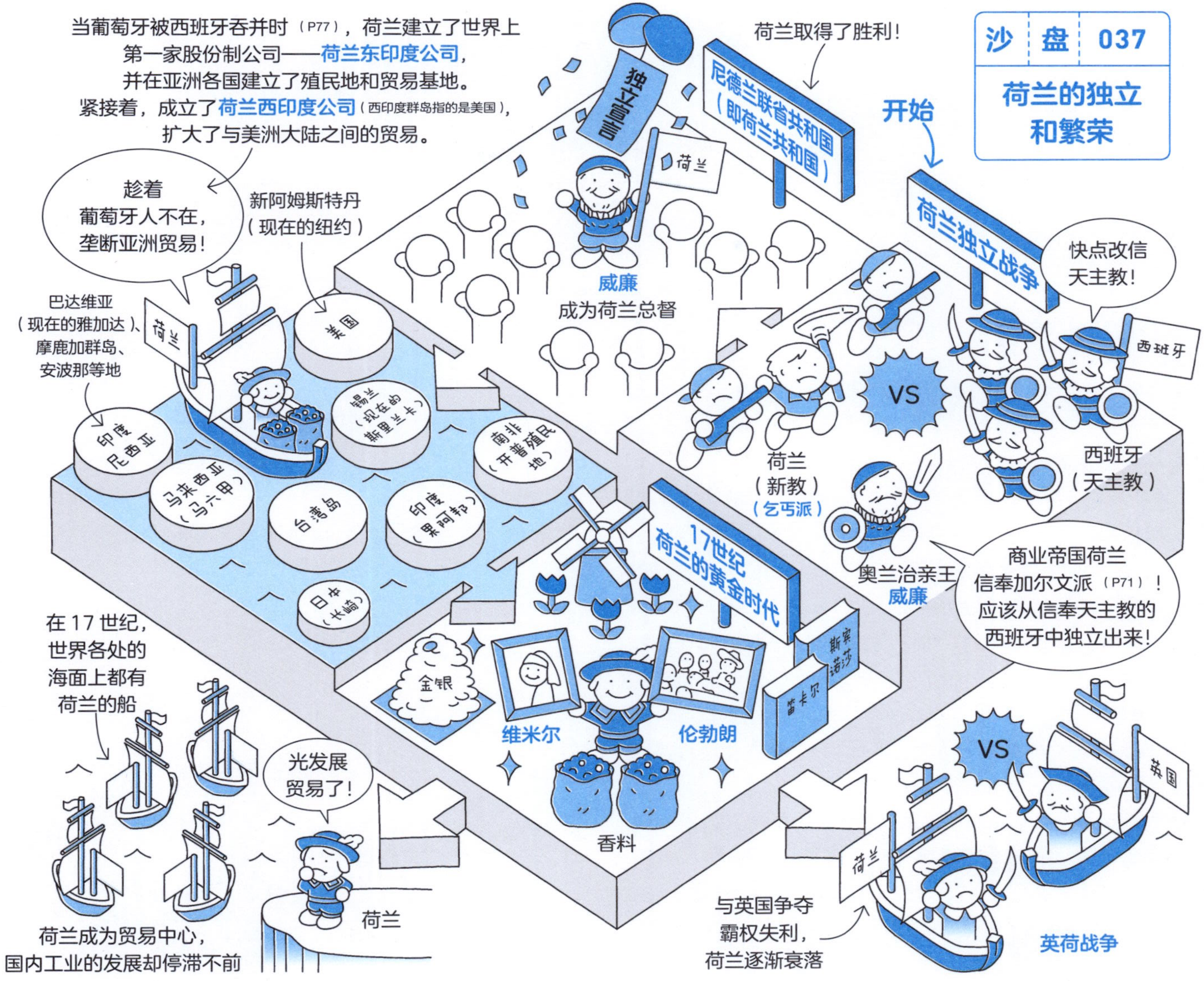

趁着葡萄牙人不在，垄断亚洲贸易！

- 巴达维亚（现在的雅加达），安汶岛群岛，摩鹿加群岛
- 印度尼西亚
- 马来西亚（马六甲）
- 台湾
- 日本（出岛）
- 印度（本地治理）
- 非洲殖民地（好望角）
- 美国
- 新阿姆斯特丹（现在的纽约）

尼德兰联省共和国（即荷兰共和国）成立

威廉成为荷兰总督

荷兰取得了胜利！

开始荷兰独立战争

- 商业帝国荷兰 信奉加尔文派 应该从信奉天主教的西班牙中独立出来！
- 奥兰治来王 威廉（新教）
- VS
- 西班牙（天主教）
- 快点改信天主教！

17世纪的黄金时代

- 香料
- 维米尔
- 伦勃朗
- 笛卡尔
- 斯宾诺莎

在17世纪，世界各处的海面上都有荷兰的船

光发展贸易了！

国内工业的发展却停滞不前

荷兰成为贸易中心，

与英国争夺霸权失利，荷兰逐渐衰落

英荷战争 VS 英国

近代早期

英国的君主专制①

从君主专制到英国资产阶级革命

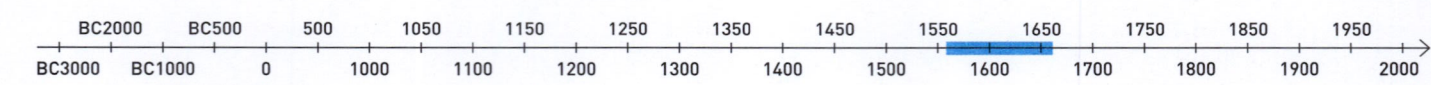

英国建立了君主专制，由国王同时控制着宗教和政治（P72）。但女王**伊丽莎白一世（1558—1603年在位）**同时也保留了尊重议会的传统[**模范议会**（P52）]。

伊丽莎白一世与议会协商制定国家政策，把无暇顾及的地方管理权交给了当地的地主——**乡绅**，他们通过经营生产毛织品的牧场和工厂获得收入。这种政治结构让英国的政治一直保持稳定。英国毛织品畅销海外，国力大增。此外，伊丽莎白一世还试图对外扩张。当时，率先抵达美洲的西班牙是大西洋上的霸主[西班牙的君主专制（P76）]。因此，英国以荷兰独立战争为由与西班牙发生冲突。最终，英国在**格拉沃利讷海战（1588年）**中击败了被称为无敌舰队的西班牙海军舰队，夺走了大西洋霸权。

伊丽莎白一世还成立了**东印度公司（1600年）**来发展贸易，并继续大力开拓殖民地。

伊丽莎白一世去世后，英国发生了重大变化。她的继任者**詹姆斯一世（1603—1625年在位）**以**英国国教会（P72）**的名义鼓吹君权神授，无视议会进行专制统治，大肆迫害天主教徒和被称为清教徒的英国加尔文派（P70）。

詹姆斯一世的儿子查理一世（1625—1649年在位）甚至解散了当时以清教为主的议会。

这种情况下，清教徒起来反抗。由**克伦威尔（1599—1658年）**领导的议会派奋起反抗。在纳西比战役（1645年）中，克伦威尔击败了与国王站在同一边的保皇派。随后，他处决了国王查理一世，建立了英国史上第一个共和制（1649年）政体。

英国这场资产阶级革命，因为克伦威尔领导的阵营主要由清教徒组成，所以也被称为清教徒革命（**1640—1660年**）。

1620年，为了逃避迫害，大约100名清教徒乘坐**五月花号**移民北美。他们的登陆地后发展成新英格兰殖民地（P128）。

沙盘 038 英国的君主专制①

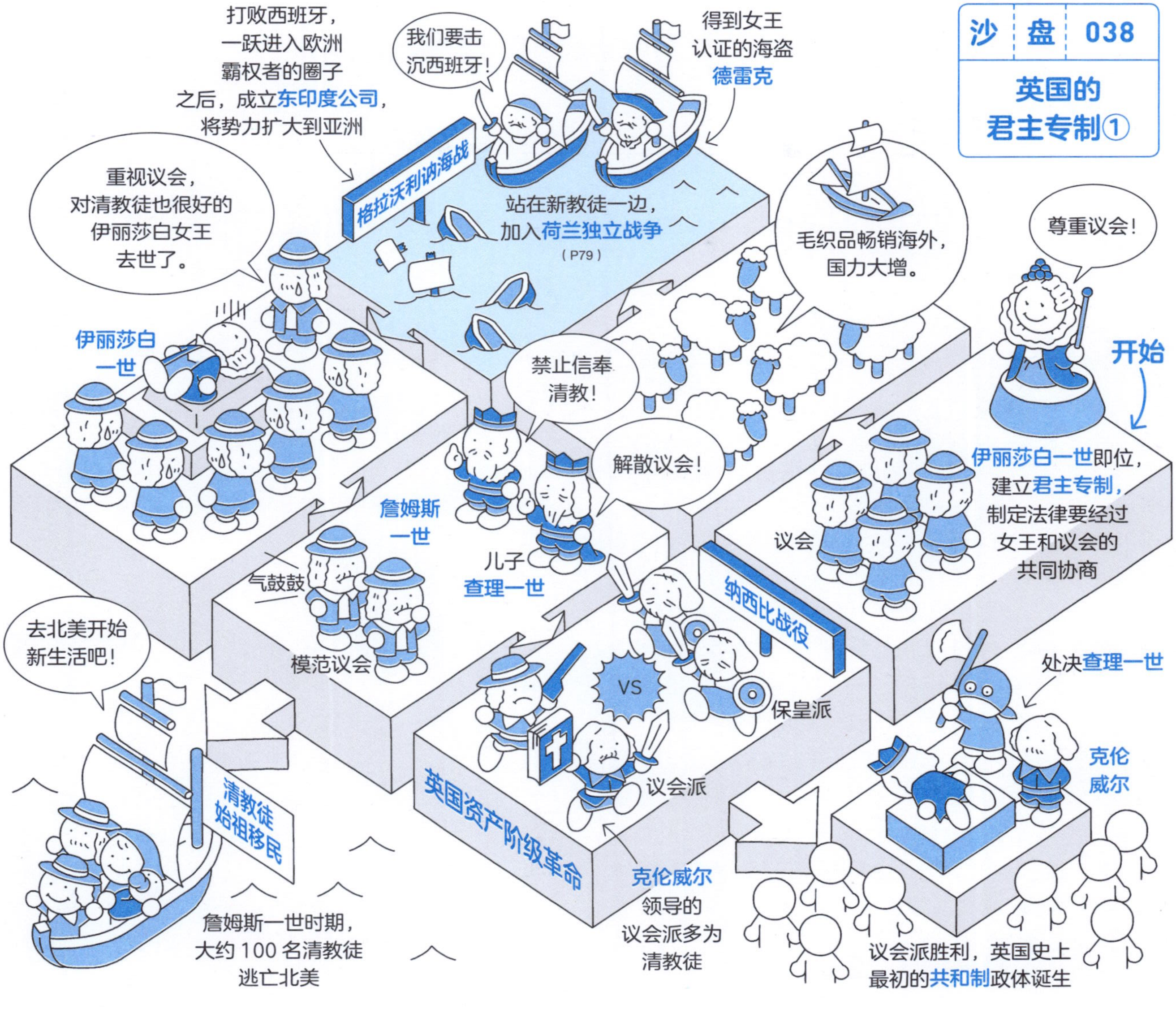

039 英国的君主专制②

光荣革命和君主立宪制

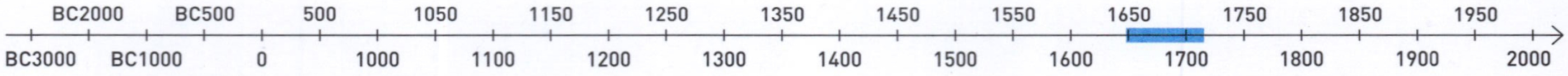

共和制政体诞生

英国改为共和制政体后在英荷战争中占了上风，从荷兰手中夺取了世界贸易的霸权

克伦威尔

促成英国资产阶级革命（P80）。后来，建立共和制政体的最大功臣是克伦威尔，克伦威尔又征服了爱尔兰。他还发动了英荷战争，与当时海上贸易霸主荷兰争夺贸易主导权。在英荷战争中占据上风的克伦威尔就任护国公（1653年），开始了他的独裁统治。

民众对这种独裁统治的不满情绪越发强烈。最后，国会恢复了君主制，国王被召回英国（王政复辟，1660年）。然而这位国王和他的继任者都不重视议会。于是，议会决定从国外找人当国王，"承认他是英国国王"（《权利法案》，1689年）。于是，他们从荷兰召威廉三世（1689—1702年在位）和他的妻子玛丽二世（1689—1694年在位）来当英国国王，英国自此成了由议会掌权的君主立宪制国家。议会发起的这场没有流血冲突的革命被称为光荣革命（1688—1689年）。

英国国内政局稳定后，安妮女王（1702—1714年在位）在位期间吞并了苏格兰，建立了大不列颠王国（1707年）。

在下一任国王乔治一世（1714—1727年在位）统治期间，议会制贯彻得更加彻底，国王处于"统而不治"的地位。

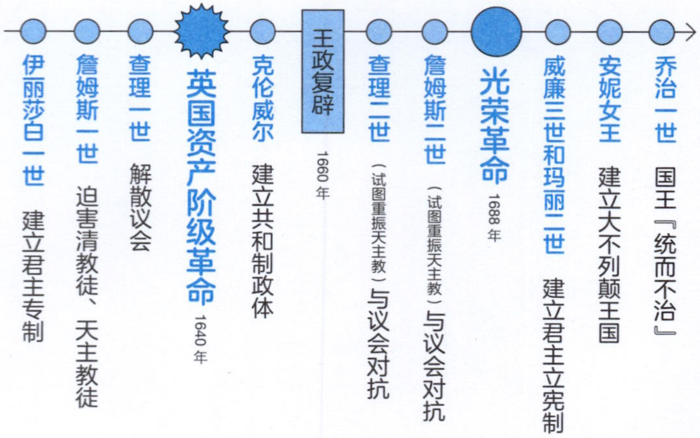

- 伊丽莎白一世 建立君主专制
- 詹姆斯一世 迫害清教徒 天主教徒
- 查理一世 解散议会
- **英国资产阶级革命** 1640年
- 克伦威尔 建立共和制政体
- 王政复辟 1660年
- 查理二世（试图重振天主教）与议会对抗
- 詹姆斯二世（试图重振天主教）与议会对抗
- **光荣革命** 1688年
- 威廉三世和玛丽二世 建立君主立宪制
- 安妮女王 建立大不列颠王国
- 乔治一世 国王「统而不治」

沙盘 039 英国的君主专制②

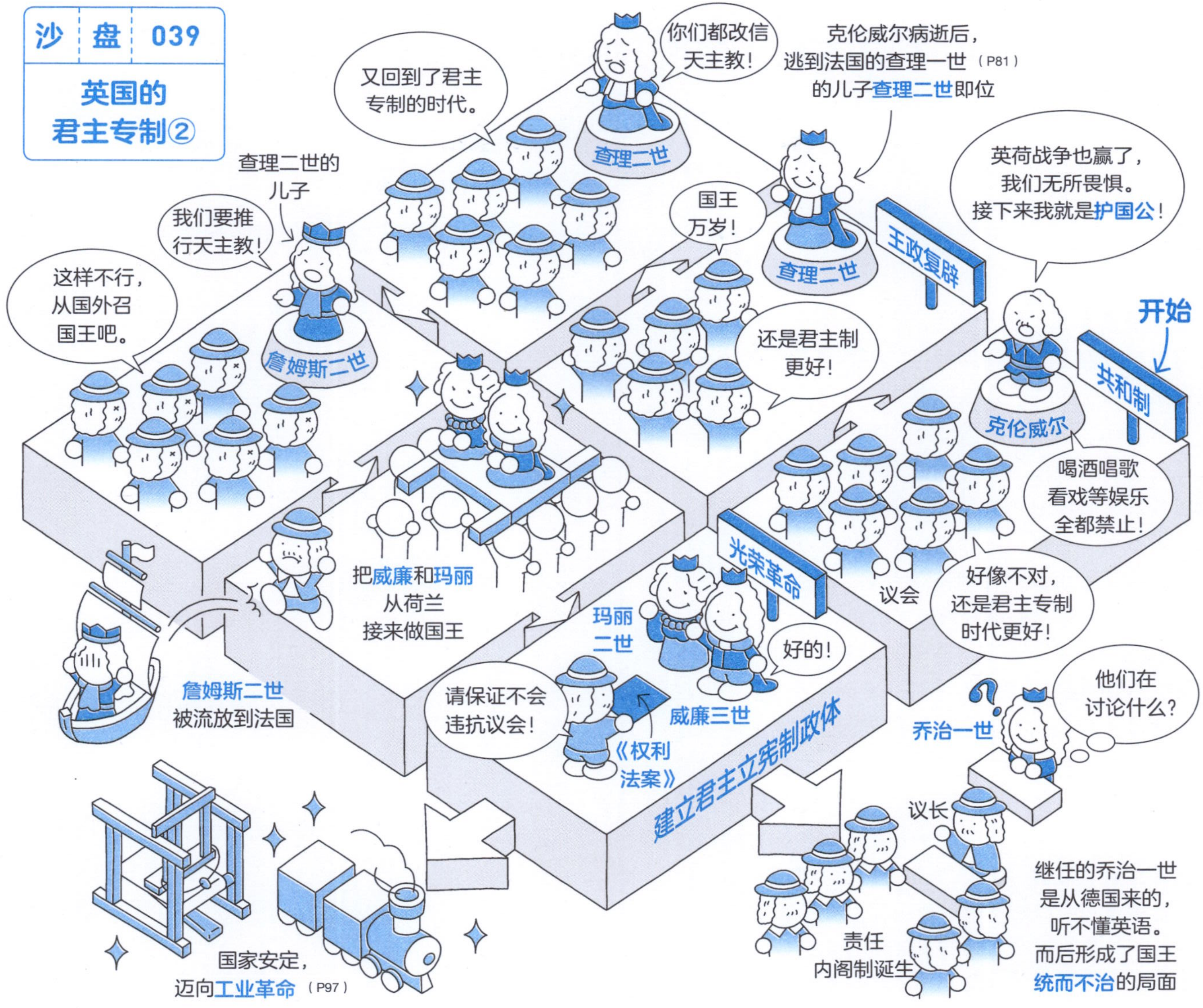

查理二世
- 又回到了君主专制的时代。
- 你们都改信天主教!

克伦威尔病逝后,逃到法国的查理一世的儿子查理二世即位(P81)

克伦威尔
- 英荷战争也赢了,我们无所畏惧,接下来我就是护国公!

开始 共和制
- 喝酒唱歌、看戏等娱乐全都禁止!
- 他们在讨论什么?

乔治一世
- 好像不对,还是君主专制时代更好!
- 议长
- 继任的乔治一世是从德国来的,听不懂英语,而后形成了国王统而不治的局面

詹姆斯二世
- 我们要推行天主教!
- 查理二世的儿子

主政复辟

光荣革命
- 国王万岁!
- 还是君主制更好!

玛丽二世 威廉三世
- 请保证不会违抗议会!
- 《权利法案》
- 好的!

把威廉和玛丽从荷兰接来做国王

詹姆斯二世被流放到法国

这样不行,从国外召国王吧。

建立君主立宪制政体
- 责任内阁制诞生

国家安定,迈向**工业革命**(P97)

英国和法国的殖民政策

英国成为殖民帝国

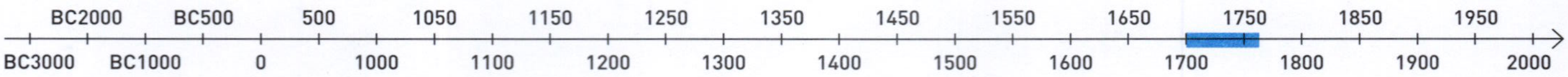

新航路开辟（P64~P67）以来，西班牙、葡萄牙开始进行殖民扩张。但是随着这两个国家的失势，开展殖民侵略的主角变为了荷兰、英国和法国。

18世纪，随着咖啡馆文化在欧洲的兴起，欧洲对咖啡和甘蔗的需求越来越大，于是加勒比地区的种植园开始大规模种植咖啡和甘蔗，所使用的劳动力是从非洲西部运来的黑人奴隶。另外，因为当时欧洲非常流行棉织品，北美南部的棉花种植业也逐渐发展起来。欧洲、美洲和非洲大陆之间的这种贸易被称为**大西洋三角贸易**（P126）。

在殖民战争中屡屡得胜的英国在大西洋三角贸易中占据着主导地位。当时，虽然法国得到了北美的魁北克（现在的加拿大）和路易斯安那，但英国却在北美东部沿海拥有**13个殖民地**。在法印战争（1754—1763年）期间，法国彻底被英国打败，失去了北美大陆的所有殖民地。

同一时期，在印度发生的普拉西战役（1757年）和卡**纳蒂克战争**（1746—1763年）使印度完全沦为英国的殖民地，英国也因此迎来了第一次殖民主义高潮。

英国在北美大陆拥有13个殖民地
[最初的殖民地为弗吉尼亚州，从荷兰人手中夺取的纽约（P78）州以及为逃离迫害而偷渡到北美的清教徒（P80）所建立的新英格兰地区]。
法国在路易斯安那和加拿大等地建立殖民地。后来，两国掀起了领土之争。

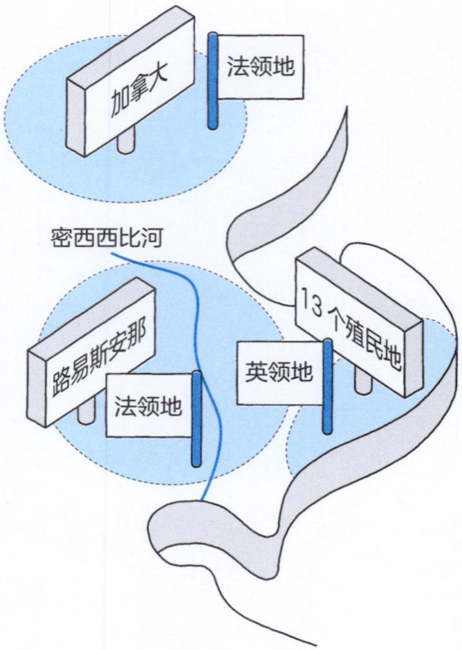

040

沙盘 040 英法的殖民政策

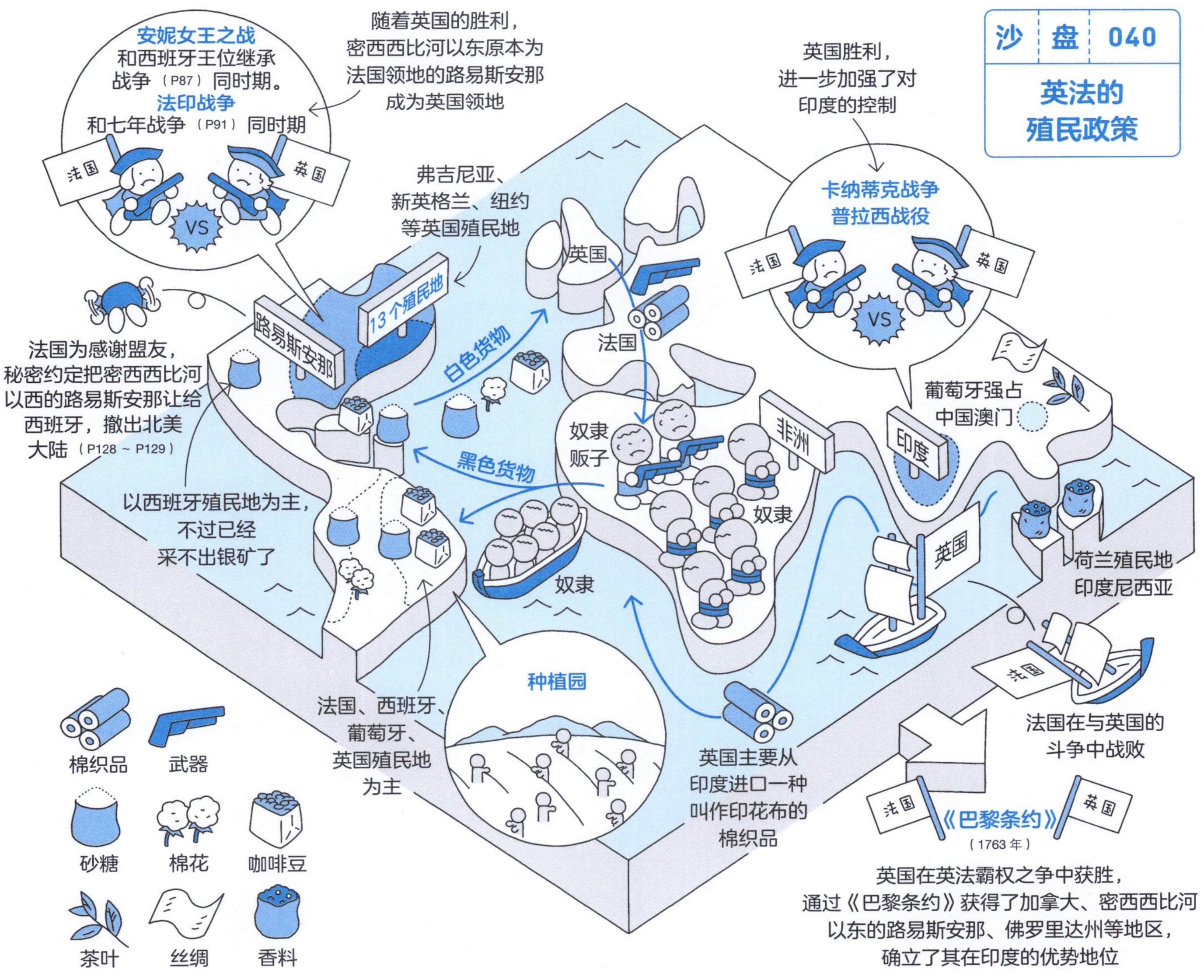

安妮女王之战（P87）和七年战争（P91）同时期。法印战争

随着英国的胜利，密西西比河以东原本为法国领地的路易斯安那成为英国领地

弗吉尼亚、纽约、新英格兰等英国殖民地

13个殖民地

路易斯安那

法国为感谢盟友，秘密约定把密西西比河以西的路易斯安那让给西班牙，撤出北美大陆。（P128—P129）

以西班牙殖民地为主，不过已经采不出银矿了

法国、西班牙、葡萄牙、英国殖民地为主

种植园

白色货物
黑色货物

奴隶
奴隶贩子
法国
英国
非洲
奴隶

英国主要从印度进口一种叫作印花棉布的棉织品

卡纳蒂克战争 普拉西战役
VS 法国 英国

英国胜利，进一步加强了对印度的控制

葡萄牙强占中国澳门

印度
印度尼西亚

法国在与英国的斗争中战败

《巴黎条约》（1763年）

英国在英法霸权之争中获胜，通过《巴黎条约》获得了加拿大、密西西比河以东的路易斯安那、佛罗里达等地，确立了其在印度的优势地位

棉织品
武器
砂糖 棉花
茶叶 咖啡豆
丝绸 香料

近代早期

85

041

法国的君主专制

朕即国家

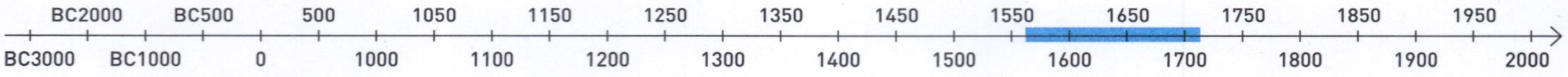

```
BC3000  BC1000  0   500  1000 1050 1100 1150 1200 1250 1300 1350 1400 1450 1500 1550 1600 1650 1700 1750 1800 1850 1900 1950 2000
    BC2000  BC500
```

百年战争(P58)之后，法国还经历了一场宗教战争，名为胡格诺派的法国加尔文派(P70)和天主教徒在法国国内发生了一场长达30年的战争——胡格诺战争（1562—1598年）。

平息内战的是1589年登上法国王位的亨利四世（1589—1610年在位），他建立了波旁王朝（1589—1792年，1814—1830年）。亨利四世原本是胡格诺教徒，但他改信了天主教。他将天主教作为国教，但也颁布了法令承认胡格诺派的信仰（南特敕令，1598年）。胡格诺战争结束，法国国内又重新恢复了稳定。

后来登基的路易十三（1610—1643年在位）和他的大臣黎塞留（1585—1642年）为了压制反抗王权的贵族和平民而终止了三级会议(P50)，法国王室权力迅速增强。在路易十四（1643—1715年在位）统治时期，法国的王权在宰相马萨林（1602—1661年）和财政总管柯尔贝尔（1619—1683年）的支持下达到了巅峰。被称为太阳王的路易十四开始着手建造凡尔赛宫，向国内外宣扬、展示他的权力。

很快，法国的迅猛发展引起了很多国家的警惕。在西班牙王位继承战争（1701—1714年）期间，法国损失了大量的战争资金。路易十四希望将国教统一为天主教，保证王权的绝对性，便废除了南特敕令，强迫民众改信天主教。

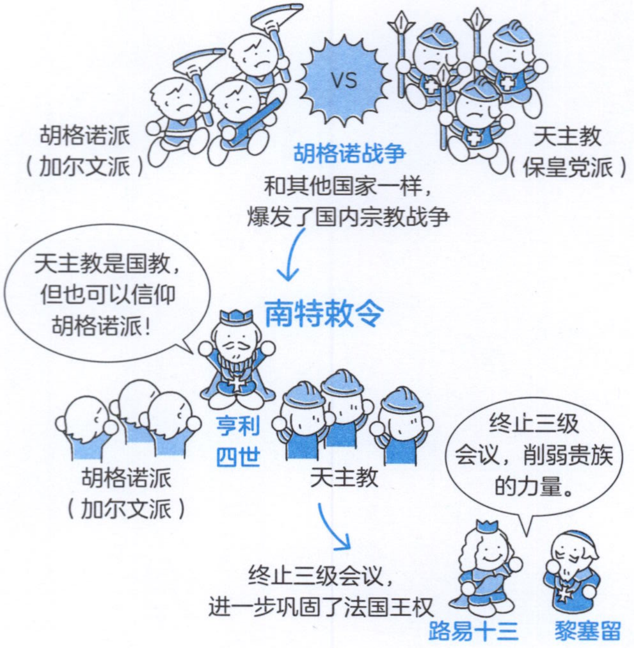

胡格诺派（加尔文派） VS 天主教（保皇党派）

天主教是国教，但也可以信仰胡格派！ —— 亨利四世

胡格诺战争
和其他国家一样，爆发了国内宗教战争

南特敕令

终止三级会议，进一步巩固了法国王权 —— 路易十三

终止三级会议，削弱贵族的力量。 —— 黎塞留

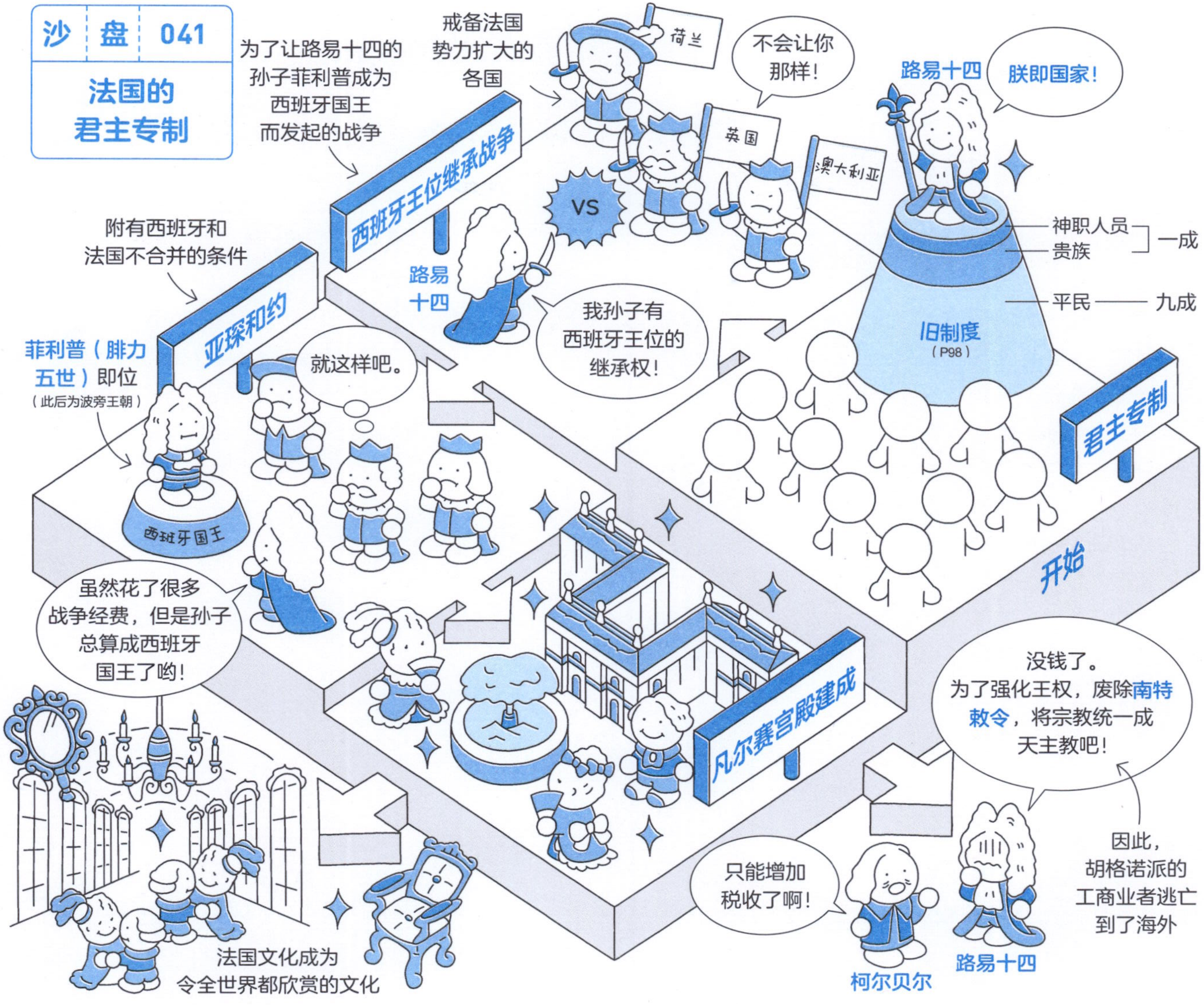

沙盘 041
法国的君主专制
为了让路易十四的孙子菲利普成为西班牙国王而发起的战争
西班牙王位继承战争
戒备法国势力扩大的各国
荷兰
英国
澳大利亚
VS
不会让你那样！
路易十四
朕即国家！
神职人员
贵族
一成
平民
九成
旧制度
（P98）
附有西班牙和法国不合并的条件
亚琛和约
路易十四
我孙子有西班牙王位的继承权！
菲利普（腓力五世）即位
（此后为波旁王朝）
就这样吧。
西班牙国王
君主专制
开始
虽然花了很多战争经费，但是孙子总算成西班牙国王了哟！
凡尔赛宫殿建成
没钱了。为了强化王权，废除南特敕令，将宗教统一成天主教吧！
因此，胡格诺派的工商业者逃亡到了海外
只能增加税收了啊！
柯尔贝尔
路易十四
法国文化成为令全世界都欣赏的文化

德国的君主专制 ①

三十年战争和神圣罗马帝国的衰败

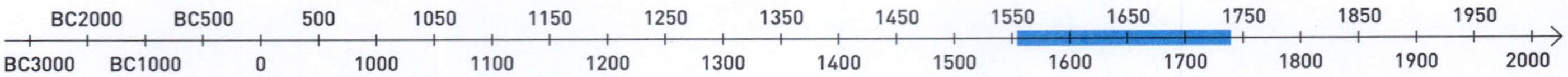

16世纪，欧洲各地在如火如荼地进行着宗教改革。这时的神圣罗马帝国（德国）还是一个由领主统治的邦国组成的联邦性质的国家（P54）。

《奥格斯堡和约》（P68）使帝国出现了信奉天主教和信奉路德新教的两派邦国，后来二派矛盾逐渐加深，最终爆发了持续30年之久的战争（三十年战争，1618—1648年）。

在这场战争中，由哈布斯堡王朝（天主教徒）统治的西班牙加入了天主教阵营，而作为天主教国家的法国却加入了新教阵营，因为法国地处神圣罗马帝国（哈布斯堡家族掌权）（P54）和西班牙（国王也是哈布斯堡家族成员）（P76）之间，多年来一直与哈布斯堡家族有矛盾。

经过了30年的斗争，神圣罗马帝国最终还是没能统一，《威斯特伐利亚和约》（1648年）的签订更加剧了德意志境内分裂割据的局面。神圣罗马帝国成了领主们掌握完全主权的邦联性质的国家。

三十年战争后，普鲁士王国（1701年普鲁士公国升格后建立的邦国）和奥地利大公国（哈布斯堡王朝统治的邦国）在德国的冲突加剧。

腓特烈二世（P90）于1740年登上普鲁士王位后，便调整了行政和财政政策，并在本国确立了开明专制（P90）。后来，他与奥地利女皇玛丽亚·特蕾莎（P90）为争夺煤炭资源丰富的西里西亚地区而展开了争斗［奥地利王位继承战争（P90）］。

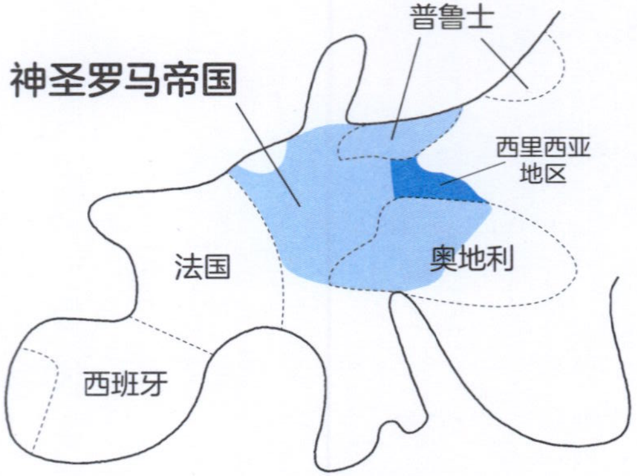

神圣罗马帝国

普鲁士
西里西亚地区
奥地利
法国
西班牙

三十年战争结束，《威斯特伐利亚和约》签订后，神圣罗马帝国分裂割据的局面更加严重，成为领主们掌握主权的邦联，其中，奥地利和普鲁士势力最大

沙盘 042 德国的君主专制 ①

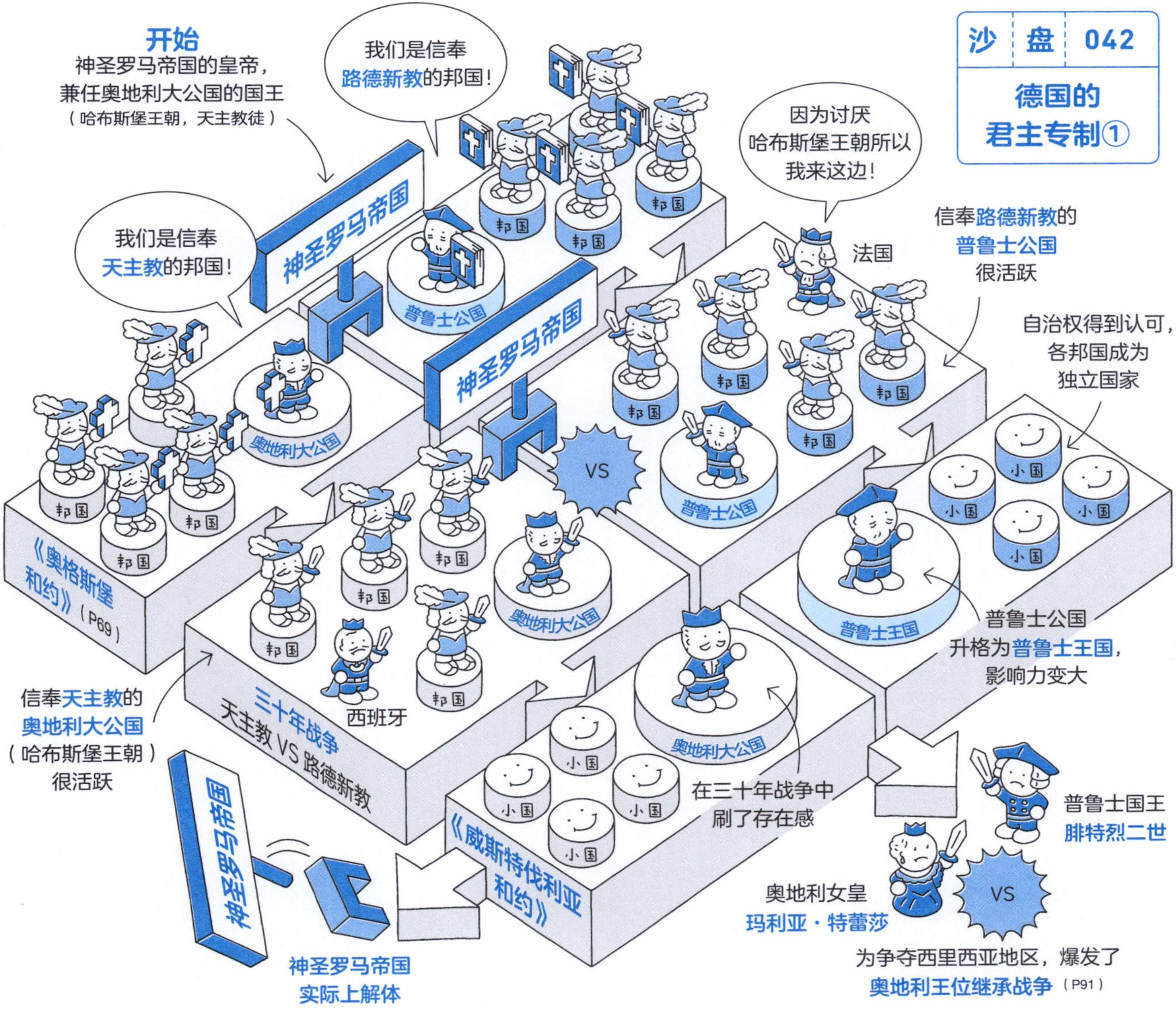

开始
神圣罗马帝国的皇帝，兼任奥地利大公国的国王（哈布斯堡王朝，天主教徒）

- 我们是信奉天主教的邦国！
- 我们是信奉路德新教的邦国！
- 因为讨厌哈布斯堡王朝所以我来这边！

信奉天主教的奥地利大公国（哈布斯堡王朝）很活跃

神圣罗马帝国

信奉路德新教的普鲁士公国很活跃

自治权得到认可，各邦国成为独立国家

《奥格斯堡和约》(P89)

三十年战争 天主教 VS 路德新教

西班牙 VS 法国

《威斯特伐利亚和约》(P91)

神圣罗马帝国实际上解体

奥地利大公国 在三十年战争中刷了存在感

普鲁士王国 升格为普鲁士王国，影响力变大

奥地利女皇玛利亚·特蕾莎 VS 普鲁士国王腓特烈二世 为争夺西里西亚地区，爆发了奥地利王位继承战争

89 | 近代早期

德国的君主专制②

腓特烈二世和玛利亚·特蕾莎

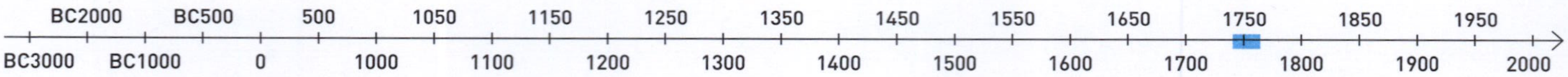

三十年战争后,神圣罗马帝国变成了邦联性质的国家(P88)。在众多邦国中拥有强大势力的是**奥地利大公国和军事力量强大的普鲁士公国**(1701年升格为王国)。

为与奥地利王位的继承权,奥地利与法国之间爆发了奥地利王位继承战争(1740—1748年),以奥地利获胜告终。然而,奥地利在这场战争中还是被与法国一起作战的普鲁士夺去了煤炭资源丰富的西里西亚地区。为了夺回该地区,奥地利与长年来一直处于对立状态的法国和解并进行了历史性结盟(1756年外交革命)。为了巩固联盟关系,玛利亚·特蕾莎将她的女儿玛丽·安托瓦内特(1755—1793年)(P98)嫁给了法国王室。

与此同时,普鲁士国王腓特烈二世(1740—1786年在位)利用改善社会和生活的启蒙思想,建立了**君主专制(开明专制)**。他借信仰宗教宽容的学说,以"开明君主"的身份统治国家,希望通过扶植工业、促进艺术、推行宗教政策来建立一个强大的国家。这种开明君主制也影响了未来的奥地利君主约瑟夫二世(玛利亚·特蕾莎的长子)。

当玛利亚·特蕾莎的外交革命使奥地利和法国关系逐渐密切时,腓特烈二世却对此表示了反对,并开始向英国靠拢。随后,站在法国一边的奥地利和站在英国一边的普鲁士之间爆发了**七年战争(1756—1763年)**。结果,站在英国阵营的普鲁士击败了奥地利,一举夺取了西里西亚地区,一举成为德意志当时最强大的军事国家。

普鲁士得到煤炭资源丰富的西里西亚地区后,一举成为德意志当时最强大的军事国家

神圣罗马帝国
(邦联性质的国家)

西里西亚地区

普鲁士

奥地利

法国

西班牙

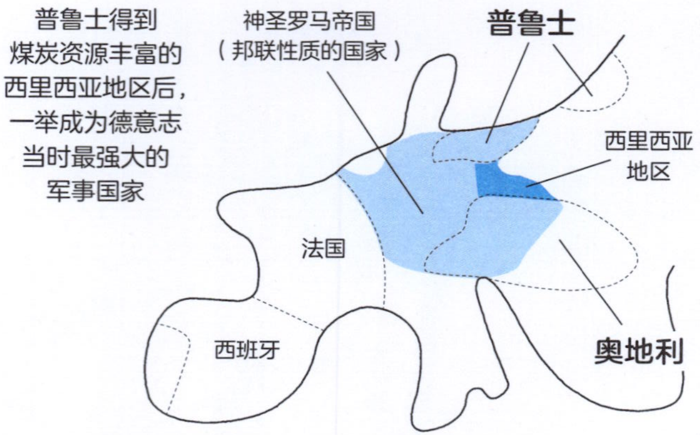

沙盘 043 德国的君主专制②

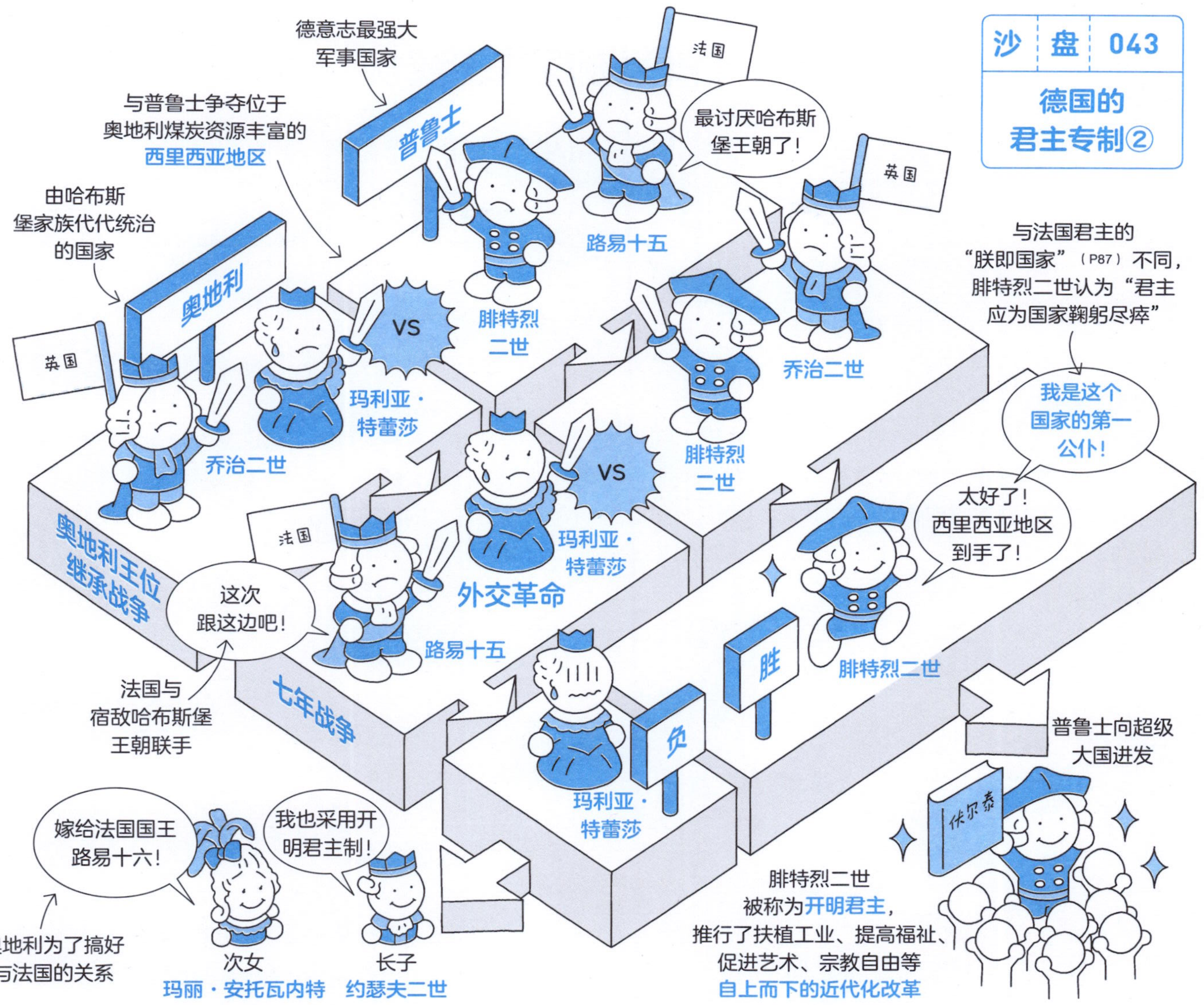

奥地利：由哈布斯堡家族代代统治的国家

普鲁士：德意志最强大的军事国家

与普鲁士争夺位于奥地利煤炭资源丰富的西里西亚地区

乔治二世（英国）

玛利亚·特蕾莎 VS 腓特烈二世（路易十五 法国）

奥地利王位继承战争

法国与宿敌哈布斯堡王朝联手

"这次跟这边吧！"——路易十五

"嫁给法国国王路易十六！"——次女 玛丽·安托瓦内特

"我也采用开明君主制！"——长子 约瑟夫二世

奥地利为了搞好与法国的关系

七年战争

外交革命

玛利亚·特蕾莎 VS 腓特烈二世
乔治二世（英国） 路易十五（法国）

"最讨厌哈布斯堡王朝了！"

"与法国君主的'朕即国家'（P87）不同，腓特烈二世认为'君主'应为国家鞠躬尽瘁"——腓特烈二世

胜

玛利亚·特蕾莎

"大好了！西里西亚地区到手了！"

"我是这个国家的第一公仆！"

腓特烈二世

普鲁士向超级大国迈进

腓特烈二世被称为开明君主，推行了扶植工业、提高福利、促进艺术、宗教自由等自上而下的近代改革

91

044

俄国的君主专制

寻求不冻港

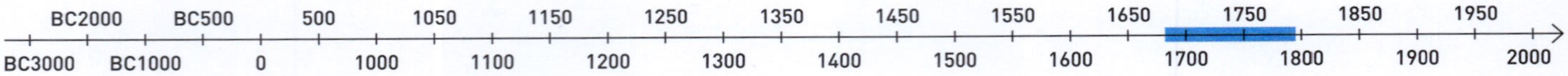

```
BC3000  BC1000  0   500  1000  1050  1100  1150  1200  1250  1300  1350  1400  1450  1500  1550  1600  1650  1700  1750  1800  1850  1900  1950  2000
   BC2000  BC500
```

拜占庭帝国末代皇帝的侄女和莫斯科大公国（俄罗斯帝国的前身）的伊凡三世结婚后，拜占庭文化和东正教文化传到了俄国（P42）。

莫斯科大公国伊凡四世（1533—1584年在位）即位后，君主的称号正式成为沙皇（词源为恺撒Caesar），为皇帝之意。**罗曼诺夫王朝（1613—1917年）**是17世纪莫斯科大公国灭亡后出现的，它沿用了这一称号并且建立了**沙皇制**。

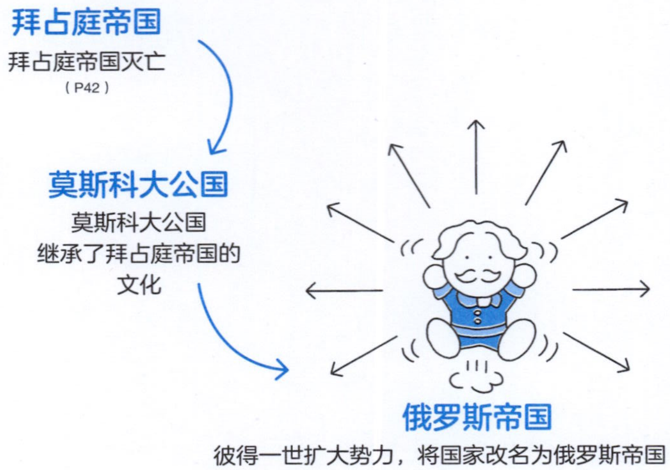

17世纪是西方列强在海外扩大殖民地和势力范围的时期。俄国也不甘落后地将注意力转向世界。然而，俄国面临着一个迫在眉睫的重大问题。俄国是一个寒带气候国家，在冬天，港口会结冰，没有可以**全年使用的港口**。不冻港的缺失制约了俄国的发展。

彼得一世（1682—1725年在位）在**大北方战争（1700—1721年）**中战胜了强国瑞典，称霸波罗的海。在此期间，俄国在波罗的海沿岸建造要塞，成了后来俄国的首都圣彼得堡。

此外，在18世纪末，以开明君主自居的女皇**叶卡捷琳娜二世（1762—1796年在位）**(P144)征服了奥斯曼帝国，并占领了黑海北岸的克里米亚半岛。

俄国为获得不冻港实行**南下政策**，也为其进入地中海创造了机会。

拜占庭帝国
拜占庭帝国灭亡（P42）

莫斯科大公国
莫斯科大公国继承了拜占庭帝国的文化

俄罗斯帝国
彼得一世扩大势力，将国家改名为俄罗斯帝国

> 中国这时处于最后一个封建王朝——清朝（1644—1911年），1689年中俄双方签订《尼布楚条约》，划分了中俄两国东部的边界。

沙盘 044 俄国的君主专制

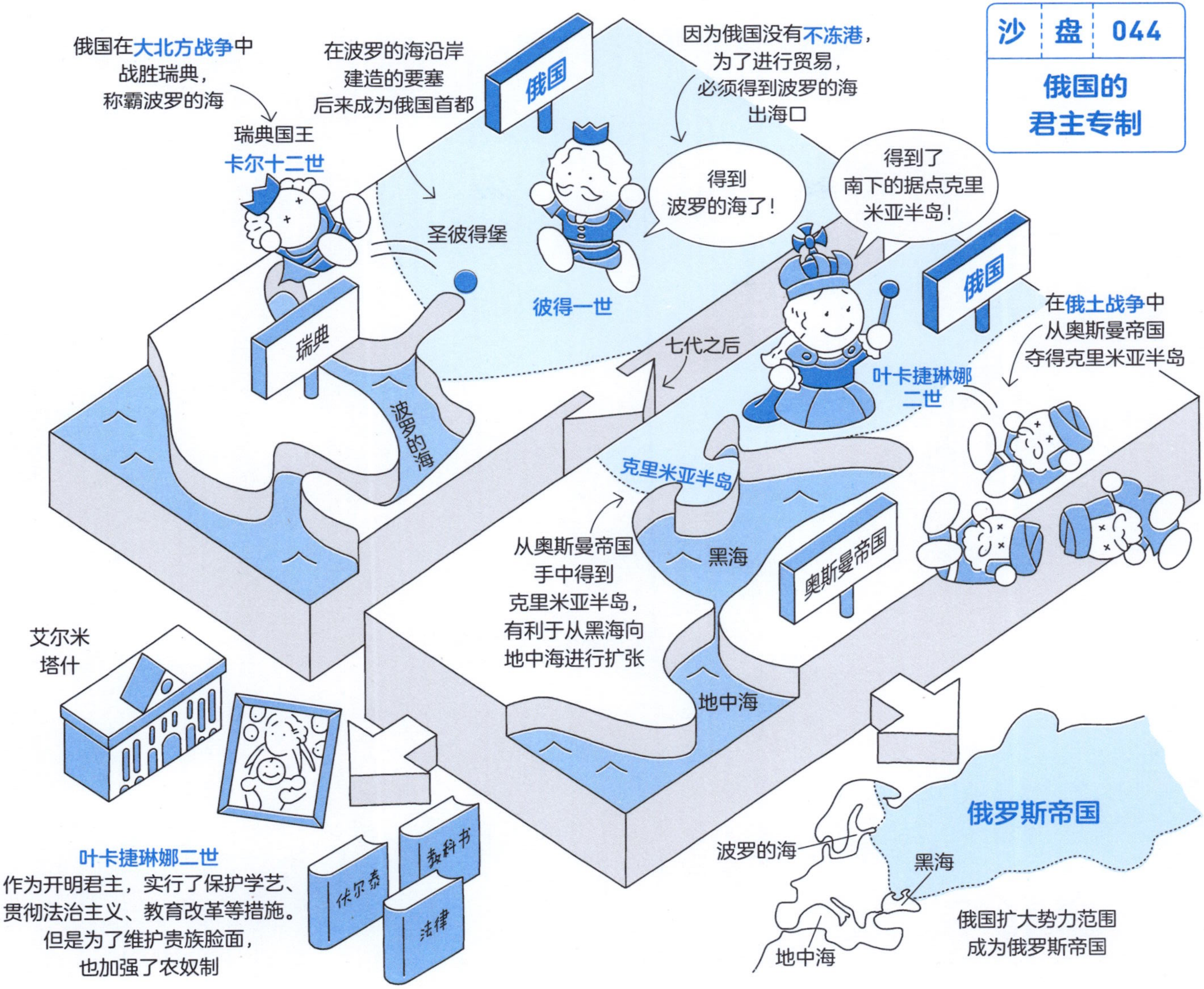

俄国在大北方战争中战胜瑞典，称霸波罗的海

卡尔十二世

瑞典

波罗的海

在波罗的海沿岸建造的要塞，后来成为俄国首都

圣彼得堡

彼得一世

俄国

因为俄国没有不冻港，为了进行贸易，必须得到波罗的海出海口

得到波罗的海了！

得到了南下的据点克里米亚半岛！

七代之后

从奥斯曼帝国手中得到克里米亚半岛，有利于从黑海向地中海进行扩张

克里米亚半岛

黑海

地中海

奥斯曼帝国

叶卡捷琳娜二世

在俄土战争中从奥斯曼帝国夺得克里米亚半岛

俄国

艾尔米塔什

叶卡捷琳娜二世

作为开明君主，实行了保护学艺、贯彻法治主义、教育改革等措施，但是为了维护贵族脸面，也加强了农奴制

《伏尔泰》《法律》

波罗的海

地中海

黑海

俄罗斯帝国

俄国扩大势力范围成为俄罗斯帝国

近代早期

93

近代

045

第一次工业革命

英国掀起的新浪潮

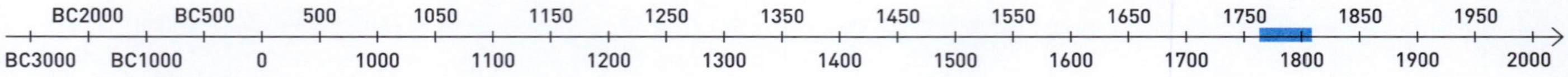

到了 18 世纪，随着新式机器相继发明问世，欧洲社会逐渐从以农业为中心变成以工业为中心。人们把这一系列革命性变化称为**第一次工业革命**。

第一次工业革命最早发生于确立了君主立宪制的**英国**，主要是因为有了制度保障的英国已经具备了第一次工业革命所需的**资金、市场需求和劳动力**——英国**殖民地**众多、前期已经积累了大量财富（P84），人民生活水平的提高，对高质量产品的需求激增；另外，当时英国发生了被称为**圈地运动**的土地变革，城市里到处是需要工作的失地农民。

第一次工业革命始于纺织业。英国原本从印度进口棉织品，然而，随着**多轴纺纱机和水力纺纱机**的发明，英国开始能够大规模生产高质量棉纺织品。通过**大西洋三角贸易**（P84），可廉价购买棉纺织品的原料——**棉花**，棉纺织品取代了过去的毛织品迅速成为英国的主要制品。

为了加快产品的运输速度，纺织机所用的技术也被应用于蒸汽船和蒸汽机车。与此同时，**钢铁业和煤炭工业也飞速发展。英国**逐渐确立了自己**世界工厂**的地位。随后，第一次工业革命的浪潮蔓延到比利时、法国、德国和美国。

第一次工业革命使欧洲的生产力得到快速发展。然而，在资本家和工人之间产生了新的阶级对立，被机器取代而失业的工人发起了**卢德运动**。此外，人口集中和工作时间长等社会问题也开始出现。

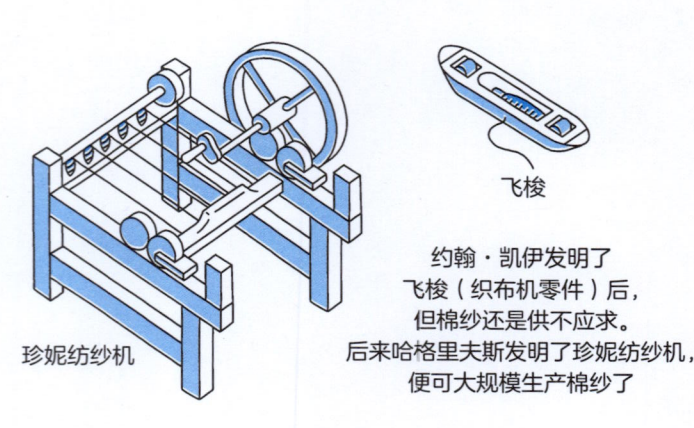

飞梭

珍妮纺纱机

约翰·凯伊发明了飞梭（织布机零件）后，但棉纱还是供不应求。后来哈格里夫斯发明了珍妮纺纱机，便可大规模生产棉纱了

沙盘 045 第一次工业革命

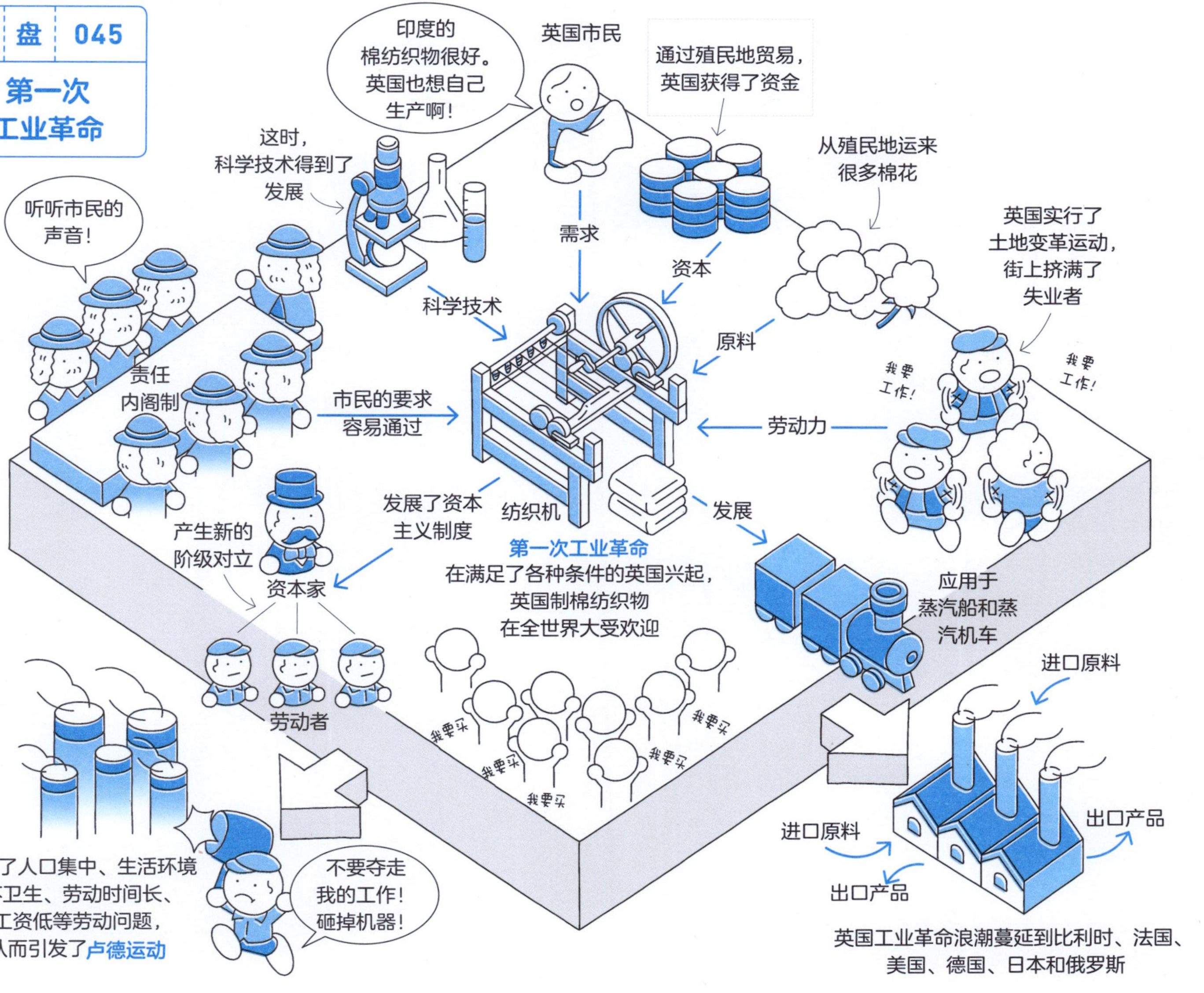

听听市民的声音！

印度的棉纺织物很好。英国也想自己生产啊！

这时，科学技术得到了发展

英国市民

通过殖民地贸易，英国获得了资金

从殖民地运来很多棉花

英国实行了土地变革运动，街上挤满了失业者

我要工作！

科学技术 → 纺织机

市民的要求 容易通过 → 发展了资本主义制度

需求 ← 纺织机 → 资本

内阁制 责任

产生新的阶级对立

资本家 ← → 劳动者

第一次工业革命 在满足了各种条件的英国兴起，英国制棉纺织物在全世界大受欢迎

发展 → 原料 / 劳动力

应用于 蒸汽船和汽机车

我要工作！

进口原料 / 出口产品

英国工业革命浪潮蔓延到比利时、法国、美国、德国，日本和俄罗斯

出现了人口集中、生活环境不卫生、劳动时间长、工资低等劳动问题，从而引发了卢德运动

不要夺走我的工作！砸碎机器！

近代 97

046 法国大革命 ①

革命的开端

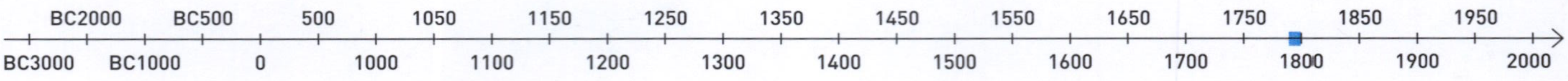

从路易十四（P86）时期起，**法国在欧洲发动了无数次战争**。作为在国际上处于中心地位的大国，法国的动向从来备受瞩目，尤其是法国建造了当时最具代表性的繁荣且奢华的巴洛克风格建筑——凡尔赛宫。

然而，这样的挥霍最终导致了法国财政的崩溃。为了解决财政问题，法国进行改革，提出了新的税收政策。这次改革不像过去那样只让平民（第三等级）承担缴税义务，拥有特权身份的神职人员（第一等级）和贵族（第二等级）也需要纳税。

1789年5月，当时的国王**路易十六（1774—1792年在位）**召开了三级会议（P50），试图在会上通过这个改革提案，毫无悬念地遭到了拥有特权身份的势力的强烈反对。特权身份势力在与平民代表在投票方式上发生了争执，三级会议无果而终。平民们聚集在皇宫前的网球厅，组建了新的**国民议会（1789—1791年）**，并发誓在制定出宪法之前决不解散（**《网球场宣言》，1789年**）。

7月14日，巴黎人民拿起武器，奋起反抗象征着专制统治的巴士底监狱（**攻占巴士底狱，1789年**），这标志着**法国大革命（1789—1815年）**的开始。

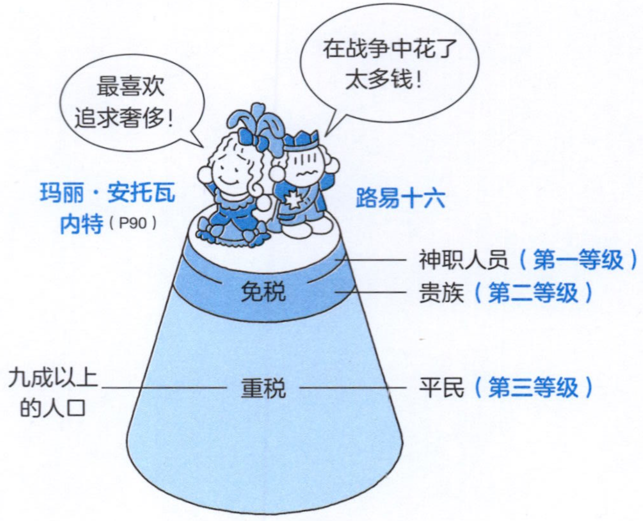

路易十六

在战争中花了太多钱！

玛丽·安托瓦内特（P90）

最喜欢追求奢侈！

免税 —— 神职人员（第一等级）
       贵族（第二等级）

重税 —— 平民（第三等级）

九成以上的人口

旧制度

法国大革命以前的制度叫作**旧制度**。法国九成以上的人口都属于第三等级，但三成以上的土地却属于第一等级和第二等级的人。

沙盘 046 法国大革命① 革命的开端

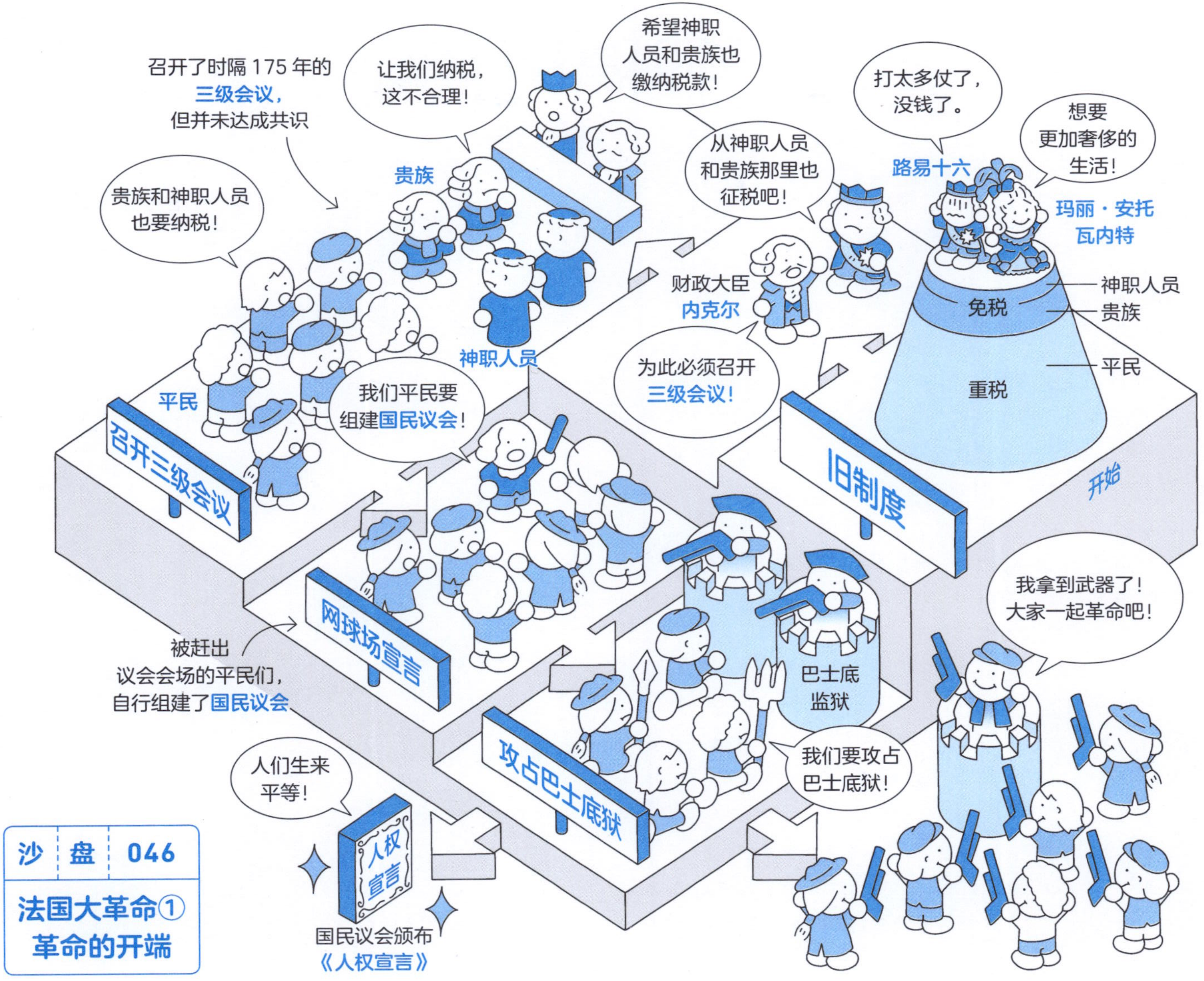

旧制度

开始
- 平民 —— 重税
- 神职人员 —— 免税
- 贵族 —— 免税

路易十六："打大多仗了，没钱了。"

玛丽·安托瓦内特："想要更加奢侈的生活！"

财政大臣内克尔："从神职人员和贵族那里征税吧！"

"希望神职人员和贵族也缴纳税款！"

"为此必须召开三级会议！"

召开三级会议

召开了时隔175年的三级会议，但并未达成共识。

- 贵族："让我们纳税，这不合理！"
- 神职人员
- 平民："贵族和神职人员也要纳税！"

网球场宣言

被赶出议会会场的平民们，自行组建了国民议会。

"我们平民要组建国民议会！"

攻占巴士底狱

- "我们要攻占巴士底狱！"
- 巴士底监狱
- "我拿到武器了！大家一起革命吧！"

人权宣言

"人们生来平等！"

国民议会颁布《人权宣言》

近代 99

法国大革命 ②

国王出逃

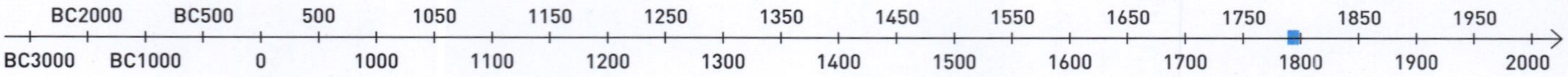

1789年7月下旬，得到攻占巴士底狱（P98）的消息后，各地农民也纷纷起义。**国民议会**（P98）为了结束混乱的局面，在8月初决定废除封建特权（1789年），取消农奴制。随后，政治家拉法耶特（1757—1834年）等人起草了《**人权宣言**》（1789年），宣告人有不可侵犯的自由和平等的权利。自此，法国废除了旧制度（P98）。

10月，妇女高喊着"我们要面包"，走上了大规模游行示威的前列，该事件称作**十月事件**（又称凡尔赛游行，**1789年**）。这迫使路易十六携带家眷从巴黎郊外的凡尔赛宫搬到了古老的杜伊勒里宫。

大革命愈演愈烈，法国国王一家在1791年6月试图逃往玛丽·安托瓦内特王后的家乡奥地利。然而，他们在瓦雷纳被抓，并被送回了巴黎（**路易十六的出逃**，**1791年**）。人们谴责国王逃跑是一种"背叛"，甚至说："我们不想要这样的国王！"

9月，法国通过了君主立宪制宪法——《**1791年宪法**》，召开了**立法议会**（1791—1792年）。在此期间，奥地利和普鲁士发布宣言《**皮尔尼茨宣言**》反对法国大革命、支持路易十六。

从此，法国大革命从法国国内问题升级为了国际问题。

十月事件

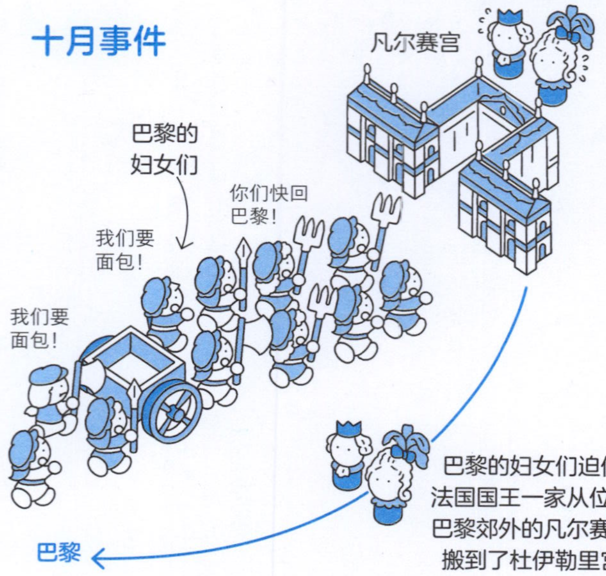

沙盘 047 法国大革命② 国王出逃

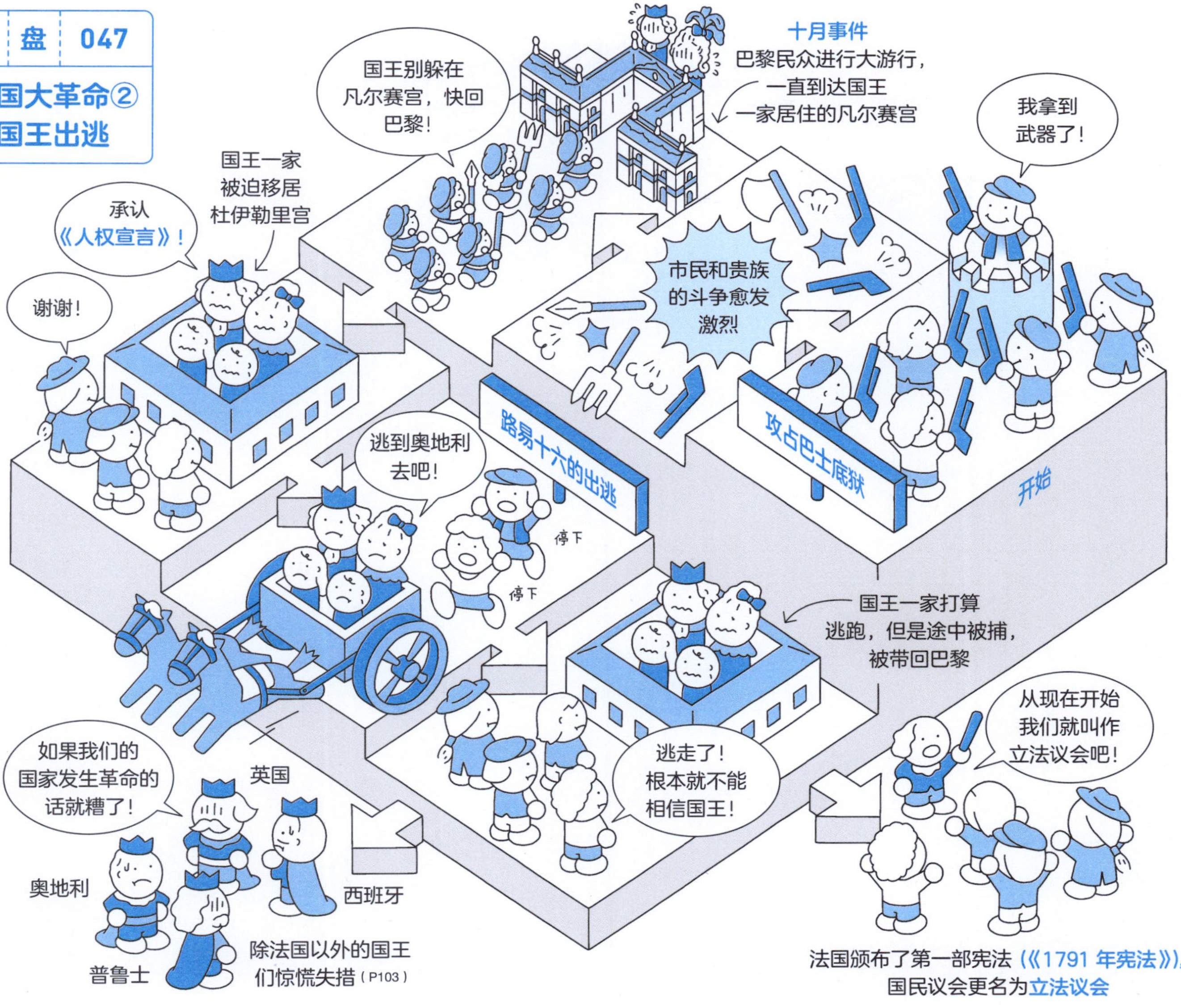

承认《人权宣言》！

谢谢!

国王一家被迫移居杜伊勒里宫

国王别躲在凡尔赛宫，快回巴黎！

十月事件
巴黎民众进行大游行，一直到达国王一家居住的凡尔赛宫

我拿到武器了！

逃到奥地利去吧！

停下

路易十六的马车

如果我们的国家发生革命的话就糟了！

奥地利
普鲁士

英国
西班牙

除法国以外的国王们慌慌失措 (P103)

逃走了！根本就不能相信国王！

攻占土伊勒里

市民和贵族的斗争愈发激烈

开始

国王一家打算逃跑，但是途中被捕，被带回巴黎

从现在开始我们就叫作立法议会吧！

法国颁布了第一部宪法（《1791年宪法》），国民议会更名为立法议会

近代 101

048

法国大革命 ③

处决国王

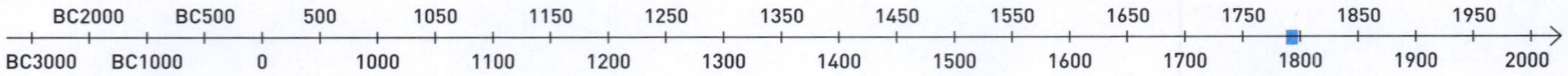

1792年4月，立法议会(P100)对奥地利宣战，结果却遭遇了一连串的失败。普鲁士也开始越过边界线对法国发起进攻。

那时，法国各地的志愿兵唱着革命歌曲《马赛曲》聚集在巴黎。激进的雅各宾派（山岳派）和保守的吉伦特派都对志愿兵们寄予厚望。

8月，巴黎民众前往杜伊勒里宫，以"路易十六是反革命分子"为由逮捕了国王（8月10日起义，1792年），国王政权自此终止。

9月，由志愿兵组成的法国革命军（义勇军）在瓦尔密战役（1792年）中击败了入侵的奥地利和普鲁士联军。这次战斗是革命军的首次胜利。

法国成立新的国民公会（1792—1795年），宣布废除君主制，同时建立了法国史上首个共和国（法兰西第一共和国，1792—1804年）。

第二年，即1793年1月，得到路易十六被处决的消息后，与法国相邻的各国担心革命情绪会蔓延，结成了第一次反法同盟（1793—1797年），意图彻底破坏法国大革命。

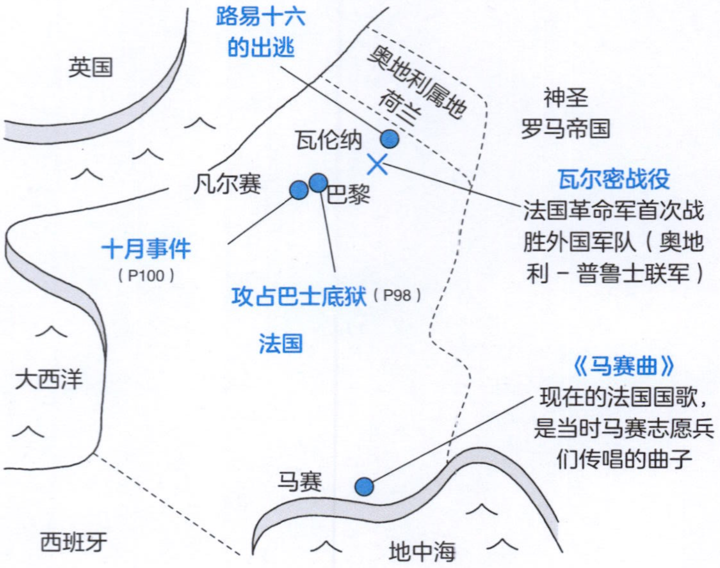

瓦尔密战役
法国革命军首次战胜外国军队（奥地利 - 普鲁士联军）

《马赛曲》
现在的法国国歌，是当时马赛志愿兵们传唱的曲子

神圣罗马帝国
奥地利属地 荷兰
路易十六的出逃
瓦伦纳
巴黎
凡尔赛
攻占巴士底狱(P98)
十月事件(P100)
法国
英国
大西洋
西班牙
马赛
地中海

沙盘 048 法国大革命③ 处决国王

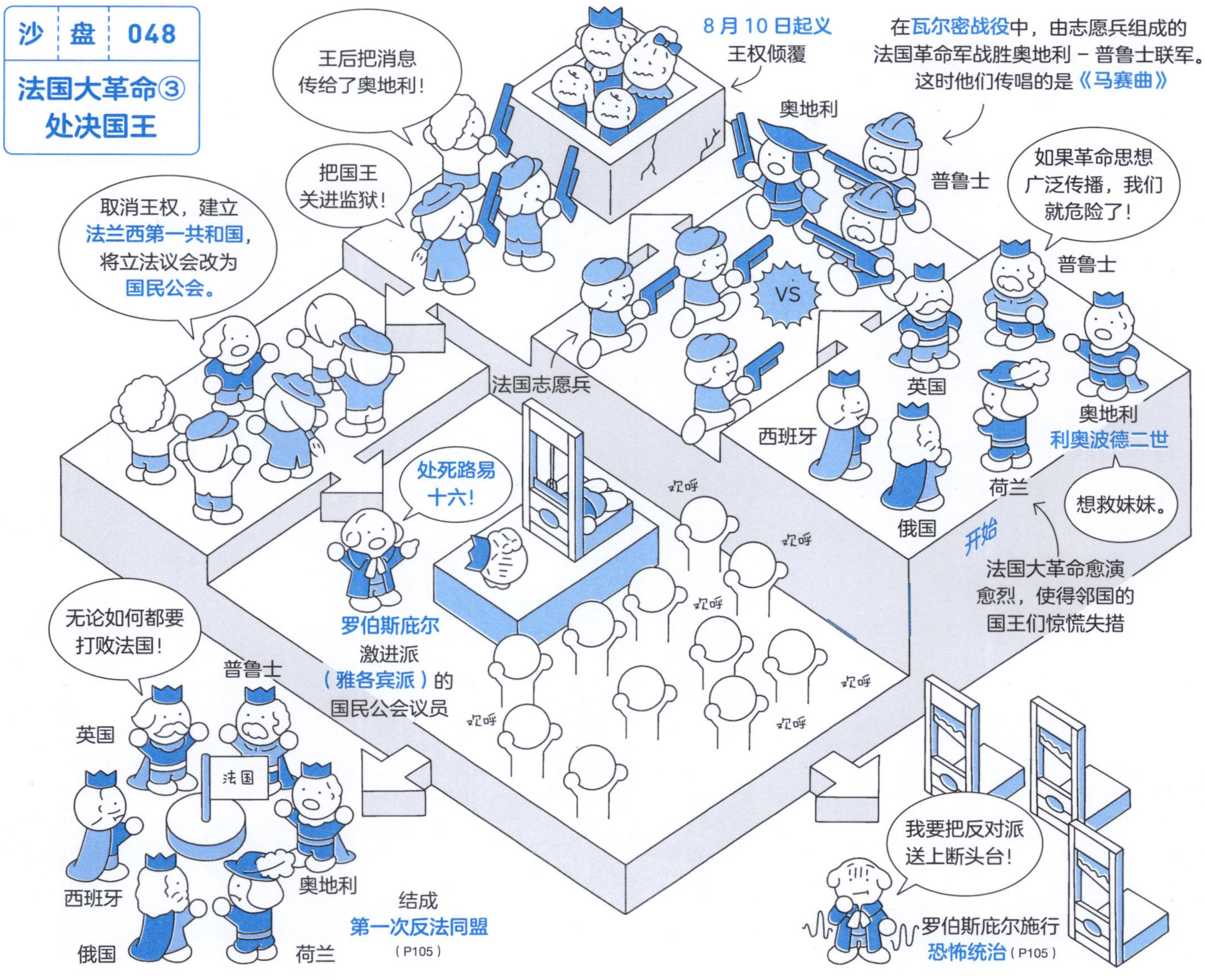

取消王权，建立法兰西第一共和国，将立法议会改为国民公会。

王后把消息传给了奥地利！

把国王关进监狱！

8月10日起义
王权倾覆

在瓦尔密战役中，由志愿兵组成的法国革命军打败奥地利-普鲁士联军。这时他们传唱的是《马赛曲》

如果革命思想广泛传播，我们就危险了！

利奥波德二世 想救妹妹。

奥地利 普鲁士 英国 荷兰

开始 法国大革命越演越烈，使得邻国的国王们惊慌失措。

处决路易十六！

法国志愿兵 VS 奥地利 普鲁士 英国 西班牙 俄国 荷兰

罗伯斯庇尔（雅各宾派）激进派 的国民公会议员

无论如何都要打败法国！
法国
普鲁士 奥地利 英国 西班牙 俄国 荷兰
结成第一次反法同盟（P105）

我要把反对派送上断头台！
罗伯斯庇尔施行恐怖统治（P105）

049

法国大革命 ④

罗伯斯庇尔的恐怖统治

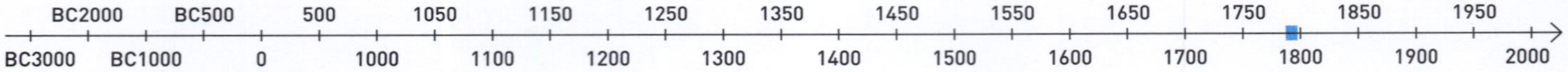

```
BC3000  BC1000       0    500   1000  1050  1100  1150  1200  1250  1300  1350  1400  1450  1500  1550  1600  1650  1700  1750  1800  1850  1900  1950  2000
    BC2000   BC500
```

1793 年初，国民公会（P102）对志愿兵的成就给了赞赏并决定强制执行征兵制。6 月，以"对抗反法同盟（P102），建立保护革命成果的体制"为名，激进的雅各宾派（P102）开始了独裁统治。

雅各宾派制定了保证男性普选权的"1793 年宪法"（并未实施），另外还无条件废除了针对农民的土地封建义务，实行了革命历法（法国共和历）和全面限价法令等制度。然而，在罗伯斯庇尔（1758—1794 年）的领导下，法国笼罩在恐怖统治（1793—1794 年）的阴影下，有几万人因被扣上了"反革命分子"和"间谍"的帽子而被斩首。

最后，罗伯斯庇尔在热月政变（1794 年）中被逮捕，并被送上了断头台。雅各宾派的独裁统治结束了，由 5 名督政官组成的督政府（1795—1799 年）执政。然而，督政府也没能给法国带来稳定。

死于断头台上的革命家

丹东
1759—1794 年

和罗伯斯庇尔一样，丹东也是雅各宾派（山岳派）的革命家。由于丹东在某个时期主张放松恐怖统治，被罗伯斯庇尔和其他人以阴谋罪等罪口处决

埃贝尔
1757—1794 年

埃贝尔通过出版面向民众的报纸获得了民众的支持。虽然属于雅各宾派（山岳派），但他因组织废除基督教运动等活动而与罗伯斯庇尔等人发生冲突，最终被处决

布里索
1754—1793 年

布里索是吉伦特派的领袖，与罗伯斯庇尔所在的雅各宾派（山岳派）相比，吉伦特派较为保守。在国民公会中与山岳派起冲突后与其他吉伦特派成员一起被处决

罗兰夫人
1754—1793 年

"自由自由，天下古今几多之罪恶，假汝之名以行。"

罗兰夫人经营着据说被当作吉伦特派总部的沙龙（布里索等人属于该组织）。当吉伦特派在与激进的推各宾派（山岳派）的斗争中失势时，她被送上了断头台

罗伯斯庇尔
1758—1794 年

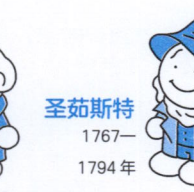

罗伯斯庇尔是法国大革命中的重要的雅各宾派革命家。他领导公共安全委员会，推行了处决反革命分子的恐怖政治。最终，在热月政变中被处决

圣茹斯特
1767—1794 年

作为罗伯斯庇尔的得力助手，圣茹斯特处决了许多反革命分子，与罗伯斯庇尔共同推行恐怖政治。以其俊美的外表和冷血的性格而闻名。最后与罗伯斯庇尔一起被送上断头台

沙盘 049 法国大革命④ 恐怖统治

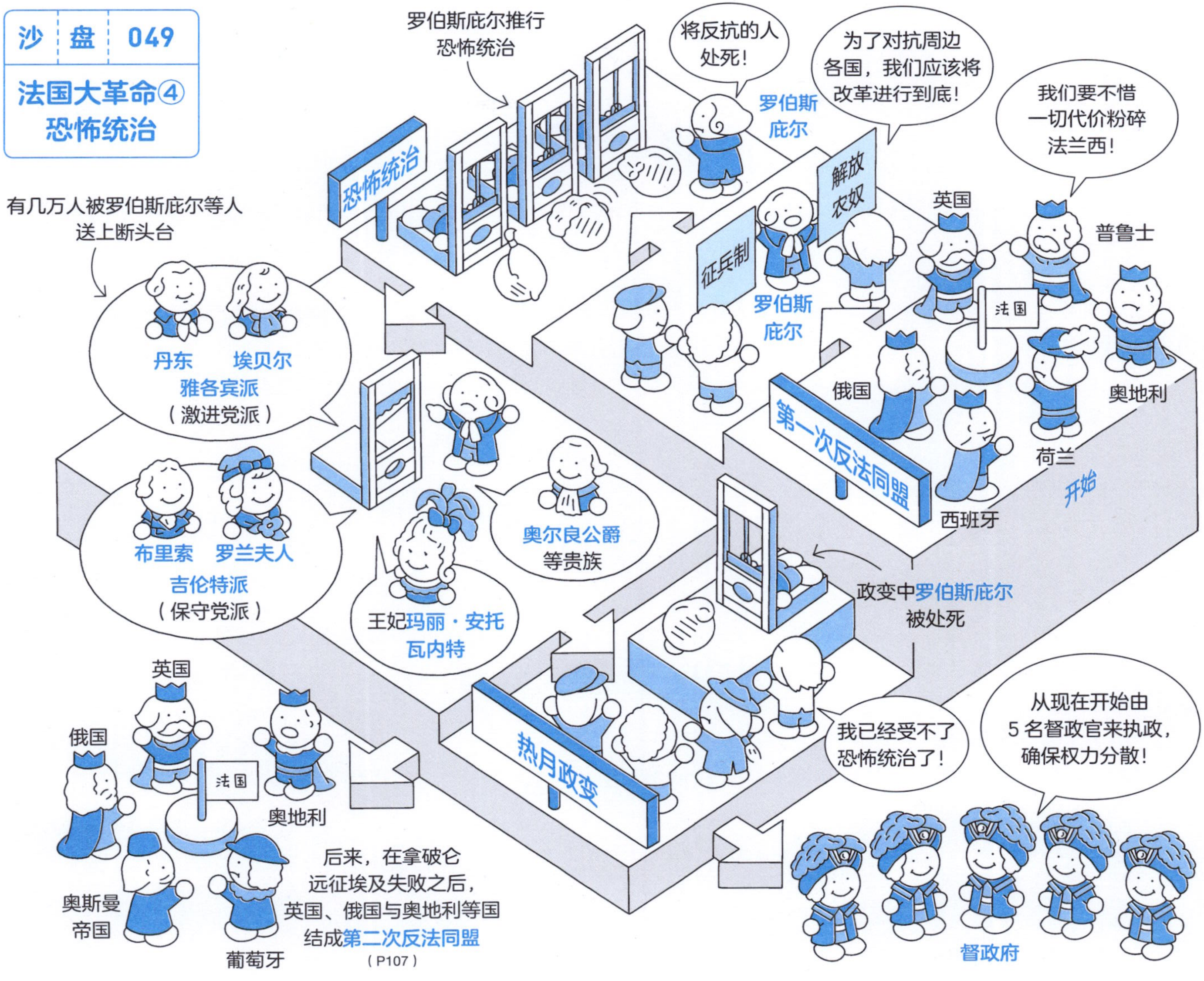

有几万人被罗伯斯庇尔等人送上断头台

- 丹东、埃贝尔（激进党派）
- 布里索、罗兰夫人（吉伦特派/保守党派）

罗伯斯庇尔推行恐怖统治

将反抗的人处死！

为了对抗周边各国，我们应将改革进行到底！

我们现在要不惜一切代价粉碎法兰西！

罗伯斯庇尔 征兵制 解放农奴

第一次反法同盟：俄国、英国、法国、荷兰、普鲁士、奥地利、西班牙 开始

王妃玛丽·安托瓦内特

奥尔良公爵等贵族

恐怖统治

热月政变

政变中罗伯斯庇尔被处死

我已经受不了恐怖统治了！

从现在开始由5名督政官来执政，确保权力分散。

督政府

俄国、奥斯曼帝国、英国、奥地利、葡萄牙

后来，在拿破仑远征埃及失败之后，英国、俄国与奥地利等国结成第二次反法同盟。(P107)

105 近代

050

拿破仑加冕

法兰西帝国时代的开始

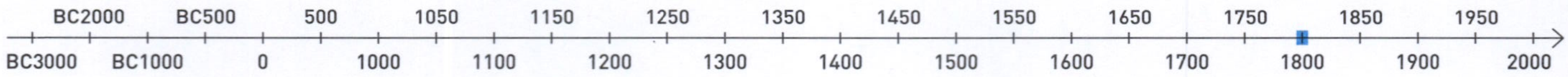

由5名督政官组成的督政府（P104）很快就暴露出其软弱的一面。民众对频繁的政权更迭感到不满，于是发动了"复辟"叛乱。督政府的政策摇摆不定。最终，军人出身的**拿破仑·波拿巴（1769—1821年）**平定了叛乱。督政府十分依赖拿破仑，一切都听之任之。

1797年，拿破仑**远征意大利（1796—1797年）**取得了胜利。击败**第一次反法同盟**让他的名声响彻世界。第二年，拿破仑为了削弱英国势力，决定**远征埃及（1798—1801年）**以切断印度航线。然而，英国在阿布基尔湾海战（1798年）中取得了胜利，并将法国军队赶出了埃及。随后，英国与俄国、奥地利等国组成了**第二次反法同盟（1799年）**。

拿破仑得知第二次反法同盟缔结的消息后，推翻了不可靠的督政府，建立了**执政政府（1799—1804年）（雾月政变，1799年）**。

拿破仑通过保护天主教徒加强了民众对他的支持，1802年，他在第一次公民投票中当选终身执政官（1802年）。1804年，他颁布了提倡人人平等以及保护私有财产的**《法国民法典》（又称《拿破仑法典》，1804年）**。随后，通过公民投票，拿破仑成为皇帝（**拿破仑一世，1804—1814年，1815年在位**），开始了**法兰西第一帝国（1804—1814年，1815年）**的统治。至此，**法国大革命**（P98-105）结束。

拿破仑全盛时代

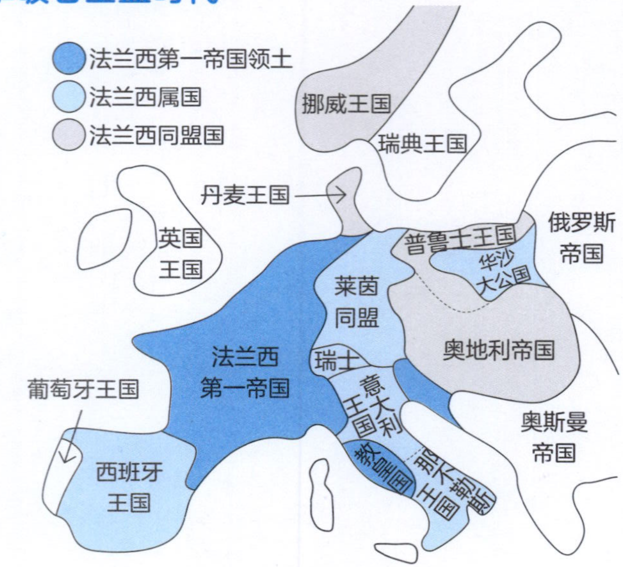

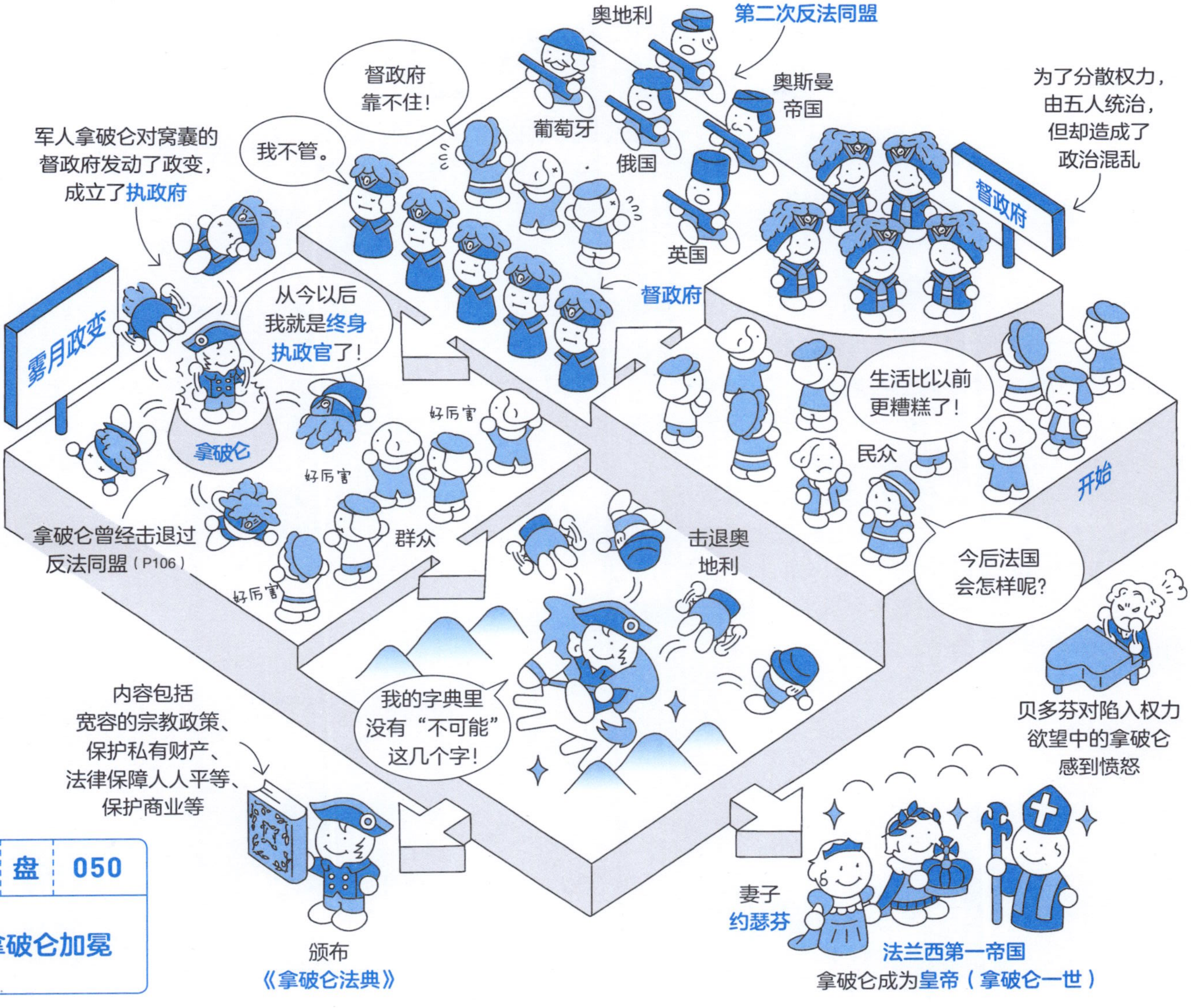

沙盘 050 拿破仑加冕

雾月政变

军人拿破仑对窘境的督政府发动了政变，成立了执政府。

"我不管。"

"督政府靠不住！"

从今以后我就是终身执政官了！

拿破仑曾经击退过反法同盟（P106）

第二次反法同盟：奥地利、葡萄牙、俄国、英国、奥斯曼帝国

督政府：为了分散权力，由五人统治，但却造成了政治混乱

群众："好后悔"

击退奥地利

我的字典里没有"不可能"这几个字！

督政府 开始

民众："生活比以前更糟糕了！"

"今后法国会怎样呢？"

贝多芬对陷入权力欲望中的拿破仑感到愤怒

《拿破仑法典》 颁布

内容包括宽容的宗教政策，保护私有财产，法律保障人人平等，保护商业等

约瑟芬 妻子

法兰西第一帝国 拿破仑成为皇帝（拿破仑一世）

051

拿破仑垮台

民族会战和流放厄尔巴岛

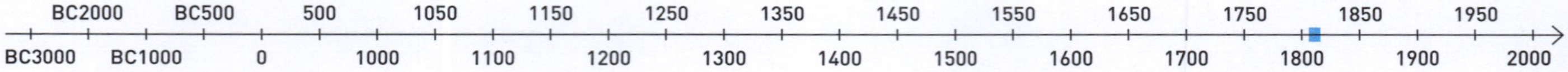

1804年，拿破仑加冕称帝，法国进入了法兰西第一帝国（P106）的时代。第二年，英国与奥地利、俄国和瑞典等国结成了第三次反法同盟（1805年）。

1805年10月，纳尔逊司令（1758—1805年）领导的英国皇家海军在特拉法尔加海战中击败了法国。但是在12月的奥斯特利茨战役（又称三皇会战）中，拿破仑率领的法国军队击败了奥地利和俄国，反法同盟随之瓦解。战败的奥地利皇帝在1806年即拿破仑称帝第二年放弃了神圣罗马帝国皇位。神圣罗马帝国从此落幕（1806年）。势如破竹的法军入侵普鲁士，占领了其首都柏林。

紧接着，法国为了打击英国，发布了大陆封锁令（1806年），禁止欧洲国家与英国进行贸易。然而，俄国与英国却在暗地里进行贸易。得知此事后，法国试图通过远征俄国来对其进行制裁，但却失败了（俄法1812年战争，1812年）。法国这次战败引发了莱比锡会战（民族会战，1813年），第六次反法同盟（1813—1814年）逮捕了拿破仑。1814年拿破仑被流放到厄尔巴岛。

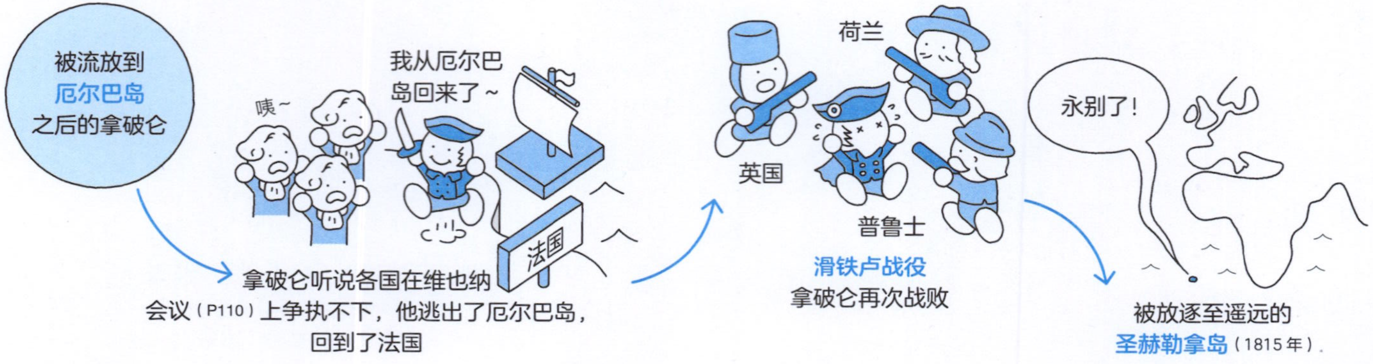

被流放到
厄尔巴岛
之后的拿破仑

我从厄尔巴岛回来了～

拿破仑听说各国在维也纳会议（P110）上争执不下，他逃出了厄尔巴岛，回到了法国

荷兰
普鲁士
英国

滑铁卢战役
拿破仑再次战败

永别了！

被放逐至遥远的
圣赫勒拿岛（1815年）。

108

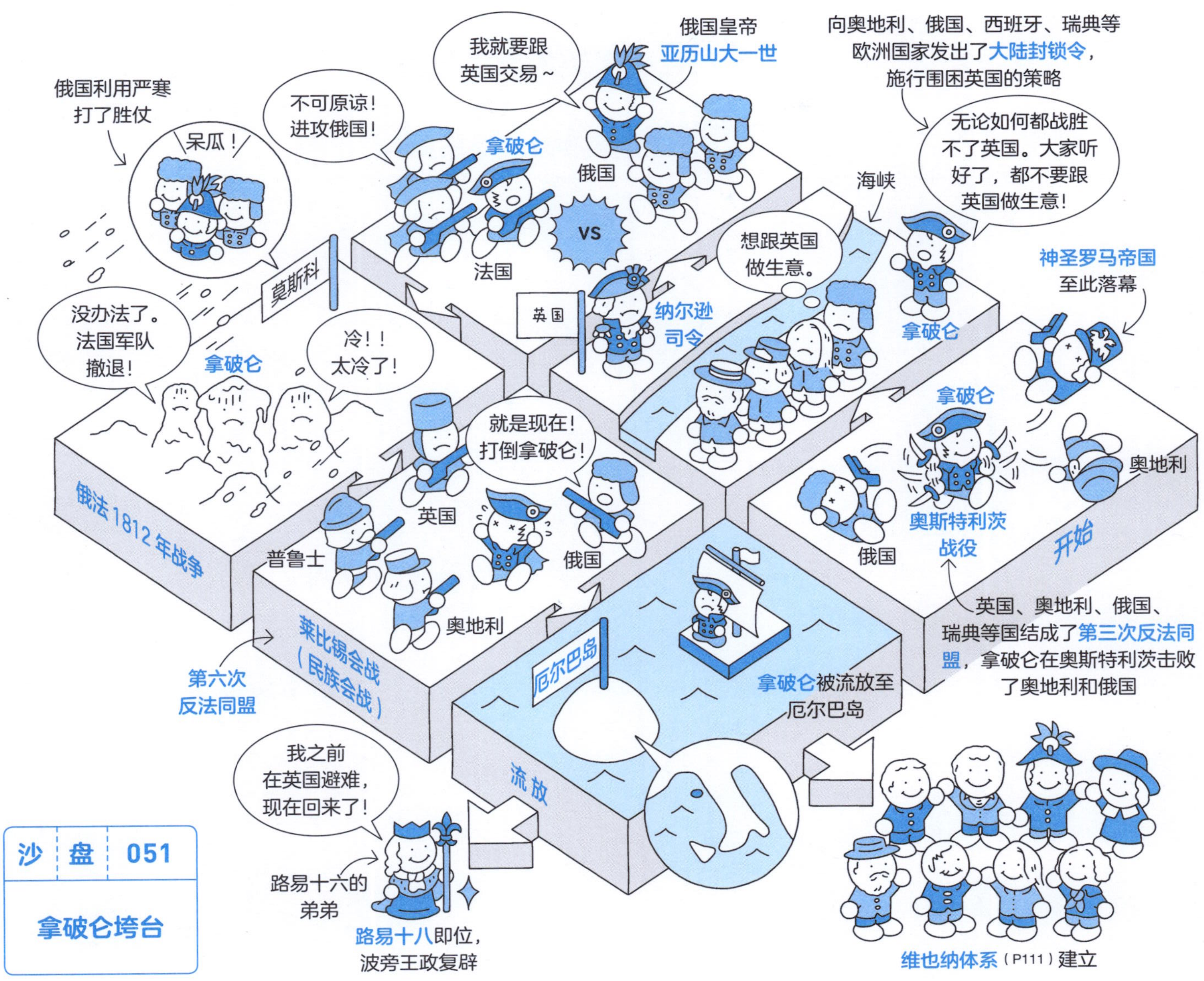

沙盘 051
拿破仑垮台
开始
向奥地利、俄国、西班牙、瑞典等欧洲国家发出了大陆封锁令，施行围困英国的策略
无论如何都战胜不了英国。大家听好了，都不要跟英国做生意！
拿破仑
海峡
神圣罗马帝国至此落幕
奥地利
俄国
奥斯特利茨战役
英国、奥地利、俄国、瑞典等国结成了第三次反法同盟，拿破仑在奥斯特利茨击败了奥地利和俄国
俄国皇帝
亚历山大一世
我就要跟英国交易~
俄国
不可原谅！进攻俄国！
拿破仑
法国
VS
英国
纳尔逊司令
想跟英国做生意。
俄法1812年战争
俄国利用严寒打了胜仗
呆瓜！
莫斯科
没办法了。法国军队撤退！
拿破仑
冷！！太冷了！
莱比锡会战（民族会战）
第六次反法同盟
普鲁士
英国
就是现在！打倒拿破仑！
俄国
奥地利
流放
厄尔巴岛
拿破仑被流放至厄尔巴岛
我之前在英国避难，现在回来了！
路易十六的弟弟
路易十八即位，波旁王政复辟
维也纳体系（P111）建立

052

维也纳体系的建立

不是议事会，而是舞会

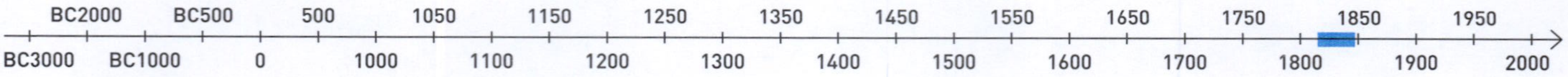

BC3000 BC2000 BC1000 BC500 0 500 1000 1050 1100 1150 1200 1250 1300 1350 1400 1450 1500 1550 1600 1650 1700 1750 1800 1850 1900 1950 2000

拿破仑倒台后，以往在拿破仑统治之下的国家全都宣布独立。除奥斯曼帝国外的各个欧洲国家很快便召开了**维也纳会议（1814—1815年）**，想要恢复拿破仑时代之前的旧制度。会议期间，关于各国领土分配问题迟迟没有进展，但每天晚上舞会却从没间断。人们讥讽道："**不是议事会，而是舞会。**"

法国外交大臣**塔列朗（1754—1838年）**在维也纳会议上提出了正统主义。法国恢复了波旁王朝（P86）的统治（**王政复辟**）。然而，那些追求自由平等的公民不能接受君主制的回归。

后来，法国又爆发了几次革命（如七月革命、二月革命），革命的势头迅速蔓延，起义和革命在整个欧洲愈演愈烈（1848年欧洲革命，也称民族之春）（P112）。**希腊独立**（P149）和拉丁美洲国家独立（P138）成为这一系列运动的开端。

会议最终在奥地利外交大臣**梅特涅（1773—1859年）**的推动下才得以进行。奥地利得到了意大利北部的巴登和威尼斯。会议决定成立包括奥地利和普鲁士在内的35个邦国以及由汉堡等4个自由城市组成的德意志邦联。英国得到了南非的**开普殖民地**（P78）和锡兰岛。打败拿破仑的俄国得到了波兰和芬兰。荷兰吞并了比利时，由尼德兰联省**共和国**（P78）变为了**荷兰王国**。瑞士成为永久中立国。

此外，各国为了在本国发生类似法国大革命的运动时能够相互帮助，结成了**四国同盟（1815年）**（英国、奥地利、普鲁士、俄国）和**神圣同盟（1815年）**（除英国外的欧洲国家和俄国）。这样的体系被称为维也纳体系（1815—1848年）。

法国的变化

君主制（波旁王朝） → 国民议会 → 立法议会 → 国民公会（第一共和国） → 督政府（第一共和国） → 第一帝国 → **维也纳会议** → 王政复辟（波旁王朝）

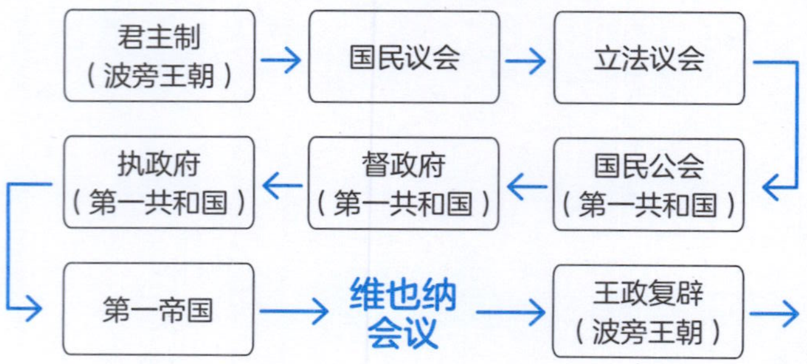

沙盘 052 维也纳体系的建立

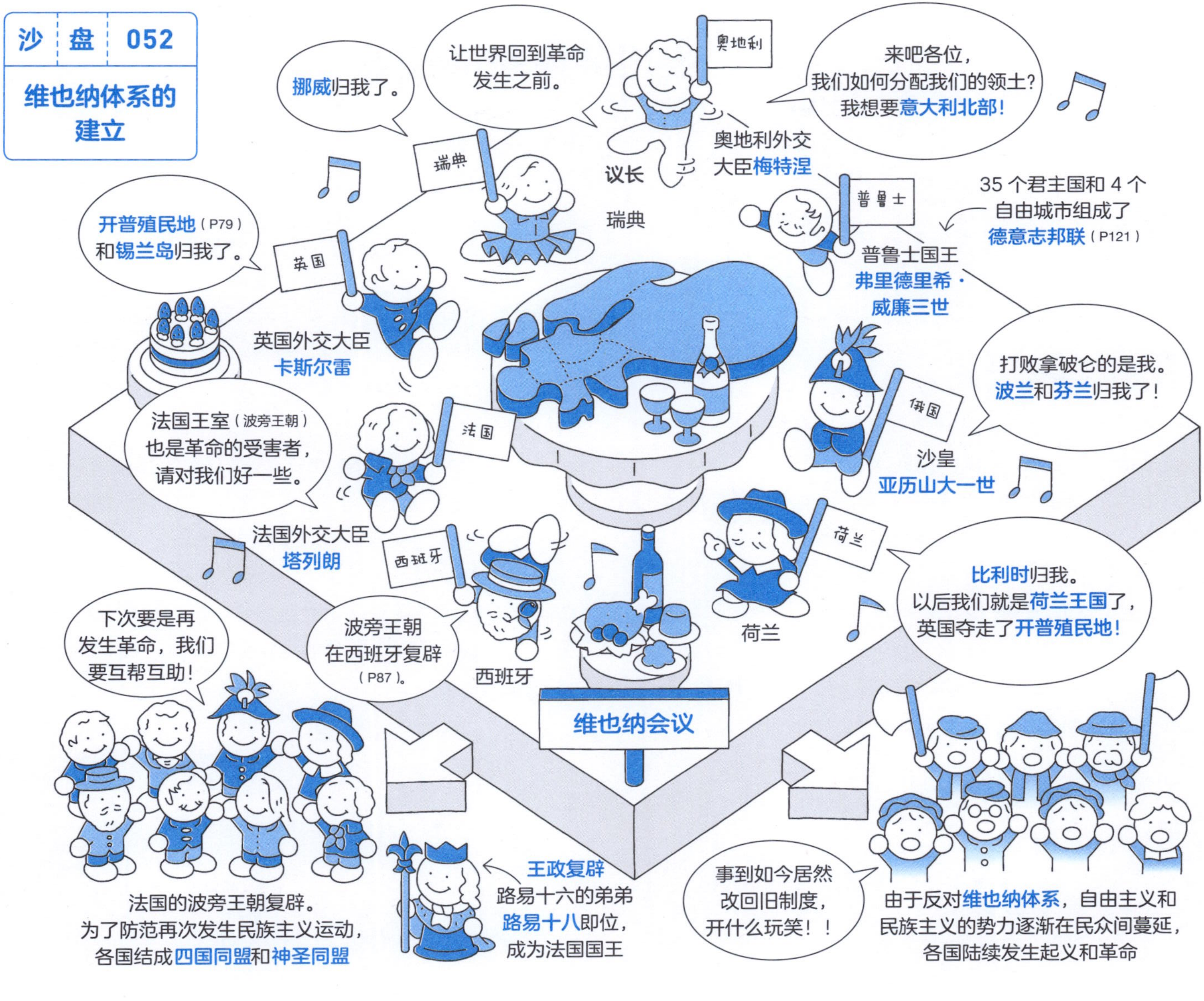

英国外交大臣 卡斯尔雷
开普殖民地（P79）和锡兰岛归我了。

法国王室（波旁王朝）
也是革命的受害者，请对我们好一些。

下次要是再发生革命，我们要互帮互助！

法国的波旁王朝复辟。
为了防范再次发生民族主义运动，各国结成**四国同盟**和**神圣同盟**。

法国外交大臣 塔列朗
在波旁王朝西班牙复辟。

王政复辟
路易十六的弟弟路易十八即位，成为法国国王。

维也纳会议

西班牙

法国

荷兰

挪威归我了。 瑞典

让世界回到革命发生之前。 议长

奥地利外交大臣梅特涅
我们如何分配我们的领土？我们想要意大利北部！ 奥地利

35个君主国和4个自由城市组成了**德意志邦联**（P121）

普鲁士国王 弗里德里希·威廉三世

沙皇 亚历山大一世
打败拿破仑的是我。波兰和芬兰归我了！ 俄国 普鲁士

比利时归我。以后我们就是荷兰王国了，英国夺走了开普殖民地！ 荷兰

事到如今居然改回旧制度，开什么玩笑！！

由于反对维也纳体系，以后我们就是荷兰王国，民族主义的势力逐渐在民间蔓延，各国陆续发生起义和革命。

111 近代

053

维也纳体系的瓦解

1848年欧洲革命

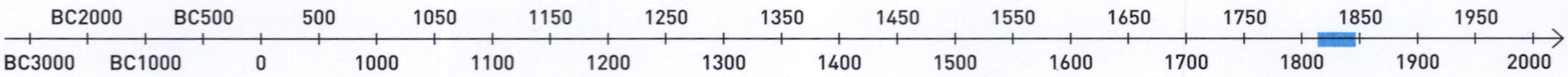

维也纳会议后，法国波旁王朝复辟，路易十八（1814—1824年在位）即位。其继任者查理十世（1824—1830年在位）试图恢复君主专制。

然而，坚持自由主义的人民无法接受君主专制。革命再次席卷法国（七月革命，1830年）。

波旁王朝被推翻后，自由主义者大富豪路易·菲利普（1830—1848年在位）登上王位（七月王朝，1830—1848年）。然而，由于路易·菲利普特别优待银行家等大资本家，引起了工厂工人的不满，于是又爆发了一场革命（二月革命，1848年）。

二月革命的影响波及整个欧洲，还引发了德意志邦联的三月革命（梅特涅任奥地利被赶下台，普鲁士国内成立了自由主义内阁，匈牙利独立运动和意大利复兴运动等民族运动，史称1848年欧洲革命。就这样，维也纳体系（P110）崩溃。

路易·菲利普倒台后，法国建立了第二共和国（1848—1852年）。国家仍然没有统一。最终，民众推选拿破仑的侄子路易·拿破仑（1808—1873年）成为总统。掌握实权的路易·拿破仑自称拿破仑三世（1852—1870年在位）并建立了法兰西第二帝国，也在克里米亚战争（P144）和意大利独立战争（P118）中获得了胜利，得到了国民的支持。

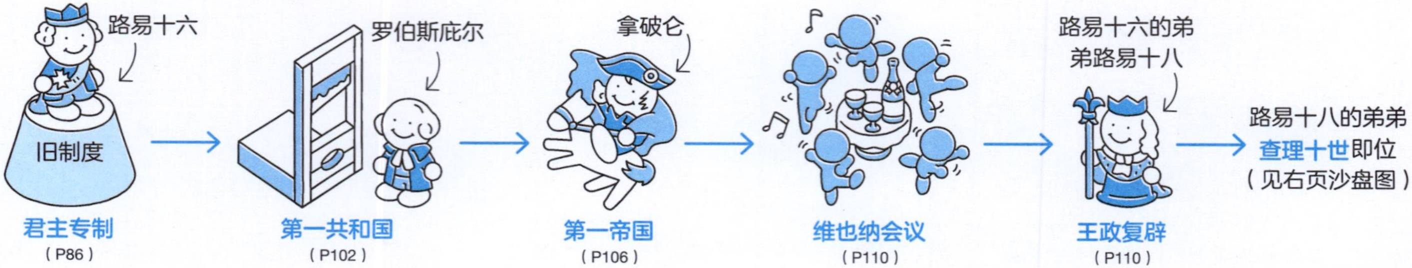

君主专制（P86）路易十六 → 罗伯斯庇尔 第一共和国（P102） → 拿破仑 第一帝国（P106） → 维也纳会议（P110） 路易十六的弟弟路易十八 → 王政复辟（P110） 路易十八（的弟弟）查理十世即位（见右页沙盘图）

112

沙盘 053 维也纳体系的瓦解

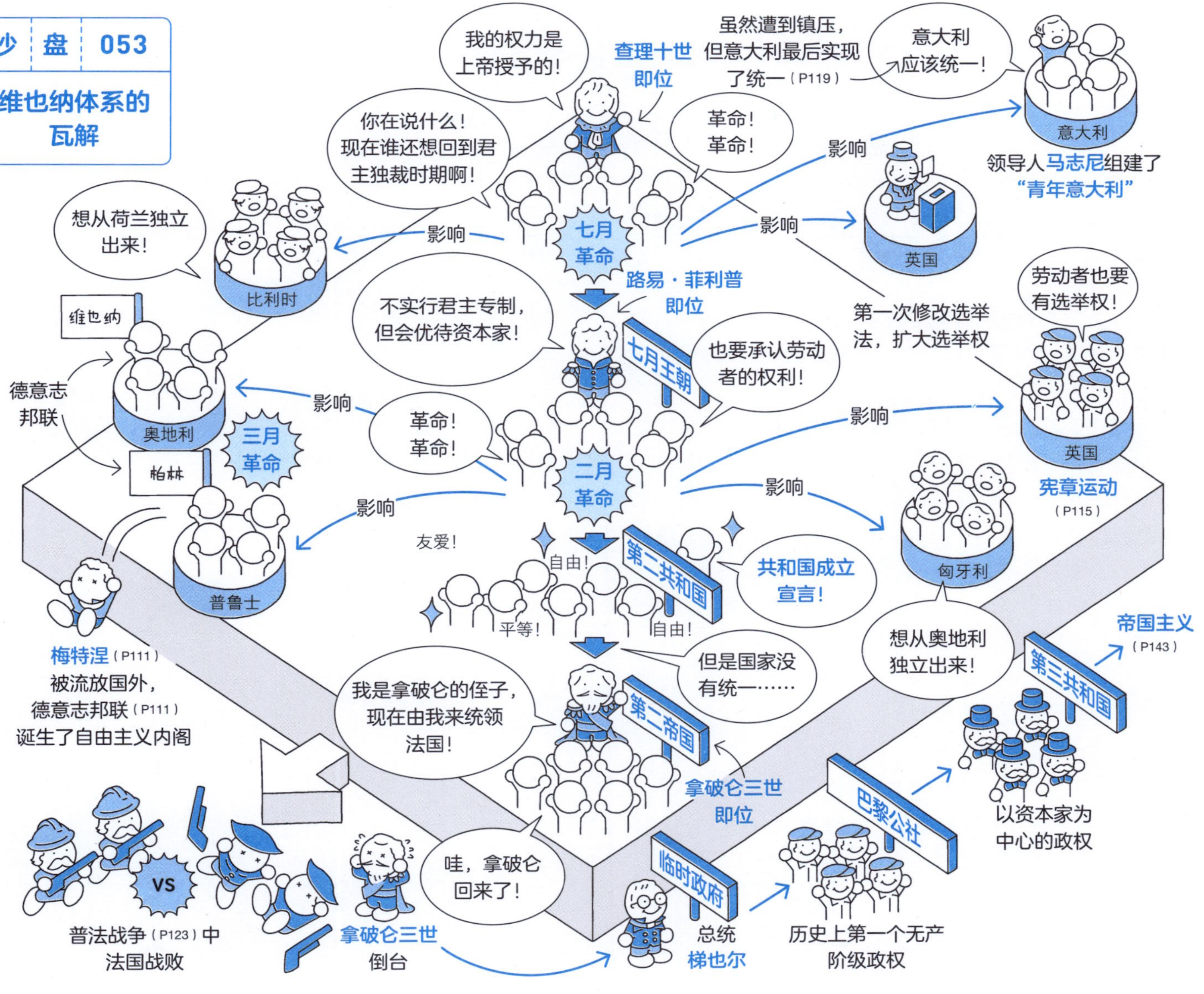

(全页为图示，内容整理如下)

德意志邦联 / 维也纳 / 奥地利 / 柏林
- 想从荷兰独立出来！→ 比利时
- 三月革命
- 不实行君主专制，但会优待资本家！

梅特涅（P111）
被流放国外，德意志邦联诞生了自由主义内阁

普鲁士 VS 法国
- 普法战争（P123）中法国战败
- 拿破仑三世倒台

查理十世即位
- 我的权力是上帝授予的！
- 革命！革命！
- 七月革命

路易·菲利普即位
- 七月王朝
- 革命！革命！
- 二月革命
- 自由！平等！
- 也要承认劳动者的权利！

第二共和国
- 共和国成立宣言！
- 有总统，但是国家没……

拿破仑三世即位
- 哇，拿破仑回来了！
- 第二帝国
- 我是拿破仑的侄子，现在由我来统领法国！

临时政府 / 梯也尔 总统

巴黎公社
- 历史上第一个无产阶级政权
- 以资本家为中心的政权

第三共和国（P143）
- 帝国主义
- 想从奥地利独立出来！→ 匈牙利

英国
- 第一次修改选举法，扩大选举权
- 宪章运动
- 劳动者也要有选举权！

意大利
- 虽然遭到镇压，但意大利最后实现了统一（P119）
- 应该统一意大利——！
- 领导人马志尼组建了"青年意大利"

近代 113

054

维多利亚时代 ①

不列颠治下的和平

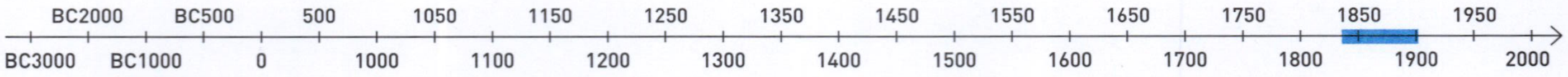

当法国大革命处于白热化阶段时，英国通过第一次工业革命（P96）积累了大量财富。它从殖民地进口原材料，使用机器生产产品，再将这些产品销往世界各地。**维多利亚女王（1837—1901年在位）** 时期的英国国力强大，这段时期被称为不列颠治下的和平。

在英国，一直以来议会比国王拥有更多的政治权力[国王"统而不治"（P82）]，因此，公民的诉求变得容易传达到上层，这也是英国繁荣的原因之一。英国议会实行两党制内阁，**保守党多负责帝国外交政策，自由党则多主张保**障公民生活。女王在位期间，保守党的迪斯雷利（1804—**1881年**）和自由党的格莱斯顿（1809—1898年）轮流执政。迪斯雷利从埃及伊士运河的股份（P152）并建立了印度帝国（P116），这些举措为英国权力扩张做出了贡献，格莱斯顿则是通过修改选举法，建立公立学校和颁布工会法对民主化做出了贡献。

此外，格莱斯顿还主张英国统治下的爱尔兰实行自治。然而，这一主张在他的时代没有实现。**爱尔兰归属问题持续到20世纪**（见下图）。

如鲠在喉

持续到20世纪的爱尔兰归属问题对英国来说可谓"如鲠在喉"

1801年
英国和爱尔兰合并，成为联合王国
→
1914年
通过《爱尔兰自治法案》，因第一次世界大战而延期施行
→
1922年
爱尔兰自由邦成立，获得自治权
→
1937年
宣布成为独立国家，更名为爱尔兰（爱尔兰语：Éire）
→
1949年
爱尔兰共和国成立，脱离英联邦
→

沙盘 054 维多利亚时代①

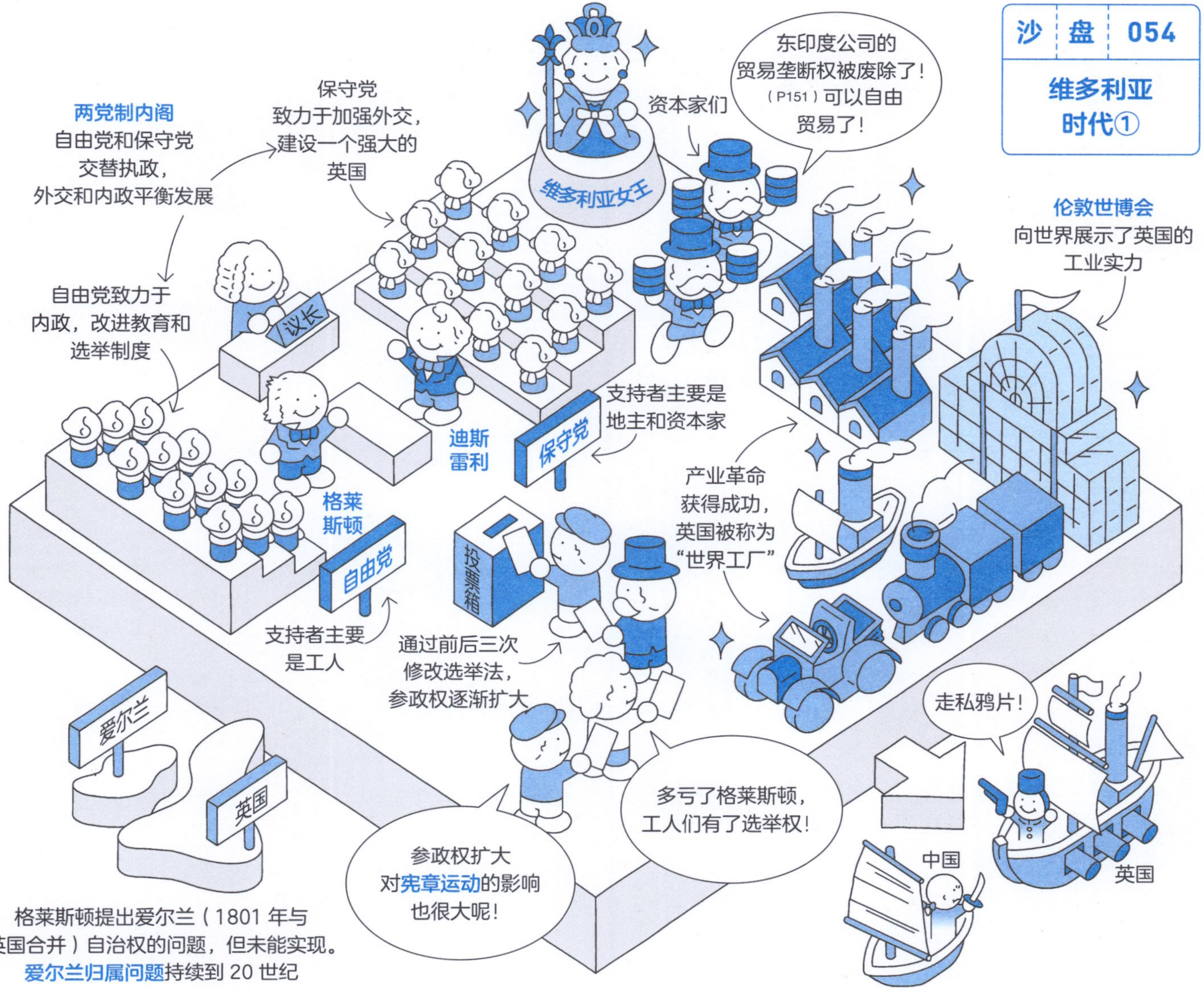

两党制内阁
自由党和保守党交替执政，外交和内政平衡发展

保守党
致力于加强外交，建设一个强大的英国

自由党
致力于内政，改进教育和选举制度

迪斯雷利（保守党）
支持者主要是地主和资本家
产业革命获得成功，英国被称为"世界工厂"

格莱斯顿（自由党）
支持者主要是工人
通过前后三次修改选举法，参政权逐渐扩大

维多利亚女王
东印度公司的贸易垄断权被废除了！（P151）可以自由贸易了！

伦敦世博会
向世界展示了英国的工业实力

爱尔兰
格莱斯顿提出爱尔兰（1801 年与英国合并）自治权的问题，但未能实现。爱尔兰归属问题持续到 20 世纪

多亏了格莱斯顿，工人们有了选举权！

参政权扩大对宪章运动的影响也很大呢！

走私鸦片！（中国 → 英国）

近代 115

055 维多利亚时代②

"维多利亚王朝"的殖民政策

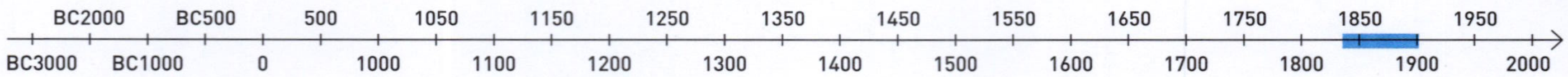

维多利亚女王统治时期（P114），英国的国力在两党制下有所提高，**自由党的格莱斯顿**（P114）则侧重维护国内的公民生活，**保守党的迪斯雷利**（P114）则多承担帝国的外交工作。

在保守党政府的领导下，迪斯雷利首相为确保通往印度这个大市场的航路最短，他从当时陷入财政困难的埃及政府手中收购了苏伊士运河的股份，加强了对埃及的压迫。迪斯雷利还通过在印度建立印度帝国（P150）（皇帝是英国维多利亚女王）确立了殖民体系。印度帝国作为一个庞大的金融和产品市场，给英国带来了巨大的财富。

英国还发动鸦片战争（P156），对中国进行侵略。

随后，在金本位制（一种以黄金为货币价值标准的制度）发展的背景下，英国入侵非洲，寻找黄金和钻石。随后非洲变成了**英属南非联邦（1910年）**（P152），成为英国的自治领土。它还在东南亚建立**马来联邦（1896年）**来控制该地区。英国通过让新西兰、**澳大利亚、加拿大成为自治领土**来扩大英国的势力范围。也是在这一时期，英国赢得了**克里米亚战争**（P144），阻止了俄国和德国等邻国向南扩张。

比英国稍微落后的法国和德国也开始专注于发

去印度的最短路线

1882年，英国控制了苏伊士运河，确保了通往殖民地印度的最短路线的畅通

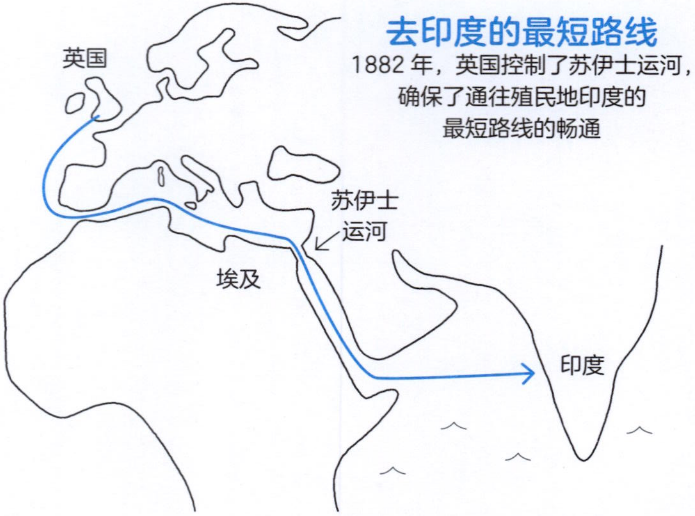

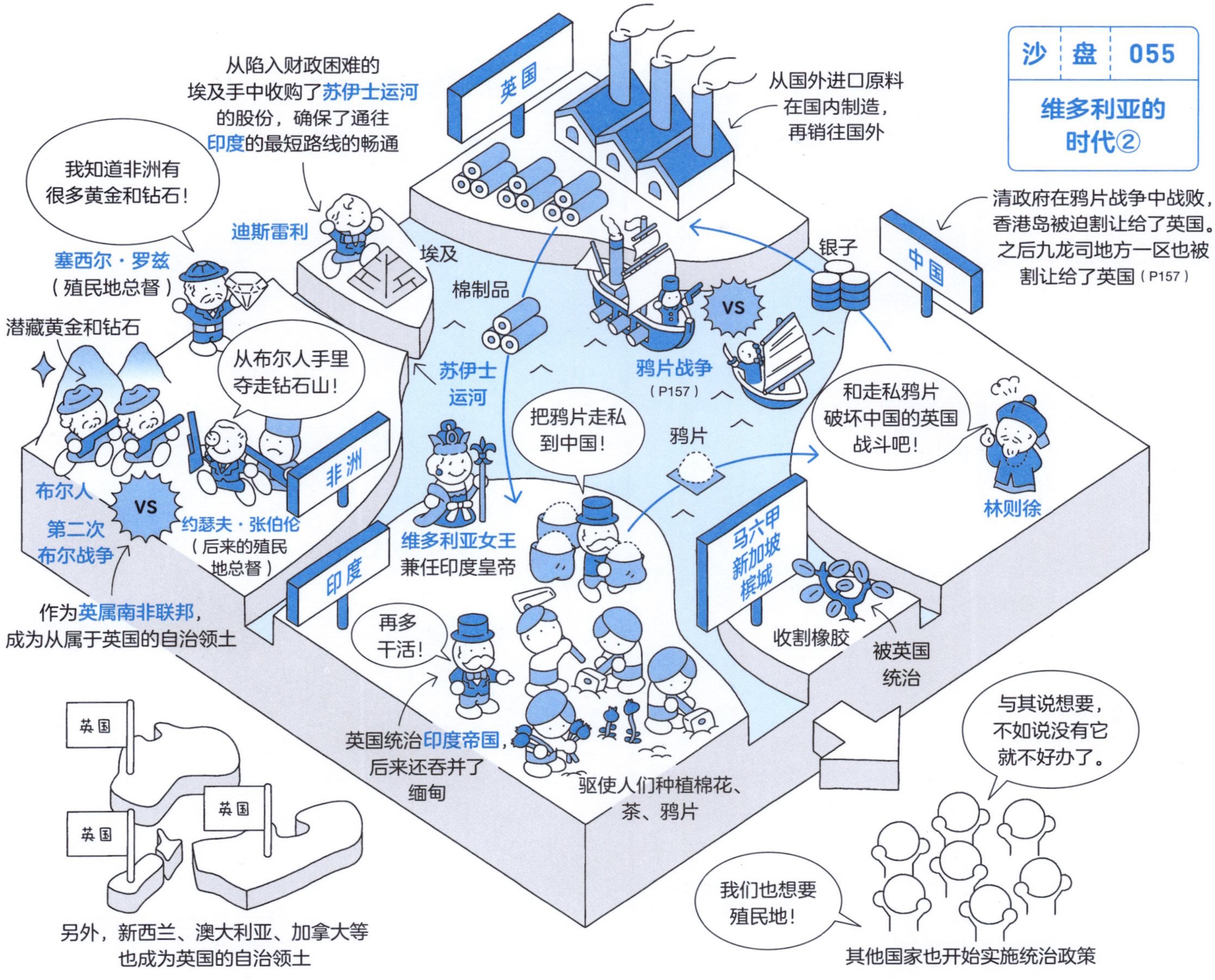

沙盘 055 维多利亚的时代②

从陷入财政困难的埃及手中收购了苏伊士运河的股份，确保了通往印度的最短路线的畅通。

迪斯雷利（殖民地总督）

我知道非洲有很多黄金和钻石！

塞西尔·罗兹（殖民地总督）

潜藏黄金和钻石

从布尔人手里夺走钻石山！

第二次布尔人战争 VS **约瑟夫·张伯伦**（后来的殖民地总督）

作为英属南非联邦，成为从属于英国的自治领土

另外，新西兰、澳大利亚、加拿大等也成为英国的自治领土

非洲

英国

苏伊士运河

埃及 棉制品

维多利亚女王兼任印度皇帝

印度

再多干活！

英国统治印度帝国，后来还吞并了缅甸

茶、鸦片

驱使人们种植棉花、茶、鸦片

把鸦片走私到中国！

鸦片 (P157)

鸦片战争 VS **林则徐**

和走私鸦片破坏中国的英国战斗吧！

清政府在鸦片战争中战败，香港岛被迫割让给了英国，之后九龙司地方一区也被割让给了英国 (P157)

中国

银子

中国

与马六甲、新加坡槟城

收割橡胶 被英国统治

我们也想要殖民地！

与其说想要不知道没有它就不好办。

其他国家也开始实施统治政策

从国外进口原料在国内制造，再销往国外

近代 117

056

意大利统一

维托里奥·埃马努埃莱二世的野心

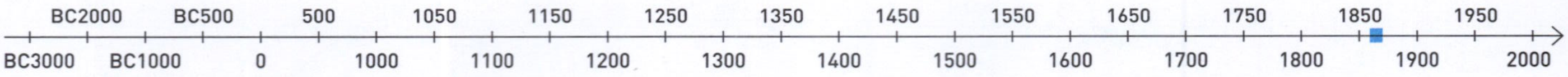

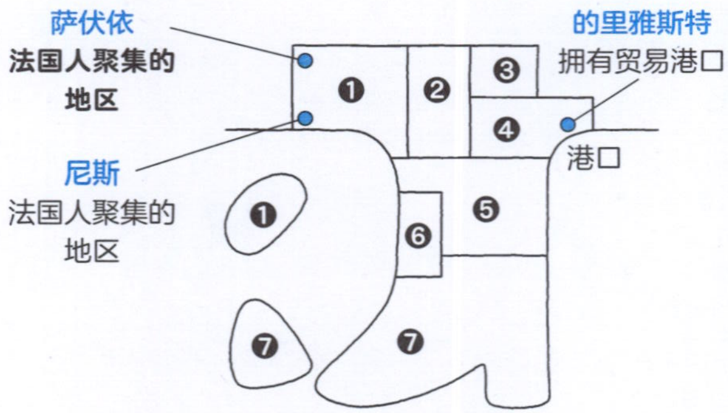

统一前的意大利
① 萨丁尼亚王国
② 伦巴第
③ 南蒂罗尔
④ 威尼斯
⑤ 意大利中部（多个国家）
⑥ 教皇国
⑦ 两西西里王国

的里雅斯特 拥有贸易港口
奥地利领土

法国军队以"因为意大利是一个小国，法国来保护它"的名义驻扎在此

萨伏依 法国人聚集的地区
尼斯 法国人聚集的地区

意大利最初并不是一个统一的国家，内部有很多小国，处于一种混乱状态（见上图）。

意大利的统一是由意大利北部工业国家①萨丁尼亚王国的国王维托里奥·埃马努埃莱二世（1849—1861年在位）和首相加富尔（1810—1861年）推进的。

他们首先与法国的拿破仑三世（P112）结盟来对抗奥地利，并占领了当时由奥地利统治的②伦巴第（意大利独立战争，1859年）。第二年，他们将有许多法国人居住的萨伏依和尼斯割让给法国，以此来交换⑤意大利中部。

与此同时，在意大利南部，革命家加里波第（1807—1882年）推翻了⑦两西西里王国的旧政权，并掌握了实权。加里波第将两西西里王国无偿移交给维托里奥·埃马努埃莱二世，自此意大利北部和南部实现了统一，意大利王国诞生（1861年）。

随后，意大利王国利用普鲁士的军事力量，获得了的里雅斯特以外的④威尼斯（P120）以及⑥教皇国（P122）。

最后，只剩下③南蒂罗尔和的里雅斯特等地（未收复的意大利）没有被统一。

118

沙盘 056 意大利统一

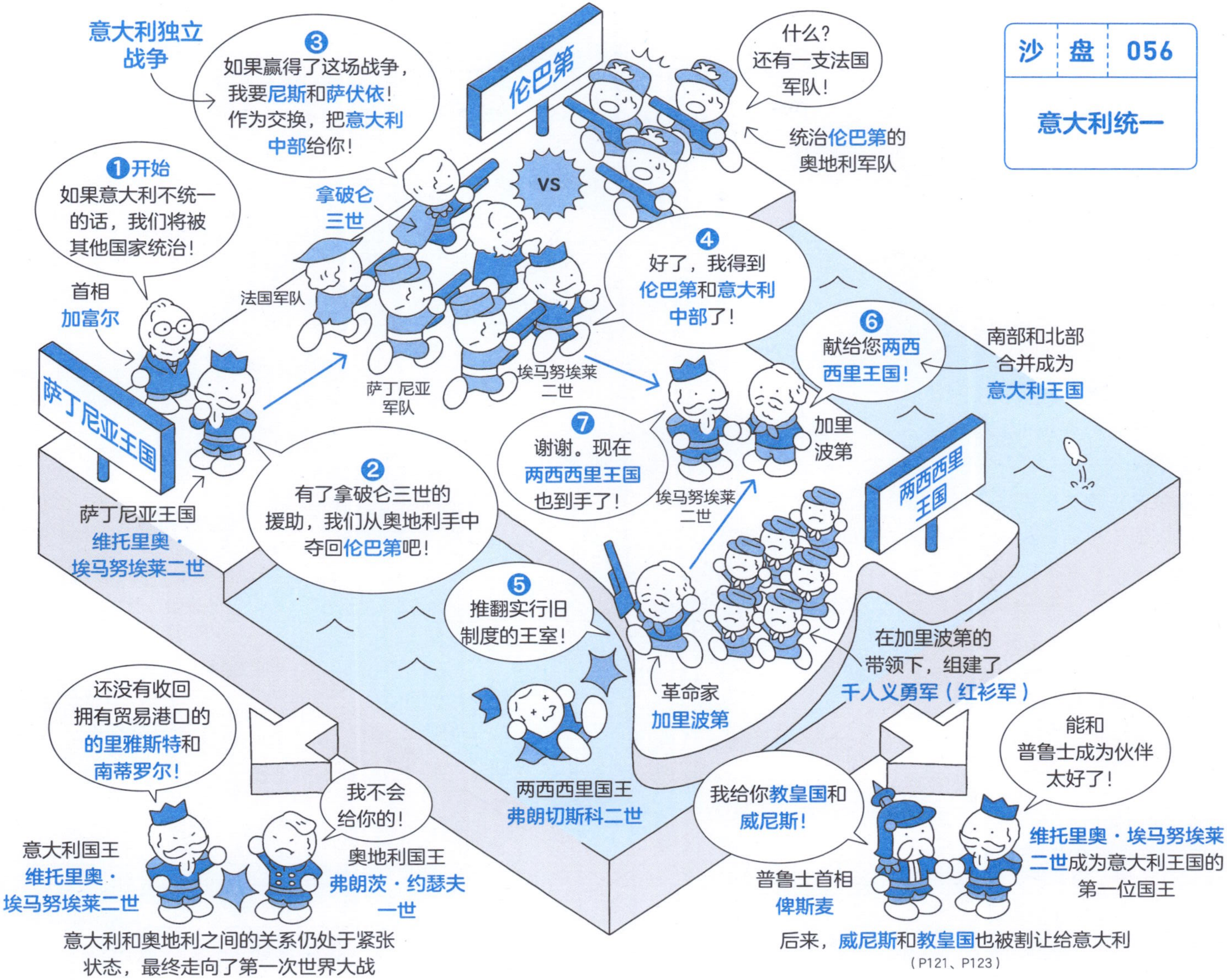

意大利独立战争

❶ 开始

首相 **加富尔**：如果意大利不统一的话，我们将被其他国家统治！

❸ 如果赢得了这场战争，我要尼斯和萨伏伊！作为交换，把意大利中部给你！

拿破仑三世

萨丁尼亚王国

撒丁尼亚国王 维托里奥·埃马努埃莱二世：有了拿破仑三世的援助，我们从奥地利手中夺回伦巴第吧！

法国军队 → 撒丁尼亚军队

VS **伦巴第** 统治伦巴第的奥地利军队

❹ 好了，我得到伦巴第和意大利中部了！

什么？还有一支法国军队！

❷ 我不会给你的！

奥地利国王 弗朗茨·约瑟夫一世

意大利国王 维托里奥·埃马努埃莱二世：还没有收回拥有贸易港口的的里雅斯特和南蒂罗尔！

❺ 推翻实行旧制度的王室！

革命家 **加里波第**：在加里波第的带领下，千人义勇军（红衫军）组建了 → 加里波第

两西西里王国

❻ 献给您两西西里王国！

❼ 谢谢。现在两西西里王国也到手了！

埃马努埃莱二世

南部和北部合并成为意大利王国

两西西里国王 弗朗切斯科二世：我给你教皇国和威尼斯！

普鲁士首相 俾斯麦：能和普鲁士成为伙伴太好了！

后来，威尼斯和教皇国也被割让给意大利，**维托里奥·埃马努埃莱二世成为意大利王国的第一位国王**。

意大利和奥地利之间的关系处于紧张状态，最终走向了第一次世界大战。

(P121, P123)

057

德国统一 ①

俾斯麦的野心

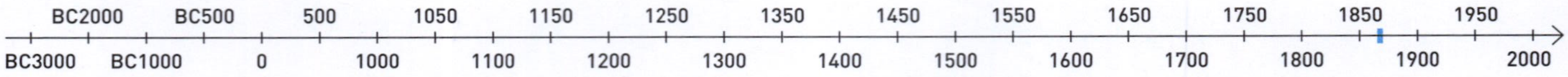

在维也纳会议上，德意志邦联（P110）成立。然而，由于奥地利和普鲁士这两个国家仍在争夺控制权，德意志邦联并没有整体的凝聚力。

为了打破这种局面，注重军事力量的普鲁士首相俾斯麦（1862—1890年在任）实施了"不谈判，用武力统一德意志"的铁血政策。在普鲁士奥地利战争（1866年）中打败奥地利后，普鲁士领导建立了北德意志邦联（1867—1871年）。与此同时，德意志邦联瓦解了。在普奥战争中与普鲁士处于同一阵营的意大利王国（P118），从普鲁士手中得到了威尼斯（收复威尼斯）。

此后，俾斯麦入侵法国［普法战争（P122）］。虽然德意志南部的国家没有加入俾斯麦领导的北德意志邦联，但是它们被迫与俾斯麦领导的北德意志邦联一起对抗法军（P122）。

就这样，俾斯麦实现了他以普鲁士为核心的德意志统一愿望。

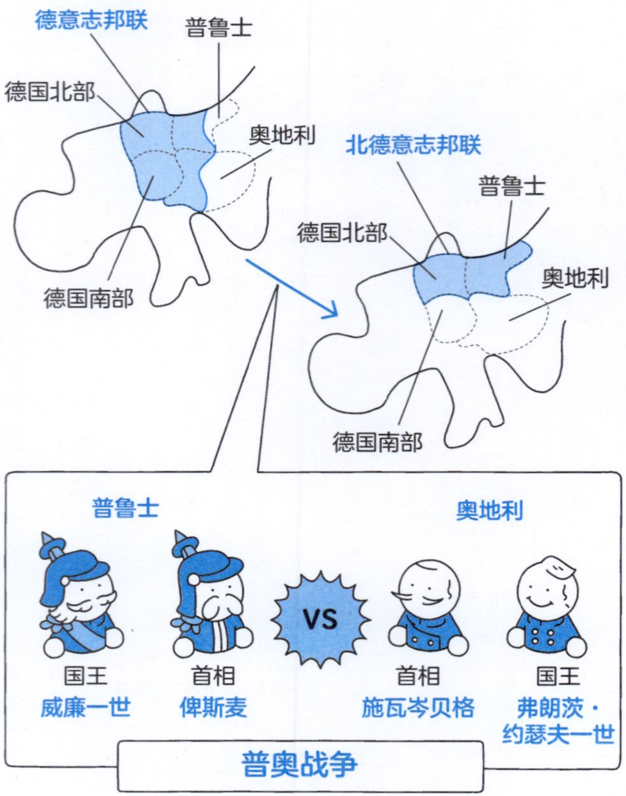

沙 盘 057 德国统一 ①

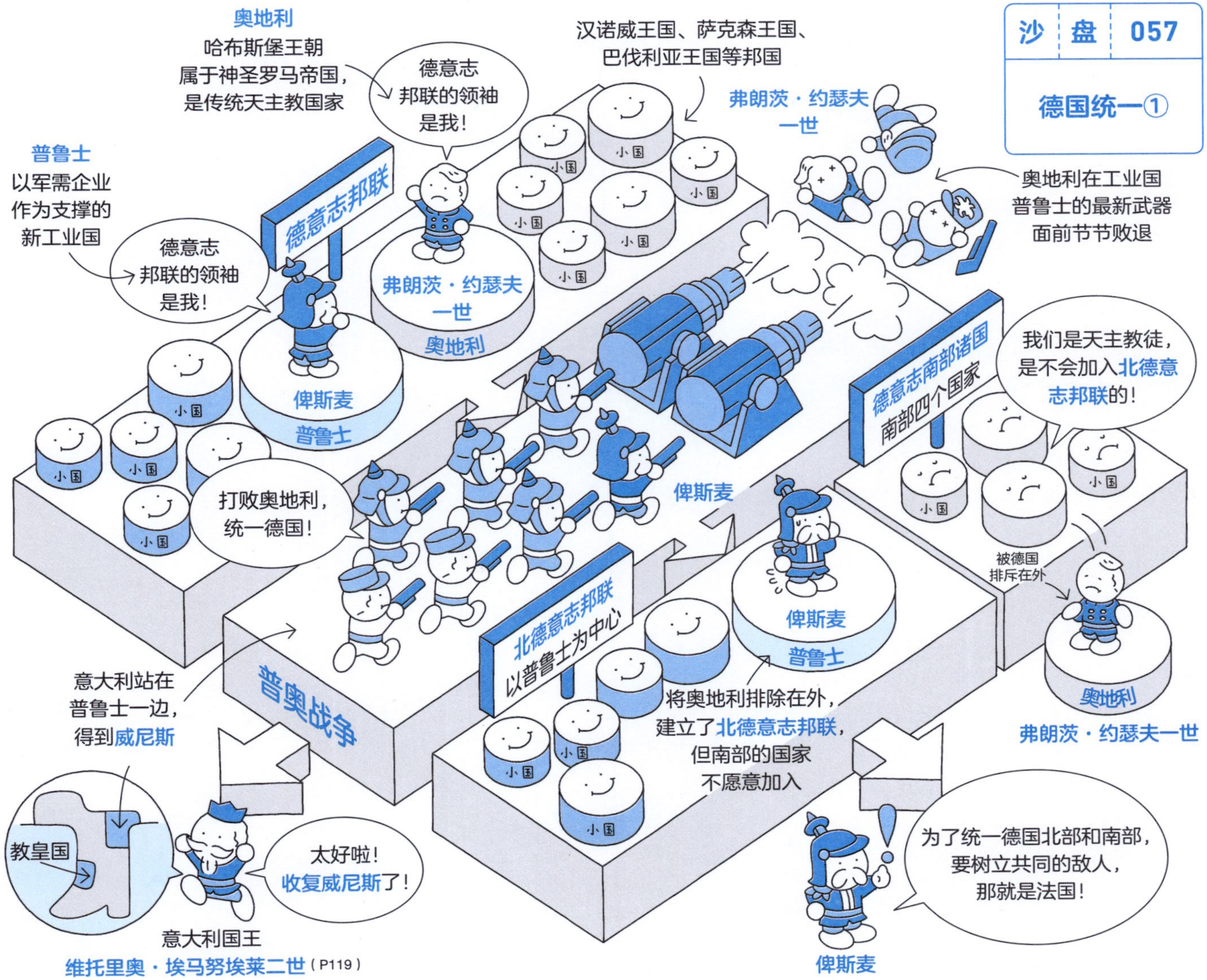

奥地利
哈布斯堡王朝，属于神圣罗马帝国，是传统天主教国家
汉诺威王国、萨克森王国、巴伐利亚王国等邦国

德意志的领袖是我！——弗朗茨·约瑟夫一世

普鲁士
以军需企业作为支撑的新工业国

邦联的领袖是我！——俾斯麦（普鲁士）

奥地利是天主教徒，普鲁士的最新武器面前节节败退
我们是天主教徒，是不会加入北德意志邦联的！——弗朗茨·约瑟夫一世

德意志邦联

打败奥地利，统一德国！

普奥战争

意大利站在普鲁士一边，得到威尼斯

北德意志邦联
以普鲁士为中心

将奥地利排除在外，建立了北德意志邦联，但南部4个国家不愿意加入——俾斯麦（普鲁士）

德意志南部的4个国家
被德国排除在外

教皇国

维托里奥·埃马努埃莱二世（P119）
意大利国王
大好啦！收复威尼斯了！

为了统一德国北部和南部，要树立共同的敌人，那就是法国！——俾斯麦（奥地利）

121 近代

058

德国统一—②

德意志帝国的建立

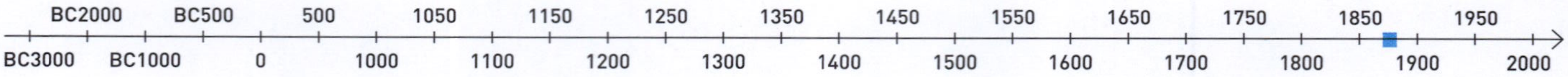

俾斯麦（P120）为了统一德国，向法国拿破仑三世（P112）发动了战争（**普法战争，1870年**）。此前不追随北德意志邦联、一直保持独立的德意志南部的国家，为了对抗法国，被迫追随俾斯麦领导的北德意志邦联。

德国在普法战争中打败法国之后，获得了拥有丰富煤炭资源的**阿尔萨斯-洛林地区**。俾斯麦在法国凡尔赛宫殿宣布建立**德意志帝国（1871—1918年）**。

与此同时，拿破仑三世倒台。法国从其掌控的教皇国领土上撤走。同时，意大利成功占领了罗马教皇国（**占领教皇国，1870年**），意大利只剩下了南蒂罗尔和的里雅斯特等地未收复〔未收复的意大利〕（P118）〕。

此后，俾斯麦为了防止法国反击，与俄国和奥地利两国结成了三皇同盟，并与意大利和奥地利结成了三国同盟。就这样，法国逐渐被孤立〔俾斯麦体系〕(P164)〕。

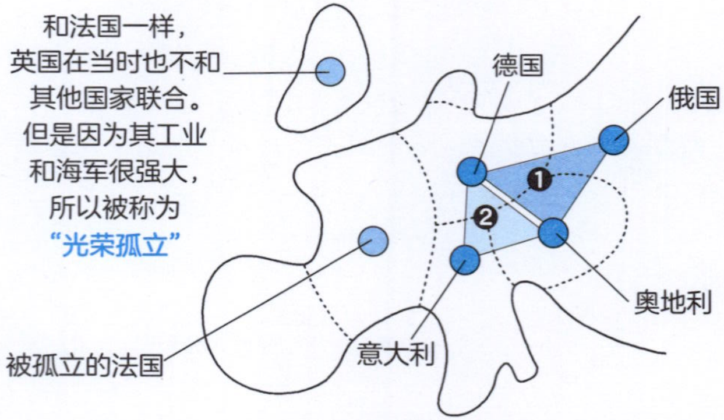

和法国一样，英国在当时也不和其他国家联合。但是因为其工业和海军很强大，所以被称为"光荣孤立"

被孤立的法国

德意志帝国诞生后，为了防备法国的反击，德国与俄国、奥地利缔结了三皇同盟（❶），与意大利、奥地利缔结了三国同盟（❷），这个联盟体系被称为**俾斯麦体系**

德国的变化

东法兰克王国 P34 → 神罗马帝国 P34 → 拿破仑的统治 P106 → 德意志邦联 P110 → 北德意志邦联 P120 → **德意志帝国**

沙盘 058 德国统一②

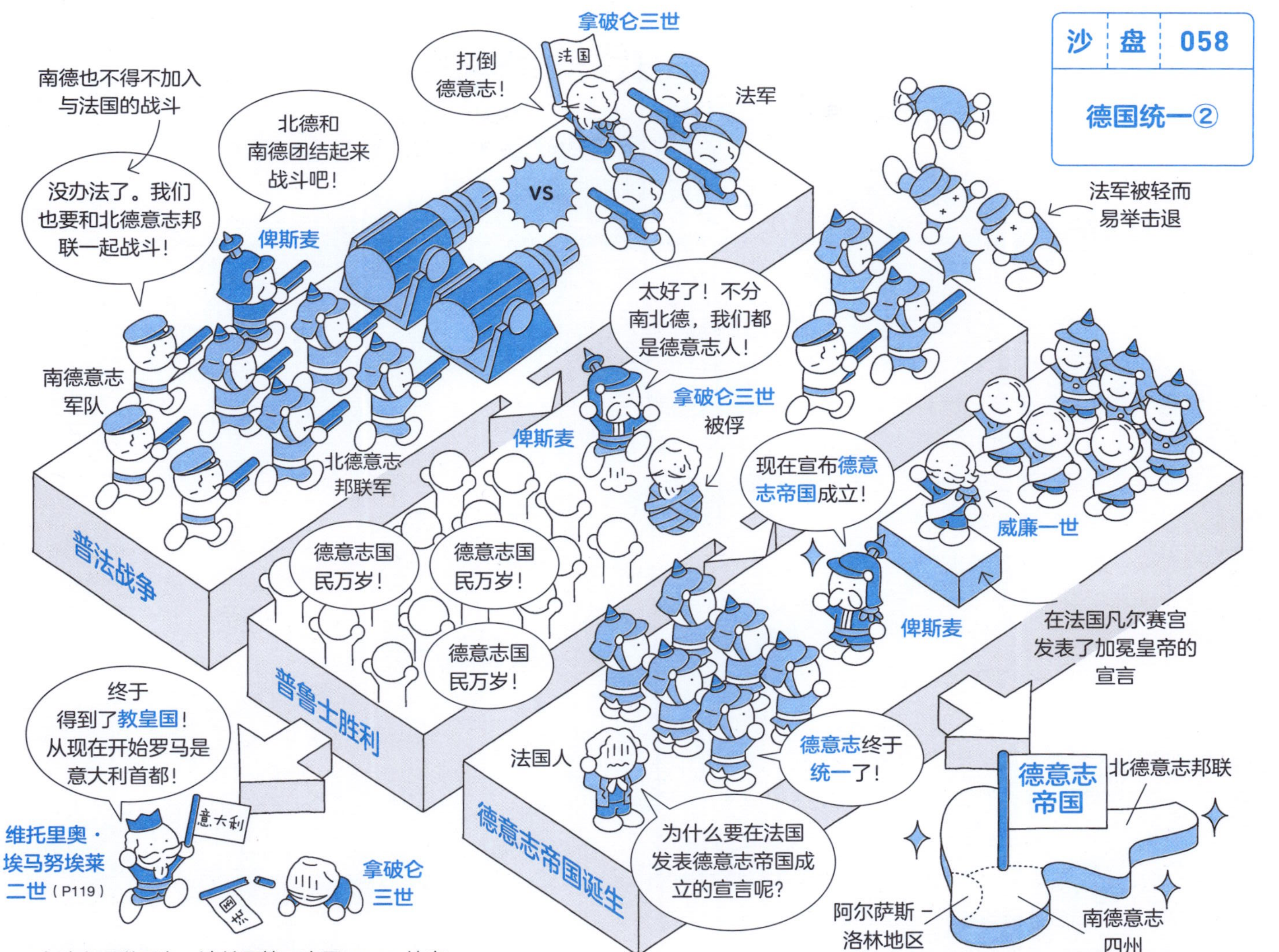

拿破仑三世下台，法兰西第二帝国（P112）结束。趁此机会，意大利占领了罗马教皇国

德意志帝国从法国手里夺取煤炭丰富的阿尔萨斯－洛林地区，加速了第二次工业革命

059

古代美洲文明

繁盛的拉丁美洲文化

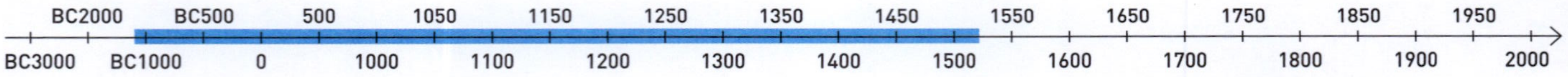

BC3000 BC2000 BC1000 BC500 0 500 1000 1100 1150 1200 1250 1300 1350 1400 1450 1500 1550 1600 1650 1700 1750 1800 1850 1900 1950 2000

中美洲文明

奥尔梅克文明 — 巨石头像

特奥蒂瓦坎文明 — 太阳金字塔

玛雅文明 — 玛雅文字、玛雅神庙

阿兹特克文明 — 阿兹特克文字、太阳历

安第斯文明

查文文化 — 美洲狮象形瓶

纳斯卡文化 — 巨画

印加文明 — 马丘比丘、创世神维拉科查、奇普（绳结）

中美洲文明起源于今天的墨西哥湾附近（中美洲），安第斯文明则起源于南美洲，比四大文明稍晚。

中美洲文明始于公元前1200年左右。随后以玛雅神庙和玛雅文字而闻名的**玛雅文明**（不详—1697年）和以太阳金字塔闻名的**特奥蒂瓦坎文明**（公元前1世纪—公元8世纪）也逐渐繁荣。最终，**阿兹特克帝国**（14—16世纪）统一了该地区，创造了阿兹特克文字、太阳历和先进的阿兹特克文明。

此外，南美洲的安第斯文明首先起源于查文文化（约公元前900—公元前200年）。接着，出现了以纳斯卡巨画而闻名的纳斯卡文化。后来印加帝国统一了南美洲，在印加帝国，人们认为国王是太阳化身，并在国王的领导下创造了以马丘比丘遗址为代表的**印加文明**（15—16世纪）。

16世纪，当阿兹特克文明和印加文明刚刚在美洲大陆发展成熟时，欧洲正处于新航路开辟的时代（P64—P67）。西班牙征服者（P126）登陆美洲，搜寻银矿和农作物。

124

沙盘 059 古代美洲文明

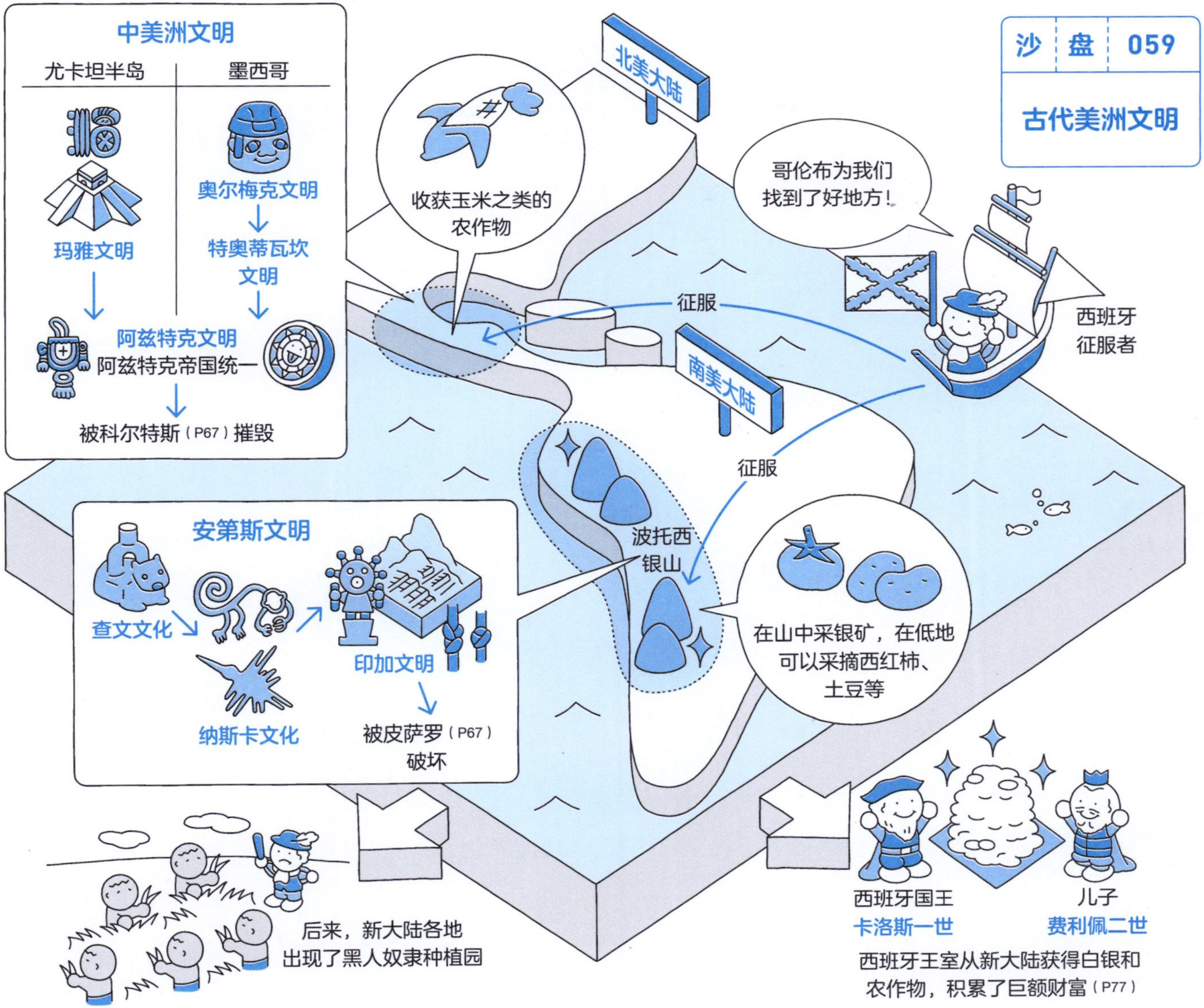

中美洲文明

尤卡坦半岛	墨西哥
玛雅文明	奥尔梅克文明
↓	↓
阿兹特克文明	特奥蒂瓦坎文明
阿兹特克帝国统一
被科尔特斯（P67）摧毁

安第斯文明

查文文化 →
纳斯卡文化
印加文明
被皮萨罗（P67）破坏

北美大陆

收获玉米之类的农作物

南美大陆

哥伦布为我们找到了好地方！
——西班牙征服者

征服

波托西银山

在山中采银矿，在低地可以采摘西红柿、土豆等

西班牙国王 卡洛斯一世 —— 儿子 —— 腓力二世

西班牙王室从新大陆获得白银和农作物，积累了巨额财富（P77）

后来，新大陆各地出现了黑人奴隶种植园

近代 125

大西洋三角贸易

被盗走的安宁

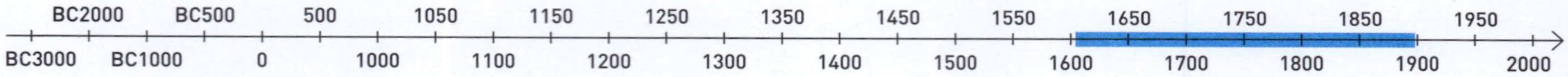

16 世纪，哥伦布（P66）一行人在西班牙女王伊莎贝拉一世的支持下，到达美洲新大陆的圣萨尔瓦多岛。

此后，西班牙陆续派出征服者前往美洲。征服者科尔特斯（1485—1547年）征服了阿兹特克帝国（1521年），征服者皮萨罗（约1471—1541年）征服了印加帝国（1532年）。西班牙统治了除巴西以外的拉丁美洲地区，巴西归属于葡萄牙。

以西班牙人为首的欧洲人强迫美洲的原住民在波托西银矿和农场工作。美洲大陆原住民由于艰苦的工作以及欧洲人带来的传染病，人口数量急剧减少。

为了弥补美洲劳动力的不足，欧洲人将大量的黑人奴隶从非洲用船运到美洲。黑奴被迫在美洲的种植园工作，在那里生产糖、棉花和烟草。在美洲生产的货物随后被运往欧洲，为欧洲带来巨大的财富，这便是大西洋三角贸易。

到了 17 世纪，英国、法国等其他国家开始全面向美洲扩张。欧洲殖民地包括 13 个英国殖民地，被法国占领的加拿大和路易斯安那等，其范围一直延伸到北美（P128）。

在 18 世纪，英国领导的大西洋三角贸易规模进一步扩大，欧洲国家变得富裕起来。然而，失去大量人口的非洲地区，发展却停滞不前。

大西洋三角贸易

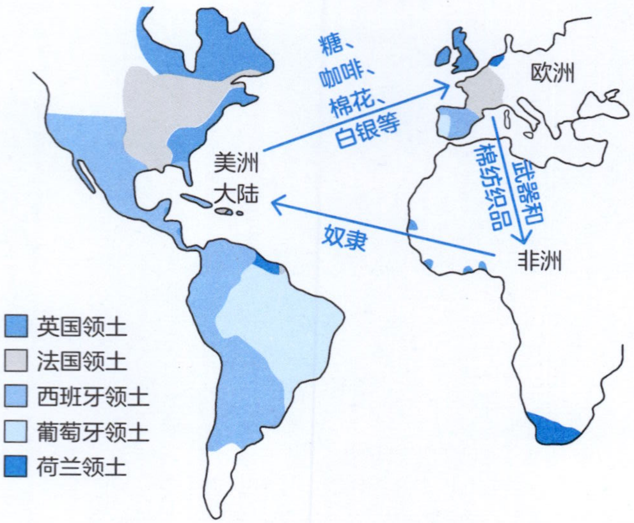

英国领土
法国领土
西班牙领土
葡萄牙领土
荷兰领土

欧洲 → 武器和棉纺织品 → 非洲
非洲 → 奴隶 → 美洲大陆
美洲大陆 → 糖、咖啡、棉花、白银等 → 欧洲

沙盘 060 大西洋三角贸易

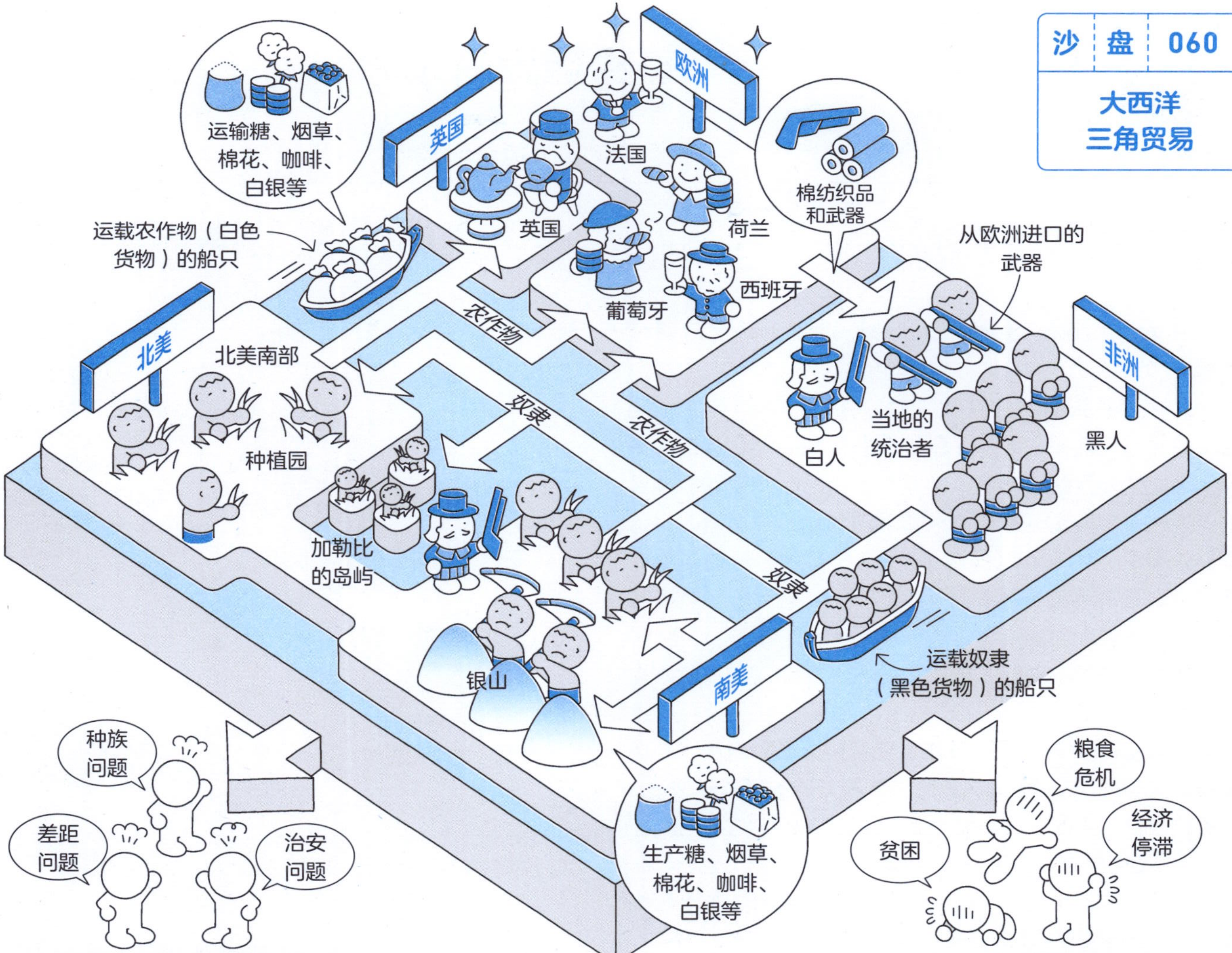

- 运载农作物（白色货物）的船只
- 运输糖、棉花、烟草、咖啡、白银等
- 北美
- 北美南部种植园
- 加勒比的岛屿
- 银山
- 英国
- 法国
- 荷兰
- 葡萄牙
- 西班牙
- 欧洲
- 棉纺织品和武器
- 从欧洲进口的武器
- 当地的白人统治者
- 黑人
- 非洲
- 运载奴隶（黑色货物）的船只
- 南美
- 生产糖、棉花、烟草、咖啡、白银等

种族问题 / 治安问题 / 差距问题
奴隶贸易一直持续到19世纪末，对美洲大陆造成的影响是不可估量的

贫困 / 经济停滞 / 粮食危机
估计有1000万人流离失所，非洲的发展受到限制，其影响至今仍在持续

近代 127

061

美国独立 ①

无代表，不纳税

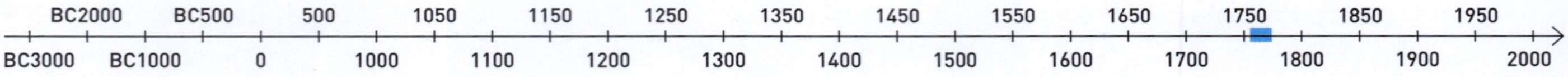

17世纪，英国在北美的东海岸建立了弗吉尼亚殖民地。

后来，在英国本土遭受迫害的清教徒(P80)来到该地区，在弗吉尼亚附近建立了新英格兰殖民地（马萨诸塞州等）。到了18世纪上半叶，还建立了纽约和乔治亚等殖民地，这便是北美最初的13个英属殖民地。

法国到达加拿大后，在13个英属殖民地的西部建立了广阔的路易斯安那殖民地（1682年）。这引发了英国和法国之间的领土争端（法印战争，1754—1763年）。最终，英国作为获胜方，获得了加拿大、密西西比河以东治路易斯安那和佛罗里达地区。

英国在战争中的巨大开支也使其陷入了财政困境，便试图通过参加英国议会的被殖民者征收重税来改善其财政状况。然而，没有权利参加英国议会的被殖民者做出了激烈的反抗，"无代表，不纳税"的口号应运而生。

1773年12月的一个晚上，被殖民者发动了波士顿倾茶事件，将英国东印度公司船上装载的茶叶扔到了海里。

几年后，美国独立战争爆发(P130)。

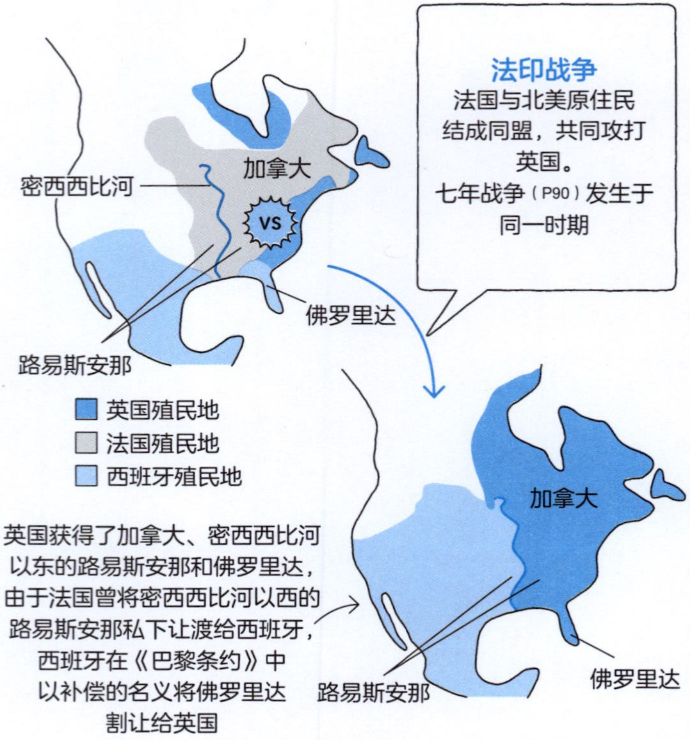

法印战争

法国与北美原住民结成同盟，共同攻打英国。
七年战争(P90)发生于同一时期。

- 英国殖民地
- 法国殖民地
- 西班牙殖民地

英国获得了加拿大、密西西比河以东的路易斯安那和佛罗里达，由于法国曾将密西西比河以西的路易斯安那私下让渡给西班牙，西班牙在《巴黎条约》中以补偿的名义将佛罗里达割让给英国

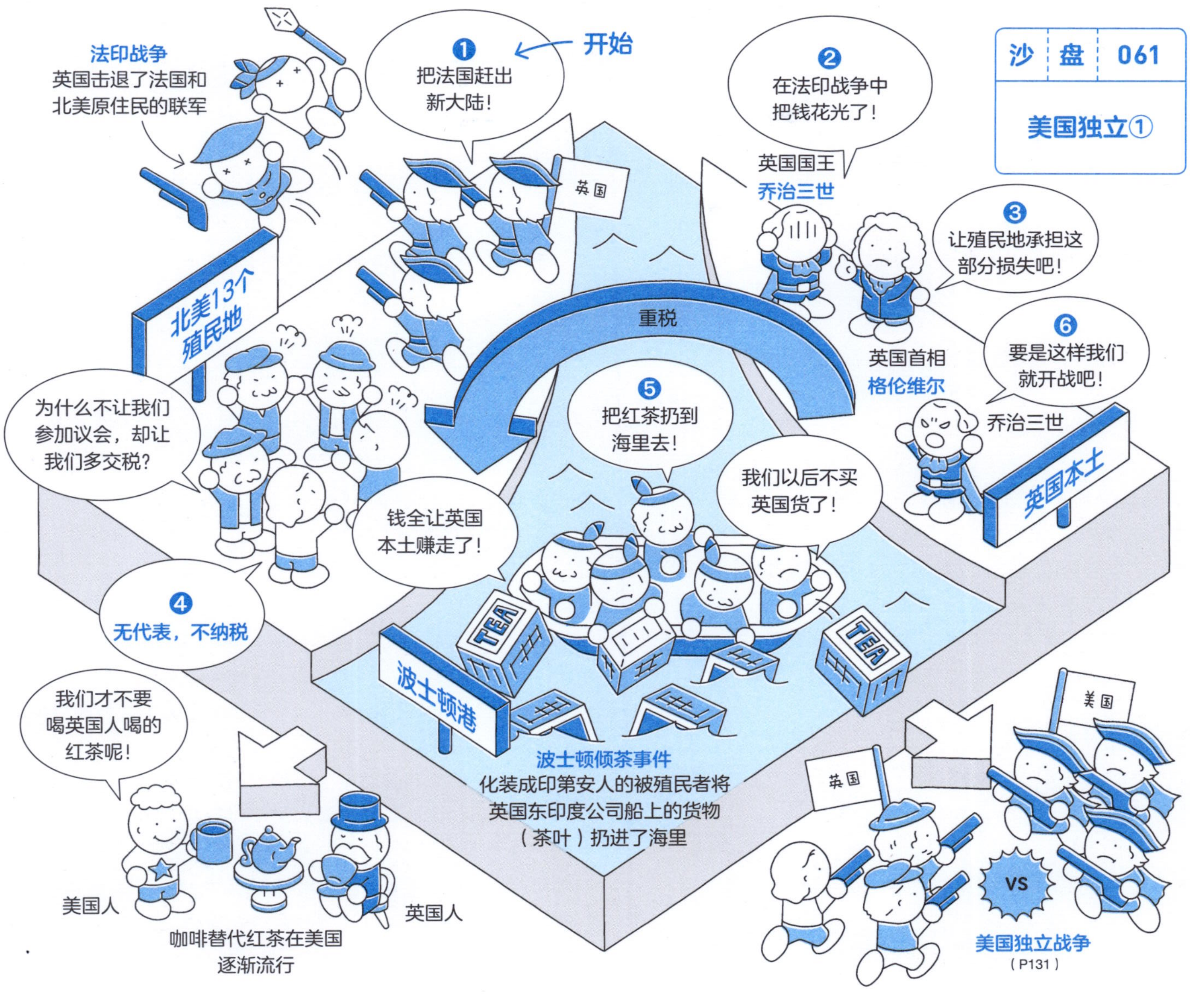

沙 盘 061
美国独立①
开始
法印战争
英国击退了法国和北美原住民的联军
① 把法国赶出新大陆！
英国
北美13个殖民地
② 在法印战争中把钱花光了！
英国国王
乔治三世
③ 让殖民地承担这部分损失吧！
英国首相
格伦维尔
重税
为什么不让我们参加议会，却让我们多交税？
④ 无代表，不纳税
钱全让英国本土赚走了！
⑤ 把红茶扔到海里去！
我们以后不买英国货了！
⑥ 要是这样我们就开战吧！
乔治三世
英国本土
TEA
波士顿港
波士顿倾茶事件
化装成印第安人的被殖民者将英国东印度公司船上的货物（茶叶）扔进了海里
我们才不要喝英国人喝的红茶呢！
美国人
英国人
咖啡替代红茶在美国逐渐流行
英国
美国
VS
美国独立战争
（P131）

美国独立②

《美国独立宣言》

持续多年的英法争夺北美殖民地战争随着法印战争（P128）的结束而落幕。但是，英国和13个殖民地之间因自治问题引发的冲突却不断加剧。

1775年，美国独立战争（1775—1783年）爆发。在13个殖民地代表出席的大陆会议上，来自弗吉尼亚殖民地的代表乔治·华盛顿（1732—1799年）出任军队总司令。哲学家托马斯·潘恩（1737—1809年）撰写了小册子《常识》（1776年），向殖民地民众宣扬独立的必要性。弗吉尼亚殖民地的代表托马斯·杰斐逊（1743—1826年）起草的《美国独立宣言》（1776年）公布后，殖民地民众要求独立的情绪高涨。

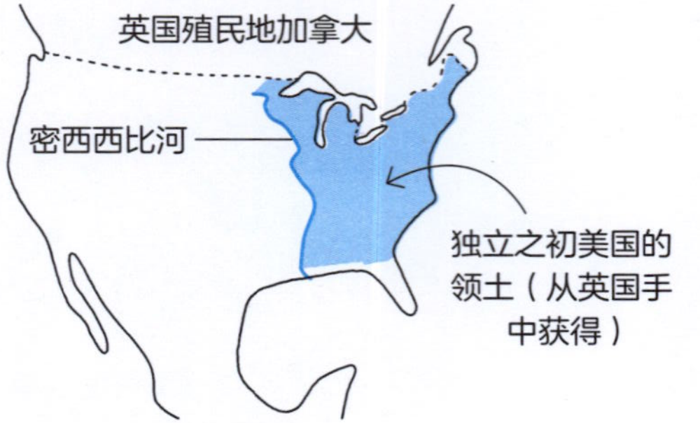

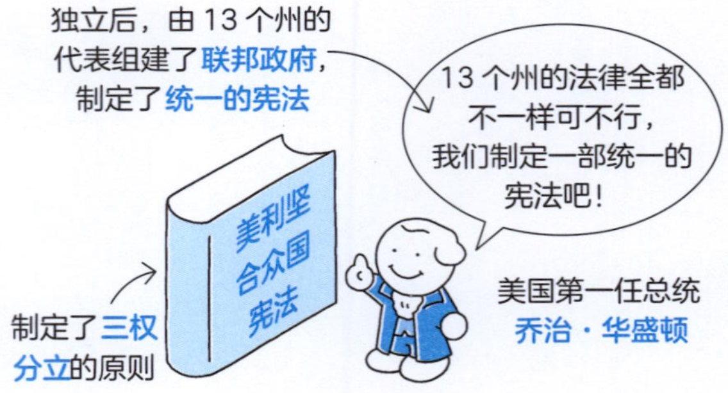

13个州的法律全都不一样可不行，我们制定一部统一的宪法吧!

独立后，由13个州代表组建了联邦政府，制定了统一的宪法。

→制定了三权分立的原则

美国第一任总统 乔治·华盛顿

在此背景下，法印战争中战败的法国和西班牙等国趁机向英国宣战。此外，俄国的叶卡捷琳娜二世（P92）因为对英国的力量心存戒备，与周边国家结成了武装中立联盟。这些针对英国的举措对13个殖民地非常有利。

在对英国人的反攻中，13个殖民地的联军在其他国家援军的帮助下，在约克镇战役（1781年）中取得了压倒性的胜利。最终，英国承认美利坚合众国独立（《巴黎条约》，1783年）。美国独立后，13个殖民地制定了《美利坚合众国宪法》（1787年），1789年，华盛顿就任美国第一任总统，美国从此成为共和国。

英国殖民地加拿大

密西西比河

独立之初美国的领土（从英国手中获得）

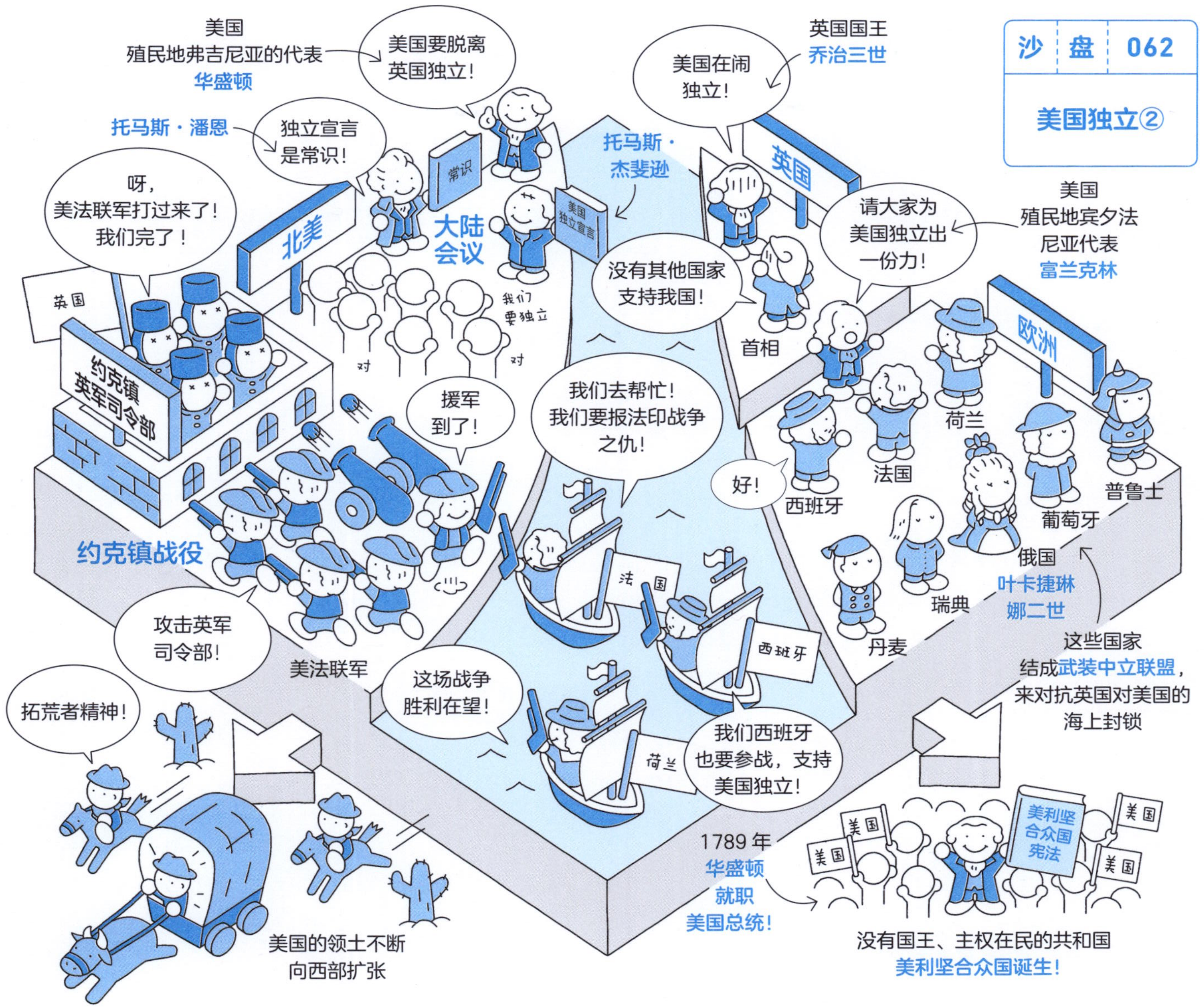

沙盘 062 美国独立②

英国国王 乔治三世：美国在闹独立！

美国殖民地宾夕法尼亚的代表 富兰克林：请大家为美国独立出一份力！

欧洲：
- 法国：好！
- 西班牙：西班牙也要参战，支持美国独立！
- 荷兰
- 丹麦
- 瑞典
- 俄国 叶卡捷琳娜二世：结成武装中立联盟，来对抗英国对美国的海上封锁
- 葡萄牙
- 普鲁士

这些国家支持我国！没有其他国家支持我国！

美国殖民地弗吉尼亚的代表 托马斯·潘恩：独立宣言是常识！

英国国王：呀，美法联军打过来了！我们完了！

美国殖民地弗吉尼亚的代表 托马斯·杰斐逊：美国要脱离英国独立！

大陆会议：我们要独立！对，独立！

约克镇战役 — 约克镇司令部

北美：
- 攻击英军司令部！
- 援军到了！
- 这场战争胜利在望！
- 我们去帮忙！我们要报法印战争之仇！

美法联军 — 荷兰、法国

拓荒者精神！ 美国的领土不断向西部扩张

1789年 华盛顿就职！ 美国总统

美利坚合众国宪法：没有国王，主权在民的共和国 — 美利坚合众国诞生！

近代 131

美国西部开拓

天定命运

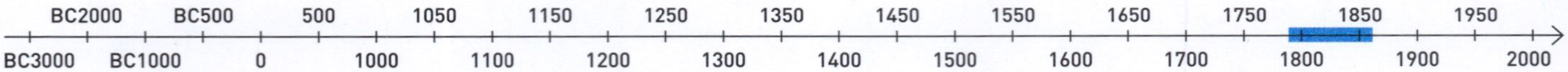

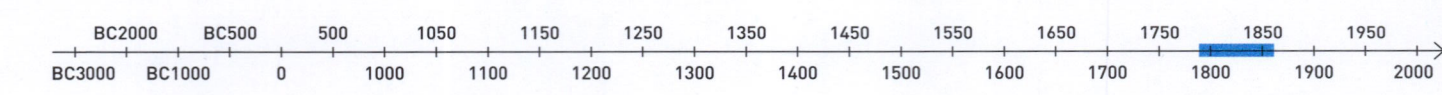

取得国家独立后的美利坚合众国开始不断向西部边疆扩展领土。美国人认为，西部开拓是他们的**天定命运**（Manifest Destiny）。

在开拓边疆的同时，美国从法国手中获得了密西西比河以西的路易斯安那，随后又从西班牙手中得到了佛罗里达。得克萨斯在墨西哥手中获得独立后，又被美国吞并。另外，美国还通过谈判，从英国手中获得了俄勒冈。

接下来，在美墨战争（1846—1848年）中（P138），美国又赢得了加利福尼亚，并在该地区发现了金矿。于是，大量民众被吸引到加利福尼亚（淘金热，1848年）。

随着领土的扩张，美国南部和北部地区的分歧变得更加明显。与此同时，在适合发展农业的南方，棉花农场雇用了许多奴隶；而在商业和工业迅速发展的北方，人们想解放奴隶，让他们去工厂当工人。但是，南方人反对解放奴隶。南北双方在各方面的分歧越来越大，最终引发了南北战争（P134）。

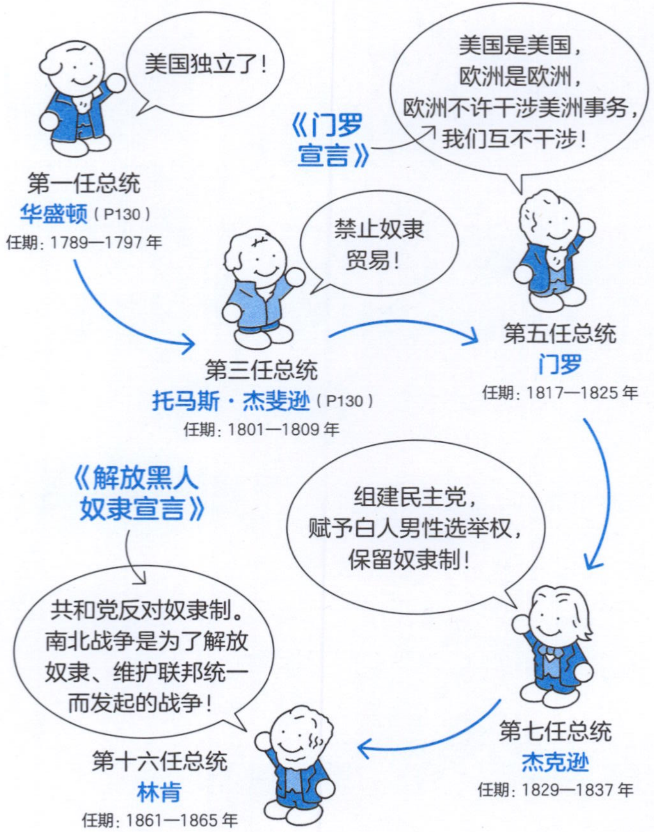

- 美国独立了！
  - **第一任总统 华盛顿**（P130）
  - 任期：1789—1797年

- 禁止奴隶贸易！
  - **第三任总统 托马斯·杰斐逊**（P130）
  - 任期：1801—1809年

- 美国是美国，欧洲是欧洲，欧洲不许干涉美洲事务，我们互不干涉！
  - 《门罗宣言》
  - **第五任总统 门罗**
  - 任期：1817—1825年

- 组建民主党，赋予白人男性选举权，保留奴隶制！
  - **第七任总统 杰克逊**
  - 任期：1829—1837年

- 共和党反对奴隶制。南北战争是为了解放奴隶、维护联邦统一而发起的战争！
  - 《解放黑人奴隶宣言》
  - **第十六任总统 林肯**
  - 任期：1861—1865年

沙盘 063
西部开拓

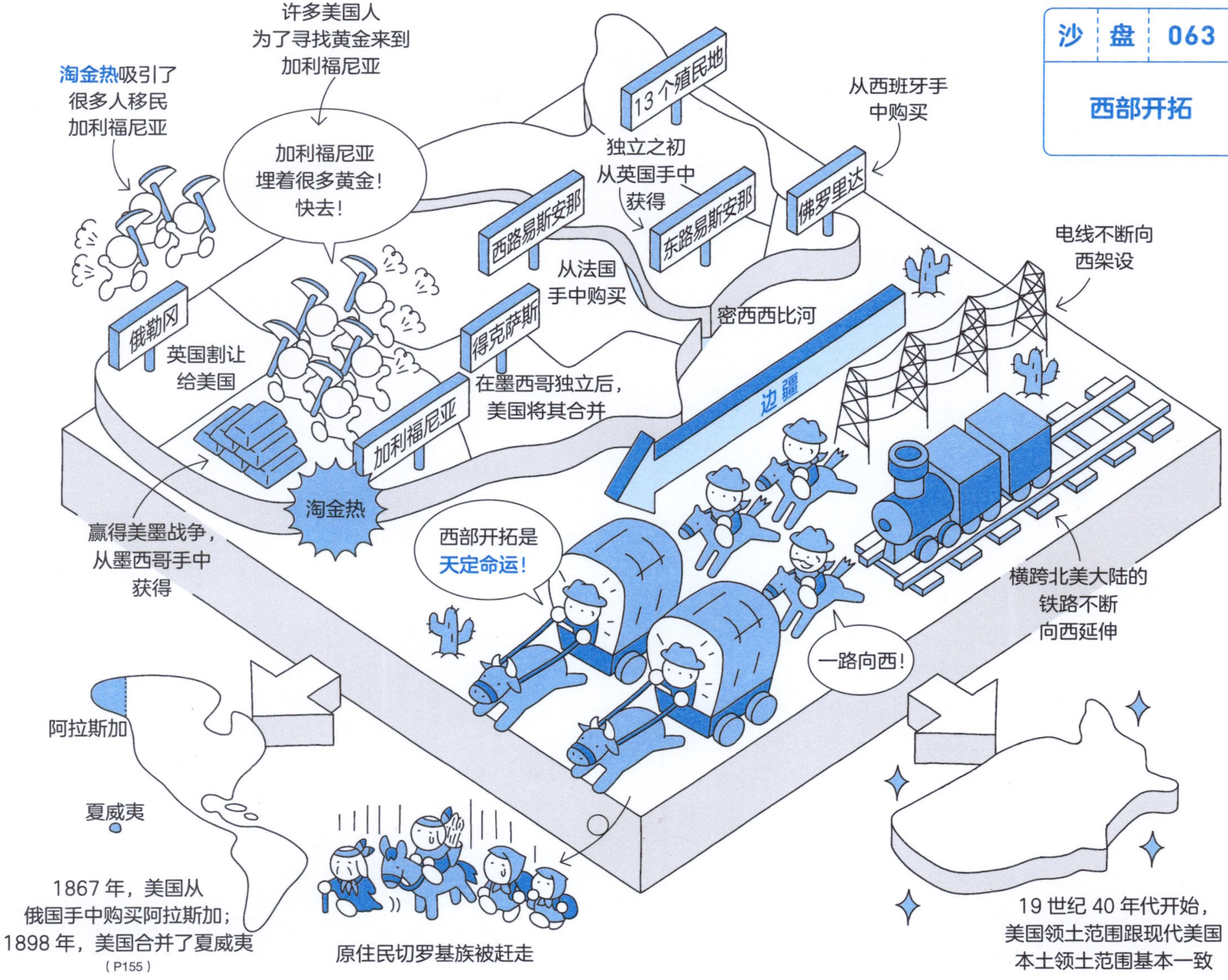

淘金热吸引了很多人移民加利福尼亚

许多美国人为了寻找黄金来到加利福尼亚

加利福尼亚埋着很多黄金，快去！

淘金热

俄勒冈 — 英国割让给美国

加利福尼亚 — 在墨西哥独立后，美国将其合并

得克萨斯 — 在墨西哥独立后，美国将其合并

西路易斯安那 — 从法国手中购买

13个殖民地 — 独立之初

东路易斯安那 — 从英国手中获得

佛罗里达 — 从西班牙手中购买

电线不断向西架设

密西西比河

边疆

西部开拓是天定命运！

一路向西！

横跨北美大陆的铁路不断向西延伸

19世纪40年代开始，美国筑土范围跟现代美国本土范围基本一致

阿拉斯加

夏威夷

1867年，美国从俄国手中购买阿拉斯加；1898年，美国合并了夏威夷 （P155）

赢得美墨战争，从墨西哥手中获得

原住民切罗基族被驱走

近代

133

064

南北战争

"民有、民治、民享"

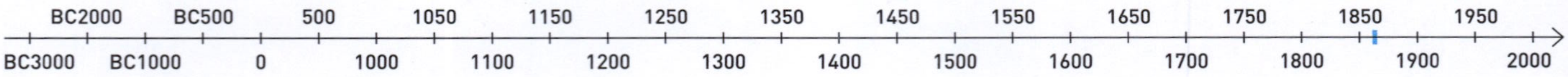

美国南方适合发展农业，棉花农场依赖着奴隶运作。相反，对在第一次工业革命中工商业迅速发展的美国北方而言，奴隶制不是必需的，他们更需要自由劳动力。于是，在北方很快兴起了奴隶解放运动。

1861年，支持奴隶解放的林肯（1861—1865年在任）（共和党）当选美国总统。南方的杰弗逊·戴维斯（1861—1865年在任）（民主党）对此十分不满，于是他宣布脱离美利坚合众国，另外建立了美利坚联盟国（1861—1865年，以工商业为中心的美利坚合众国（北方）和以农业为中心的美利坚联盟国（南方）之间的矛盾不断加深，最终爆发了南北战争（1861—1865年）。

战争初期南方处于优势，但北方的林肯赢得了美国西部民众的支持。该法律规定任何参与西部开拓超过五年的人都可以无偿获得土地。林肯还颁布了《解放黑人奴隶宣言》（1862年）。北方师出有名——"南北战争是为了解放奴隶的战争"。

随着《解放黑人奴隶宣言》的颁布，战局优势从南方向北方倾斜。在北方取得葛底斯堡战役（1863年）的胜利后，南方于1865年投降，南北战争结束。另外，在葛底斯堡战役四个月后，林肯于葛底斯堡的演讲中提出"民有、民治、民享"。

内战结束后，美国兴起了以北方为中心的第二次工业革命（P142）。为了增加劳动力，美国开始积极实行移民政策。

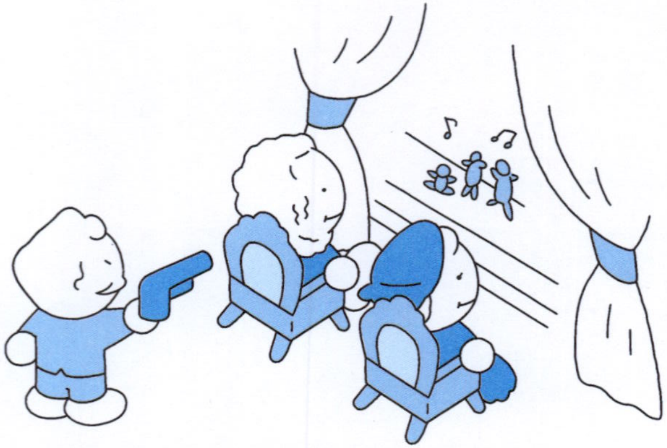

南北战争结束后，林肯在剧院遭到了美利坚联盟国（南方）支持者的暗杀。

沙盘 064 南北战争

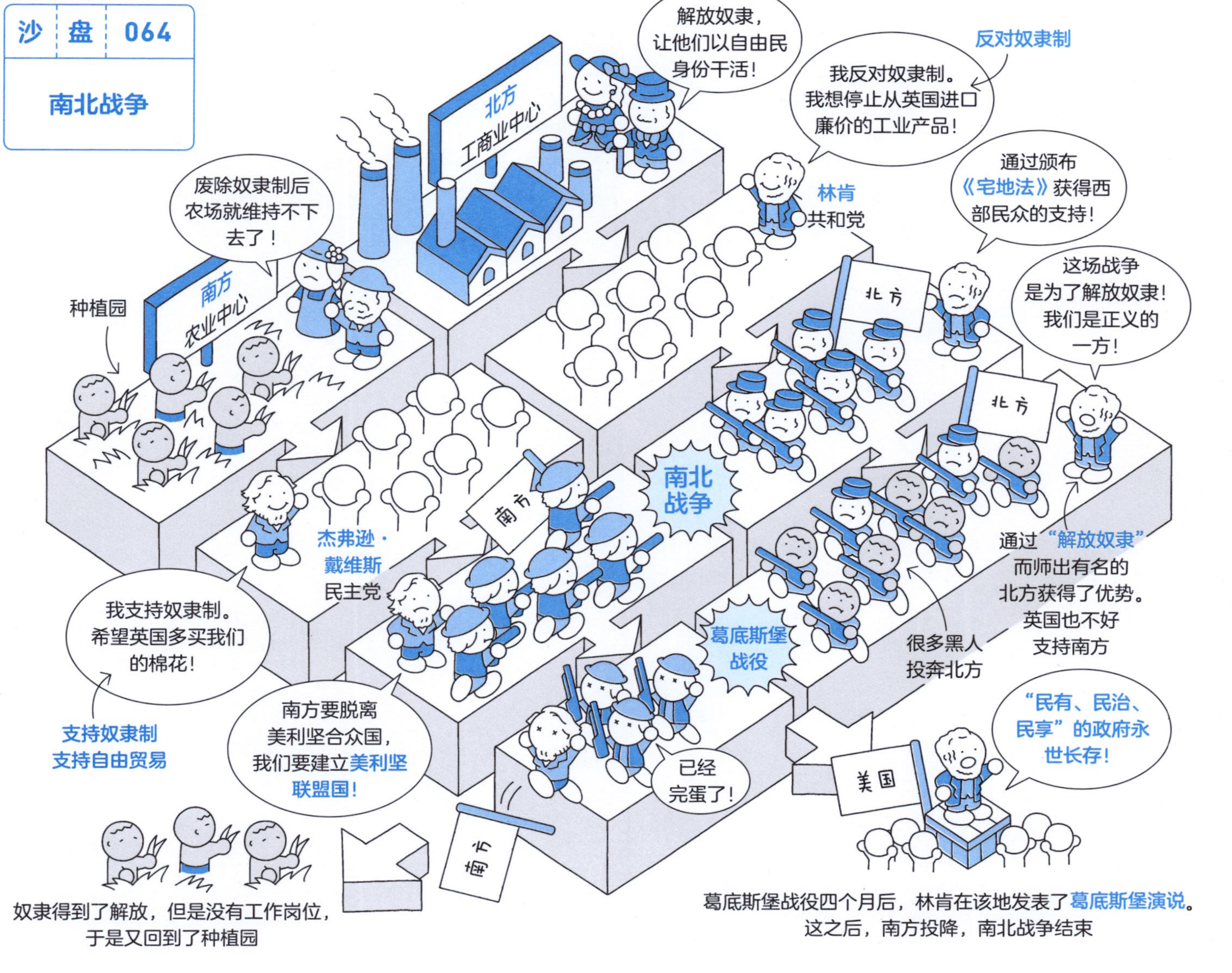

南方 农业中心
北方 工商业中心

- 种植园：废除奴隶制后农场就维持不下去了！
- 我支持奴隶制，希望英国多买我们的棉花！
- 支持奴隶制，支持自由贸易
- 奴隶得到了解放，但是没有工作岗位，于是又回到了种植园

- 解放奴隶，让他们以自由民身份干活！
- 我反对奴隶制，我想禁止从英国进口廉价的工业产品！
- **反对奴隶制**

- 杰弗逊·戴维斯 民主党
- 南方要脱离美利坚合众国，我们要建立美利坚联盟国！

- 南方
- 南北战争
- 葛底斯堡战役
- 已经完成了！

- 林肯 共和党
- 这场战争是为了解放西部民众的支持！
- 通过颁布《宅地法》获得了北方的支持，而师出有名的"解放奴隶"英国也不好支持南方
- 很多黑人投奔北方
- 北方
- 北方

- 美国
- "民有、民治、民享"的政府永世长存！

葛底斯堡战役打了四个月后，林肯在该地发表了葛底斯堡演说。这之后，南方投降，南北战争结束。

近代 135

065

移民大国美利坚

追寻美国梦

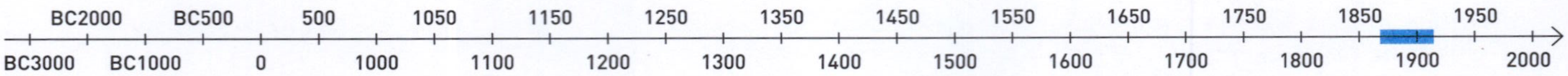

以工商业为中心的北方在南北战争（P134）中获胜，美国兴起了第二次工业革命（P142），钢铁和机械等工业得到了飞跃式的发展。

1869年，横跨北美大陆的铁路正式开通。到了19世纪90年代，美国不断向西开拓，边疆（P132）一直移动，有学者称此为"边疆消失"。美国超过了英国和德国，成为世界上工业化程度最高的国家。

在这种情况下，美国陷入劳动力短缺的困境，开始积极接受海外移民。在20世纪初，许多人为了追寻美国梦移民到美国。据说，英国至美国的"泰坦尼克号"的廉价船舱里就载满了移民。

在这之后，美国为了寻找新市场，推行了殖民主义政策。美国变得与欧洲国家一样，开始向帝国主义［加勒比海地区政策（P140）］方向发展。

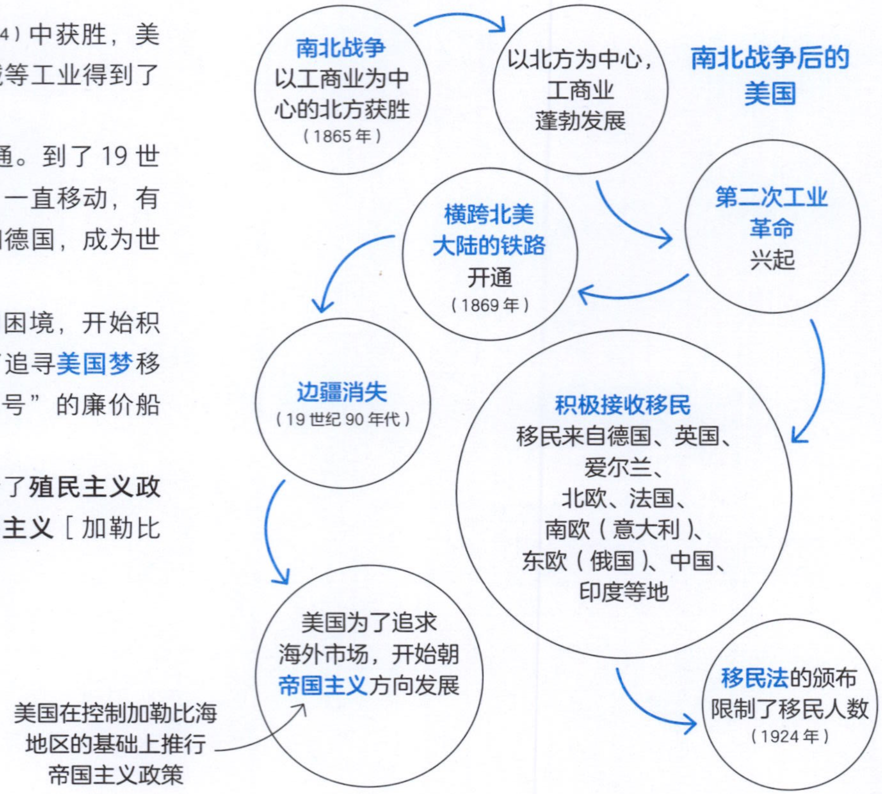

- **南北战争** 以工商业为中心的北方获胜（1865年）
- → 以北方为中心，工商业蓬勃发展
- → **横跨北美大陆的铁路开通**（1869年）
- → **南北战争后的美国** / **第二次工业革命兴起**
- → **积极接收移民** 移民来自德国、英国、爱尔兰、北欧、法国、南欧（意大利）、东欧（俄国）、中国、印度等地
- → **移民法的颁布限制了移民人数**（1924年）
- **边疆消失**（19世纪90年代）
- → 美国为了追求海外市场，开始朝**帝国主义**方向发展
  - 美国在控制加勒比海地区的基础上推行帝国主义政策

沙盘 065 — 移民大国美利坚

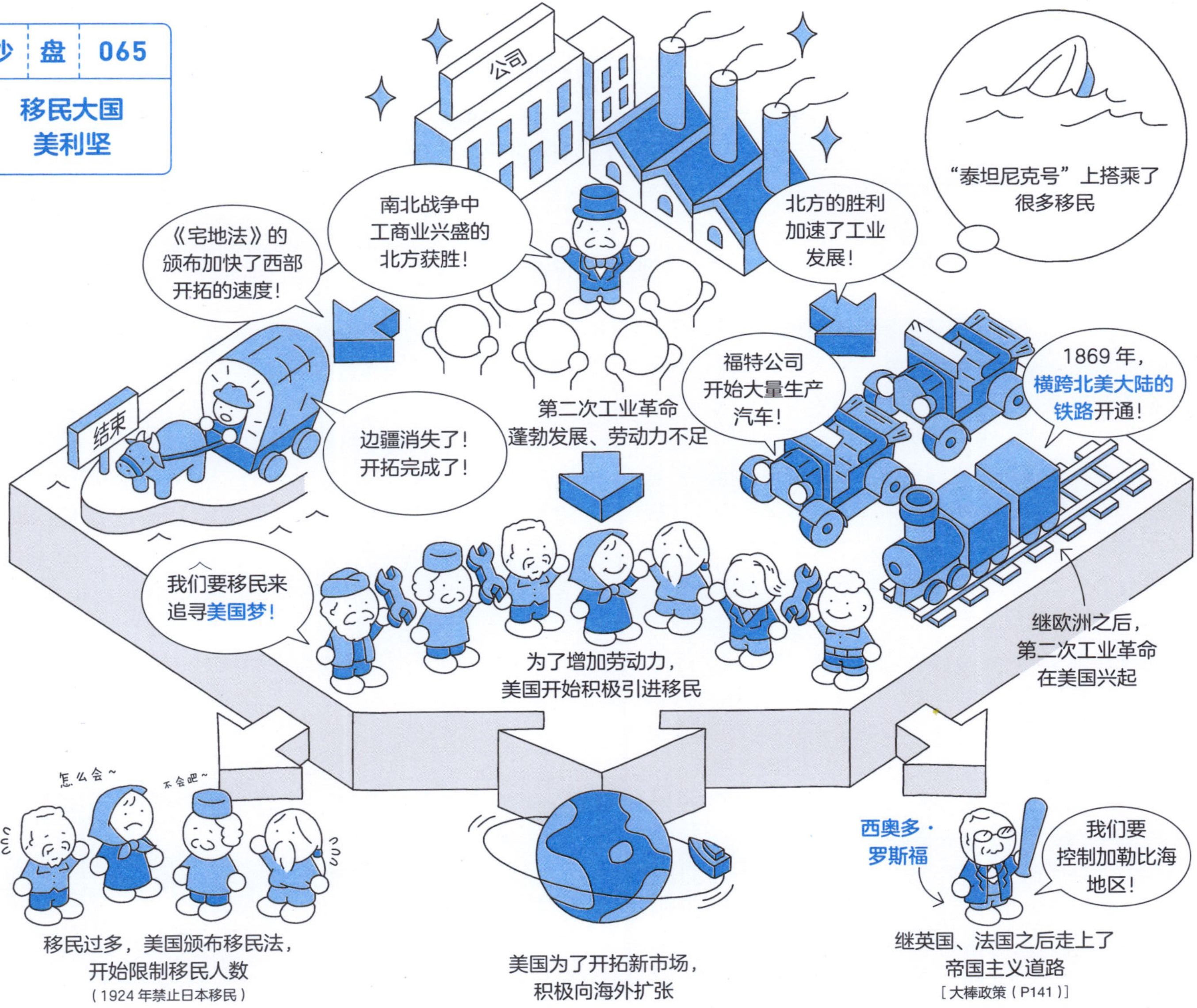

- 《宅地法》的颁布加快了西部开拓的速度！
- 南北战争中工商业兴盛的北方获胜！
- 我们要移民来追寻美国梦！
- 边疆消失了！开拓完成了！
- 北方的胜利加速了工业发展！
- 福特公司开始大量生产汽车！
- 第二次工业革命蓬勃发展，劳动力不足
- 为了增加劳动力，美国开始积极引进移民
- "泰坦尼克号"上搭来了很多移民
- 1869年，横跨北美大陆的铁路开通了！
- 继欧洲之后，第二次工业革命在美国兴起
- 移民过多，美国颁布移民法，开始限制移民人数（1924年禁止日本移民）
- 美国为了开拓新市场，积极向海外扩张
- 西奥多·罗斯福：我们要控制加勒比海地区！
- 继英国、法国之后走上了帝国主义道路〔大棒政策（P141）〕

137 近代

拉丁美洲独立运动

觉醒的拉美国家

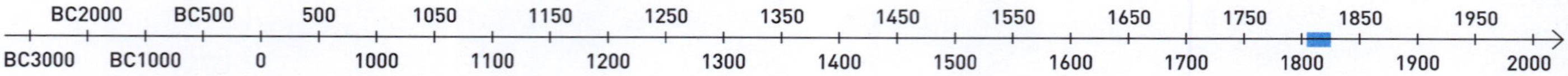

18世纪的前十年，拉丁美洲处于西班牙、葡萄牙和法国的统治之下。这一时期，大量的黑人奴隶被迫在大型农场劳动[大西洋三角贸易(P126)]。**美国独立战争**(P130)和**法国大革命**(P98)后，拉美地区独立的时机也成熟了。

第一个成功获得独立的拉美国家是海地。出生于黑人奴隶家庭的**杜桑·卢维杜尔(1743—1803年)**发表了废除奴隶的宣言。后来，他的部下打败了法国军队，建立了世界上第一个黑人共和国。海地废除奴隶制，从当时起，对奴隶制的批判蔓延到了整个美洲。

西蒙·玻利瓦尔(1783—1830年)是出生于殖民地的白人（克里奥尔人），他支持并援助了委内瑞拉、哥伦比亚、厄瓜多尔和玻利维亚等地的独立斗争，这些国家打败了西班牙，获得了独立。

同一时期，带领阿根廷、智利和秘鲁取得了独立的**圣马丁(1778—1850年)**。

神职人员**伊达尔戈(1753—1811年)**致力于墨西哥独立运动。他带领民众打败了西班牙，帮助墨西哥实现了独立。但墨西哥后来与美国发生了领土争端，将包括加利福尼亚在内的大半国土输给了美国[**美墨战争**(P132)]。

巴西原本一直在葡萄牙统治之下，一位葡萄牙王子从拿破仑(P106)政权逃亡到了该地并决定留下。后来他宣布巴西独立，并擅自举行了加冕仪式，史称巴西皇帝**佩德罗一世(1822—1831年在位)**。

就这样，南美大陆的国家纷纷独立。但由于这些地区的经济还依赖于生产、出口农产品，工业发展落后。最终，在美国结束南北战争(P134)之后，这些地区又成了美国的附庸。

① 海地
1804年独立

② 阿根廷
1816年独立

③ 智利
1818年独立

④ 委内瑞拉
1819年独立

⑤ 哥伦比亚
1819年独立

⑥ 墨西哥
1821年独立

⑦ 秘鲁
1821年独立

⑧ 厄瓜多尔
1822年独立

⑨ 巴西
1822年独立

⑩ 玻利维亚
1825年独立

066

沙盘 066 拉丁美洲独立运动

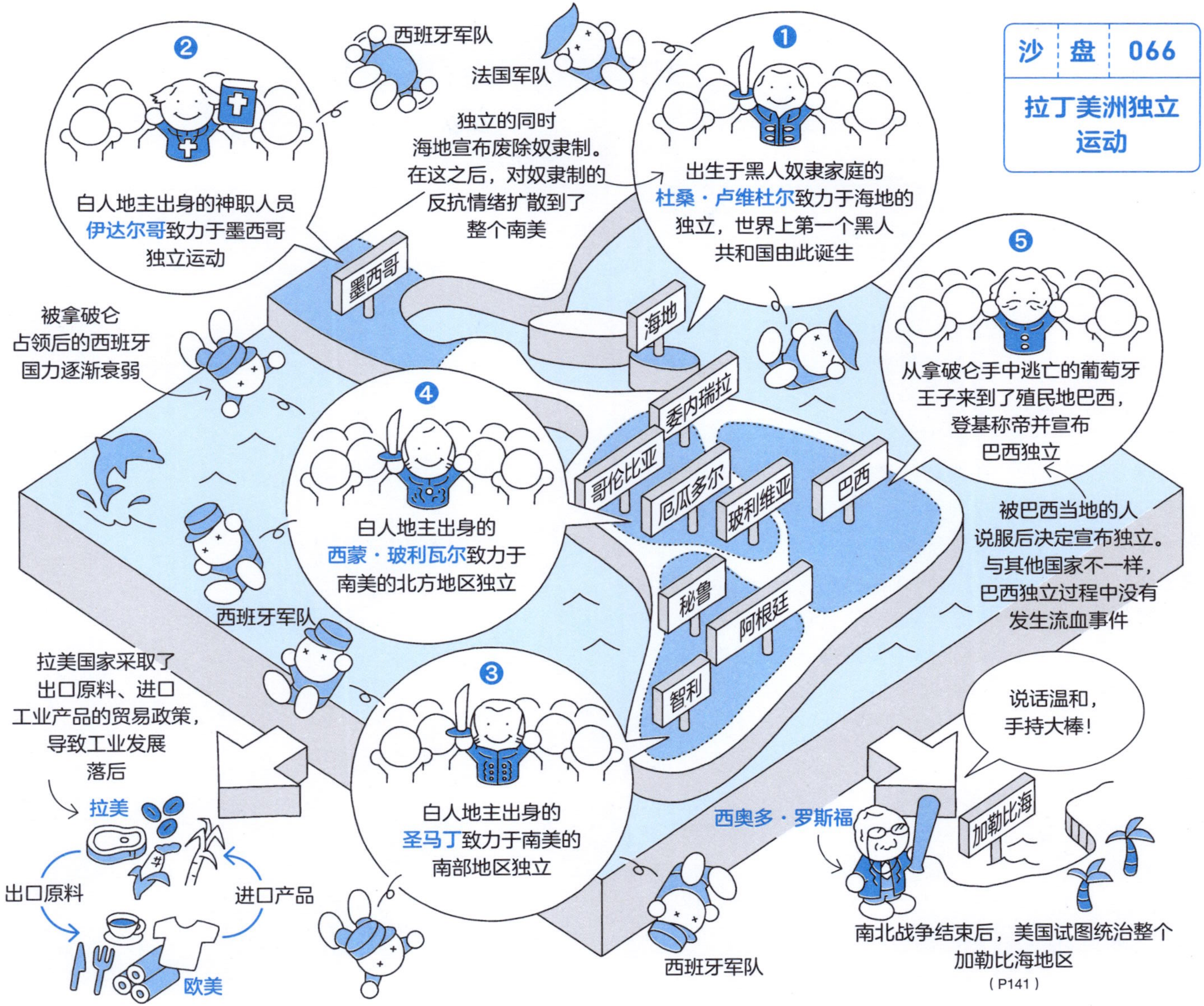

① 出生于黑人奴隶家庭的杜桑·卢维杜尔致力于海地的独立，世界上第一个黑人共和国由此诞生

海地宣布独立的同时，法国军队的效率被制止。在这之后，对效率制止的反抗情绪扩散到了整个南美

② 被领破仑占领后的西班牙国力逐渐衰弱

白人地主出身的神职人员伊达尔哥致力于墨西哥独立运动

③ 白人地主出身的圣马丁致力于南美的南部地区独立

④ 白人地主出身的西蒙·玻利瓦尔致力于南美的北方地区独立

西班牙军队

⑤ 从拿破仑手中逃亡的葡萄牙王子来到了殖民地巴西，登基称帝并宣布巴西独立

被巴西当地的人说服后决定宣布独立，与其他国家不一样，巴西独立过程中没有发生流血事件

西奥多·罗斯福

南北战争结束后，美国试图统治整个加勒比海地区

说话温和，手持大棒！

拉美国家采取了出口原料，进口工业产品的贸易政策，导致工业发展落后

出口原料 → 欧美 → 进口产品

墨西哥
哥伦比亚
委内瑞拉
巴拉多尔
玻利维亚
秘鲁
智利
阿根廷
巴西
海地
加勒比海

(P141)

139 近代

美国的加勒比海地区政策

西奥多·罗斯福的大棒政策

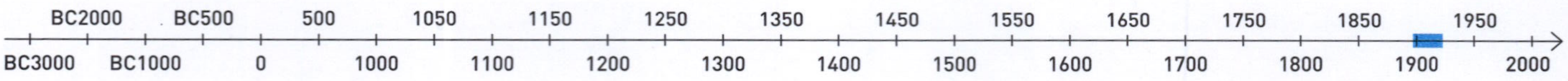

当美国忙于**南北战争**（P134）时，欧洲通过**第二次工业革命**（P142）快速发展，走上了帝国主义（P142）道路。欧洲国家大肆进行殖民扩张。

19世纪末，在边疆消失后，美国以对加勒比海地区的统治为基础（**加勒比海地区政策**），也开始推行帝国主义政策。首先，美国总统麦金莱（1897—1901年在任）干预了古巴推翻西班牙统治的独立运动，史称美西战争（1898年）。美国获胜后占领了原本在西班牙控制下的菲律宾和关岛。美国支持古巴的独立，但随后将其变成了自己的附庸。

下一任美国总统西奥多·罗斯福（1901—1909年在任）支持巴拿马共和国脱离哥伦比亚。在他的主导下，巴拿马开凿了连接太平洋和大西洋的**巴拿马运河**（1914年开通）。他的外交政策是通过武力威胁来干预其他国家的内部事务，这一政策被称为"**大棒政策**"。

美国总统威尔逊（1913—1921年在任）实施的政策被称为**威尔逊主义**（具有传教士精神），这一外交政策试图将民主扎根于"发展中国家"，也为美国插手其他国家的内部事务提供了"民主"这一借口。

此外，美国与拉美国家举行了多次"**泛美会议**"，增强了美国对拉丁美洲的影响。

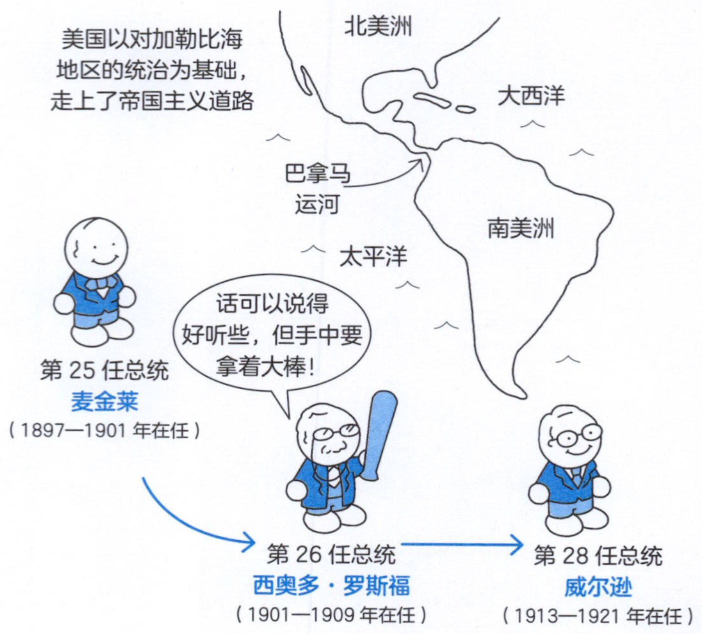

美国以劝说加勒比海地区的统治为基础，走上了帝国主义道路

第25任总统麦金莱
（1897—1901年在任）

话可以说得好听些，但手中要拿着大棒！

第26任总统西奥多·罗斯福
（1901—1909年在任）

第28任总统威尔逊
（1913—1921年在任）

北美洲
巴拿马运河
大西洋
太平洋
南美洲

沙盘 067 美国的加勒比海地区政策

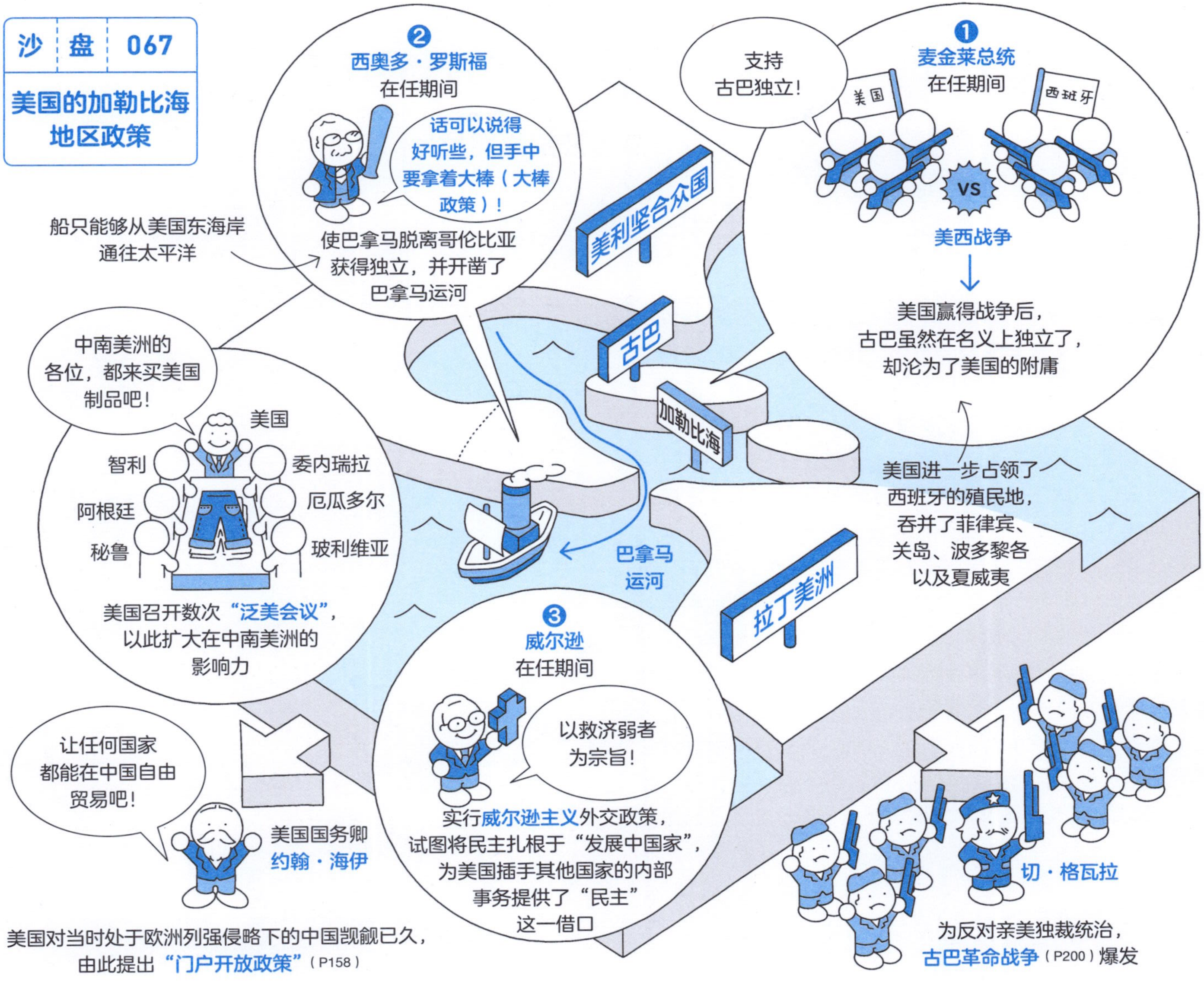

船只能够从美国东海岸通往太平洋

① 西奥多·罗斯福 在任期间
- 话可以说得好听些，但手中要拿着大棒（大棒政策）！
- 使巴拿马脱离哥伦比亚获得独立，并开凿了巴拿马运河

② 美国
- 中南美洲的各位，都来买美国制品吧！
- 美国召开数次"泛美会议"，以此扩大在中南美洲的影响力
- 委内瑞拉 哥伦比亚 秘鲁 阿根廷 智利 玻利维亚

约翰·海伊 美国国务卿
- 让任何国家都能在中国自由贸易吧！
- 美国对当时处于欧洲列强侵略下的中国觊觎已久，由此提出"门户开放政策"（P158）

③ 威尔逊 在任期间
- 以救济弱者为宗旨！
- 实行威尔逊主义外交政策，试图将民主扎根于为美国插手其他国家事务提供了"民主"这一借口 "发展中国家"的内部

巴拿马运河
美利坚合众国
古巴
加勒比海
拉丁美洲

① 麦金莱总统 在任期间
- 支持古巴独立！
- 美国 VS 西班牙 美西战争
- 美国赢得战争后，古巴虽然名义上独立了，却沦为了美国的附庸
- 美国进一步占领吞并了西班牙的殖民地菲律宾、关岛、波多黎各，以及夏威夷

切·格瓦拉
- 为反对美国独裁统治，古巴革命战争（P200）爆发

141 近代

帝国主义的兴起

欧洲开展殖民扩张

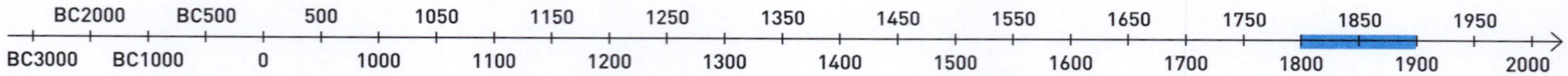

BC3000 BC2000 BC1000 BC500 0 500 1000 1050 1100 1150 1200 1250 1300 1350 1400 1450 1500 1550 1600 1650 1700 1750 1800 1850 1900 1950 2000

随着英国技术革新（第一次工业革命）的进一步发展，主要燃料从煤炭变为了石油，蒸汽动力也被电力所取代（**第二次工业革命**）。

石油和电力为进一步扩大生产规模创造了条件。为了大规模生产和销售产品，欧洲各国想要获得更大的市场、获取更多的资源。因此，欧洲国家开始积极扩张，由商品输出转向资本输出，在亚洲、非洲、美洲和澳洲纷纷建立了殖民地，在帝国主义的道路上加速前进。

这个时期的殖民大国是英国和法国。英国在迪斯雷利成为保守党领导之后也开始重视殖民政策（P114）；法国自第三**共和国**成立之后也开始重视殖民政策（P13）。当时，仅这两个国家就拥有大约100个殖民地。

美国两任总统**麦金莱**（P140）和**西奥多·罗斯福**（P140），年轻的德国皇帝**威廉二世**（P164）以及俄国皇帝**尼古拉二世**（P174）都推动了帝国主义的发展，甚至日本也走上了帝国主义的道路。

成为帝国的英国和法国

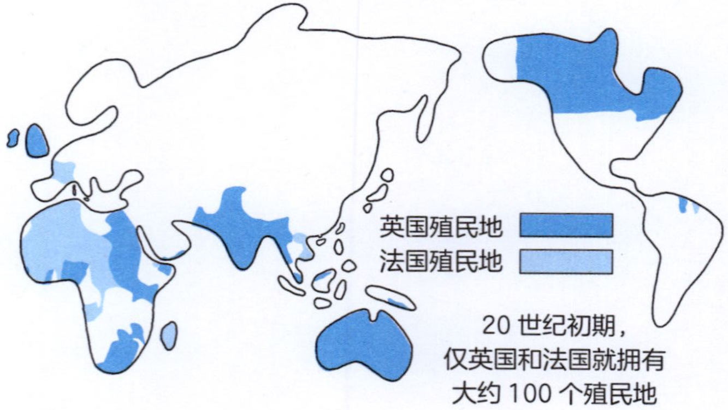

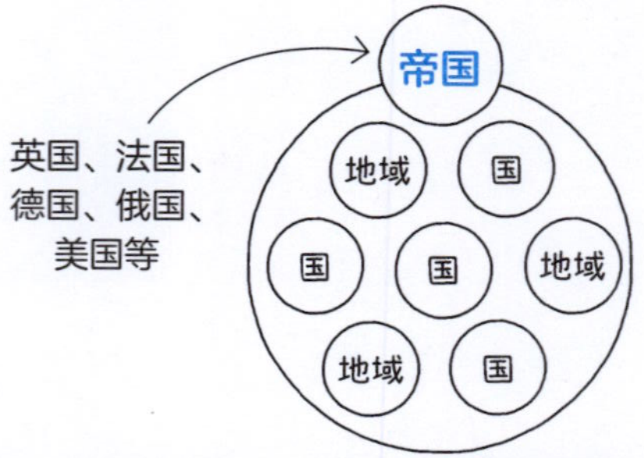

— 英国殖民地
— 法国殖民地

20世纪初期，仅英国和法国就拥有大约100个殖民地

英国、法国、德国、俄国、美国等 → 帝国（国、地域×多个）

19世纪、20世纪时，一般称统治多个国家和地域的国家为帝国，这个时期，英国和法国成为帝国的代名词

068

142

沙盘 068 帝国主义的兴起

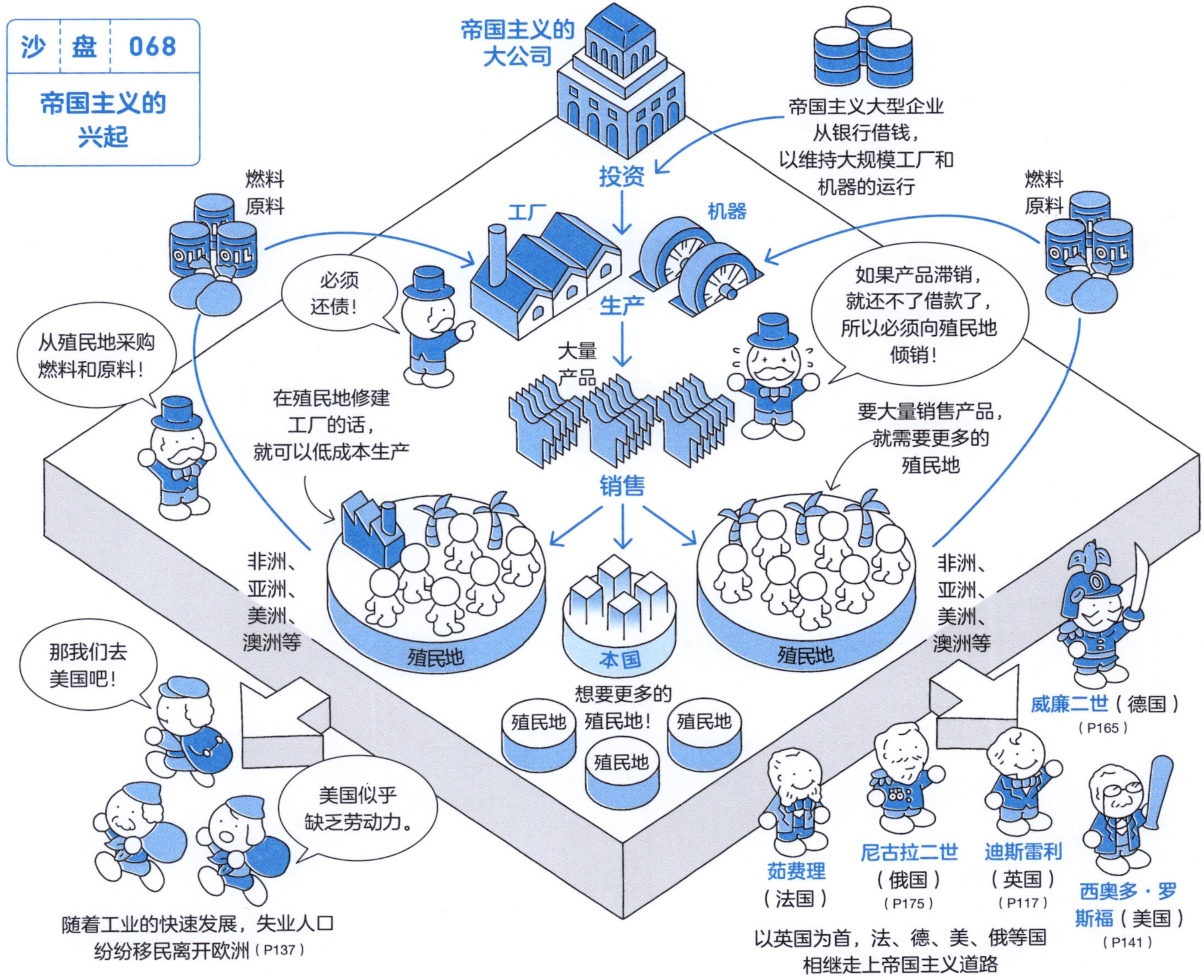

帝国主义的大公司 — 帝国主义大型企业从银行借钱，以维持大规模工厂和机器的运行

燃料 原料

投资 → 工厂 → 机器 → 大量生产 → 销售 → 本国/殖民地

必须还债！

如果产品滞销，就还不了借款了，所以必须向殖民地倾销！

要大量销售产品，就需要更多的殖民地

想要更多的殖民地！

在殖民地修建工厂的话，就可以低成本生产

从殖民地采购燃料和原料！

非洲、亚洲、美洲、澳洲等

那我们去美国吧！

美国似乎缺乏劳动力。

随着工业的快速发展，失业人口纷纷移民离开欧洲（P137）

茹费理（法国）
尼古拉二世（俄国）（P175）
迪斯雷利（英国）（P117）
威廉二世（德国）（P165）
西奥多·罗斯福（美国）（P141）

以英国为首，法、德、美、俄等国相继走上帝国主义道路

近代

俄国的南下政策 ①

克里米亚战争

俄国女皇叶卡捷琳娜二世 (P92) 夺取了黑海边上的克里米亚半岛，获得了梦寐以求的不冻港。然而，俄国若想到达地中海甚至大西洋，则必须经过位于黑海和地中海之间的**达尼尔海峡和博斯普鲁斯海峡**，当时这两个海峡是奥斯曼帝国的领土。

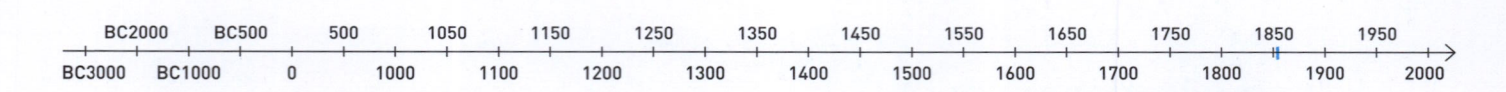

为了夺取这两个海峡，俄国沙皇**尼古拉一世 (1825—1855 年在位)** 向奥斯曼帝国宣战，**克里米亚战争 (1853—1856 年)** 爆发。由于担心俄国变强，英国的**维多利亚女王** (P114) 和法国的**拿破仑三世** (P112) 选择支持奥斯曼帝国，俄国最终战败。《**巴黎条约》(1856 年)** 签订后这两个海峡被封锁。

然而，看到其他欧洲国家在世界各地不断发展贸易，俄国不惜一切代价也想得到出海口。尼古拉一世的儿子**亚历山大二世** (P146) 放弃了从黑海到外海的航线，把目光投向了从巴尔干半岛通往外海的航线。

克里米亚战争中英国南丁格尔的事迹广为流传

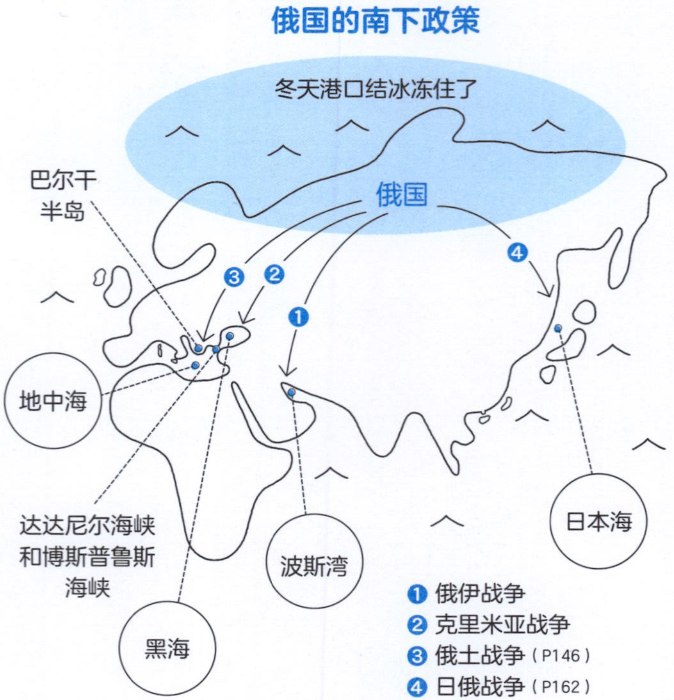

俄国的南下政策

冬天港口结冰冻住了

- 巴尔干半岛
- 地中海
- 达达尼尔海峡和博斯普鲁斯海峡
- 黑海
- 波斯湾
- 日本海
- 俄国

❶ 俄伊战争
❷ 克里米亚战争 (P146)
❸ 俄土战争 (P146)
❹ 日俄战争 (P162)

* 1828 年，俄国在与波斯（伊朗）恺加王朝的战争中取胜，从伊朗手中获得了许多权利，但是没能夺得波斯湾沿岸的重要地区《《土库曼恰伊条约》》(P148)

沙盘 069 俄国的南下政策①

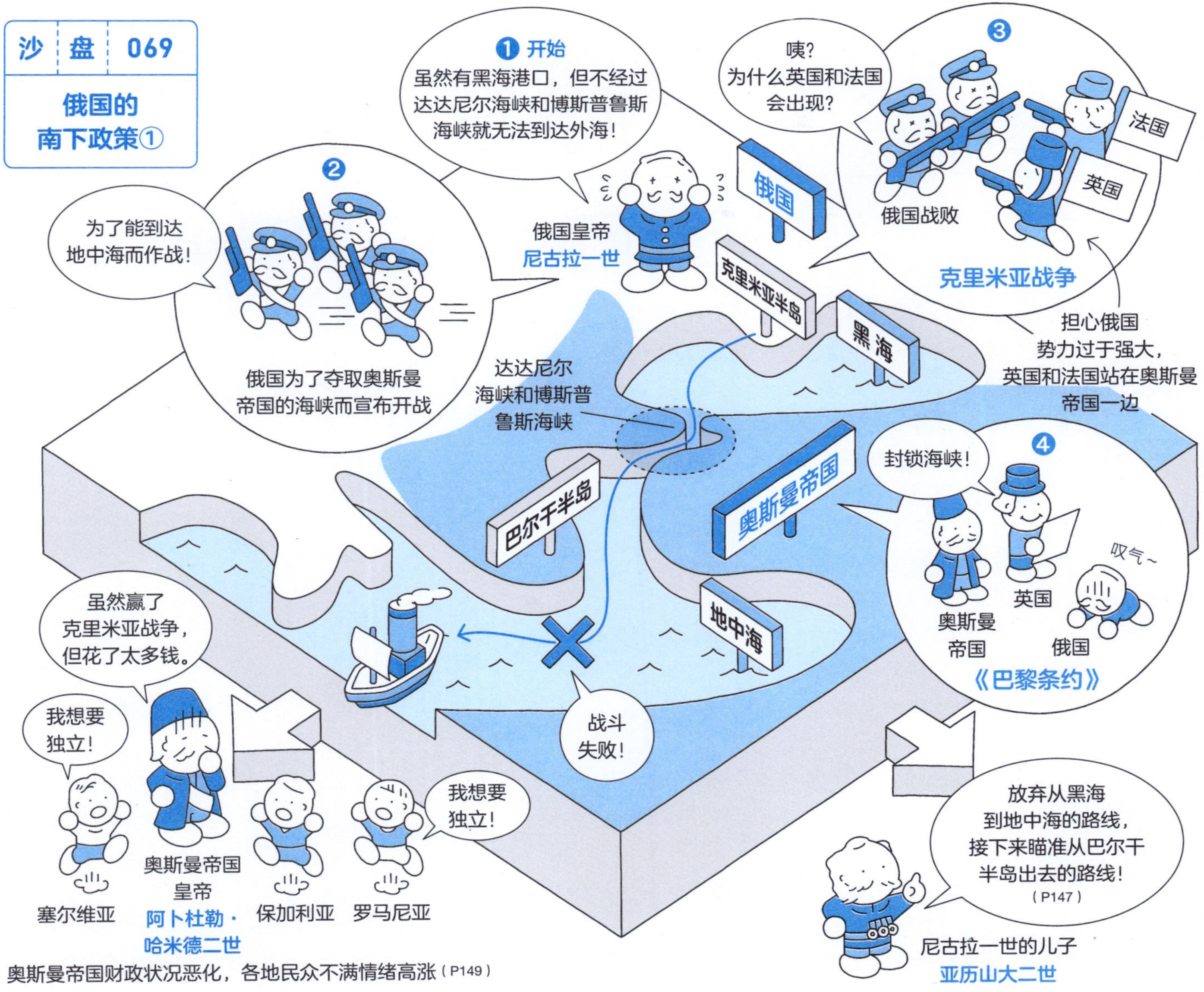

① 开始

俄国皇帝
尼古拉一世
"虽然有黑海港口，但不经过达达尼尔海峡就无法到达外海！"

为了能到达地中海而作战！

②

俄国为了夺取奥斯曼帝国的海峡而宣布开战

达达尼尔海峡和博斯普鲁斯海峡

巴尔干半岛

战斗失败！

地中海

奥斯曼帝国

黑海

克里米亚半岛

俄国

③ 克里米亚战争

咦？为什么英国和法国会出现？

担心俄国势力过于强大，英国和法国站在奥斯曼帝国一边

英国 法国

④《巴黎条约》

封锁海峡！

奥斯曼帝国 英国 俄国

叹气～

放弃从黑海到地中海的路线，接下来瞄准巴尔干半岛出去的路线。(P147)

尼古拉一世的儿子
亚历山大二世

虽然赢了克里米亚战争，但花了太多钱。

奥斯曼帝国皇帝
阿卜杜勒·哈米德二世

我想要独立！
塞尔维亚

我想要独立！
保加利亚 罗马尼亚

奥斯曼帝国财政状况恶化，各地民众不满情绪高涨 (P149)

070 俄国的南下政策②

俄土战争

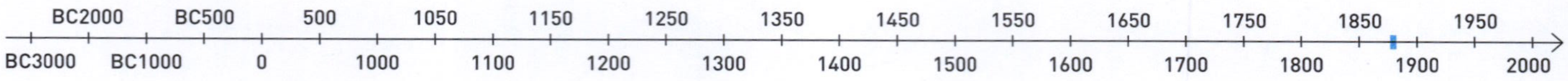

俄国败给奥斯曼帝国后，从黑海到地中海的路线便被封锁了[克里米亚战争（P144）]。随后，俄国又瞄准了从巴尔干半岛到地中海的路线。

当时，巴尔干地区包括保加利亚、塞尔维亚、黑山等和俄国一样的斯拉夫国家，这些巴尔干地区国家被奥斯曼帝国控制。

作为支持巴尔干地区国家独立的回报，俄国沙皇亚历山大二世（1855—1881年在位）希望这些地区国家能帮助俄国拥有通往地中海的路线。

俄国再次入侵奥斯曼帝国（俄土战争，1877—1878年）。这一次俄国取得了胜利，巴尔干地区国家获得了独立（《圣斯特法诺条约》，1878年）。

然而，英国和奥地利担心俄国的势力越来越强，因此德国首相俾斯麦（P120）作为"公正的调停人"，召开了柏林会议（1878年），并缔结了禁止俄国进入地中海的《柏林条约》（1878年）。俄国的巴尔干航线也被封锁。俄国不得不再一次转变目标，修建西伯利亚铁路，将目标瞄准了日本海[日俄战争（P162）]。

最后，亚历山大二世被反对沙皇主义、推动近代化的社会活动家（民粹主义者）暗杀了（1881年）。

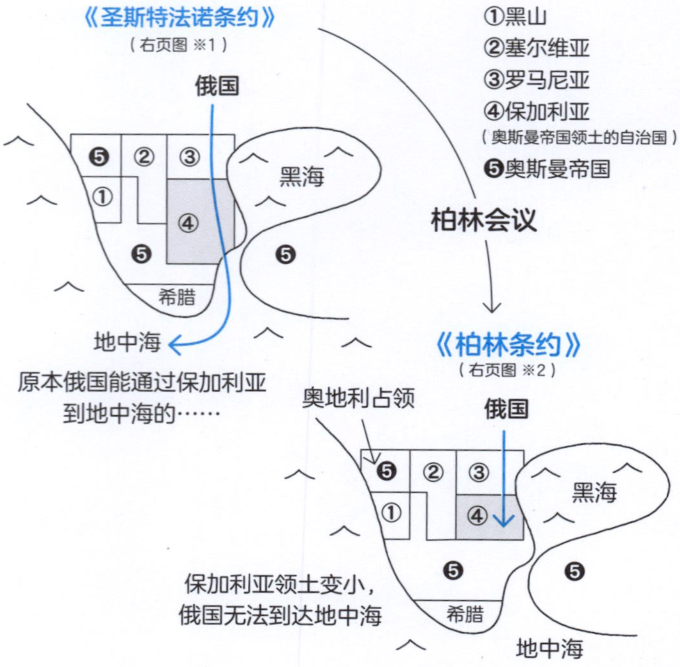

《圣斯特法诺条约》（右页图※1）

①黑山
②塞尔维亚
③罗马尼亚
④保加利亚
⑤奥斯曼帝国
（奥斯曼帝国领土的自治国）

原本俄国能通过保加利亚到地中海的……

柏林会议

《柏林条约》（右页图※2）

奥地利占领
保加利亚领土变小，
俄国无法到达地中海

沙盘 070

俄国的南下政策②

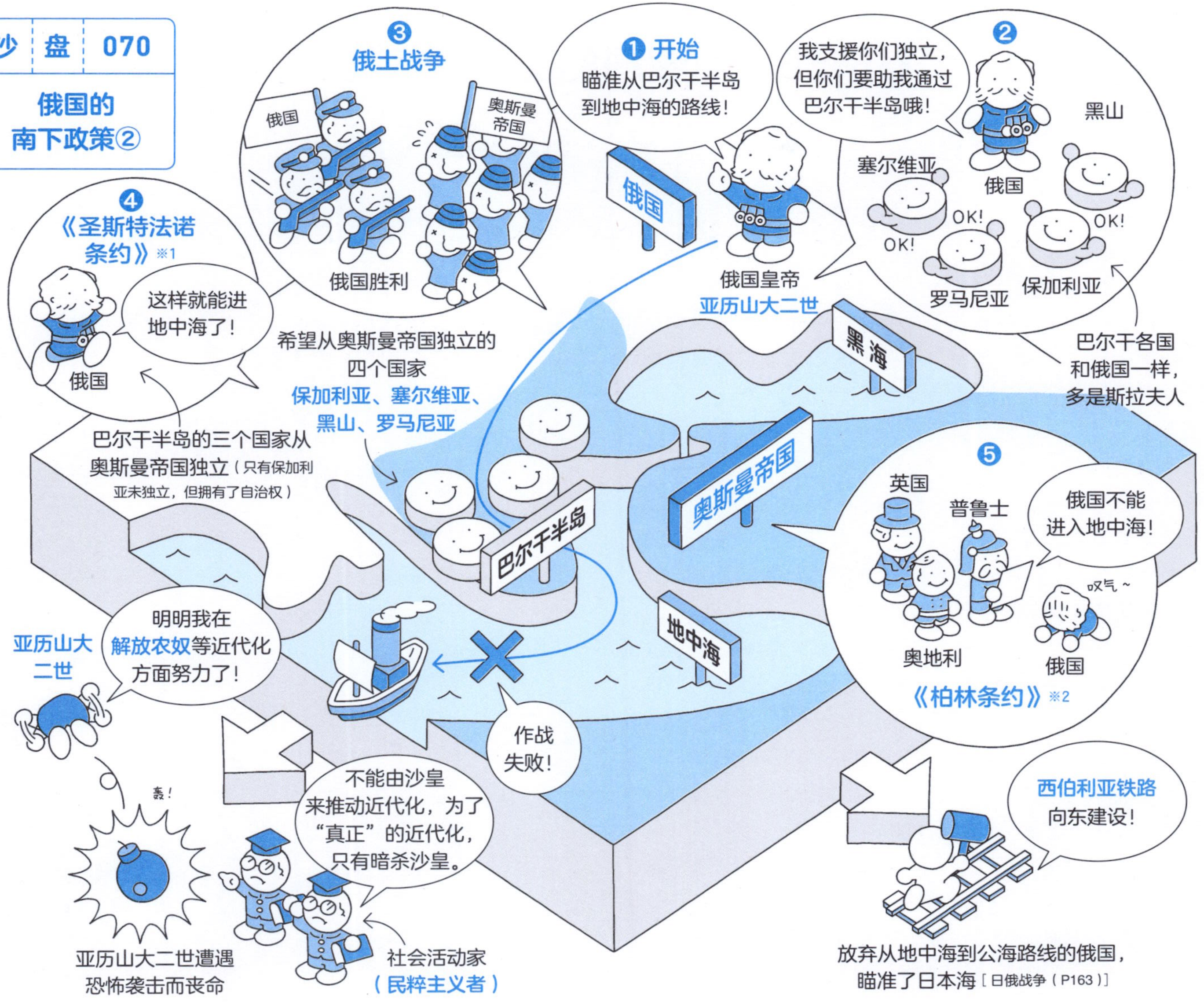

071 迟暮的奥斯曼帝国

欧洲病夫

欧洲各国通过第一次工业革命(P96)和制定宪法实现了近代化。从这时起,曾经以拥有广阔领土而目豪甚至骄至摧毁了拜占庭帝国(P42)的奥斯曼帝国在经济和军事上开始走向衰落。

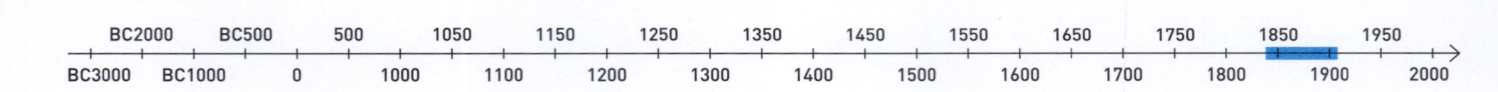

奥斯曼帝国是一个拥有多个民族和宗教的国家,随着它的衰落,要求独立的呼声在各个地区此起彼伏。因此,奥斯曼帝国皇帝阿卜杜勒-迈吉德一世(1839—1861年在位)审查了旧制度,并进行了被称为"坦齐马特"(1839—1876年)的近代化改革。

在此期间,奥斯曼帝国与实行南下政策的俄国之间爆发了**克里米亚战争**(P144)。虽然奥斯曼帝国取得了胜利,但这场战争给帝国带来了不小的财政压力。新皇帝阿卜杜勒-哈米德二世(1876—1909年在位)试图通过颁布亚洲第一部宪法——**《米德哈特宪法》(1876年)**来实现国家稳定并渡过败政危机。

然而,俄国却再次发动了对奥斯曼帝国的入侵[**俄土战争**(P146)]。这场战争的失败使得之前一直被奥斯曼帝国统治的塞尔维亚、罗马尼亚和黑山获得了独立。奥斯曼帝国的国力进一步衰退。

焦急的阿卜杜勒-哈米德二世在这一时期废除了《米德哈特宪法》,帝国恢复了独裁统治。然而,1908年的**青年土耳其人革命(1908—1909年)**恢复了《米德哈特宪法》,结束了独裁统治。在这场动乱中,奥地利趁机吞并了曾是奥斯曼帝国领土的波斯尼亚和黑塞哥维那(拥有大量塞尔维亚人)(P168)。

位于奥斯曼帝国东部的伊朗也遭到了实施南下政策的俄国的入侵(**俄伊战争**),并被迫与俄国签署了不平等条约(《**土库曼恰伊条约**》,1828年)。

俄国的南下政策

① 俄伊战争
② 克里米亚战争(P144)
③ 俄土战争(P146)
④ 日俄战争(P162)

沙盘 071

迟暮的奥斯曼帝国

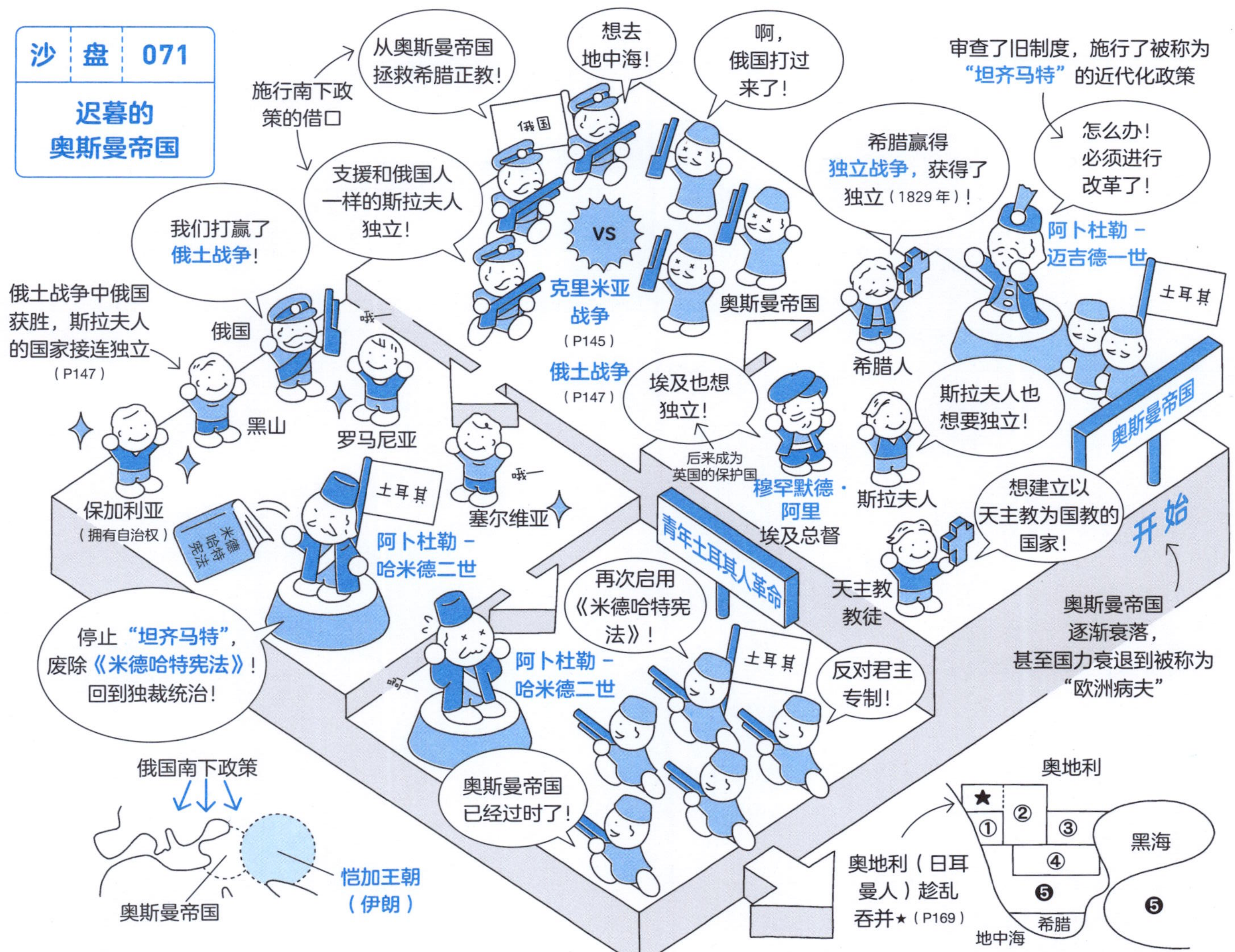

奥斯曼帝国的邻国伊朗，也受俄国南下政策影响，被迫和俄国签订了不平等条约（《土库曼恰伊条约》，1828年）

①黑山 ②塞尔维亚 ③罗马尼亚 ④保加利亚（拥有自治权）
❺奥斯曼帝国 ★波斯尼亚和黑塞哥维那地区（斯拉夫系塞尔维亚人）

072 印度帝国的建立

英国控制下的印度

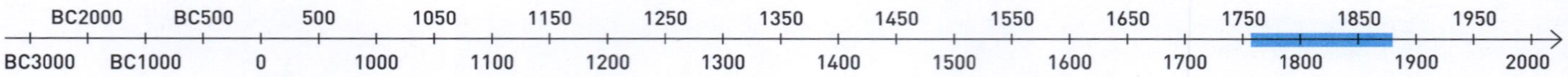

印度成为英国殖民地

英国在普拉西战役（P84）中战胜了法国，获得了对印度的唯一统治权。印度的贸易权被英国的贸易公司——**东印度公司**（P80）垄断。

然而，在第一次工业革命（P96）之后，随着自由贸易的要求越来越强烈，英国国内对东印度公司垄断印度贸易的不满情绪日益高涨。因此，英国政府令东印度公司停止其商业活动。以此为契机，东印度公司从一个贸易公司转变成了代管印度国家事务的实际主宰者。

然而，印度人也对代管印度国家事务的东印度公司产生了不满情绪，**印度民族大起义（1857—1859年）**爆发，随即东印度公司向英国政府寻求帮助。英国正规军平息了这场大起义。

东印度公司为此次起义负责，并被解散。英国政府接管了对印度的统治，建立了**印度帝国（1876—1947年）**。

维多利亚女王（P116）成了印度的皇帝。

此外，英国政府为了防止俄罗斯南下进入印度（P144），还将印度北部的阿富汗变成了自己的保护国（1880年）。

- **莫卧儿帝国**：一直存在，直到1858年被英军消灭
- **锡克王国**：1849年在锡克战争中战败，被英国的东印度公司控制
- **马拉塔联盟**（以马拉塔王国为中心的多国联盟）：1818年在马拉塔战争中战败，被英国的东印度公司控制
- **迈索尔王国**：1799年迈索尔战争中战败，被英国的东印度公司控制

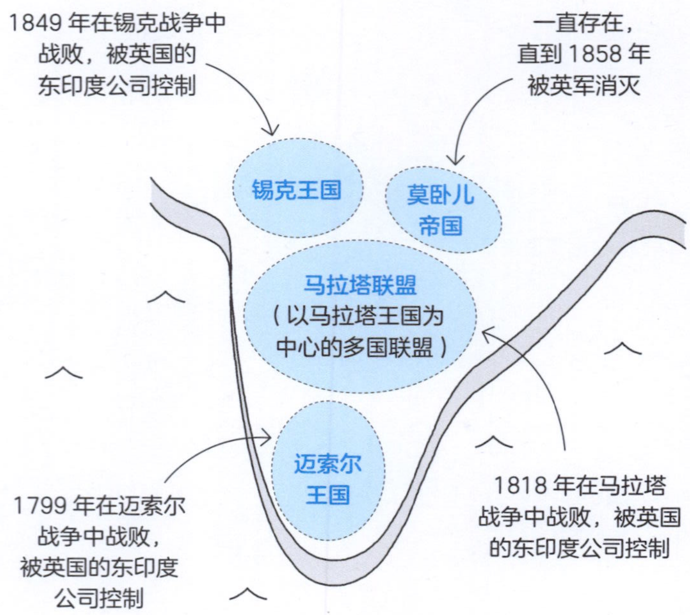

沙盘 072 印度帝国的建立

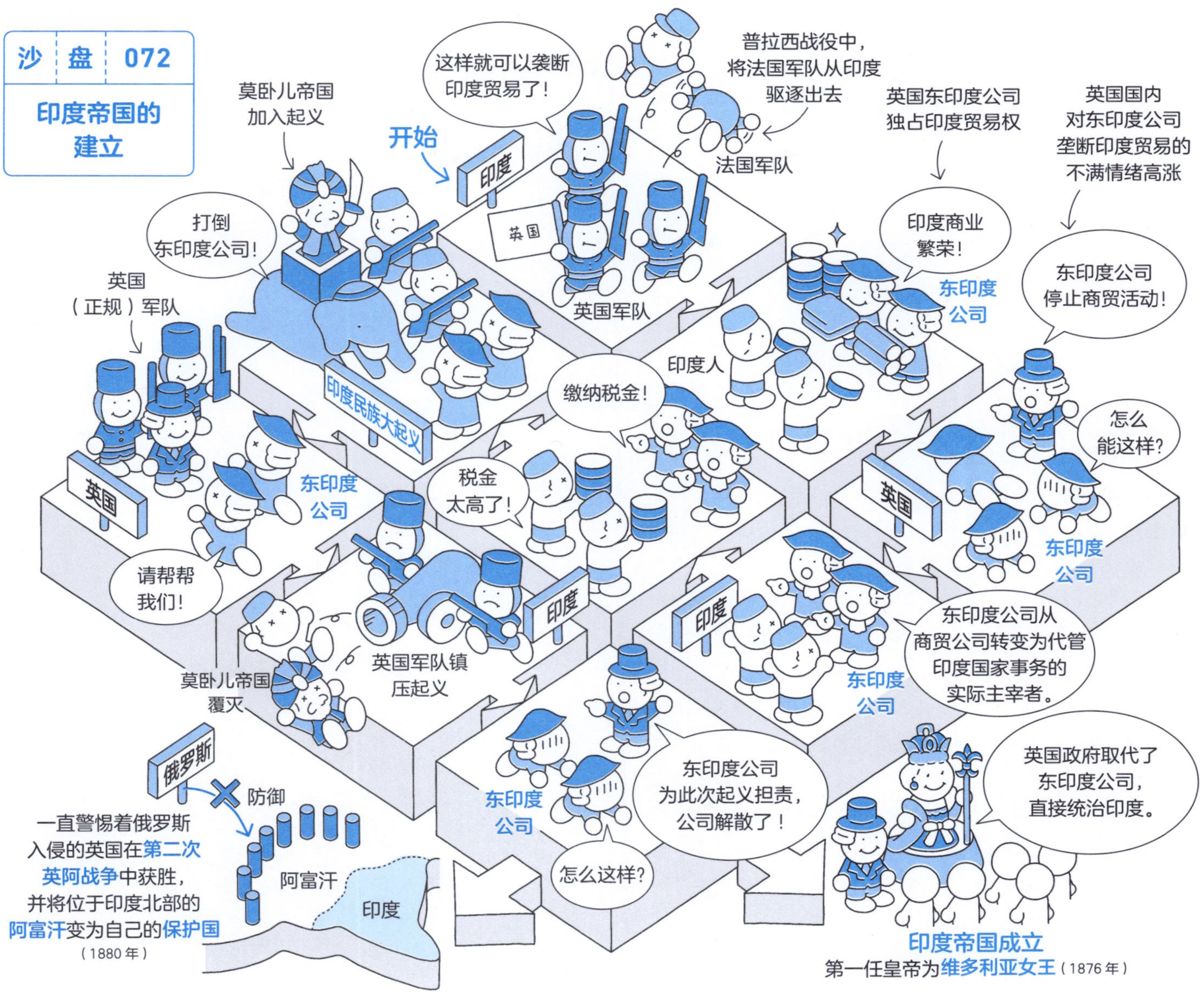

英国（正规）军队

打倒东印度公司！

请帮帮我们！

莫卧儿帝国加入起义

东印度公司

印度民族大起义

英国军队镇压起义

税金太高了！

缴纳税金！

印度人

东印度公司

怎么这样？

东印度公司为此次起义坦责，公司解散了！

印度帝国成立 第一任皇帝为维多利亚女王（1876年）

英国政府取代了东印度公司，直接统治印度。

东印度公司转变为代管印度国家事务的实际主宰者。

怎么能这样？

东印度公司停止商贸活动！

英国国内对东印度公司垄断印度贸易不满情绪高涨

印度商业繁荣！

普拉西战役中，英国东印度公司将法国军队驱逐出去独占印度贸易

这样就可以垄断印度贸易了！

法国军队

英国军队

开始

印度

莫卧儿帝国覆灭

俄罗斯

防御

阿富汗

印度

一直警惕着俄罗斯入侵的英国在第二次英阿战争中获胜，并将位于印度北部的阿富汗变为自己的保护国（1880年）

151 近代

非洲的殖民统治

瓜分非洲

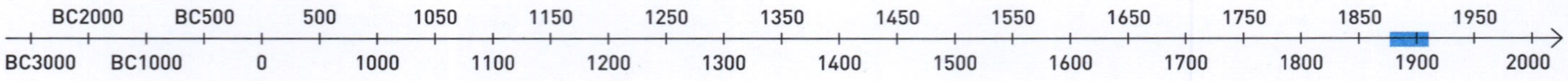

19世纪末，随着重工业和化学工业的不断发展，西方国家为了寻找工业原料，开始把目光转向非洲大陆。在这种背景下，一位美国的新闻记者斯坦利（1841—1904年）在非洲发现了对化学工业至关重要的铜资源。

斯坦利在比利时国王奥波德二世（1865—1909年在位）的支持下，对刚果进行了勘探，并与当地酋长签订了**贸易垄断条约**。然而，其他欧洲国家对该垄断条约提出了抗议（1884—1885年），以德国首相俾斯麦(P120)为首召开了柏林会议，会议决定按照"先到者先得"的原则分割非洲，各大国为了分割非洲展开了激烈的斗争。

英国从埃及政府购买了苏伊士运河股权后（1875年），制定了**三C政策**，修建铁路将开罗、开普敦、加尔各答（因三地英文地名均以C开头，故称"三C政策"）连接了起来。在此期间，法国为了争夺对埃及和苏丹的统治权而爆发了战争（**法绍达冲突**，1898年）。由于法国也不愿放弃对摩洛哥权益的争夺，便签订了《**英法协约**》（1904年）。随后，因拥有黄金和钻石而闻名的英属南非联邦（1910—1961年）成立。

在这种情况下，德国皇帝威廉二世(P164)两次派军舰到达摩洛哥，抗议英国和法国对非洲的瓜分（**摩洛哥危机**，

1905年、1911年）。英国、法国和德国之间的关系日益紧张。

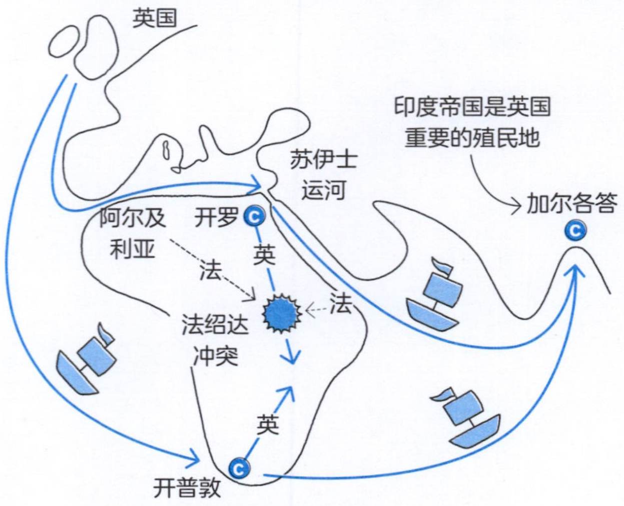

印度帝国是英国重要的殖民地

→ 加尔各答

苏伊士运河

阿尔及利亚

开罗

英 法

法绍达冲突

英

开普敦

C 英国的三C政策

英国为了确保能有两条路线前往印度帝国的加尔各答，对位于中间地带的开普殖民地和有苏伊士运河穿过的开罗（埃及）进行了殖民统治。

在世界反帝反殖民侵略的浪潮下，1905年中国同盟会成立，1911年武昌起义后爆发了辛亥革命。

沙盘 073

非洲的殖民统治

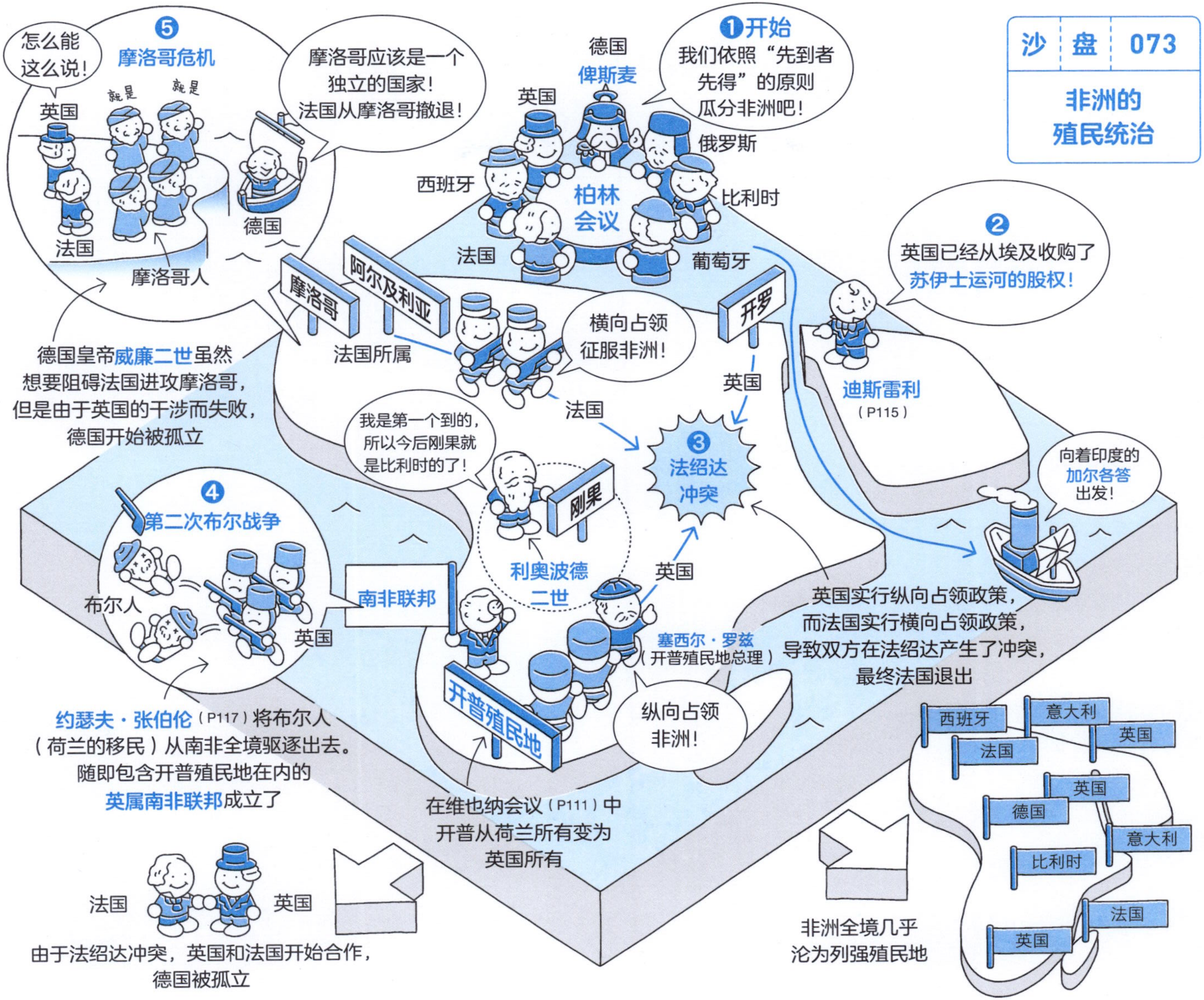

074 东南亚和太平洋地区的殖民统治

势力范围的扩大

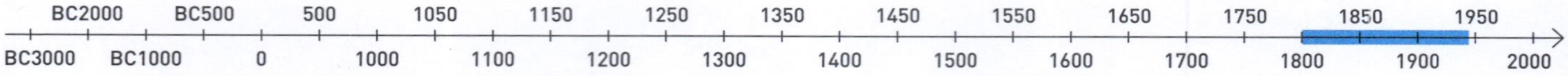

欧洲各国不仅将其势力范围扩张到了中国、印度和非洲，而且在东南亚、太平洋岛屿和大洋洲等地区也有它们殖民扩张的痕迹。

法国在东南亚地区建立了法属印度支那联邦[1]（1887年）（包括越南、老挝、柬埔寨），在当地进行水稻的种植和煤矿的开采，并获得了巨额利润。英国建立了马来联邦[2]（1895年），并致力于橡胶种植和锡矿开采。荷兰建立了荷属东印度（包括爪哇、苏门答腊等整个印度尼西亚）并实行强迫种植制度，规定当地居民必须种植咖啡，这一制度使荷兰摆脱了濒临破产的困境。此外，法国占领了塔希提岛，英国占领了斐济和汤加，德国占领了马里亚纳群岛和俾斯麦群岛等地。美国将占领的菲律宾和关岛变为殖民地，并吞并了夏威夷。

英国将澳大利亚和新西兰设为自治领土，并从当地的金矿中获取了巨额利润。

然而，第二次世界大战结束后，其中大部分殖民地都宣告了独立。

沦为殖民地的东南亚和太平洋地区

夏威夷
盛产甘蔗

美国吞并
夏威夷

被迫退位

夏威夷

夏威夷王国
最后的女王
利留卡拉尼女王

1810年卡米哈米哈大帝统一夏威夷群岛，夏威夷王国诞生。1893年夏威夷最后的女王利留卡拉尼被迫退位，1898年夏威夷被美国吞并

英国迫使印度劳工在马来西亚的橡胶园工作，并从中获取了巨额利润

荷兰从咖啡种植园中获取了巨额利润，其在爪哇施行的强迫种植制度尤为残暴

---
1 现今中南半岛。
2 由雪兰莪、森美兰、霹雳和彭亨这四州组成。同时，英国亚在该地区控制着"海峡殖民地"（包括槟城、马六甲、新加坡）。

沙盘 074 对东南亚和太平洋的统治

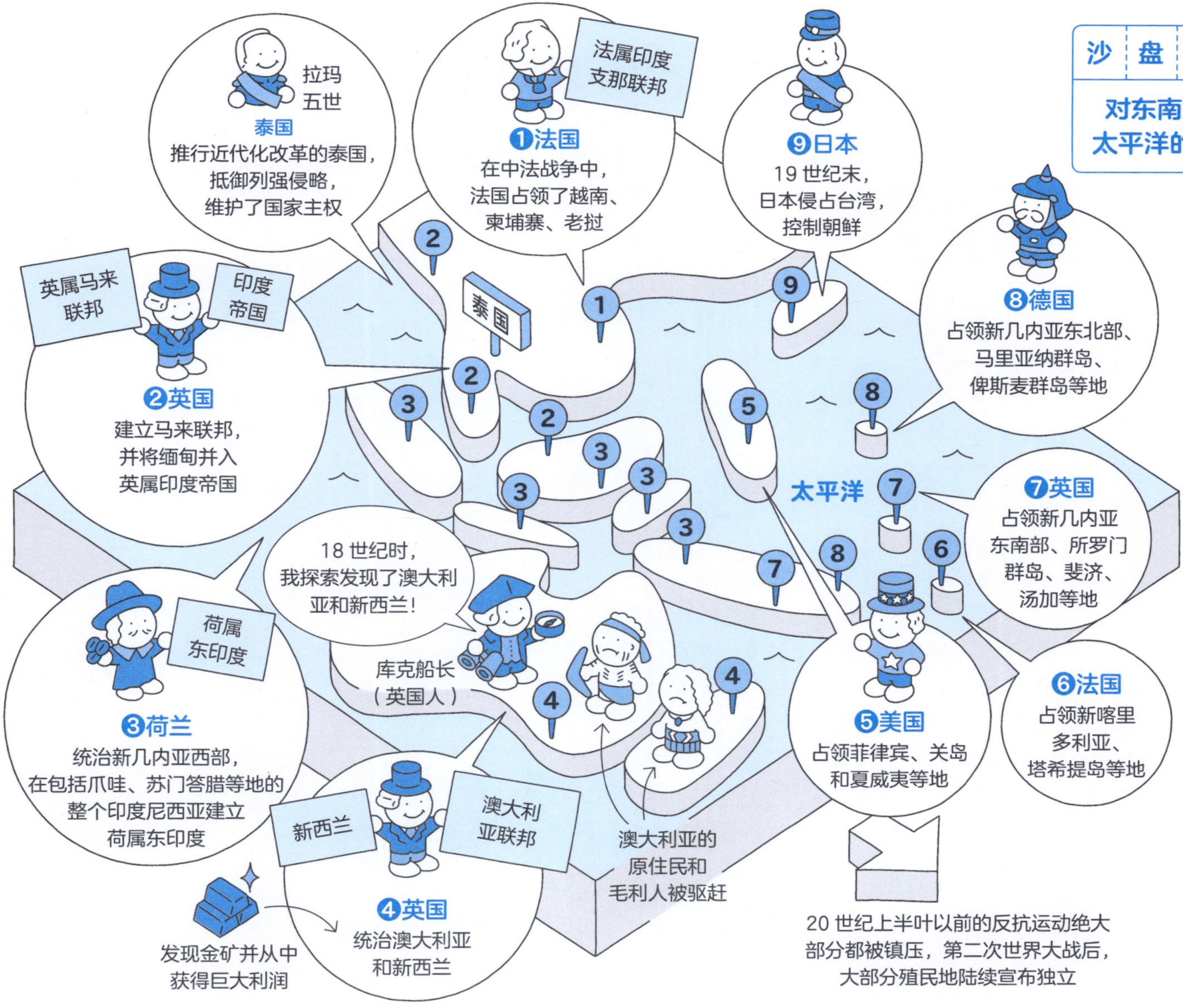

拉玛五世
推行近代化改革的泰国，抵御列强侵略，维护了国家主权

① 法国（法属印度支那联邦）
在中法战争中，法国占领了越南、柬埔寨、老挝

② 英国（英属马来联邦／英属印度帝国）
建立马来联邦，并将缅甸并入英属印度帝国

③ 荷兰（荷属东印度）
统治新几内亚西部，在包括爪哇、苏门答腊等地的整个印度尼西亚建立荷属东印度

④ 英国（澳大利亚联邦／新西兰）
统治澳大利亚和新西兰

- 18世纪时，库克船长（英国人）探索发现了澳大利亚和新西兰
- 澳大利亚的原住民和毛利人被驱赶
- 发现金矿并从中获得巨大利润

⑤ 美国
占领菲律宾、关岛和夏威夷等地

⑥ 法国
占领新喀里多利亚、塔希提岛等地

⑦ 英国
占领新几内亚东南部、所罗门群岛、斐济、汤加等地

⑧ 德国
占领新几内亚北部、马里亚纳群岛、俾斯麦群岛等地

⑨ 日本
19世纪末，日本侵占台湾，控制朝鲜

太平洋

20世纪上半叶以前的反抗运动绝大部分都被镇压，第二次世界大战后，大部分殖民地陆续宣布独立

近代中国的演变 ①

两次鸦片战争

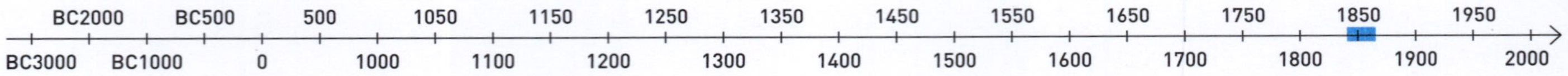

18世纪后半叶，提倡自由贸易政策的英国将本国低成本生产的**棉纺织品**销往外国，并试图将棉纺织品出口到遥远的中国。

然而，棉纺织品在中国不受青睐。又由于当时英国从中国进口茶叶，致使英国的货币（白银）流入中国，对此不满的英国将在印度种植的鸦片大量走私到中国，再从中国购买茶叶。

鸦片毒害了中国人民健康，严重败坏了中国的社会风气，清朝官员**林则徐（1785—1850年）**打击了鸦片的走私，这一做法遭到英国的反对，随即**鸦片战争（1840—1842年）**爆发。

面对先进的英国军舰，因为实力悬殊，清军遭遇惨败，并在之后的**第二次鸦片战争（1856—1860年）**中输给了英法侵略者，清政府被迫割让香港岛、九龙司地方一区给英国，并开放多个通商口岸，同时被迫支付了巨额赔款。

鸦片战争失败后，清朝的**咸丰皇帝（1850—1861年在位）**为支付战争赔款大幅提高收税金额，加重了百姓经济压力。

为反抗清朝封建统治和外国入侵，参加科举屡次落榜的**洪秀全（1814—1864年）**创立了拜上帝会，建立了**太平天国（太平天国运动，1851—1864年）**。

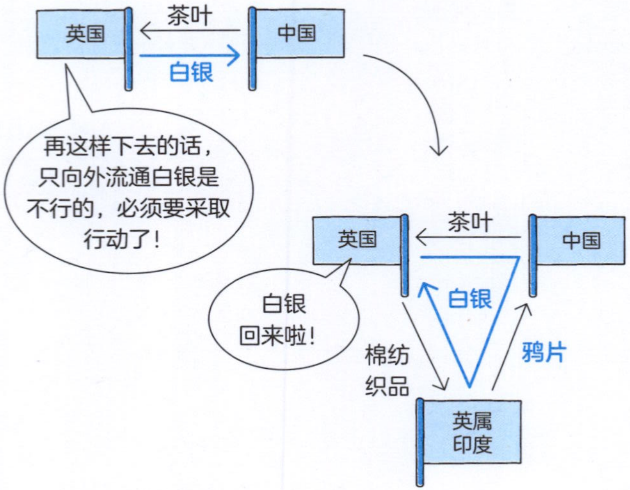

沙盘 075 近代中国的演变① 两次鸦片战争

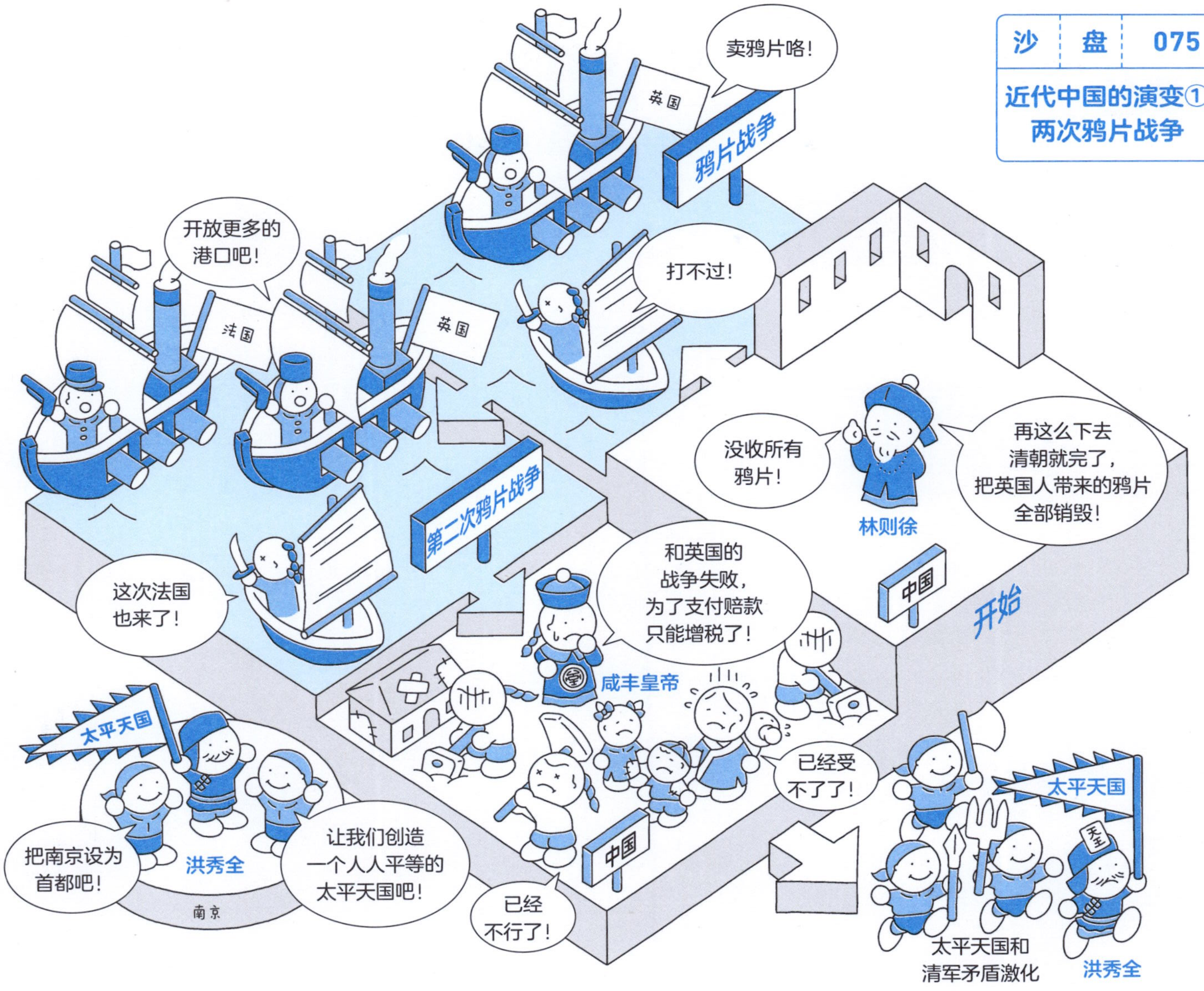

近代中国的演变②

摇摇欲坠的清政府

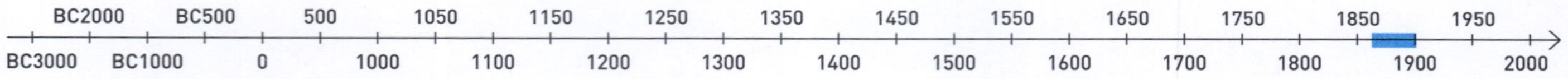

反封建统治的太平天国运动由于清政府与外国势力的联合,最终失败。

此后,清朝官员**曾国藩(1811—1872年)**和**李鸿章(1823—1901年)**一方面想维持清朝原本制度,另一方面开展了学习西方技术的**洋务运动(1861年)**。然而就在这时,朝鲜发生农民起义,朝鲜国王请求清政府出兵,日本趁机出兵朝鲜,挑起了**中日甲午战争(1894—1895年)**(P162)。

清政府在这场战争中输给了日本。**康有为**等学者将这次失败归咎于清朝落后的政治制度。康有为上书**光绪皇帝(1875—1908年在位)**实行**戊戌变法(百日维新,1898年)**。然而,这一系列政策遭到以慈禧太后(1835—1908年,光绪皇帝的姨母)为首的保守派的强烈抵制(**戊戌政变,1898年**)。

中国仍处于艰难曲折的现代化转型过程中,清朝被列强相继入侵。列强的军队从德国强占胶州湾时就开始纷纷划定自己的势力范围,中国沦为了半殖民地半封建国家。这时,姗姗来迟的美国为了能分一杯羹,提出了**门户开放政策**(P141)。

反对国内外的列强入侵的**义和团**大举破坏铁路和基督教堂,进入北京后甚至围攻了外国使馆。慈禧太后得知后,企图利用义和团将列强赶出中国(**义和团运动**)。

但这场运动最终失败了。列强要求清政府赔偿义和团给他们带来的损失。后来,清政府被迫签署了**《辛丑条约》(1901年)**。

一直在海外的革命家**孙中山**(P60)指出,只有推翻腐朽的清政府,建立一个新的国家,才能真正解决中国的问题。

> 近代中国从晚清开始进入半殖民地半封建社会,外部西方帝国主义肆意践踏中国主权,试图瓜分中国领土;内部本国反动统治者腐败无能,人民生活在水深火热当中。在承受深重国家灾难的中国大地上,中国政治舞台上的各个阶级先后发起了挽救国家危亡、争取民族生存权利的救亡图存行动,包括洋务运动、戊戌变法、义和团运动、辛亥革命等。每一次变革都不同程度地推动了中国近代社会的发展,都是近代中国历史中的重要拐点。

沙盘 076 近代中国的演变②摇摇欲坠的清政府

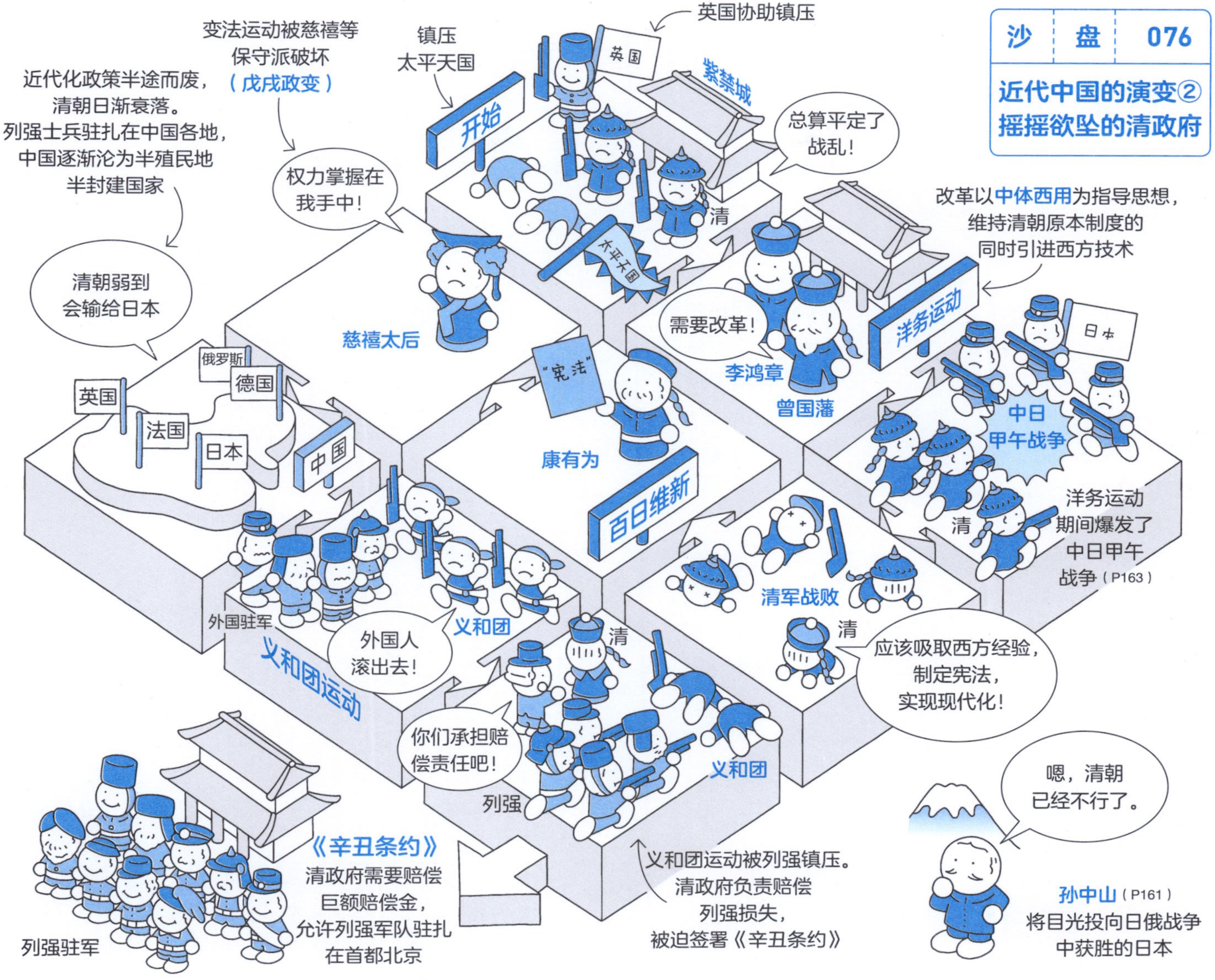

近代中国的演变 ③

077

辛亥革命

义和团运动（P158）失败后，对清政府不信任的情绪在民众中迅速蔓延。清政府试图通过近代化改革（清末新政），推行君主立宪制来渡过这一危机，但没能奏效。孙中山（1866—1925年）认为革命是唯一的出路。他召集了同阶级的爱国人士，在日本东京组建了中国同盟会，宣传革命思想（1905年）。

1911年，辛亥革命爆发。以武昌起义为契机，清朝各省陆续宣布脱离清政府独立。孙中山立即回国，在南京成立了中华民国（1912年1月1日）。

孙中山为了推翻清政府的统治，以"大总统之位"为条件，获得了北洋军统帅袁世凯（1859—1916年）的支

> **清政府与中华民国**
> 1912年1月1日，孙中山在南京宣布成立中华民国，这也是亚洲第一个资产阶级民主共和国

持。袁世凯通迫清朝宣统皇帝爱新觉罗·溥仪（1908—1911在位）退位。宣统皇帝同意退位。至此，清朝灭亡。

1915年，袁世凯成为中华民国大总统的袁世凯在北京称帝。此外，袁世凯接受了"二十一条"的要求（1915年）。"二十一条"让中国人民极其愤慨，因为中国在一战后日本继承德国在中国山东的特权，坚决反对一战后日本继承德国在中国山东的特权，最终爆发了以学生、工人为主力的爱国运动——五四运动（1919年）。

袁世凯去世后，中国进入了由袁世凯的部下和割据一方的地方军事力量争夺实权的北洋军阀混战时期（1916—1928年）。

> **"二十一条"**
> 在签订《朴茨茅斯条约》（P162）之后，日本加快了侵略中国的步伐。日本在第一次世界大战中曾抗击德国，于是日本要求继承德国在山东的一切特权

沙盘 077 近代中国的演变③ 辛亥革命

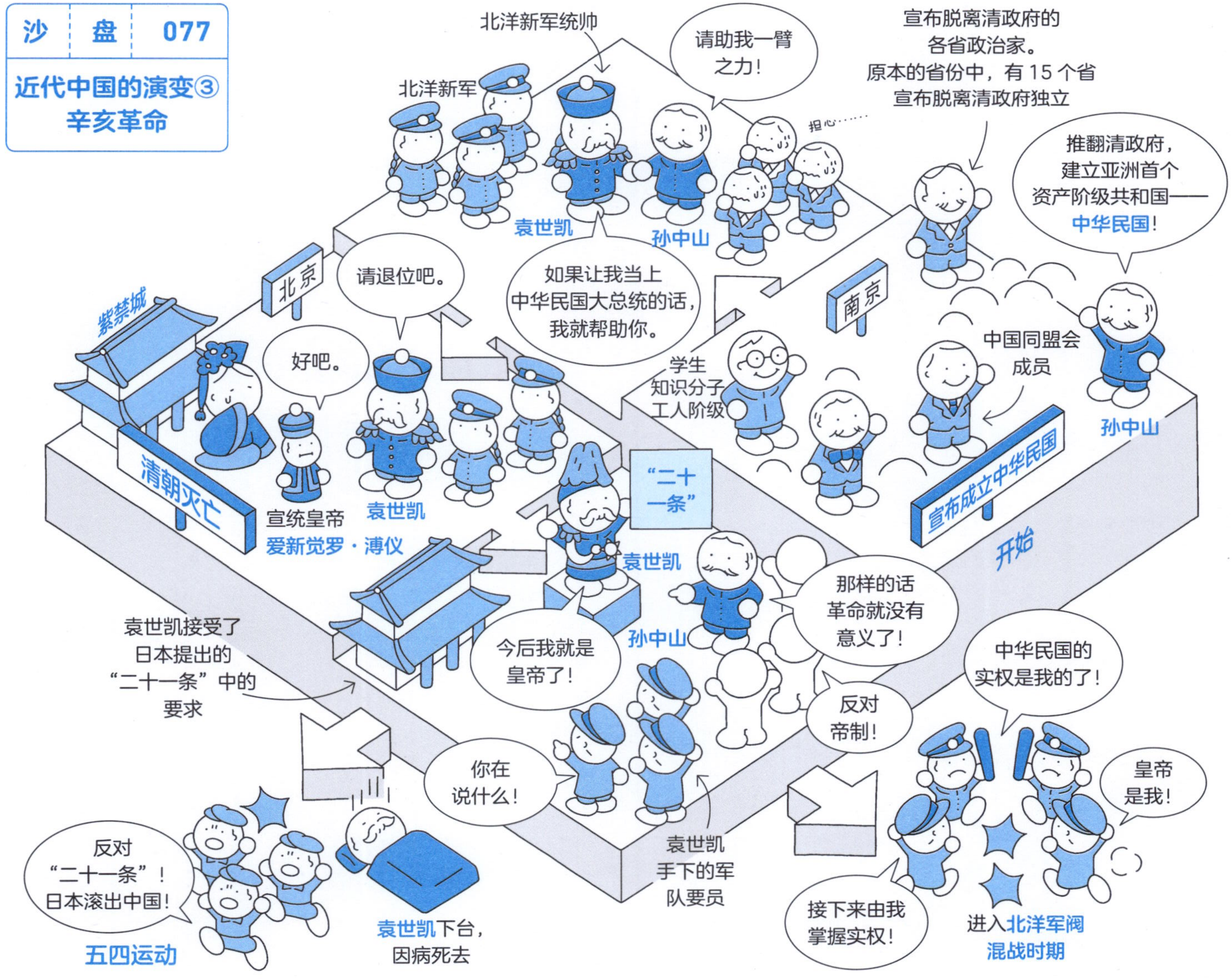

078

日俄战争

开始向外扩张的日本

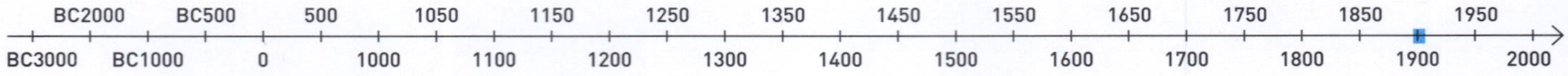

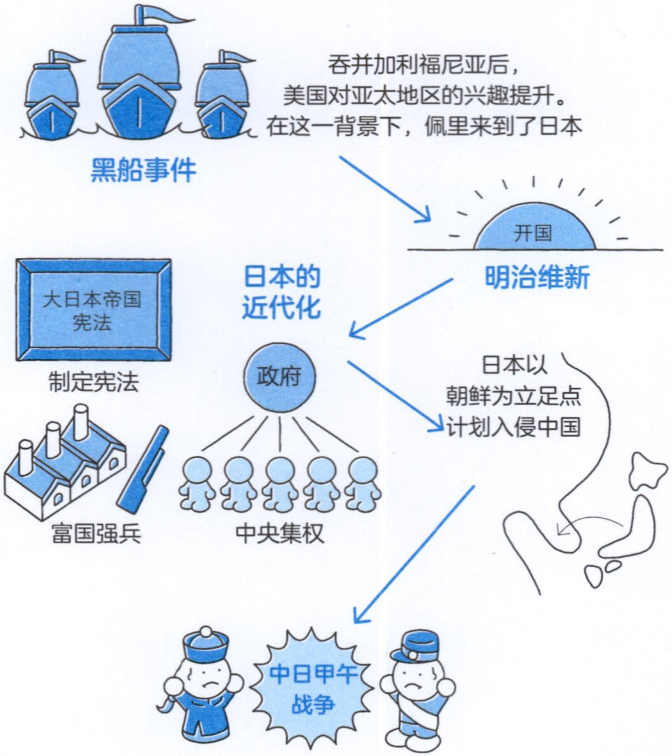

中日甲午战争最终以清朝中国的落败而告终（P158）。日本从中国割占了辽东半岛、台湾全岛及其附属各岛屿、澎湖列岛（《**马关条约**》，1895年）。

但是俄国的目标是南下亚洲，修建**西伯利亚铁路**（P146），迫使日本将辽东半岛归还给清政府，试图阻止日本向亚洲扩张，俄国与法国、德国一起，试图阻止日本向亚洲扩张，迫使日本将辽东半岛归还给清政府，但向清政府索取3000万两白银的"赎辽费"（三国干涉还辽，1895年）。

最终**日俄战争（1904—1905年）**爆发。

在担心俄国势力不断增长的英国的支持下，日本在这场战争中占了上风。与此同时，俄国因为国内爆发了**革命**（P172），难以继续进行战斗。

在美国总统西奥多·罗斯福（P140）的调解下，日俄签订《**朴茨茅斯条约**》（1905年），日本成为战胜国。日本将中国东北地区的南部划进自己的势力范围，同时获得了控制朝鲜的特权。

在对远东地区的南向扩张失败后，俄国将注意力转向了巴尔干半岛。这又与德国的**三 B 政策**（德国为实现向中东侵略的目的而提出的修建铁路的计划，铁路从柏林经过拜占庭到巴格达）（P164）发生冲突。

黑船事件

吞并加利福尼亚后，美国对亚太地区的兴趣提升。在这一背景下，佩里来到了日本

明治维新
开国

日本的近代化
政府
中央集权

制定宪法
大日本帝国宪法
富国强兵

日本以朝鲜为立足点计划入侵中国

中日甲午战争

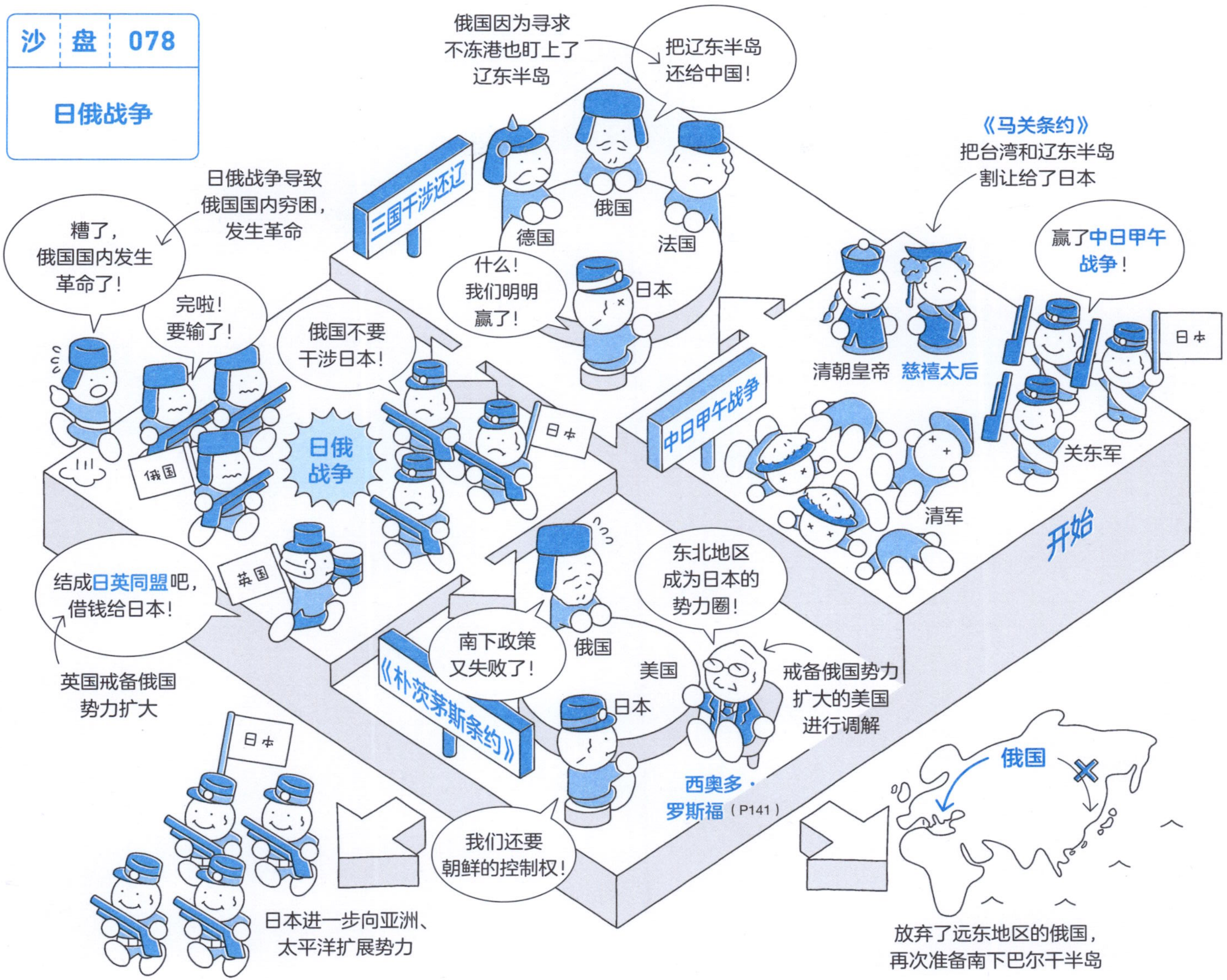

沙盘 078
日俄战争
开始
赢了中日甲午战争！
关东军
日本
《马关条约》
把台湾和辽东半岛割让给了日本
清朝皇帝
慈禧太后
清军
中日甲午战争
俄国因为寻求不冻港也盯上了辽东半岛
把辽东半岛还给中国！
三国干涉还辽
德国
俄国
法国
日本
什么！我们明明赢了！
俄国不要干涉日本！
日俄战争
完啦！要输了！
糟了，俄国国内发生革命了！
日俄战争导致俄国国内穷困，发生革命
俄国
英国
结成日英同盟吧，借钱给日本！
英国戒备俄国势力扩大
东北地区成为日本的势力圈！
戒备俄国势力扩大的美国进行调解
南下政策又失败了！
俄国
美国
日本
《朴茨茅斯条约》
西奥多·罗斯福（P141）
我们还要朝鲜的控制权！
日本进一步向亚洲、太平洋扩展势力
俄国
放弃了远东地区的俄国，再次准备南下巴尔干半岛

079

俾斯麦体系及其崩溃

俾斯麦体系和威廉二世的即位

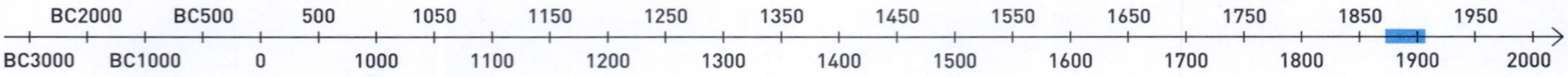

德国在**普法战争**(P122)中战胜了法国。此后，德国与俄国和奥匈帝国结成**三皇同盟**（1873年、1881年），与意大利和奥匈帝国结成**三国同盟**（1882—1915年）。**俾斯麦（1871—1890年在任）**试图通过建立这些联盟来孤立法国，防止其反击。他希望能尽可能地不通过战争和殖民政策来使德国带来稳定。

然而，当年轻的德国皇帝威廉二世（1888—1918年**在位**）登上王位时，政策完全改变了。他积极地推行帝国主义政策，**大力扩充海军**。威廉二世着手向南非扩张，并开始在中国划分势力范围。

此外，威廉二世开始实施通向巴尔干半岛的铁路计划（**三B政策**）。然而这不仅与英国的三C政策产生冲突，也与俄国尼古拉二世的**南下政策**(P152)产生了冲突。于是，俄国与英国、法国签订了《**三国协约**》（1907年）以对抗德国。俄国和德国之间的矛盾越来越深，各国政治经济发展也极不平衡，最终，**第一次世界大战**(P168)爆发了。

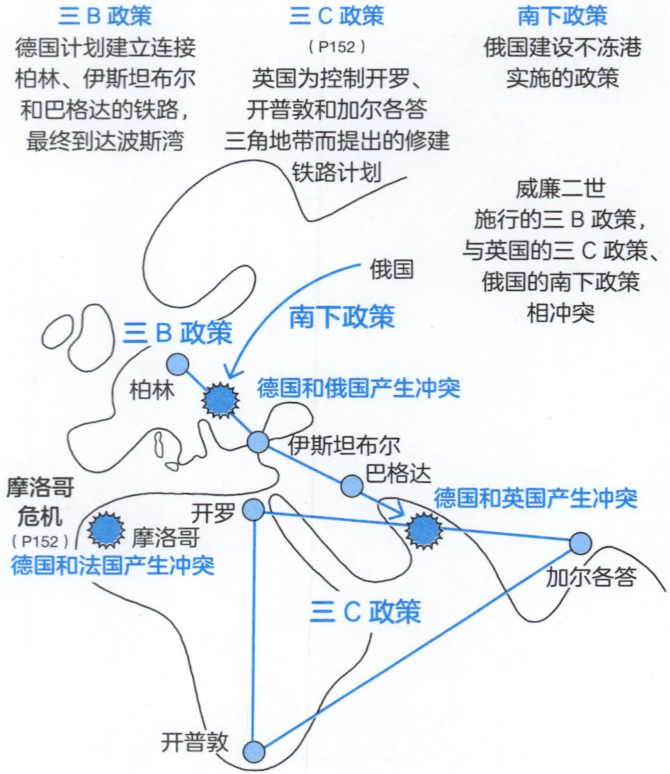

三B政策
德国计划建立连接柏林、伊斯坦布尔和巴格达的铁路，最终到达波斯湾

三C政策(P152)
英国为控制开罗、开普敦和加尔各答三角地带而提出的修建铁路计划

南下政策
俄国建设不冻港实施的政策

威廉二世
施行的三B政策，与英国的三C政策、俄国的南下政策相冲突

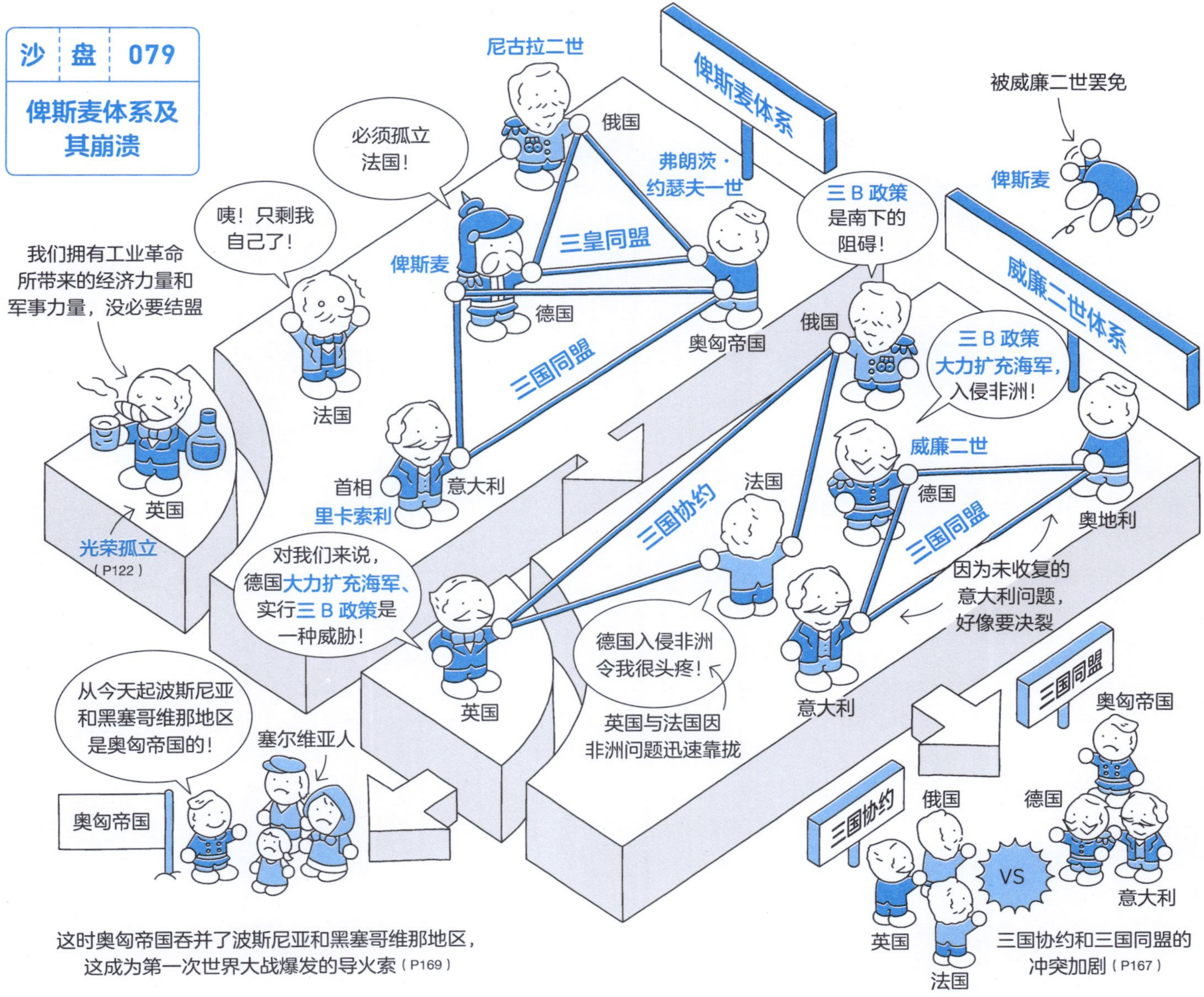

沙盘 079 俾斯麦体系及其崩溃

俾斯麦：我们拥有工业革命所带来的经济力量和军事力量，没必要结盟

光荣孤立（P122） 英国

法国：嘿！只剩我自己了！

必须孤立法国！

三皇同盟：俾斯麦 — 德国、俄国（弗朗茨·约瑟夫一世）、奥匈帝国

尼古拉二世

三国同盟：俾斯麦 — 德国、意大利、奥匈帝国

首相里卡索利（意大利）：对我们来说，德国大力扩充海军，实行三B政策是一种威胁！

俾斯麦体系

三B政策的是南下的阻碍！

威廉二世要免俾斯麦 → **威廉二世体系**

大力扩充海军，入侵非洲！

三国同盟：威廉二世 — 德国、奥地利、意大利 因为未收复的意大利问题，好像要决裂

奥匈帝国：塞尔维亚人和黑塞哥维那地区是奥匈帝国的！

从今天起波斯尼亚和黑塞哥维那地区是奥匈帝国的！

三国协约：英国、俄国、法国

英国与法国因非洲问题迅速走近

德国入侵非洲令我很头疼！

三国同盟 VS 三国协约：德国、奥匈帝国、意大利 vs 俄国、英国、法国

三国协约和三国同盟的冲突加剧（P167）

这时的奥匈帝国吞并了波斯尼亚和黑塞哥维那地区，这成为第一次世界大战爆发的导火索（P169）

165 近代

第一次世界大战前夕

心怀鬼胎的各国

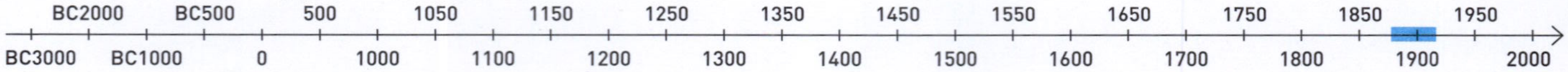

第一次世界大战(P168)的导火索是萨拉热窝事件(P168)中的一颗子弹。

第一次世界大战到底为什么会爆发？先让我们通过右边的插图来了解一战前夕各国之间的关系。

❶**英国 VS 德国**：德国的三 B 政策(P164)与英国的三 C 政策(P152)相互冲突。德国大力扩充海军政策对英国产生了威胁。

❷**法国 VS 德国**：在普法战争(P122)时就有过争执。德国在非洲开始实施殖民政策，妨碍法国对摩洛哥进行控制［摩洛哥危机(P152)］。

❸**俄国 VS 德国**：德国的泛日耳曼主义("泛"为"扩张"之意)与俄国的泛斯拉夫主义难以相容。

❹**俄国 VS 奥匈帝国**：俄国是以塞尔维亚为首的巴尔干同盟(1912年)(塞尔维亚、黑山、希腊、保加利亚)的保护国，所以俄国支持被奥匈帝国夺走了波斯尼亚和黑塞哥维那地区的塞尔维亚人(P168)。

❺**塞尔维亚 VS 奥匈帝国**：拥有大量塞族(塞尔维亚人)人口的波斯尼亚和黑塞哥维那地区被主张泛日耳曼主义的奥匈帝国吞并(P148)。

❻**巴尔干同盟 VS 奥斯曼帝国**：奥斯曼帝国怨恨从本国独立出来的巴尔干国家和支持它们独立的俄国(P148)。此后奥斯曼帝国使巴尔干同盟陷入战争境况(第一次巴尔干战争，1912—1913 年)，导致其领土越来越小。

❼**巴尔干同盟 VS 保加利亚**：保加利亚原本属于巴尔干同盟，但由于领土争端退出了巴尔干同盟(第二次巴尔干战争，1913 年)。

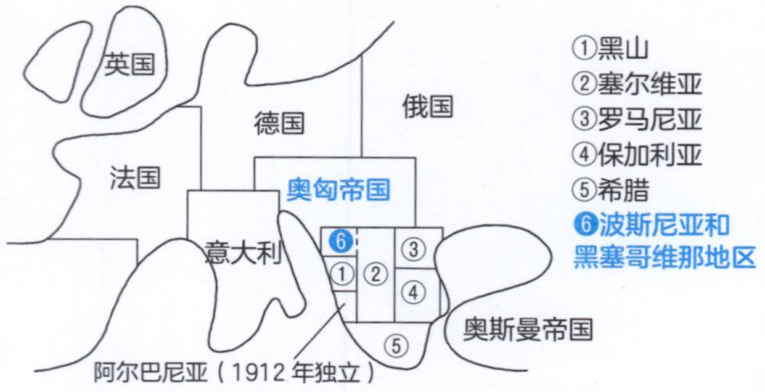

①黑山
②塞尔维亚
③罗马尼亚
④保加利亚
⑤希腊
⑥波斯尼亚和黑塞哥维那地区

阿尔巴尼亚(1912年独立)

080

沙盘 080

第一次世界大战前夕

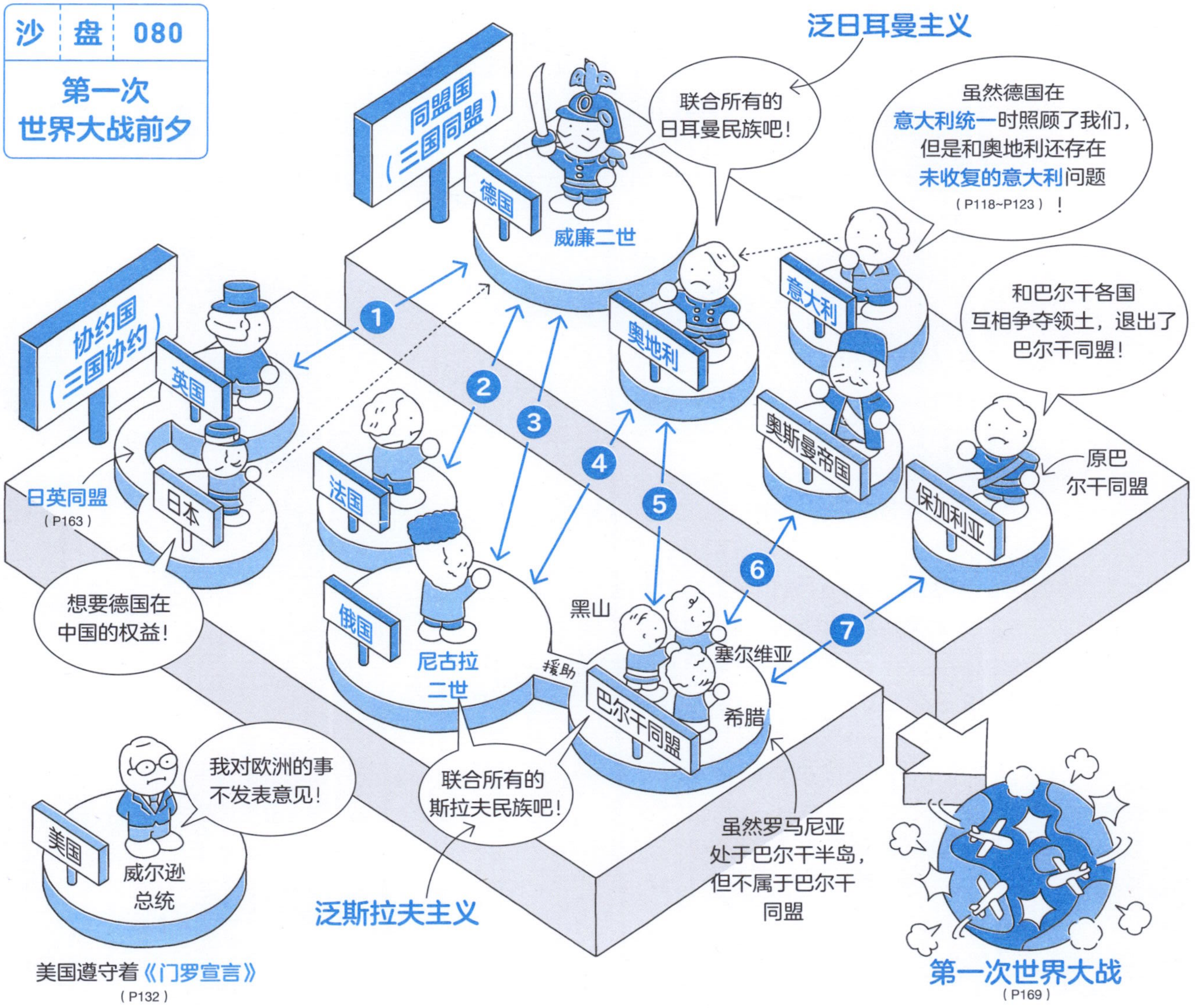

协约国（三国协约）

日英同盟 (P163)

日本 / 英国
- 想要德国在中国的权益！

同盟国（三国同盟）

德国 威廉二世
- 联合所有的日耳曼民族吧！

法国

俄国 尼古拉二世
- 联合所有的斯拉夫民族吧！

奥地利
- 联合所有的日耳曼民族吧！

意大利
- 虽然德国一时照顾了我们，但是和奥地利还存在未收复的意大利问题(P118~P123)！

巴尔干同盟：黑山、塞尔维亚、希腊

保加利亚
- 和巴尔干各国互相争夺领土，退出了巴尔干同盟。

美国 威尔逊总统
- 我对欧洲的事不发表意见！

美国遵守着《门罗宣言》(P132)

泛斯拉夫主义

泛日耳曼主义

虽然罗马尼亚处于巴尔干半岛，但不属于巴尔干同盟。

第一次世界大战 (P169)

167 近代

081

第一次世界大战 ①

萨拉热窝事件

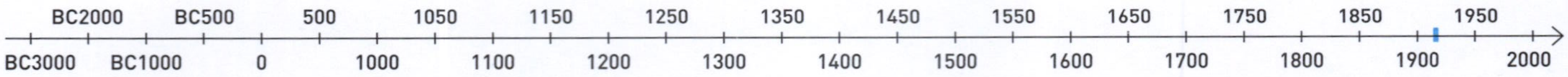

波斯尼亚和黑塞哥维那地区最初居民多是塞尔维亚人（与俄国同为斯拉夫人）。克罗地亚人（日耳曼人）、穆斯林（伊斯兰教徒）。当奥匈帝国（日耳曼人）开始统治波斯尼亚和黑塞哥维那时，波斯尼亚和黑塞哥维那的塞族人也开始反对奥匈帝国。

1914年6月，发生了**萨拉热窝事件**，奥匈帝国的王位继承人和他的妻子在访问波斯尼亚和黑塞哥维那的萨拉热窝时被一个塞尔维亚青年枪杀，此事件直接导致奥匈帝国向塞尔维亚宣战。不久之后奉行**泛日耳曼主义**（P166）的德国国王威廉二世站在了日耳曼人奥地利这边。随后奉行**泛斯拉夫主义**（P166）的俄国皇帝尼古拉二世加入了斯拉夫人塞尔维亚的队伍。

此后，通过三国同盟（P164）和三国协约（P164）联系在一起的国家陆续参战。**第一次世界大战（1914—1918年）**开始，形成同盟国（如德国、奥匈帝国、奥斯曼帝国、保加利亚）和协约国（如俄国、英国、法国、日本）两个对立阵营。

第一次世界大战期间，英国与其他国家达成了一些秘密协议，例如《侯赛因－麦克马洪通信》（P206）、《贝尔福宣言》（P206）等，以引导战局。它还把敌方（同盟国）的意大利拉到自己这边来，条件是让出未收复的意大利（P118）。

第一次世界大战时的欧洲

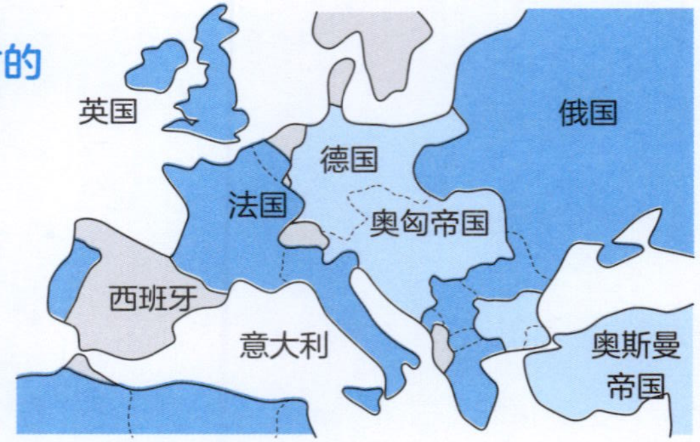

- 协约国家
- 同盟国家
- 中立国家

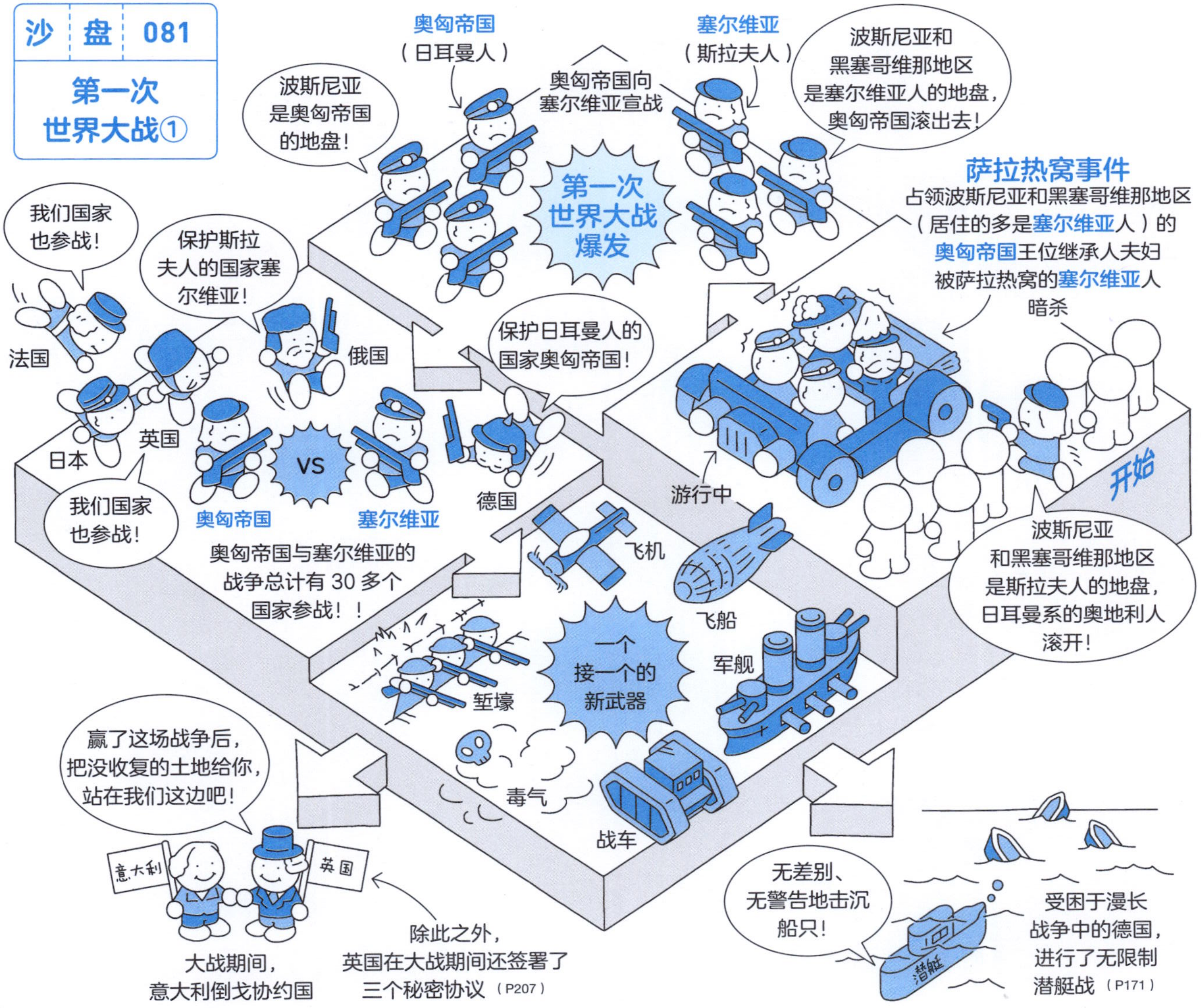

沙盘 081
第一次世界大战①
开始
萨拉热窝事件
占领波斯尼亚和黑塞哥维那地区（居住的多是塞尔维亚人）的奥匈帝国王位继承人夫妇被萨拉热窝的塞尔维亚人
暗杀
游行中
波斯尼亚和黑塞哥维那地区是斯拉夫人的地盘，日耳曼系的奥地利人滚开！
奥匈帝国（日耳曼人）
塞尔维亚（斯拉夫人）
奥匈帝国向塞尔维亚宣战
波斯尼亚是奥匈帝国的地盘！
波斯尼亚和黑塞哥维那地区是塞尔维亚人的地盘，奥匈帝国滚出去！
第一次世界大战爆发
我们国家也参战！
法国
保护斯拉夫人的国家塞尔维亚！
俄国
保护日耳曼人的国家奥匈帝国！
德国
英国
日本
我们国家也参战！
奥匈帝国
VS
塞尔维亚
奥匈帝国与塞尔维亚的战争总计有 30 多个国家参战！！
飞机
飞船
军舰
一个接一个的新武器
堑壕
毒气
战车
赢了这场战争后，把没收复的土地给你，站在我们这边吧！
意大利
英国
大战期间，意大利倒戈协约国
除此之外，英国在大战期间还签署了三个秘密协议（P207）
无差别、无警告地击沉船只！
潜艇
受困于漫长战争中的德国，进行了无限制潜艇战（P171）

082 第一次世界大战②

美国参战与一战结束

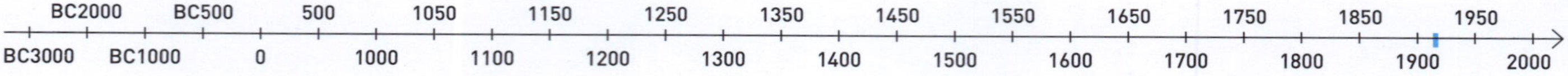

第一次世界大战（P168）逐渐演变成了世界各国的**总体战**，持续时间也比战争开始时预测的要长得多。英国和法国还能够从自己的殖民地搜取物资以维持战时需求，但德国国内却早已出现了严重的粮食短缺问题。

恐慌中，德国不仅开始攻击敌人的军舰，甚至开始无差别攻击商业船只（**无限制潜艇战**，1917年），这遭到了美国总统威尔逊的强烈反击，导致美国对德国宣战。美国向前线派遣了大量军队，把德国逼到了绝境。

美国的参战使**协约国**（P168）方拥有了压倒性的优势。从1918年春天开始，世界上出现了一种新型流感（西班牙流感），士兵们也被"已经受够了战争"的情绪所笼罩。同年秋天，**同盟国**（P168）方的保加利亚、奥斯曼帝国、奥匈帝国开始寻求投降和休战。11月，士兵和工人在德国发动了**德国革命**（1918年），皇帝威廉二世（P164）流亡到荷兰。德国建立了共和政府（**魏玛共和国**）。1918年11月11日，德国与协约国签订了停战协议。第一次世界大战以协约国的胜利告终。

战争结束，在巴黎和会（P176）上签署的《凡尔赛条约》（P178）对德国十分不利，德国在割让领土和赔款等方面都损失惨重。

第一次世界大战带来的社会变化

是总体战！
我们也要选举权！

在大战后期的军需工厂，为了增加人手，也动员了普通女性，以此为契机，战后女性开始步入社会

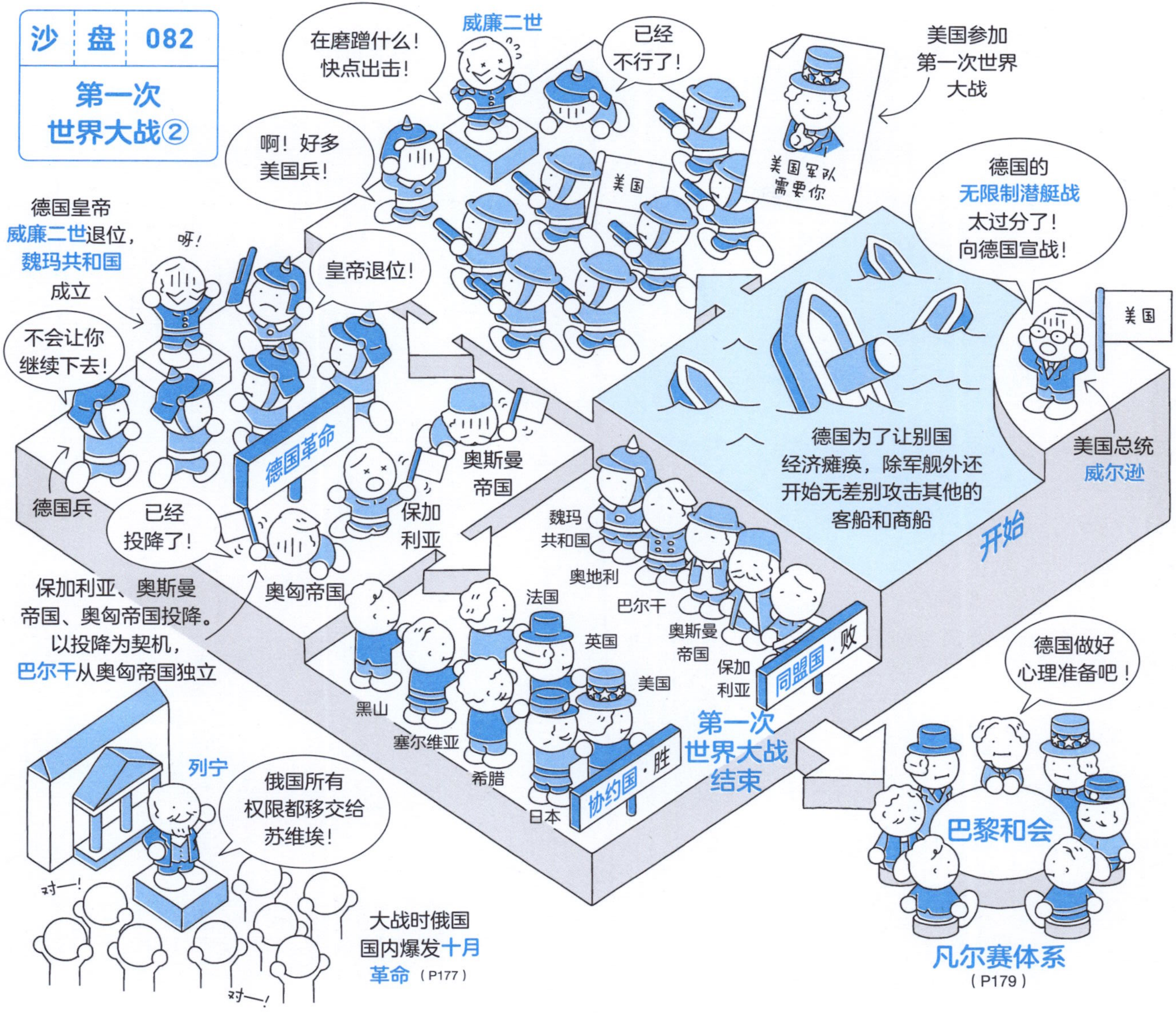

沙盘 082 第一次世界大战②

德国为了让别国经济崩溃，除军舰外还开始无差别攻击其他客船和商船

开始

美国总统威尔逊：德国的无限制潜艇战太过分了！向德国宣战

德国做好心理准备吧！

美国参加第一次世界大战

美国平民：哥哥再见

啊！好多美国兵快点出击！

在磨蹭什么！

威廉二世：已经不行了！

（美国）

德国皇帝威廉二世退位，魏玛共和国成立

不会让你继续下去！

德国革命

已经投降了！

德国兵

皇帝退位！

保加利亚、奥斯曼帝国投降，以投降为契机，巴尔干从奥匈帝国独立

奥匈帝国

保加利亚 奥斯曼

黑山 塞尔维亚 希腊 日本 英国 美国 法国 魏玛共和国 巴尔干 奥斯曼帝国 保加利亚 奥匈帝国

协约国·胜

同盟国·败

第一次世界大战结束

列宁：俄国所有权限都移交给苏维埃！

大战时的俄国国内爆发十月革命 (P177)

巴黎和会

凡尔赛体系 (P179)

171 | 近代

現代

十月革命①

革命家列宁

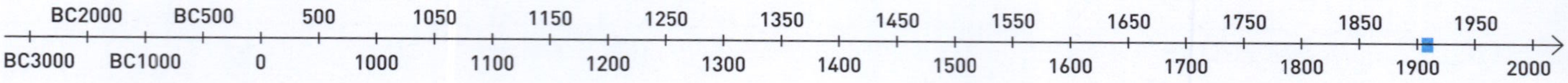

俄国19世纪以来逐渐向远东扩张，**日俄战争**（P162）中，俄国战败，导致国内粮食极度短缺。

1905年1月，在俄国首都圣彼得堡爆发了大规模的示威活动。人民要求实行宪政和改善工人待遇，但政府用武力镇压了示威活动（**流血星期日事件，1905年**）。6月，战舰"波将金号"上的海军发动起义，反对日俄战争，政府才决定不再继续对日作战。

同一时期，**革命家列宁（1870—1924年）**试图通过武装起义"将所有权力移交给苏维埃（工农兵代表会议）"，从而实现社会主义。

俄国沙皇尼古拉二世（1894—1917年在位）为了平息革命，作出妥协并发表了《十月宣言》（1905年），承诺建立杜马（议会之意）。人民支持自由、民主主义和君主立宪制的政权改革。但列宁遭到了政府的追捕，被迫逃离祖国，流亡到瑞士。

尼古拉二世再次南下（P164）巴尔干半岛，俄国与德国、奥地利和奥斯曼帝国的冲突进一步加剧，最终爆发了**第一次世界大战**（P168）。

社会主义构想

土地、工厂、商品等全部由政府控制，将储备平等地分给所有国民

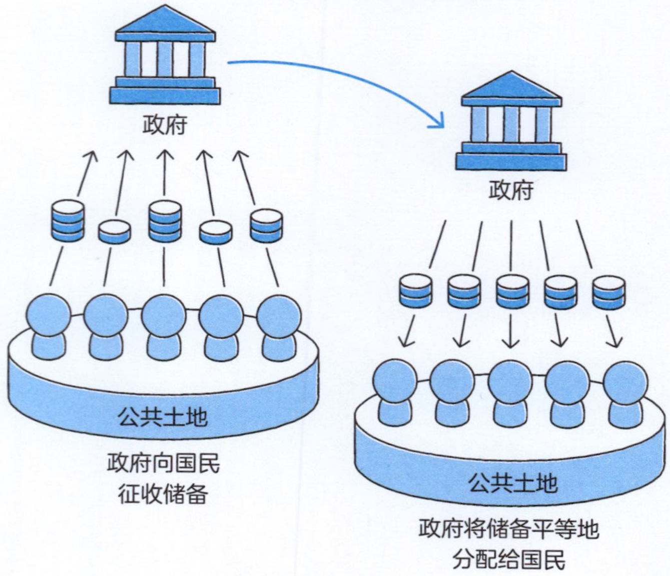

公共土地
政府向国民征收储备

政府

公共土地
政府将储备平等地分配给国民

政府

沙盘 083

十月革命①

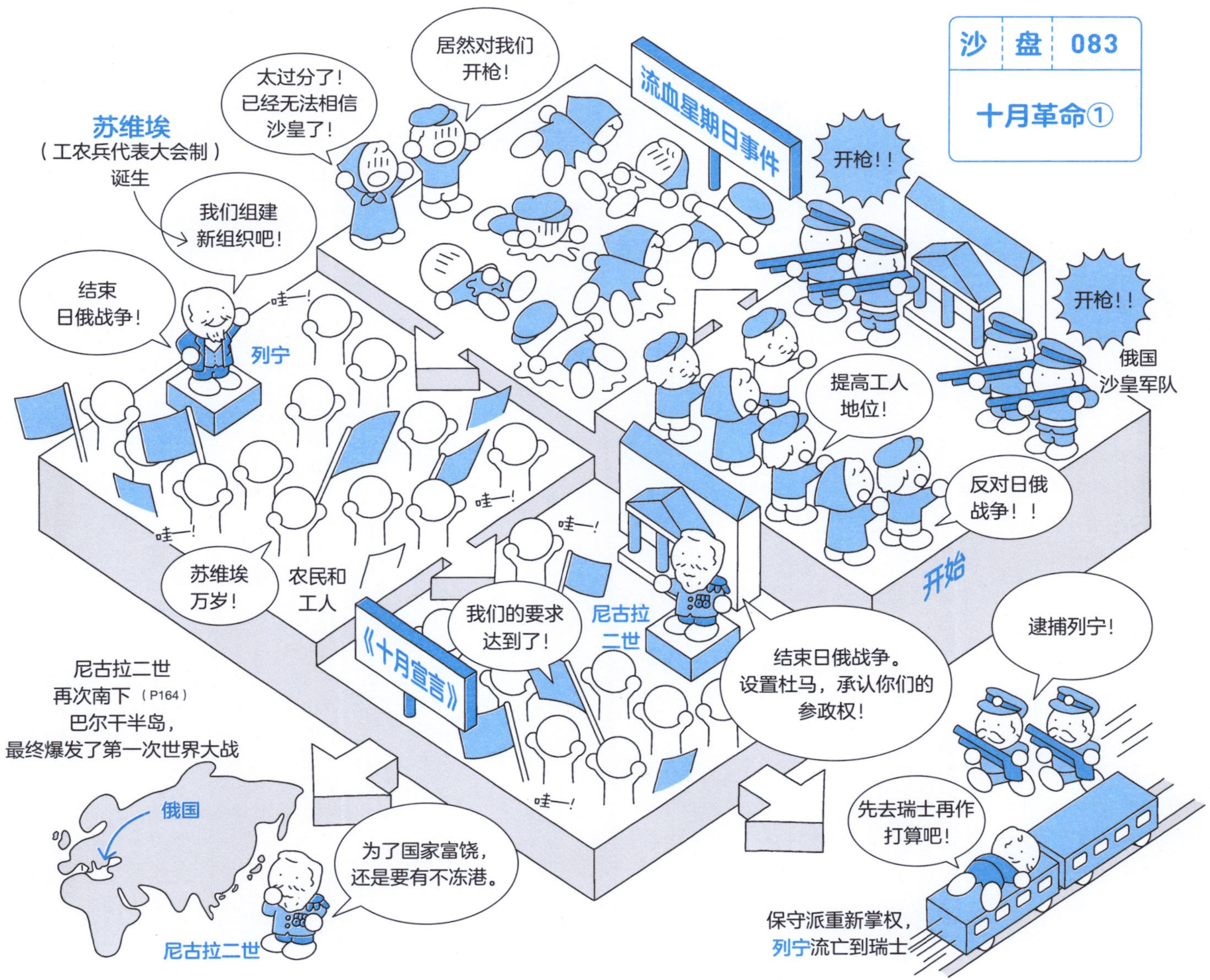

（工农兵代表大会制）
苏维埃诞生

"太过分了！已经无法相信沙皇了！"

"结束日俄战争！"

"我们组建新组织吧！"

列宁

"苏维埃万岁！"

"居然对我们开枪！"

《十月宣言》

农民和工人

"我们的要求达到了！"

尼古拉二世

流血星期日事件

"开枪！！"

俄国沙皇军队

"开枪！！"

"提高工人地位！"

"反对日俄战争！！"

开始

"结束日俄战争，设置杜马，承认你们的参政权！"

"先去瑞士再作打算吧！"

"逮捕列宁！"

保守派重新掌权，列宁流亡到瑞士。

尼古拉二世再次南下（P164）巴尔干半岛，最终爆发了第一次世界大战

俄国

尼古拉二世

"为了国家富饶，还是要有不冻港。"

现代

175

084

十月革命②

社会主义国家的诞生

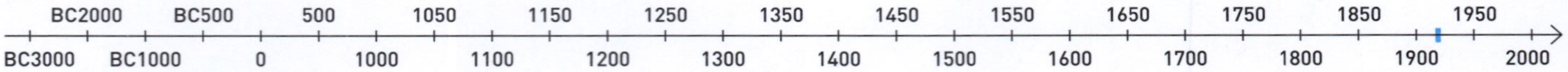

第一次世界大战(P168)是一场超预期的、旷日持久的战争。俄国国内的厌战情绪日渐高涨。1917年，二月革命(1917年)爆发，尼古拉二世(P174)退位，罗曼诺夫王朝(P92)自此灭亡。

社会主义者列宁(P172)得知这一消息后，为了开展社会主义革命从瑞士乘坐专用列车返回俄国。他要求"停止战争"，并"将全部权力移交给苏维埃(P174)"。

罗曼诺夫王朝灭亡后，社会革命党的克伦斯基(1881—1970年)成立了临时政府(1917年)。临时政府没有满足人民对和平、土地和面包的要求，反而坚持要将第一次世界大战进行到底，引起了人民的不满。1917年11月7日，列宁亲自领导起义并获得胜利，史称"十月革命"(俄历十月)。

1918年3月，苏维埃政府与德国签订了议和条约，从第一次世界大战中撤出。在此期间，他们将党名改为俄国共产党(1918年)，并将首都从圣彼得堡迁至内陆的莫斯科。

警惕革命蔓延的英国、美国、法国和日本为营救当时在俄国被俘的捷克士兵，对俄国出兵(苏俄内战，1918—1922年)。

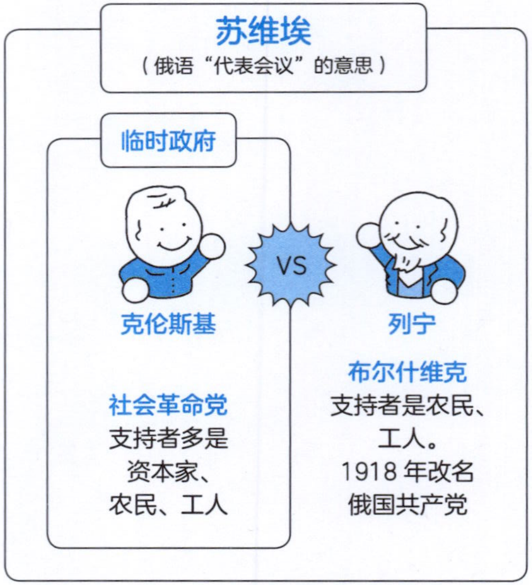

1922年，苏维埃社会主义共和国联盟成立(简称苏联)。自此俄国进入苏联时代。

苏维埃（俄语"代表会议"的意思）

布尔什维克 列宁
支持者是农民、工人。
1918年改名俄国共产党

临时政府

克伦斯基
社会革命党
支持者多是资本家、农民、工人

沙盘 084
十月革命②

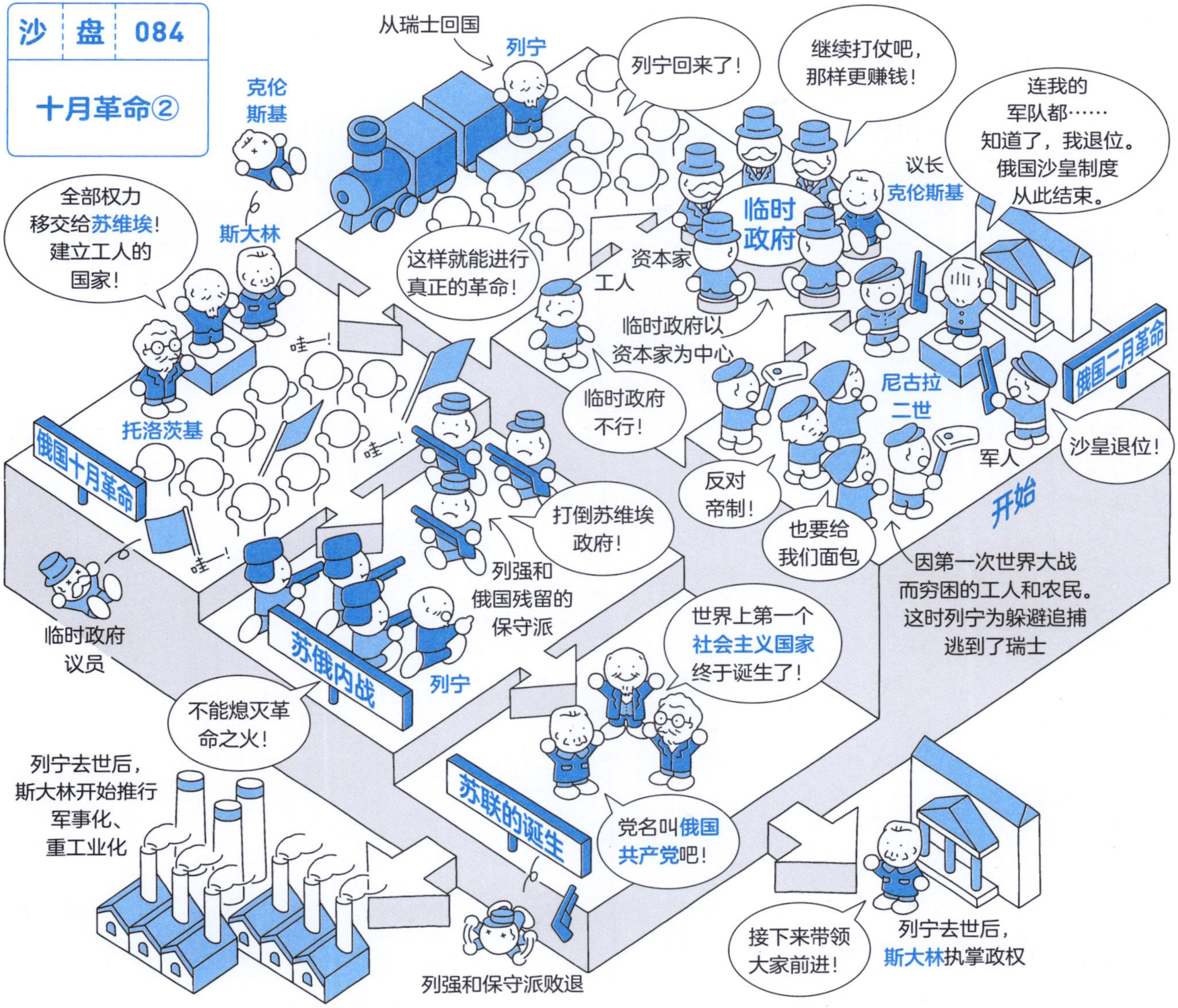

085 凡尔赛体系和华盛顿体系

不平等条约

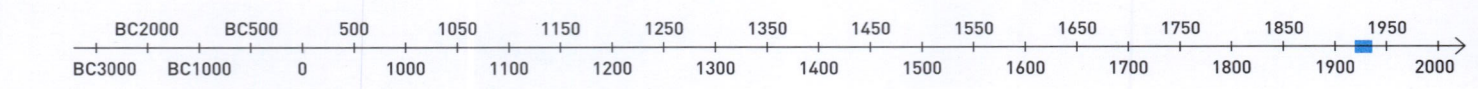

随着美国的参战，第一次世界大战以协约国的胜利而告终（P170）。在讨论战后问题的巴黎和会（1919年）上，美国总统威尔逊（1913—1921年在任）发表了《十四点和平原则》。根据和平原则，国际联盟成立（1920年）。

许多国家都得到了战败国和苏维埃政府（俄国）的承认而恢复独立，包括匈牙利、波兰、南斯拉夫、芬兰、捷克斯洛伐克、拉脱维亚和爱沙尼亚等。然而，英国和法国等战胜国在非洲和亚洲拥有的殖民地的独立权却没有得到承认，甚至奥斯曼帝国的领土也被战胜国瓜分了（P180）。

德国［魏玛共和国（P170）］所有的殖民地都被夺走，连阿尔萨斯-洛林地区等本国领土也不例外。德国不仅被迫缩减武装部队，还要承担巨额赔款（巴黎和会确定了德国作为战败国的赔款义务，1921年的伦敦会议决定赔款额为1320亿金马克，相当于330亿美元）。对德国非常苛刻的《凡尔赛条约》（1919年）和凡尔赛体系，导致后来德国纳粹党（P186）崛起，催生了法西斯主义。

巴黎和会之后召开的华盛顿会议（1921—1922年）是在美国的倡议下召开的。华盛顿会议名义上是讨论有关亚太地区的战后秩序，但会议的主要目的其实是限制日本的力量，而且根本上这还是一场帝国主义的分赃会议。会上的"二十一条"要求（P160）被撤销，军事力量也受到限制。会议还决定解散日英同盟（P167），扫除了美国在亚太地区的一大障碍（华盛顿体系）。

> "二十一条"激发了中国人民的民族主义情绪，对日本以及袁世凯政府的强烈不满，成为"五四运动"的导火索。1919年，以学生、工人为主力的群众性革命运动"五四运动"爆发。"五四运动"是中国近代史上第一次全国性的群众爱国运动，是彻底的反帝反封建斗争，是中国新民主主义革命的开端。

沙盘 085 凡尔赛体系

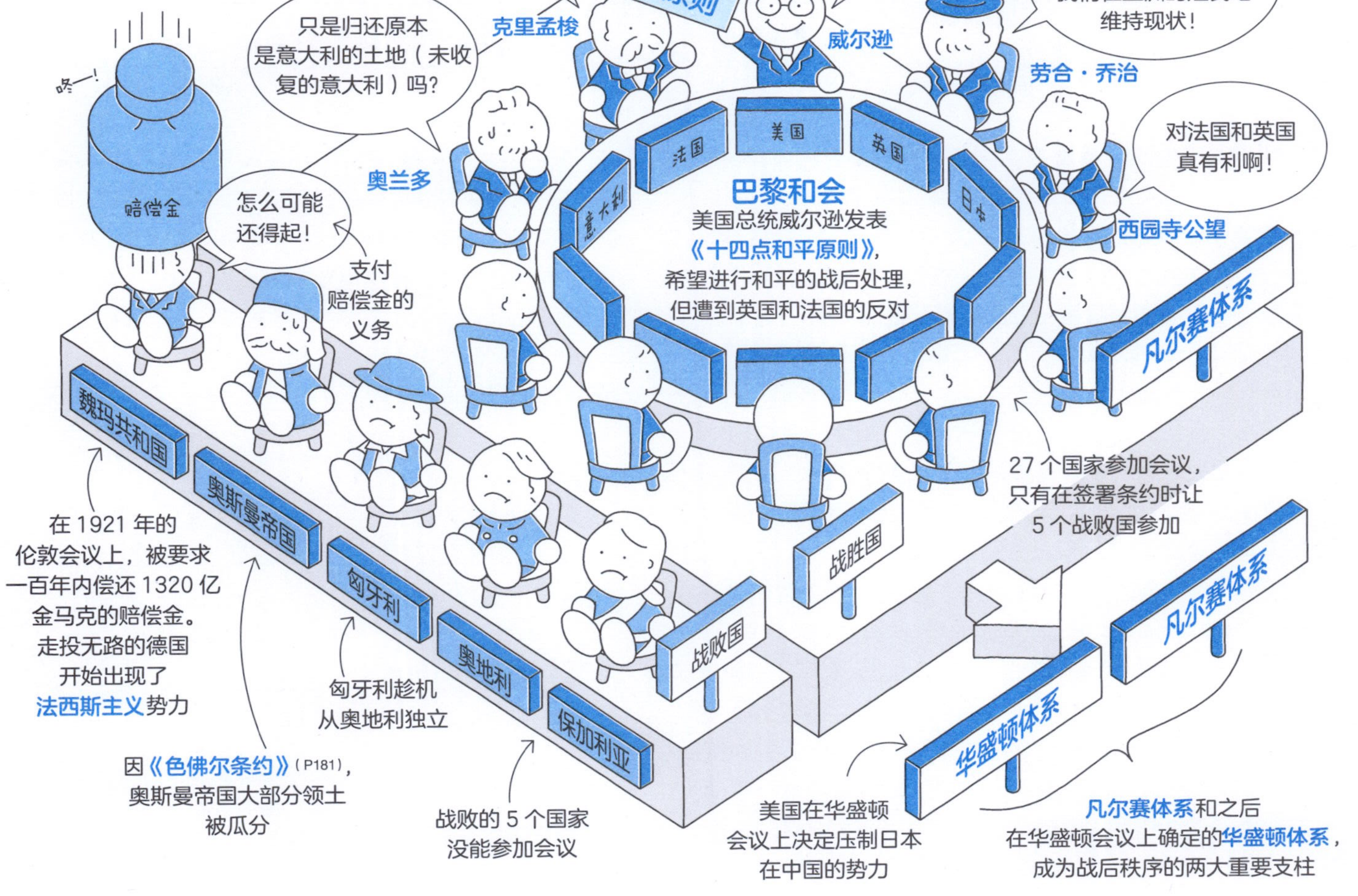

巴黎和会
美国总统威尔逊发表《十四点和平原则》,希望进行和平的战后处理,但遭到英国和法国的反对

十四点和平原则

威尔逊：
- 承认要求独立的欧洲各国的独立,为了和平,也成立国际联盟吧!
- 让德国放弃所有殖民地,我们在亚洲的殖民地继续保持现状!

克里孟梭：让德国还我们巨额赔偿金!还要把阿尔萨斯-洛林地区还给我们!

奥兰多：只是归还原本是意大利的土地(未收复的意大利)吗?

劳合·乔治：对法国有利啊!

西园寺公望：27个国家参加会议,只有在签署条约时让5个战败国参加

战胜国：法国、美国、英国、意大利、日本

战败国：魏玛共和国、奥斯曼帝国、匈牙利、奥地利、保加利亚

"怎么可能还得起!"——支付赔偿金的义务

在1921年的伦敦会议上,被要求一百年内偿还1320亿金马克的赔偿金。走投无路的德国开始出现了**法西斯主义势力**

因《色佛尔条约》(P181),奥斯曼帝国大部分领土被瓜分

匈牙利趁机从奥地利独立

战败的5个国家没能参加会议

凡尔赛体系

华盛顿体系
美国在华盛顿会议上遏制日本在中国的势力

凡尔赛体系和之后在华盛顿会议上确立的**华盛顿体系**,成为战后秋序的两大重要支柱

现代
179

086

奥斯曼帝国的灭亡

穆斯塔法·凯末尔的土耳其革命

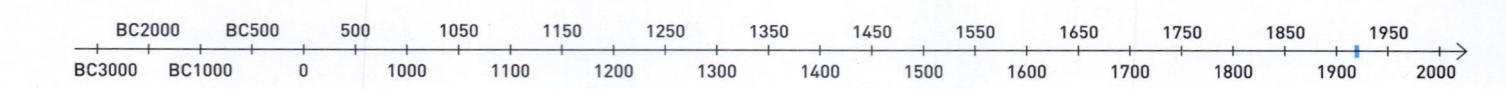

18世纪以来，**奥斯曼帝国**在为寻找不冻港而南下的俄国的压力下，失去了很多领土（P148）。

奥斯曼帝国在第一次世界大战时，加入了同盟国（P168）一方，与协约国方的英国、法国以及俄国进行对抗，但是战争最终是协约国方获胜。奥斯曼帝国被迫签订了**《色佛尔条约》（1920年）**，失去了伊拉克、巴勒斯坦、叙利亚全境的大部分领土。

军人、革命家**穆斯塔法·凯末尔（1881—1938年）**因为无法接受这个条约，于是发动了**土耳其革命**，奥斯曼帝国解体，《色佛尔条约》作废。从此，土耳其共和国成立**（1923年）**，凯末尔成为第一任总统。

穆斯塔法·凯末尔与协约国一方签订了新的**《洛桑条约》（1923年）**，以捍卫土耳其人的领土，并将革命据点安卡拉作为土耳其共和国的首都。另外，他还摒弃了伊斯兰教的教义和法律，推进现代化，包括采用拉丁字母代替阿拉伯字母、采用公历、给予女性参政权、废除哈里发制度。但是土耳其共和国放弃了阿拉伯人的文化圈。因此，一战后的叙利亚、黎巴嫩沦为了法国的委任统治地，约旦、伊拉克、巴勒斯坦沦为了英国的委任统治地。

第一次世界大战期间，英国和奥斯曼帝国的阿拉伯人，以协助战争为条件，约定了阿拉伯地区的独立[《侯赛因-麦克马洪通信》（P206）]。此外，英国为了从犹太财阀手中获得战争资金，在《贝尔福宣言》（P206）中批准其可以在巴勒斯坦建设犹太民族家园（National Home）。20世纪30年代，由于越来越多的犹太人移居巴勒斯坦，住在巴勒斯坦的阿拉伯人和犹太人之间开始发生冲突。

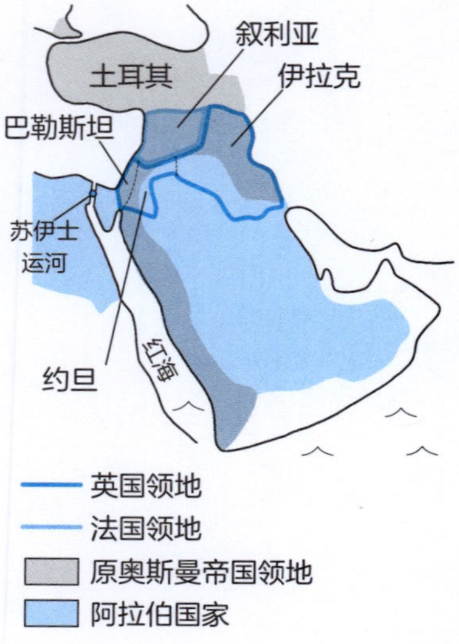

沙盘 086 奥斯曼帝国的灭亡

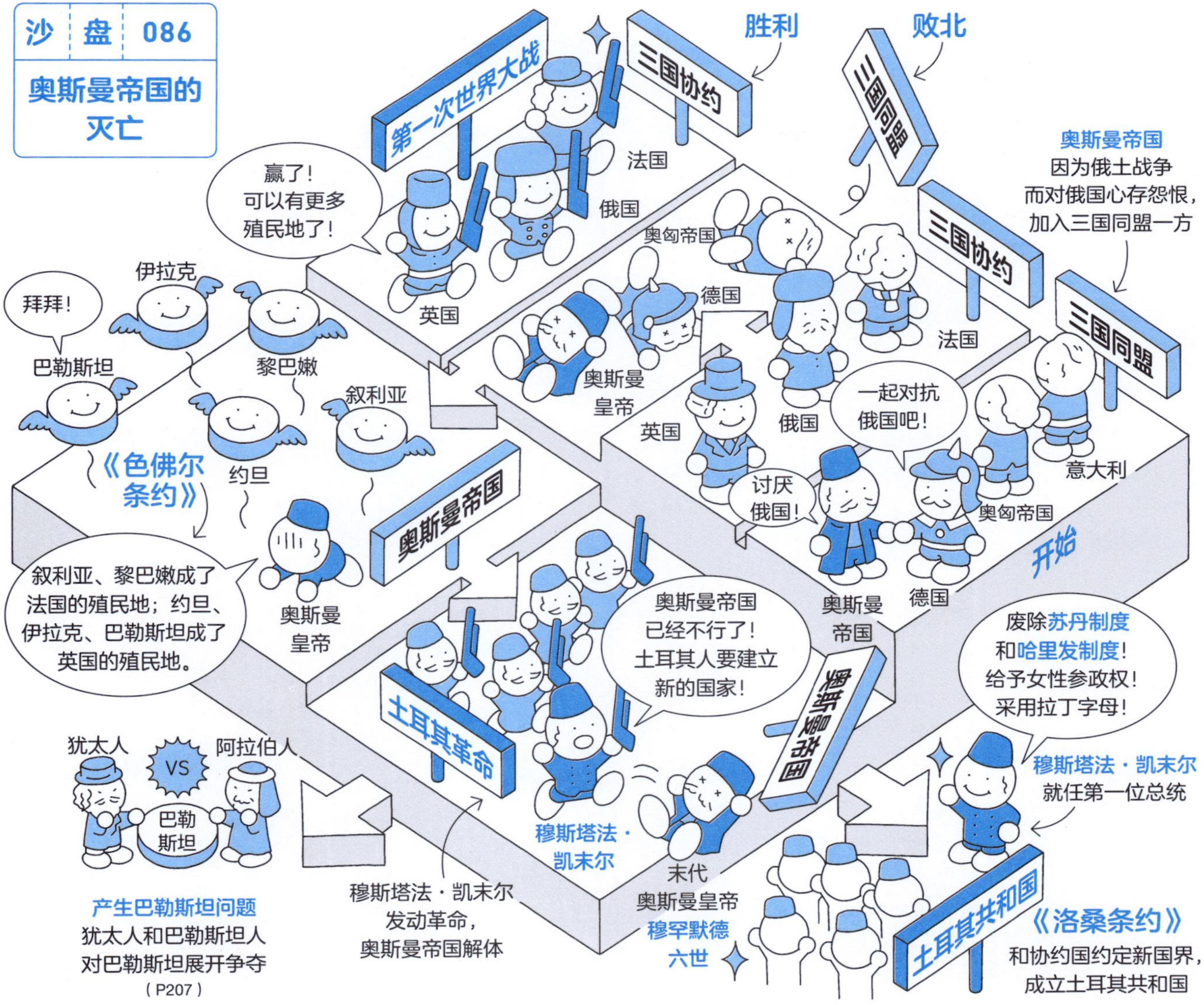

第一次世界大战

- 法国、俄国、英国：赢了！可以有更多殖民地了！
- 奥斯曼皇帝
- 叙利亚、黎巴嫩、约旦、伊拉克、巴勒斯坦
- 拜拜！巴勒斯坦

《色佛尔条约》
- 叙利亚、黎巴嫩成了法国的殖民地；约旦、伊拉克、巴勒斯坦成了英国的殖民地。

犹太人 VS 阿拉伯人
巴勒斯坦

产生巴勒斯坦问题
犹太人和巴勒斯坦人对巴勒斯坦展开争夺（P207）

三国协约 —— 胜利
三国同盟 —— 败北

奥斯曼帝国因为俄土战争而对俄国心存怨恨，加入三国同盟一方

- 法国、俄国、英国、意大利（三国协约）
- 德国、奥匈帝国、奥斯曼帝国（三国同盟）
- "讨厌俄国！" "一起对抗俄国吧！"

土耳其革命
穆斯塔法·凯末尔发动革命，奥斯曼帝国解体

奥斯曼帝国
- 奥斯曼皇帝、英国、德国
- "已经不行了！土耳其人要建立新的国家！"
- 穆斯塔法·凯末尔

奥斯曼帝国末代穆罕默德六世

土耳其共和国 —— 开始

《洛桑条约》
穆斯塔法·凯末尔和协约国定新国界，成立土耳其共和国

- 废除苏丹制度和哈里发制度，给予女性参政权！采用拉丁字母！就任第一位总统

现代 181

美国的繁荣和崛起

黄金年代

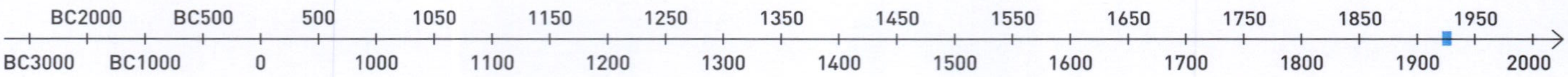

第一次世界大战（P168）后，美国在世界上打响了自己的名声。战争期间，美国通过向**协约国**（P168）出口武器获得了巨大的利润。本土没有沦为战场也成为美国与欧洲国家经济差距扩大的原因之一。

与美国相反，欧洲国家的经济形势开始逐渐恶化。战败国德国［**魏玛共和国**（P170）］的情况尤其严重，它难以向法国和英国支付大量**赔偿金**（P178）。就连战胜国法国，也背负着许多债务。

因此，美国提出了**道威斯计划（1924年）**。道威斯计划是指美国为了稳定德国经济，可以向德国提供贷款。一旦德国的经济稳定下来，英国和法国就会从德国获得赔款，并用赔款来偿还对美国的债务。道威斯计划奏效了，德国经济回暖。欧洲经济复苏，各国之间建立了合作体系。

20世纪20年代，美国进入了一个被称为**黄金年代**的大众消费时期。坚持"政府不干预市场"的自由主义和**资本主义原则的美国变得更加繁荣**。美国仿佛实现了**永远的繁荣**。

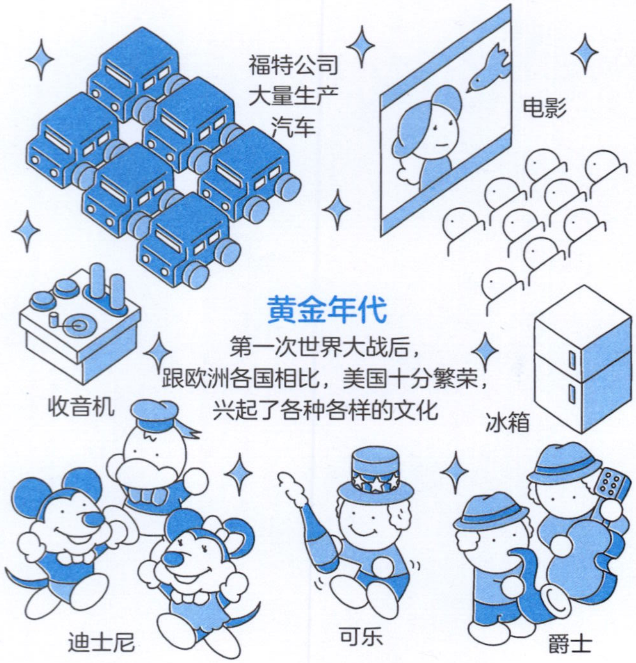

黄金年代

第一次世界大战后，跟欧洲各国相比，美国十分繁荣，兴起了各种各样的文化

福特公司大量生产汽车

电影

收音机

冰箱

可乐

迪士尼

爵士

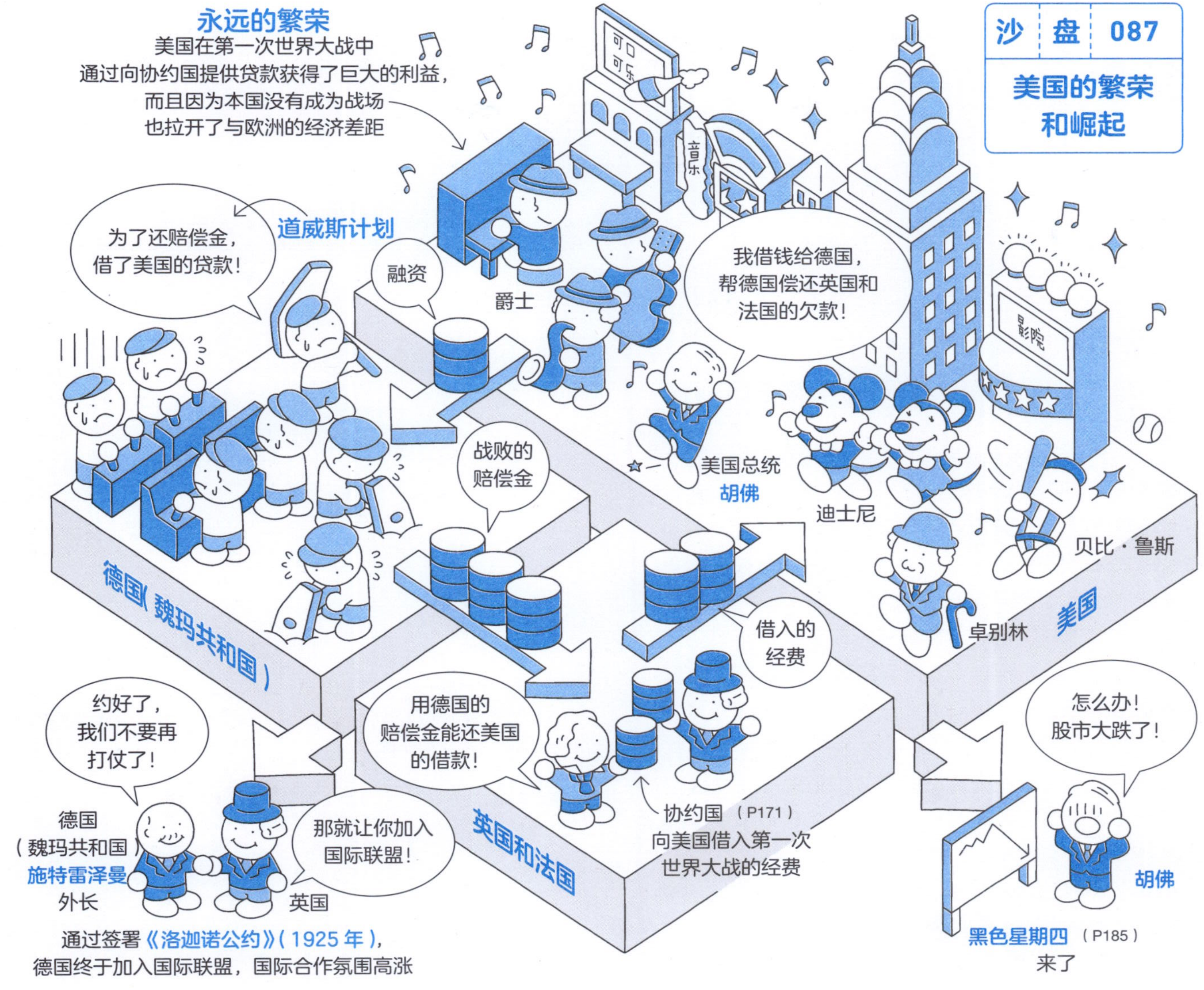

沙盘 087 美国的繁荣和崛起

永远的繁荣

美国在第一次世界大战中通过向协约国提供贷款获得了巨大的利益，而且因为本国没有成为战场，也拉开了与欧洲的经济差距

道威斯计划

- 为了还赔偿金，借了美国的贷款！（德国 魏玛共和国）
- 约好了，我们不要再打仗了！
- 融资
- 爵士
- 战败的赔偿金
- 用德国的赔偿金能还美国的借款！（英国和法国）
- 那就让你加入国际联盟！
- 我借钱给德国，帮德国还英国和法国的欠款！
- 美国总统 胡佛
- 协约国（P171）向美国借入第一次世界大战的经费
- 借入的经费
- 迪士尼
- 贝比·鲁斯
- 怎么办！股市大跌了！（美国 胡佛）
- 黑色星期四（P185）来了
- 阜别林

德国 魏玛共和国 施特雷泽曼 外长
通过签署《洛迦诺公约》（1925年），德国终于加入国际联盟，国际合作氛围高涨

现代
183

黑色星期四

引发第二次世界大战的经济大萧条

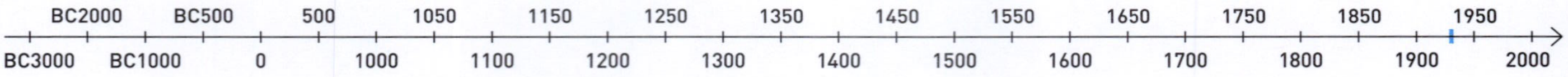

罗斯福新政

新政：
- 发放补助金
- 完善失业保障
- 保障最低存款
- 调整生产量
- 建立职业训练中心
- 创建养老金制度
- 保证团结
- 大力兴建公共工程
- 兴建大坝
- 区域集团经济

作为"殖民帝国"的美国、英国和法国，通过对进口商品征收高额关税来保护其国内工业，同时从自己的殖民地攫取所需资源。这一政策却不利于"无殖民地国"德国、意大利和日本。

第一次世界大战后，20世纪20年代（P182），美国迎来了被称为**黄金年代**的全盛时期。然而在这盛况的背后，工业产品和农作物的过度生产、低薪工人的不断增加正在扼杀美国的经济。

1929年10月24日星期四，**纽约股票市场暴跌（黑色星期四）**，企业和银行相继破产。美国经济陷入深度衰退，美国停止了对欧洲国家的借贷。德国再一次无法向英国和法国支付赔偿金（P178），萧条的浪潮开始蔓延到世界各地。这就是经济大萧条的开始。

美国总统富兰克林·罗斯福（**罗斯福新政**，1933年在任）试图通过实行一系列新政（罗斯福新政，1933年）来度过经济大萧条。新政中，政府大力干预市场的政策与前总统胡佛（1929—1933年在任）的自由放任政策相反。作为"**殖民帝国**"，美国、英国、法国都开始征收高关税限制进口来保护其国内工业，同时从自己的殖民地攫取资源（**区域集团经济**）。

但是"**无殖民地国**"意大利、日本和德国走投无路。意大利和德国认为它们可以通过入侵其他国家来度过这次大萧条，于是默许了法西斯主义崛起。

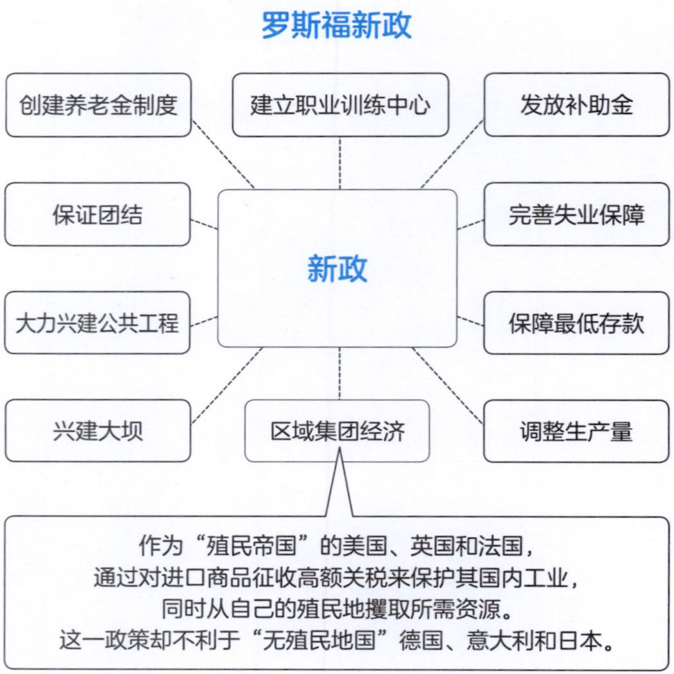

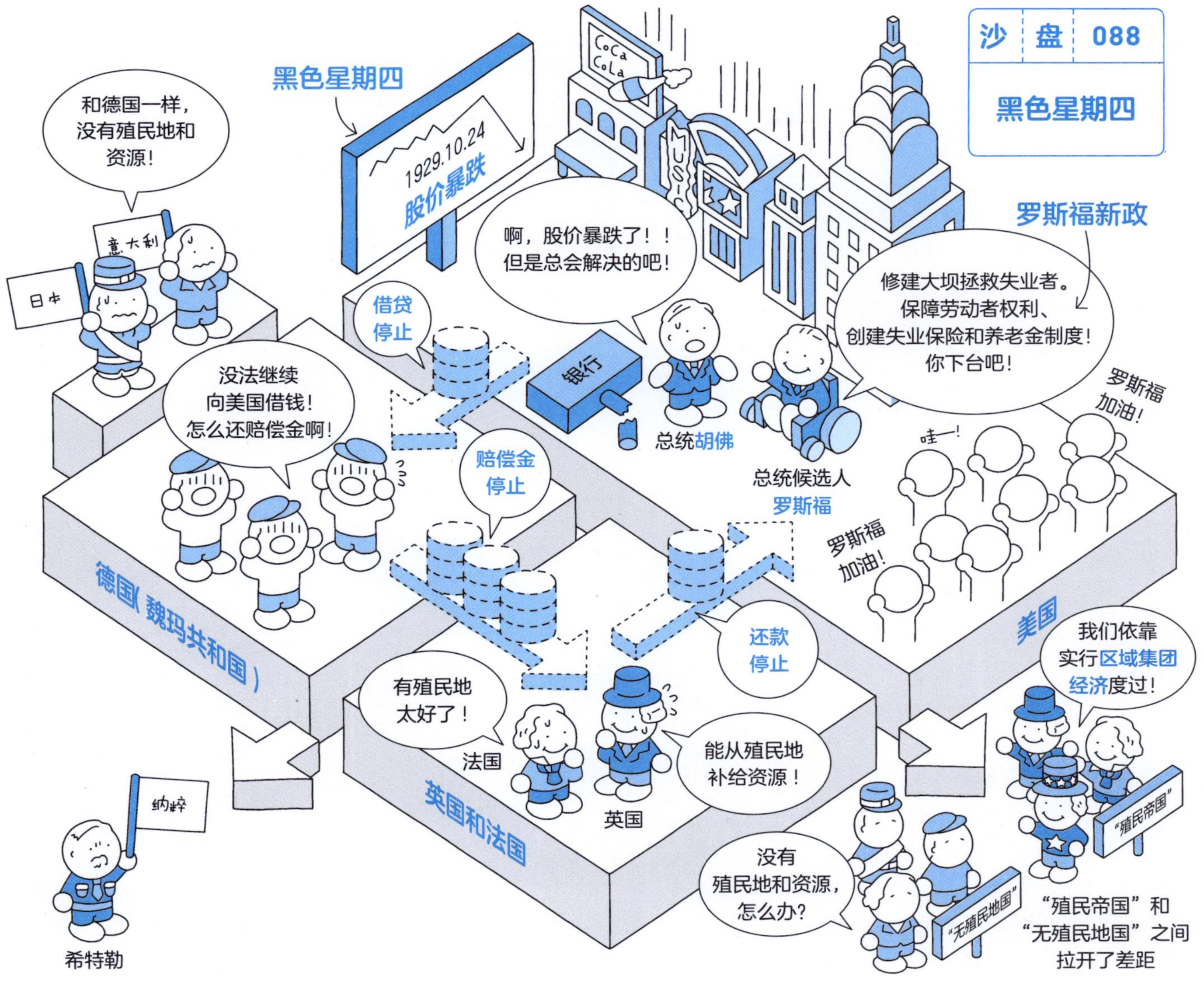

现代

185

089 法西斯势力的崛起

纳粹党的诞生

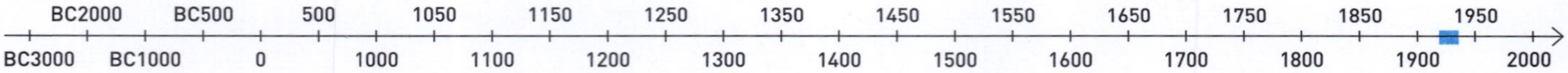

受经济大萧条（P184）影响最大的国家是德国。由于经济停滞不前，通货膨胀严重，民众的不满情绪开始积聚，**纳粹党**上台。

纳粹党领导人**希特勒**（1889—1945年）向人民传达《**凡尔赛条约**》（P178）的荒谬性，并宣扬雅利安种族的优越性。希特勒的演说受到德国人的热烈欢迎。他所实行的具体政策也赢得了民众的支持，如给失业者提供就业机会等。

希特勒迅速赶走了德国的**共产党**，建立了一党制的**法西斯政权**。他获得了全面的立法、行政和司法权力，并被称为元首。希特勒利用"反共"和"德国人民团结"的外交政策，吞并了德国人居住的一系列国家和地区，包括捷克斯洛伐克的苏台德地区和奥地利，还恢复了征兵制并宣布重新武装。

法西斯政权也在和德国一样的"**无殖民地国**"（P184）意大利建立。希特勒利用**西班牙内战**（1936—1939年）（见右上图），接近掌握政权的**墨索里尼**（1883—1945年），与其结成同盟（**柏林－罗马轴心**，1936年）。希特勒还与东方的日本结成联盟，以便东西夹击苏联（P176）。因此，德国、意大利、日本三个国家签订了《**反共产国际协定**》（1936—1937年）。

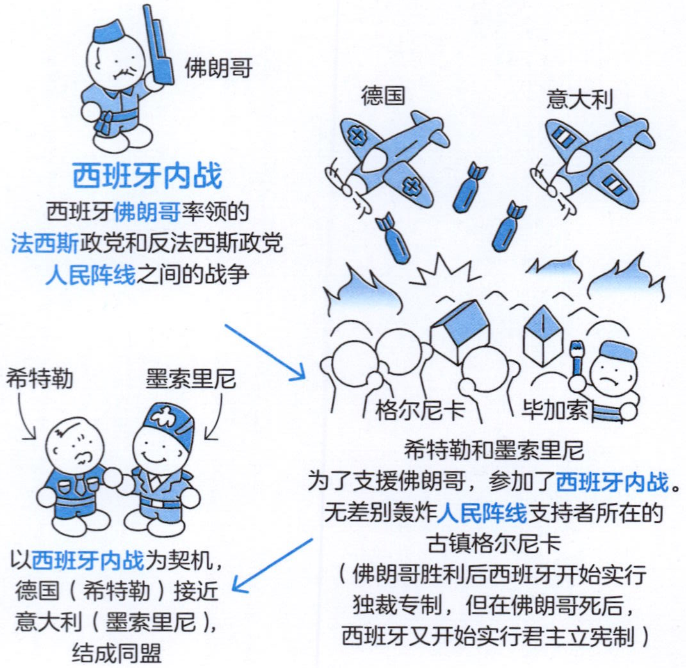

西班牙内战
西班牙佛朗哥政党和反法西斯政党人民阵线之间的战争

佛朗哥

希特勒　墨索里尼

以西班牙内战为契机，德国（希特勒）接近意大利（墨索里尼），结成同盟

格尔尼卡　毕加索

希特勒和墨索里尼
为了支援佛朗哥，参加了西班牙内战，无差别轰炸人民阵线支持者所在的古镇格尔尼卡
（佛朗哥胜利后西班牙开始实行独裁专制，但在佛朗哥死后，西班牙又开始实行君主立宪制）

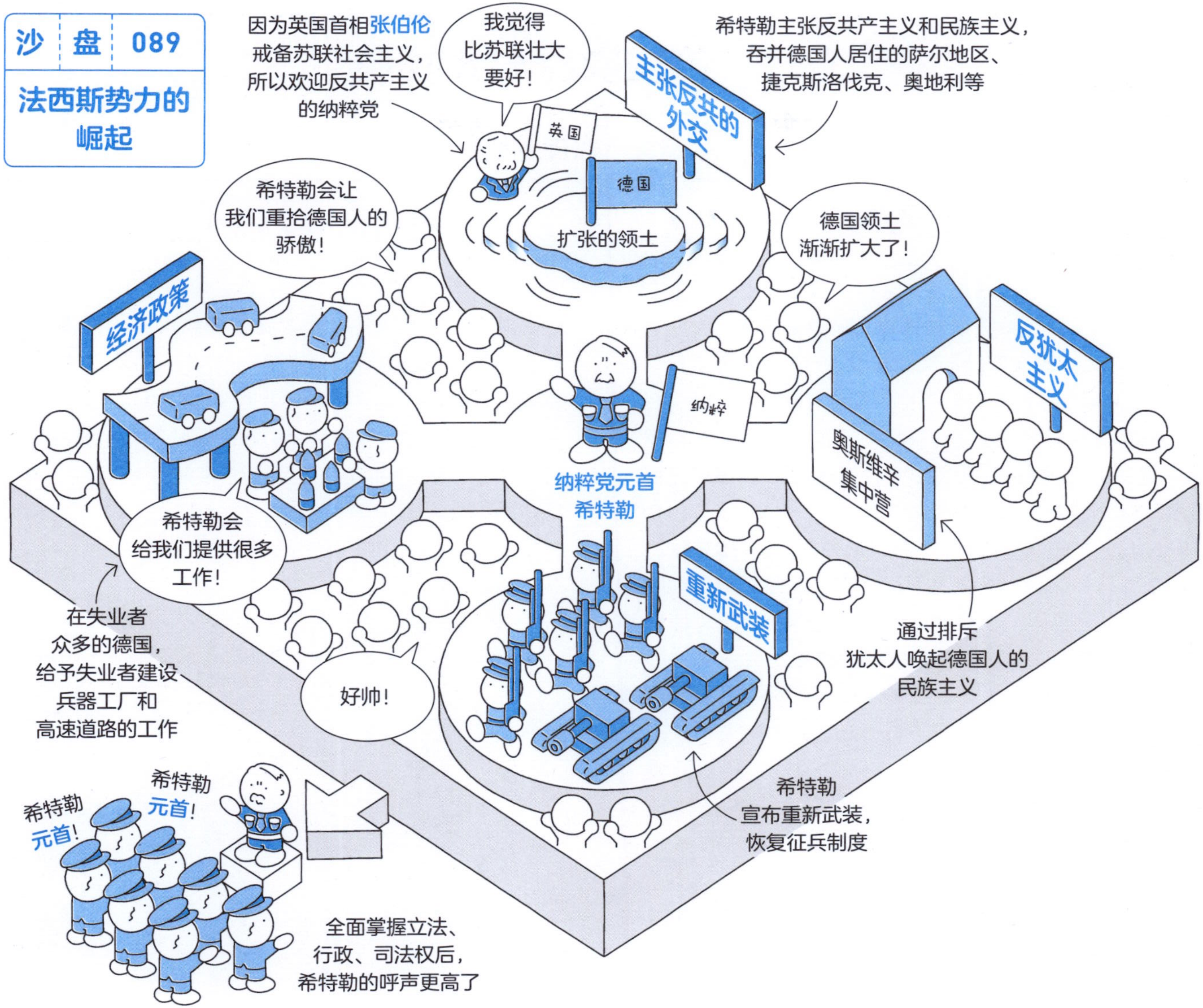

沙盘 089
法西斯势力的崛起

因为英国首相张伯伦戒备苏联社会主义，所以欢迎反共产主义的纳粹党

我觉得德国壮大比苏联壮大要好！

英国

德国

纳粹

扩张的领土

主张反共的外交

希特勒主张反共产主义和民族主义，吞并德国人居住的萨尔地区、捷克斯洛伐克、奥地利等

经济政策

希特勒会让我们重拾德国人的骄傲！

希特勒会给我们提供工作！

好帅！

在失业率众多的德国，给予失业者兵器工厂和高速道路的工作

纳粹党元首 希特勒

重新武装

希特勒宣布重新武装，恢复征兵制度

奥斯维辛集中营

德国领土渐渐扩大了！

通过排斥犹太人唤起德国人的民族主义

反犹太主义

希特勒 元首！
希特勒 元首！

全面掌握立法、行政、司法权后，希特勒的呼声更高了

现代
187

第二次世界大战前夕

失控的纳粹党

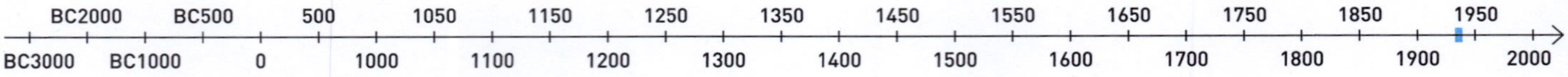

1933年1月,德国以希特勒为首的纳粹党(P186)政权正式成立。为摆脱大萧条带来的影响,希特勒呼吁人民推翻令德国放弃领土并削减军事力量的凡尔赛体系(P178)。

纳粹政权最初实行的外交行动就是退出国际联盟(1933年)。这是因为德国提出的建议——所有成员国都应平等地进行军备的削减——没有被接受。

退出国际联盟的纳粹党势力引起了法国和苏联的戒备。1935年5月,两国签署了《苏法互助条约》(1935年5月)以约束德国。但是因为纳粹党打着"防共"(即反共产主义)的旗号,英国甚至希望纳粹党能打败苏联。6月,英国开始对德国做出让步(绥靖政策),允许德国重新武装(《英德海军协定》,1935年6月),法国也参与其中。

1938年9月,在慕尼黑会议(1938年9月)上,英国首相内维尔·张伯伦(1937—1940年在任)和法国首相达拉第(1933年、1934年、1938—1940年在任)协商一致后,德国获得了居民以德国人为主的捷克斯洛伐克苏台德地区。1939年3月,希特勒强迫捷克斯洛伐克解体(1939年3月),占领并控制了当地。

此外,德国还要求波兰归还但泽市,并向东普鲁士提供陆路运输。但是因为英国和法国都与波兰签署了互助条约,德国才停止了行动。此时,对英国和法国的态度感到不满的苏联眼跟德国走得很近。1939年8月,苏联和德国签署了包括瓜分波兰的秘密协议——《苏德互不侵犯条约》(1939年8月)。9月1日,德国军队入侵波兰。英国和法国得知此事后向德国宣战,由此开始了第二次世界大战(1939年9月—1945年9月)。

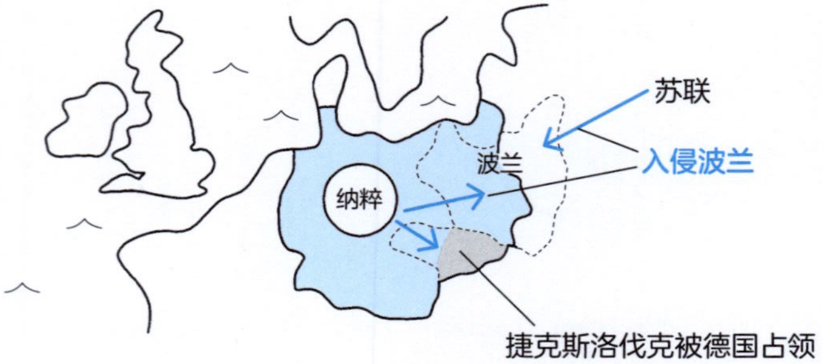

沙盘 090 第二次世界大战前夕

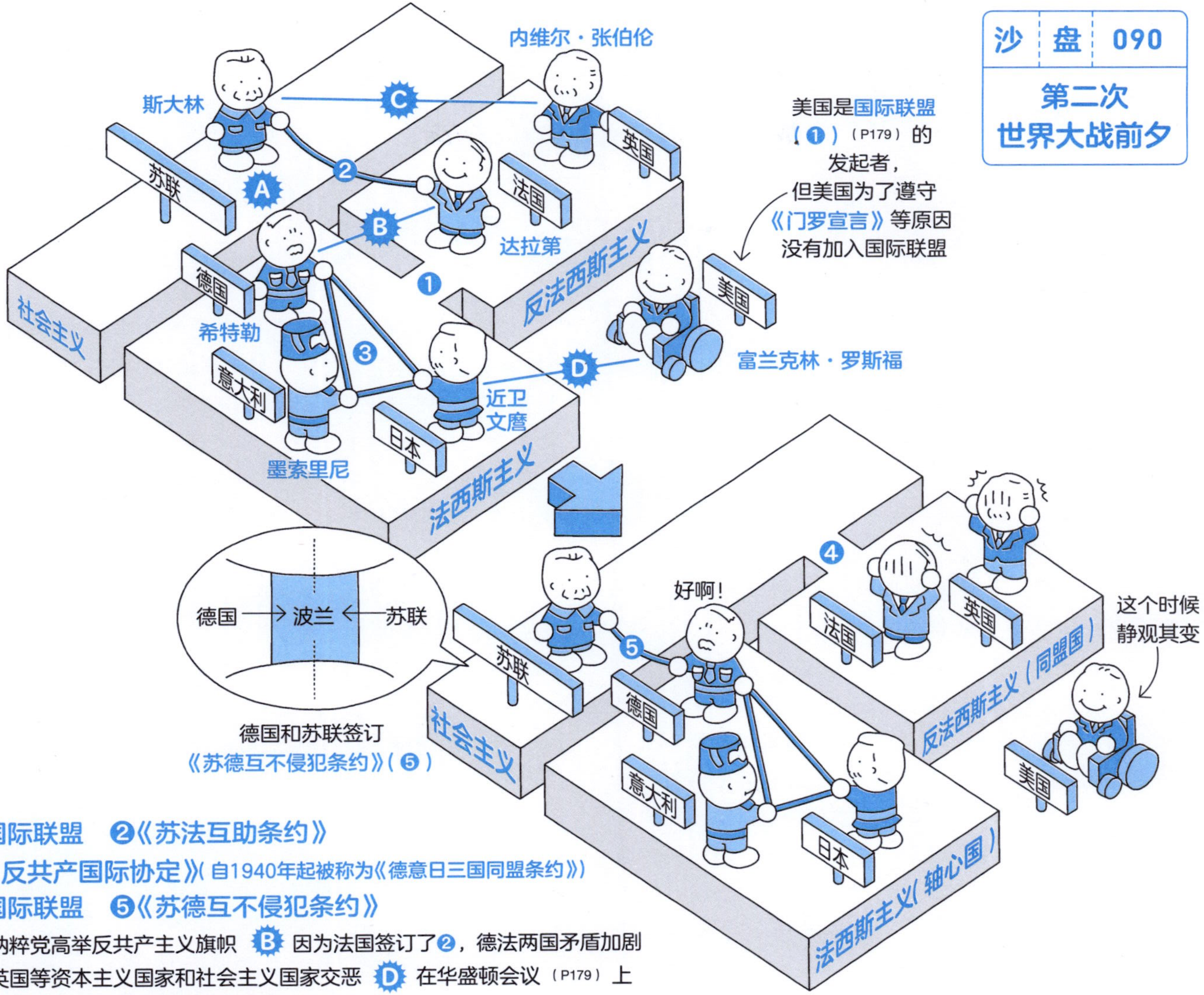

美国是国际联盟（❶）(P179) 的发起者，但美国为了遵守《门罗宣言》等原因没有加入国际联盟

内维尔·张伯伦
斯大林
希特勒
墨索里尼
近卫文麿
达拉第
富兰克林·罗斯福

好啊！
德国 → 波兰 ← 苏联

这个时候静观其变

法西斯主义（轴心国）
反法西斯主义（同盟国）
社会主义

❶ 国际联盟　❷《苏法互助条约》
❸《反共产国际协定》（自1940年起被称为《德意日三国同盟条约》）
❹ 国际联盟　❺《苏德互不侵犯条约》
Ⓐ 纳粹党高举反共产主义旗帜　Ⓑ 因为法国签订了❷，德苏两国矛盾加剧
Ⓒ 英国等资本主义国家和社会主义国家交恶　Ⓓ 在华盛顿会议 (P179) 上日本签订了一系列对本国和社会主义国家不利的条约

现代
189

091

第二次世界大战 ①

欧洲战场 其一

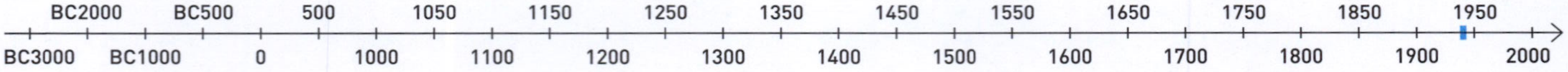

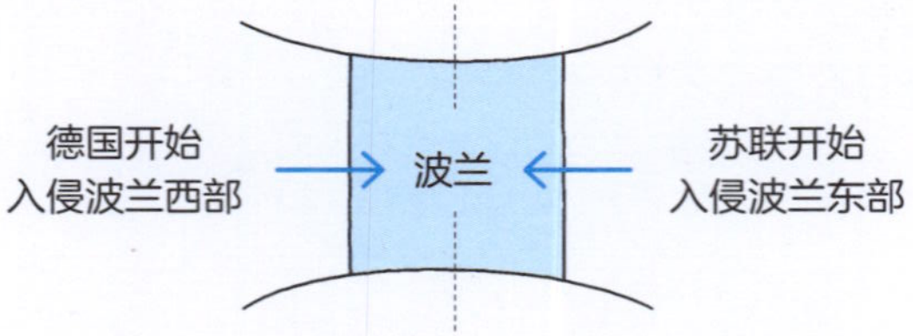

1939年9月1日,第二次世界大战(1939年9月—1945年9月)爆发。德国军队按照与苏联达成的《苏德互不侵犯条约》(1939年),入侵波兰西部(P188)。1940年,德军占领了丹麦、挪威、荷兰和比利时。6月,德军入侵法国并攻陷巴黎。意大利也顺势加入德国阵营。就这样,巴黎所在的法国北部被德国直接控制。只有法国南部领土还属于法国,但在法国南部的维希仍然建立了亲德的贝当(1856—1951年)内阁。与此同时,法国军人戴高乐(1890—1970年)流亡到英国伦敦,宣布建立自由法国(1940年)。他通过电台广播,呼吁在法国本土开展抗德运动。

一直在观察世界局势的美国在1941年3月颁布了《贷款和出租武器法案》(1941年),开始向当时仍然保持民主和独立的英国国家提供援助。于是在6月,德国为了保障自己国家的粮食和石油供应,违反了《苏德互不侵犯条约》,突然入侵苏联领土,苏德战争(1941年)爆发。7月,为了对抗德国,苏联和英国签署了《英苏联合行动协定》(1941年)。

同年8月,美国总统富兰克林·罗斯福(1933—1945年在任)和英国首相丘吉尔(1940—1945年、1951—1955年在任)举行了大西洋会议(1941年)。这次会议签订了《大西洋宪章》(1941年)——建立与极权主义不同的、自由和民主的新世界。自此,第二次世界大战进入新局面。

沙盘 091
第二次世界大战 ①

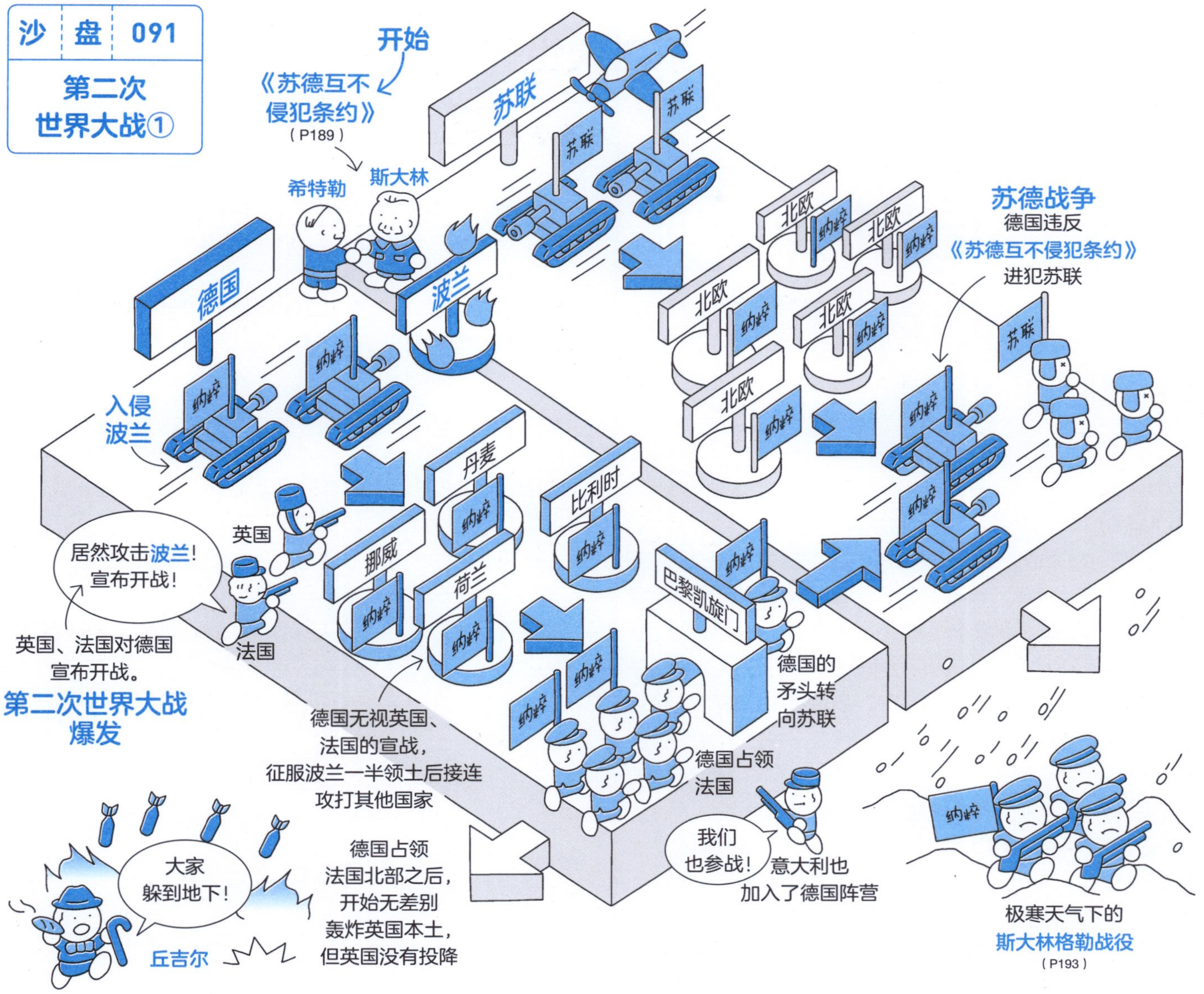

开始
《苏德互不侵犯条约》(P189)
希特勒 / 斯大林

德国

入侵波兰

英国、法国
居然攻击波兰！宣布开战！

第二次世界大战爆发
英国、法国对德国宣布开战。

大家躲到地下！
——丘吉尔

德国无视英国，征服波兰一半领土后接连对打其他国家。
法国北部之后，德国占领法国北部之后，开始无差别轰炸英国本土，但英国没有投降。

我们也参战！
意大利也加入了德国阵营

巴黎沦陷
德国占领法国

德国的矛头转向苏联

苏德战争
德国违反《苏德互不侵犯条约》进犯苏联

极寒天气下的斯大林格勒战役 (P193)

现代
191

第二次世界大战 ②

欧洲战场 其二

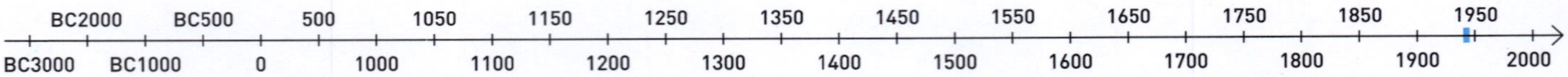

1942年1月，以美国、英国、中国和苏联为主的多个国家在华盛顿签署并发表了《联合国家共同宣言》（1942年），这标志着反对极权主义轴心国的反法西斯同盟正式形成。

1943年2月，苏联在斯大林格勒战役（1942—1943年）中战胜德国。苏联从纳粹手中把东欧国家解放出来后，在这些国家建立了共产党领导的政权。

9月，意大利投降。到了11月，美国总统罗斯福(1933—1945年在任)、英国首相丘吉尔(P190)和苏联领导人斯大林(1879—1953年)在德黑兰会议(1943年)上，讨论了针对德国的联合行动。接着，1944年6月，在美国上将艾森豪威尔(1890—1969年)的指挥下，盟军从诺曼底地区登陆，诺曼底登陆战役（1944年）正式打响，最终取得胜利。

此外，1945年2月，美国、英国和苏联的领导人在克里米亚半岛举行了雅尔塔会议（1945年）。议题包括德国的战后处理和联合国等问题，建立了战后的国际秩序，会议还决定了苏联加入对日战争（1945年）。

1945年4月，在盟军的猛烈进攻下，德国回天乏术，首都柏林沦陷。5月7日，德国宣布无条件投降，5月8日，签署投降书。

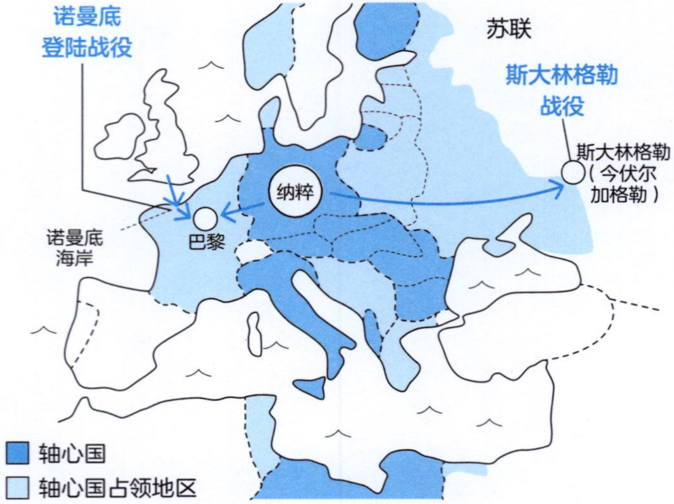

沙盘 092

第二次世界大战②

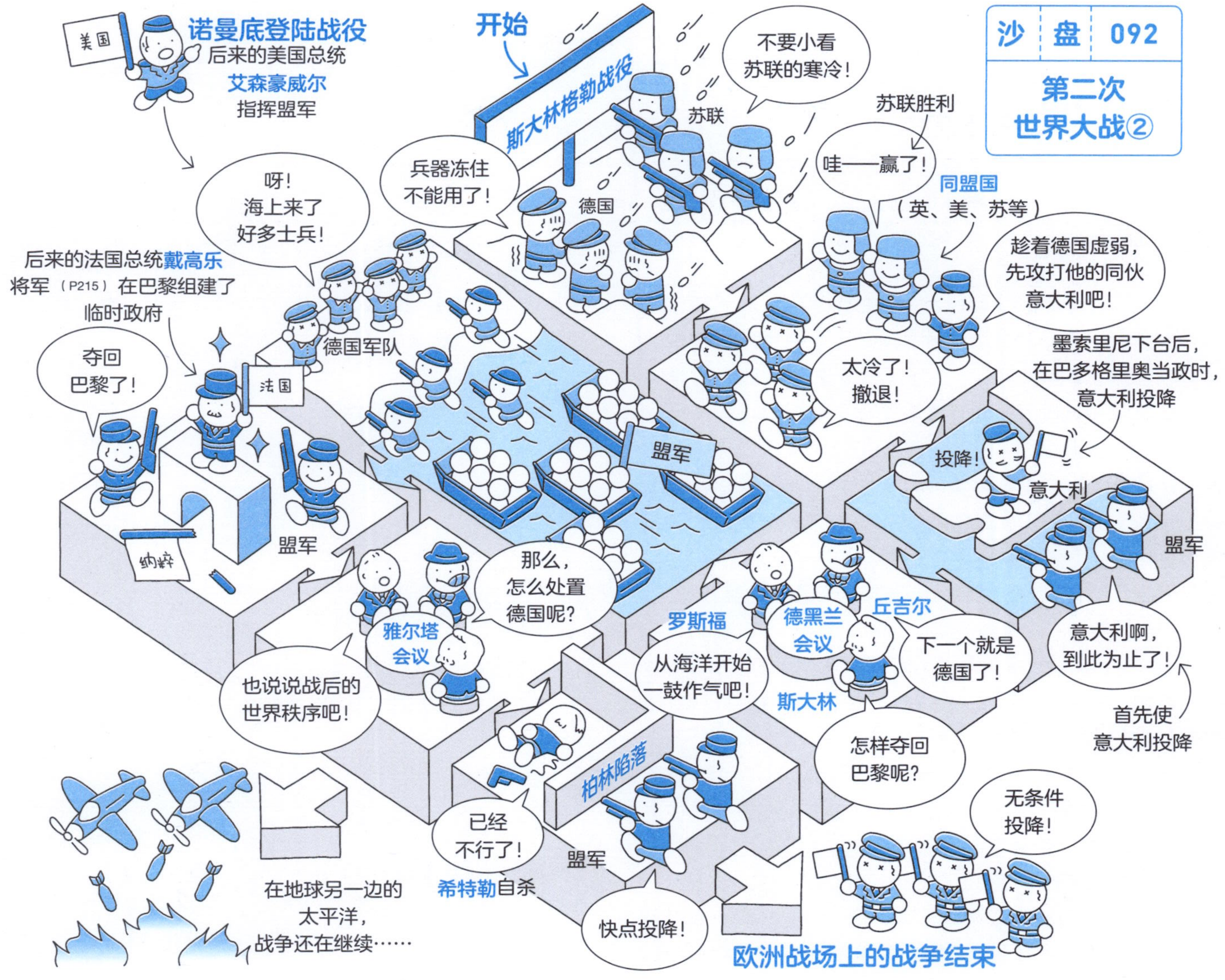

第二次世界大战 ③

太平洋战争

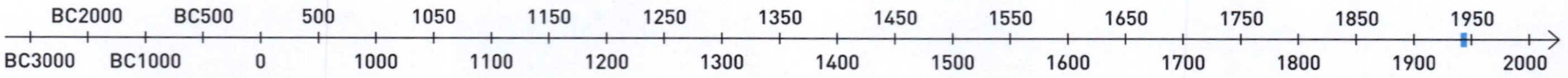

1940 年 9 月，日本派兵进驻法属中南半岛北部，同月将《反共产国际协定》(P186) 升级为《德意日三国同盟条约》(1940 年)。1941 年 7 月，日军进驻法属中南半岛南部。美国和英国为了给日本施加压力，对日实行了石油禁运政策 (1941 年)。由于日本长期对中国进行侵略，中国人民的奋力抵抗使日本消耗巨大，石油禁运更是让日本雪上加霜。12 月，为了和解而进行的日美谈判也陷入僵局，主张用武力解决问题的日本军方占领了英属马来半岛，并且袭击了位于美国夏威夷群岛的珍珠港（**偷袭珍珠港，1941 年**）。由此，**太平洋战争（1941—1945 年）**爆发。以太平洋战争为导火索，这场世界大战最终成为以美国、英国、中国和苏联为中心的反法西斯同盟与以德国、意大利和日本为中心的法西斯轴心国之间的对抗。

当时的日本军队曾一度占领整个东南亚，但 1942 年日本在中途岛战役和新几内亚的瓜达尔卡纳尔岛战役中惨败之后，形势急转直下。随着 1944 年塞班岛沦陷，日本失去了在太平洋的"绝对国防圈"，再无力还击。

1945 年，在经历广岛和长崎投放原子弹以及**苏联对日宣战**(P192) 后，日本于 8 月 15 日宣布无条件投降（《**波茨坦公告**》，1945 年），第二次世界大战结束。同时中国抗日战争也结束了。

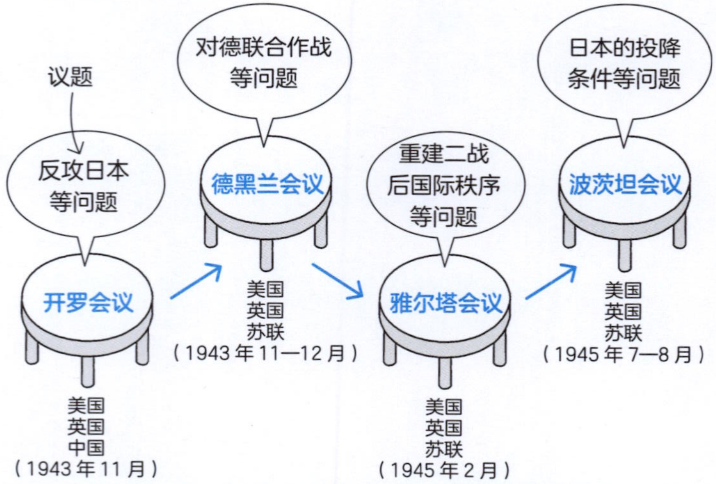

```
议题 → 反攻日本等问题
开罗会议
美国 英国 中国
(1943 年 11 月)

对德联合作战等问题
德黑兰会议
美国 英国 苏联
(1943 年 11—12 月)

重建二战后国际秩序等问题
雅尔塔会议
美国 英国 苏联
(1945 年 2 月)

日本的投降条件等问题
波茨坦会议
美国 英国 苏联
(1945 年 7—8 月)
```

日本侵略扩张的野心由来已久，1931 年 "九一八事变"，日本侵略了中国东北地区；1937 年，日本发动 "七七事变"，对中国进行了惨绝人寰的迫害屠杀。中国人民投身全民族抗战浪潮，中国战场成为反法西斯东方主战场，为世界反法西斯战争贡献了巨大力量。

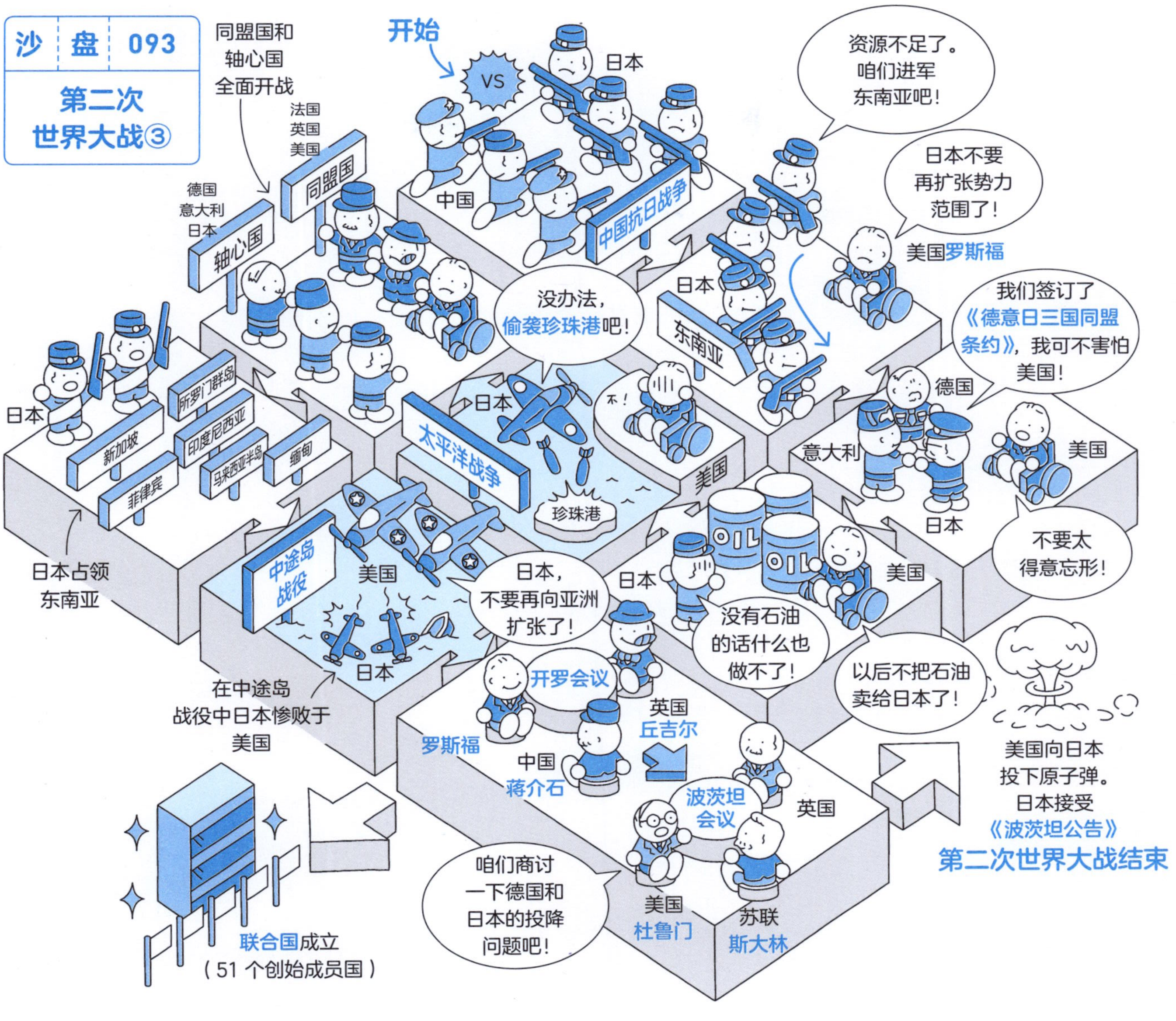

沙盘 093 第二次世界大战 ③

094 冷战时期 ①

铁幕演说

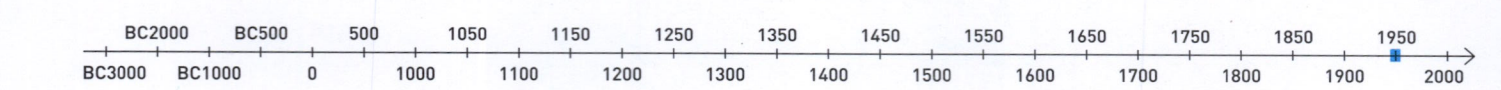

第二次世界大战后，1946 年 3 月，英国前首相丘吉尔（P190）在美国发表了一次演说。在演说中他运用了一个比喻——从波罗的海亚得里亚海，一幅横贯欧洲的"**铁幕**"已经降落下来。"铁幕"演说实际上揭开了"冷战"的序幕。

1947 年 3 月，美国总统杜鲁门（1945—1953 年在任）害怕苏联从地中海地区向外扩大政治影响，宣布向处于内战中的希腊以及与苏联发生冲突的土耳其提供经济援助（**杜鲁门主义，1947 年**），开始实行对共产主义的遏制政策。此外，美国宣布了为整个欧洲提供经济援助的欧洲复兴计划（**马歇尔计划，1947 年**）。

苏联共产党总书记斯大林（P192）召集了六个东欧国家以及法国、意大利的共产党，成立了**共产党和工人党情报局**（1947 年）来应对此事。从那时起，东西方之间处于一种避免爆发直接军事冲突的冷战状态。

苏联随后支持捷克斯洛伐克共产党通过改变（1948 年）在捷克斯洛伐克成为执政党。西欧国家感到了威胁，与美国一起成立了**北大西洋公约组织（NATO）（1949 年）**。1955 年，苏联与东欧国家共同的军事联盟**华沙条约组织**建立，苏联拥有原子弹让西方国家惧怕冷战会从政治对抗转为军事对抗。从此，两极格局形成。

> 战后，我们要让波兰成为一个民主主义国家！
> ——美国 罗斯福

> 让我们将德国划分为 4 个区域进行管理！
> ——英国 丘吉尔

> 波兰的一半区域要划分给我们！
> ——苏联 斯大林

雅尔塔会议（P192）

东西方的划分始于美、英、苏三国在雅尔塔会议上达成的二战后如何处理德国和波兰的协议。

中国自鸦片战争起，经过艰苦卓绝的奋斗，中华人民共和国于 1949 年正式成立，走向了新的时代。

沙盘 094 冷战时期① 铁幕演说

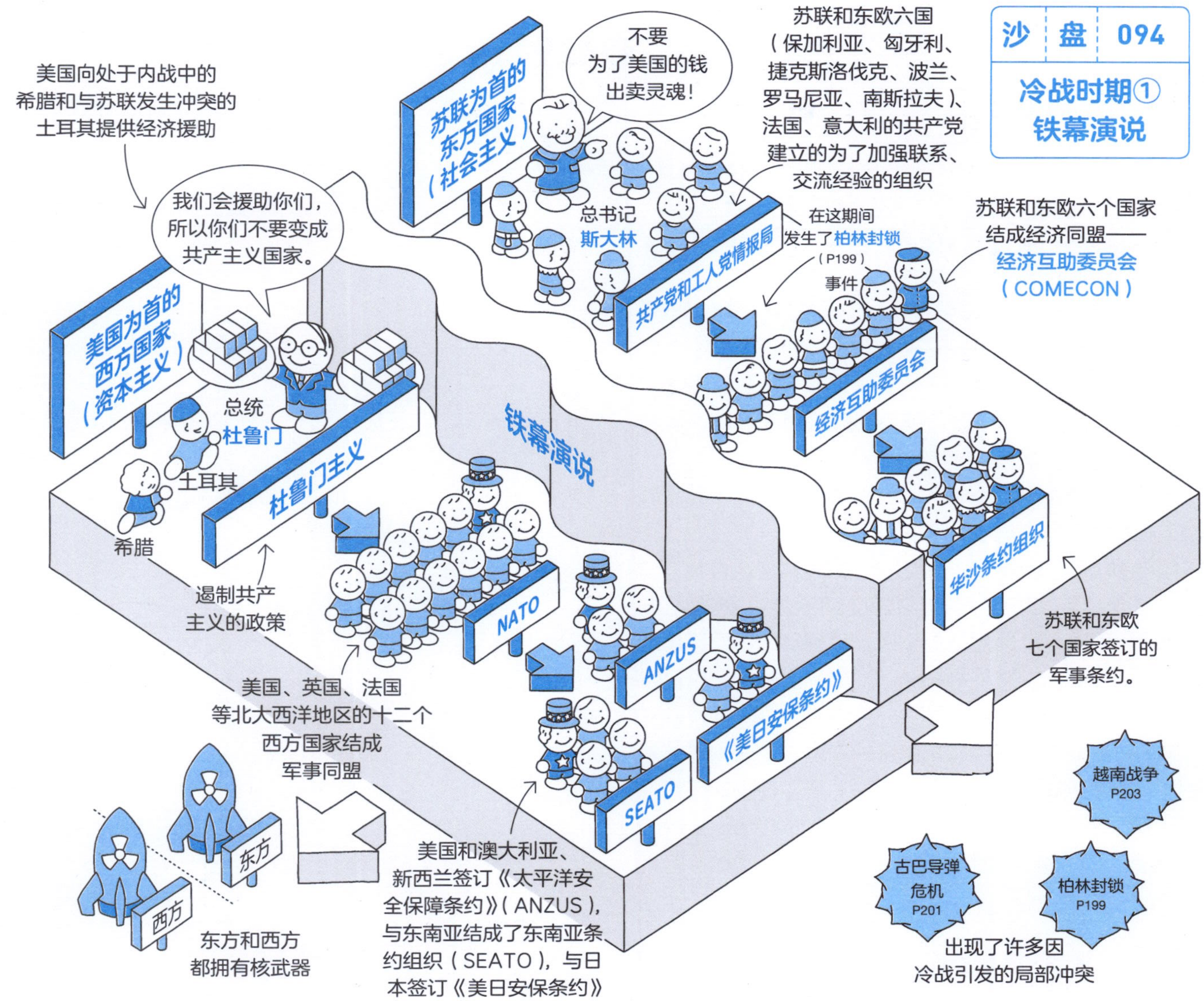

美国为首的西方国家（资本主义）

总统 杜鲁门：我们会援助你们，所以你们不要变成共产主义国家。

美国向处于内战中的希腊和与苏联发生冲突的土耳其提供经济援助

杜鲁门主义
遏制共产主义的政策

NATO
美国、英国、法国等北大西洋地区的十二个西方国家结成的军事同盟

ANZUS
美国和澳大利亚、新西兰签订《太平洋安全保障条约》（ANZUS）

SEATO
与东南亚结成了东南亚条约组织（SEATO），与日本签订《美日安保条约》

《美日安保条约》

铁幕演说

苏联为首的东方国家（社会主义）

总书记 斯大林：不要为了美国的钱出卖灵魂！

苏联和东欧六国（保加利亚、匈牙利、捷克斯洛伐克、波兰、罗马尼亚、南斯拉夫、法国、意大利的共产党）建立的为了加强联系、交流经验的组织

共产党和工人党情报局

在这期间发生了柏林封锁事件（P199）

经济互助委员会（COMECON）
苏联和东欧六国结成经济同盟——经济互助委员会（COMECON）

华沙条约组织
苏联和东欧七个国家签订的军事条约。

西方 ☢ ☢ 东方
东方和西方都拥有核武器

出现了许多因冷战引发的局部冲突

柏林封锁 P199
越南战争 P203
古巴导弹危机 P201

现代
197

095

冷战时期②

柏林封锁

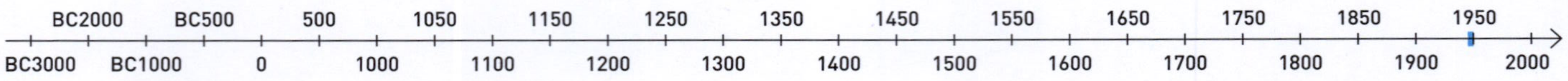

第二次世界大战结束后，**德国西部被美国、英国和法国占领**，而德国东部被苏联占领（**1945年**）。推进德国民主改革的联合行政委员会位于东部的首都柏林。德国首都柏林虽然在地理上位于东侧，但由于西德的美国、英国和法国以及占领东德的苏联共同管理（柏林分区管理）。

随着杜鲁门主义的出台，苏联与美、英、法在处理德国问题上的分歧越来越大。

1948年2月，美、英、法三国计划将占领区合并，准备发行货币，建立政权，引起苏联抗议。6月，苏联切断了西德和西柏林之间的铁路和公路，导致了**第一次柏林危机**（**即柏林封锁，1948—1949年**）。西柏林的生命线被切断，人民穷困潦倒。

因此，美国和英国用飞机向西柏林运送生活物资（**柏林空运**）。飞机不分昼夜地进出西柏林机场。苏联的封锁行动在一年后结束，德国被**分裂成德意志联邦共和国（1949年）**（西德）和**德意志民主共和国（1949年）**（东德）两个国家。

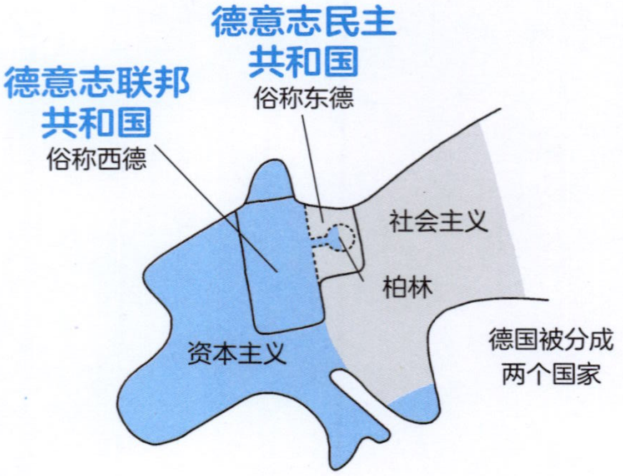

德意志民主共和国
俗称东德

德意志联邦共和国
俗称西德

社会主义
柏林
资本主义

德国被分成两个国家

沙盘 095 冷战时期②柏林封锁

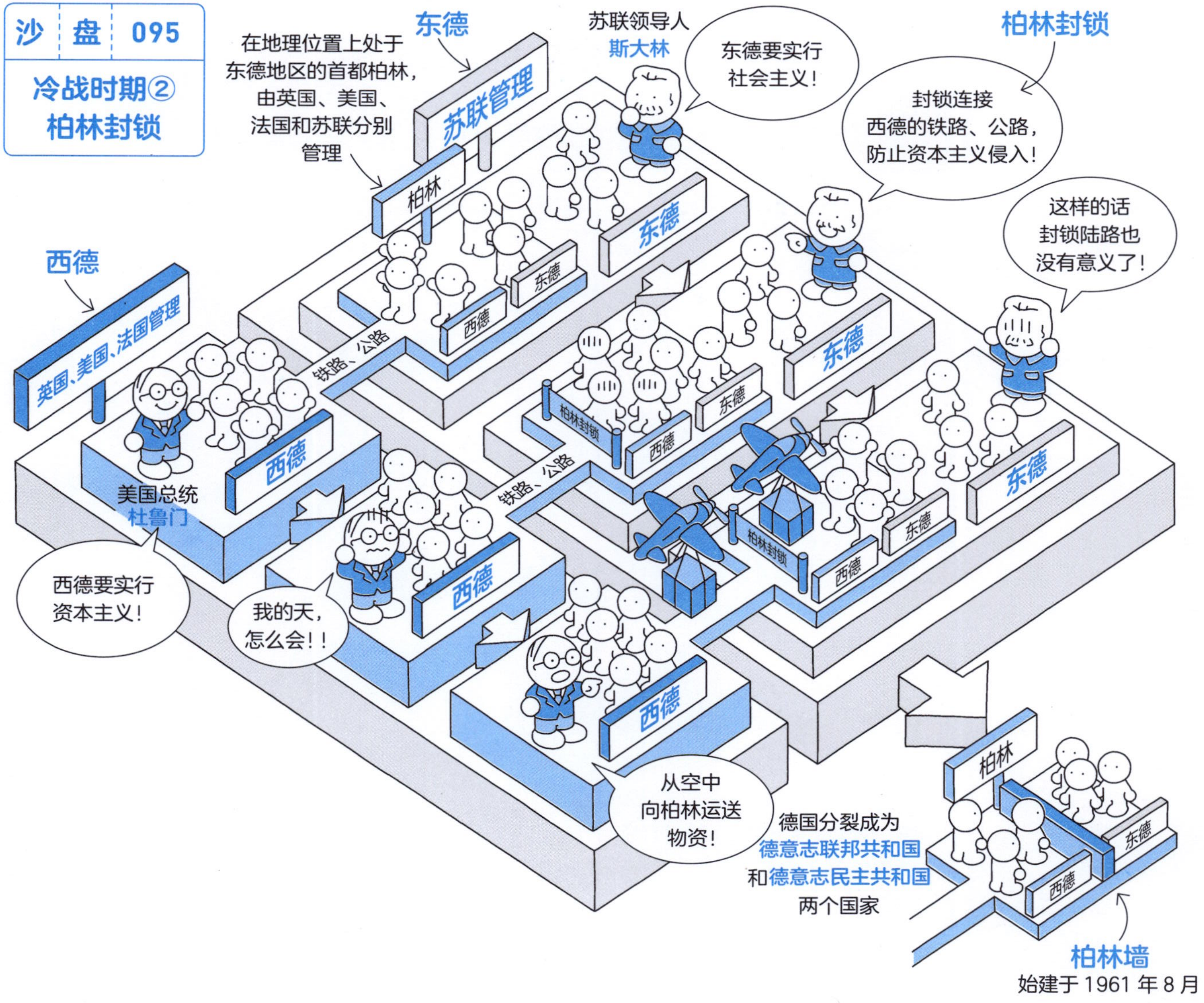

- 在地理位置上处于东德地区的首都柏林，由英国、美国、法国和苏联分别管理
- 西德：美国、英国、法国管理
- 东德：苏联管理
- 苏联领导人斯大林：东德要实行社会主义！
- 美国总统：西德要实行资本主义！
- 柏林封锁：封锁连接西德的铁路、公路，防止资本主义侵入！
- 我的天，怎么会！！
- 这样的话封锁临时路也没有意义了！
- 从空中向柏林运送物资！
- 德国分裂成为德意志联邦共和国和德意志民主共和国两个国家
- 柏林墙：始建于1961年8月

现代
199

冷战时期③

古巴导弹危机

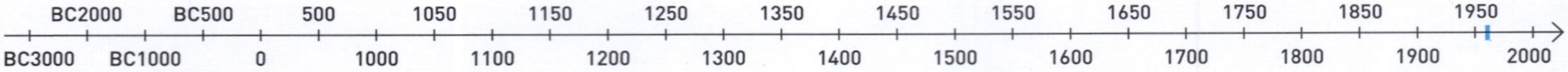

斯大林（P192）去世后，**赫鲁晓夫（1953—1964年在任）**接任苏联最高领导人。赫鲁晓夫访美（1959年）后，美国和苏联开始实行"和平共处"的外交政策，这就是被称为"解冻"的缓和政策。

1959年，在位于加勒比海的古巴，亲美派巴蒂斯塔**（1952—1958年在位）**政权被推翻，**古巴革命，1959年**。担任古巴总理的卡斯特罗于1961年宣布古巴开始走**社会主义道路**。第二年，苏联为了发展军事力量，在古巴建立了导弹基地。

美国总统肯尼迪**（1961—1963年在任）**得知此事后，要求苏联拆除在古巴的导弹基地。美国态度强硬，甚至不惜开战。苏联也在东柏林集结军队，"解冻"形势急转直下，几乎要引发第三次世界大战（**古巴导弹危机，1962年**）。最终，苏联撤除了其部署在古巴的导弹，核战争得以避免。美国和苏联在1963年签署了《**部分禁止核试验条约**》（1963年），象征着两国之间恢复了和平共处。

三个月后肯尼迪被暗杀，副总统约翰逊（P202）继任美国总统。

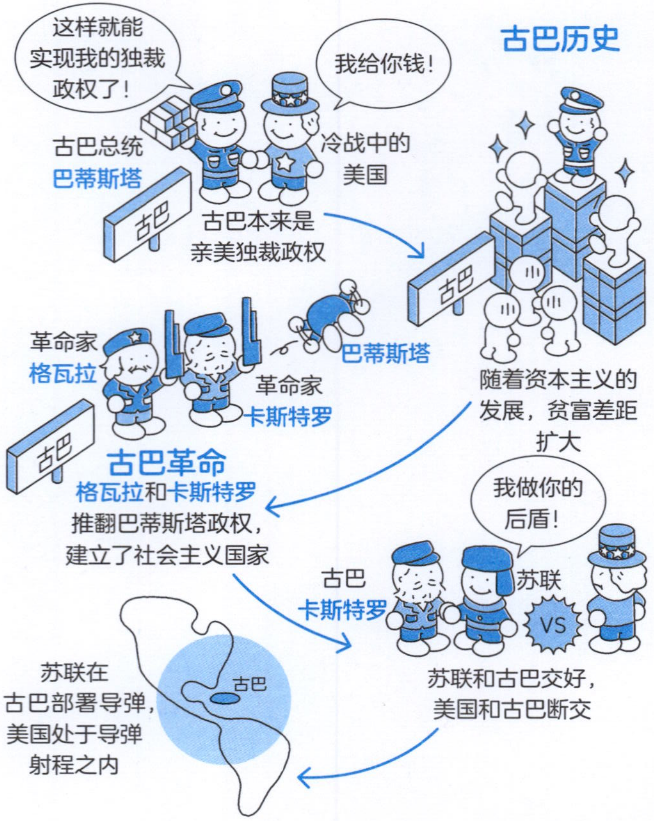

096

沙盘 096 冷战时期③ 古巴导弹危机

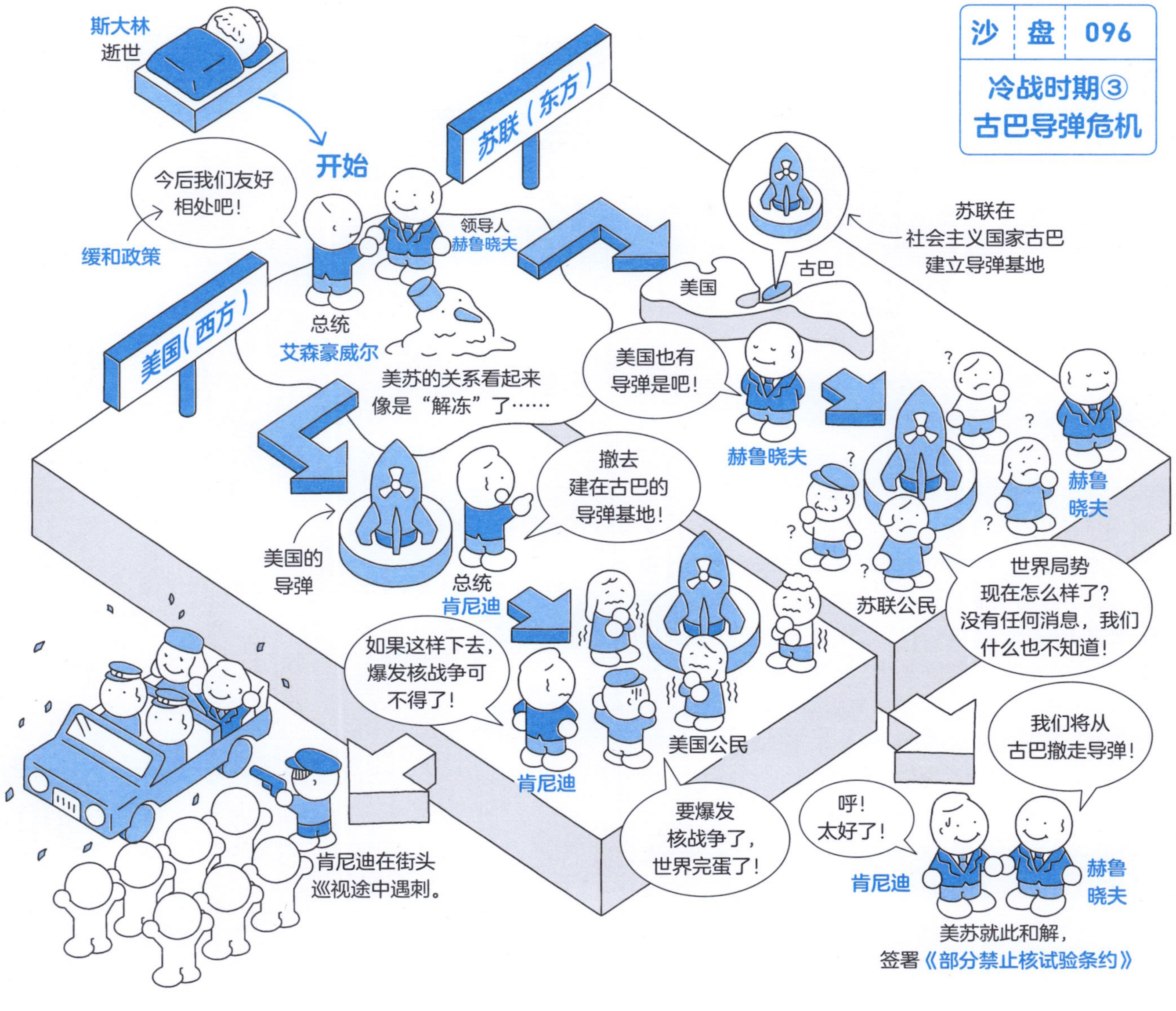

美国（西方）

苏联（东方）

斯大林逝世

缓和政策

"今后我们友好相处吧！"

开始

艾森豪威尔 总统

"美苏的关系看起来像是'解冻'了……"

领导人 赫鲁晓夫

美国的导弹

肯尼迪 总统

"如果这样下去，爆发核战争可不得了！"

肯尼迪

"撤去建在古巴的导弹基地！"

赫鲁晓夫

"美国也有导弹呢！"

美国 古巴

社会主义国家古巴 苏联在古巴建立导弹基地

美国公民

"要爆发核战争了，世界完蛋了！"

苏联公民

"世界局势现在怎么样了？没有任何消息，我们什么也不知道！"

赫鲁晓夫

肯尼迪在街头巡视途中遇刺。

肯尼迪

"呼！太好了！"

赫鲁晓夫

"我们将从古巴撤走导弹，美苏就此和解。"

签署《部分禁止核试验条约》

现代

201

冷战时期 ④

越南战争

BC3000　BC2000　BC1000　BC500　0　500　1000　1050　1100　1150　1200　1250　1300　1350　1400　1450　1500　1550　1600　1650　1700　1750　1800　1850　1900　1950　2000

第二次世界大战结束后，法属印度支那联邦（P154）独立运动愈演愈烈。

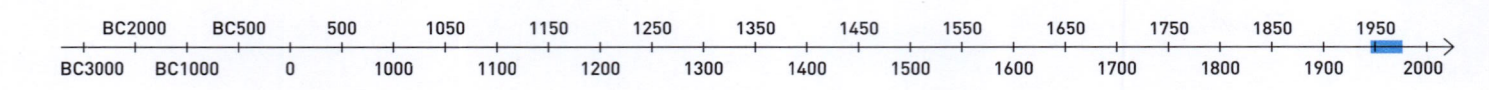

运动领袖胡志明（1890—1969年）推翻了法国的统治，宣布建立越南民主共和国（1945—1976年）（北越）。法国拒绝承认越南独立，在南部城市西贡建立了越南国（1949—1955年），向越南民主共和国发起了进攻（越南抗法战争，1946—1954年）。最终法国战败，撤出了中南半岛。

越南抗法战争结束后，在美国的支持下，北纬17度线以南建立了越南共和国（1955—1975年）（傀儡政权）。而南越为反对美国干涉出现了以南北越统一为目标的越南南方民族解放阵线（1960年）这一社会主义力量。1961年爆发了越南战争（1961—1975年）。美国总统约翰逊（1963—1969年在任）认为，"如果越南变成一个统一的社会主义国家，其影响力将扩散到整个东南亚地区"，他对这一局势十分警惕。因此，美国在1965年介入了越南战争，强行轰炸北越（滚雷行动，1965—1968年）。

这场战争久拖未决，新闻媒体开始每天播放悲惨的新闻画面。此外，当时的美国在马丁·路德·金（1929—1968年）的带领下，反对歧视黑人运动（美国黑人民权运动）和各种民权运动也达到高潮。批评政府的声音让反越战运动愈演愈烈。

在尼克松继约翰逊就任美国总统时期（1969—1974年），签署了《关于越南问题的巴黎协定》（1973年），美国从越南撤军。1975年，北越军队与南方民族解放阵线一起占领了南越首都西贡（现在的胡志明市），越南战争结束（西贡沦陷，1975年）。在第二年，即1976年，北越和南越统一，成立了越南社会主义共和国（1976年）。

马丁·路德·金

1965年4月，越南请求中国支援，中国决定向越南提供全面无私的援助。

202

沙盘 097 冷战时期 ④ 越南战争

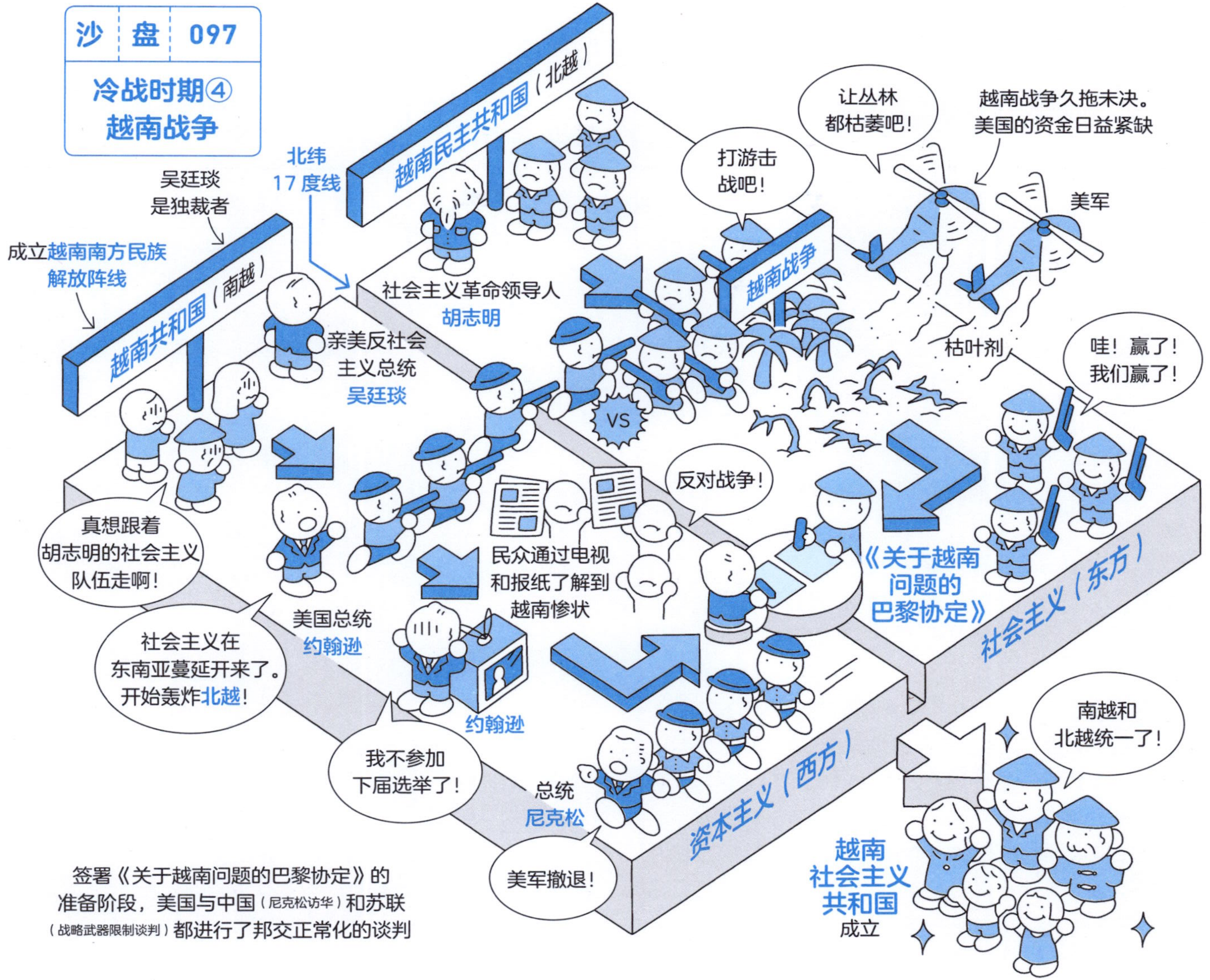

越南共和国（南越）
- 吴廷琰 是独裁者
- 成立越南南方民族解放阵线
- 北纬17度线
- 反美反社会主义总统 吴廷琰
- 胡志明的社会主义队伍来了！
- 真想跟着社会主义走啊！

越南民主共和国（北越）
- 社会主义革命领导人 胡志明
- 打游击战吧！
- 让丛林都枯萎吧！

越南战争
- VS
- 民众通过电视和报纸了解到越南惨状
- 反对战争！
- 约翰逊 美国总统
- 我不参加下届选举了！
- 东南亚战火蔓延开来，开始轰炸北越！
- 枯叶剂
- 美军
- 哇！赢了！我们赢了！
- 越南战争久拖未决，美国的资金日益紧缺

《关于越南问题的巴黎协定》
- 签署《关于越南问题的巴黎协定》的准备阶段，美国与中国（尼克松访华）和苏联（战略武器限制谈判）都进行了邦交正常化的谈判
- 总统 尼克松
- 美军撤退！

资本主义（西方）

社会主义（东方）

越南社会主义共和国 成立
- 南越和北越统一了！

203

098 印度独立

甘地倡导非暴力不合作

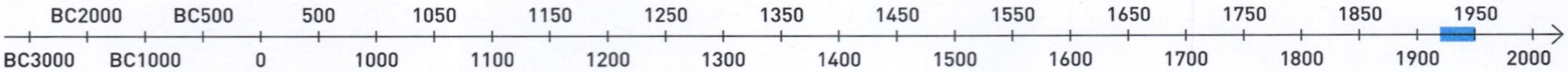

在第一次世界大战期间（P168），英国与其殖民地印度签署了"和英国并肩作战则战后会给予印度自治权"的条约。但战后，作为给予自治权的交换，英国人颁布了《罗拉特法案》（1919年），允许英国人在没有审判或逮捕令的情况下逮捕和监禁印度人。

《罗拉特法案》遭到了印度人的强烈反对。然而，英国军队向抗议的印度人开枪，许多人被杀。

此时站出来的是主张非暴力不合作（Satyagraha）的人民领袖甘地（1869—1948年）。甘地所倡导的是，无论受到多大的压迫，都坚持不使用暴力进行抵抗，这一原则引发了人们的共鸣。

当时，印度有两个相互对立的组织：信奉印度教的印度国民大会党（1885年）（领导人尼赫鲁，1889—1964年）和信奉伊斯兰教的印度穆斯林联盟（1906年）（领导人真纳，1876—1948年）。然而，无论是信奉伊斯兰教的人（甘地本人是印度教徒）还是信奉印度教的人都加入了甘地所领导的运动。全世界响起了支持印度的声音，英国最终承认了印度的自治权。

第二次世界大战后，印度终于正式获得了独立。然而，印度教的尼赫鲁和伊斯兰教的真纳最后却意见相左，尼赫鲁建立了印度联邦，真纳建立了巴基斯坦。印度教和伊斯兰教之间的冲突甚至在建国后仍然存在，希望统一印度的甘地也被印度教同胞暗杀了。

此后，印度联邦出台《印度共和国宪法》（1950年），成为现今的印度共和国。由于双方都拥有核武器，印度和巴基斯坦之间的紧张关系一直持续到现在。

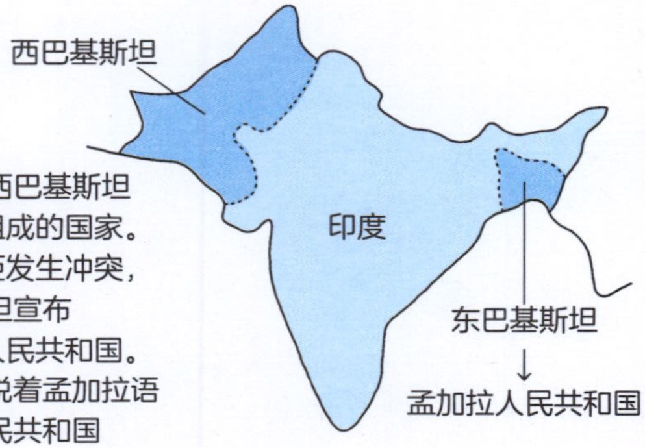

巴基斯坦是由西巴基斯坦和东巴基斯坦组成的国家，二者因贫富差距发生冲突，东巴基斯坦宣布独立为孟加拉人民共和国。印度援助了同样说着孟加拉语的孟加拉人民共和国。

西巴基斯坦　东巴基斯坦　印度　孟加拉人民共和国

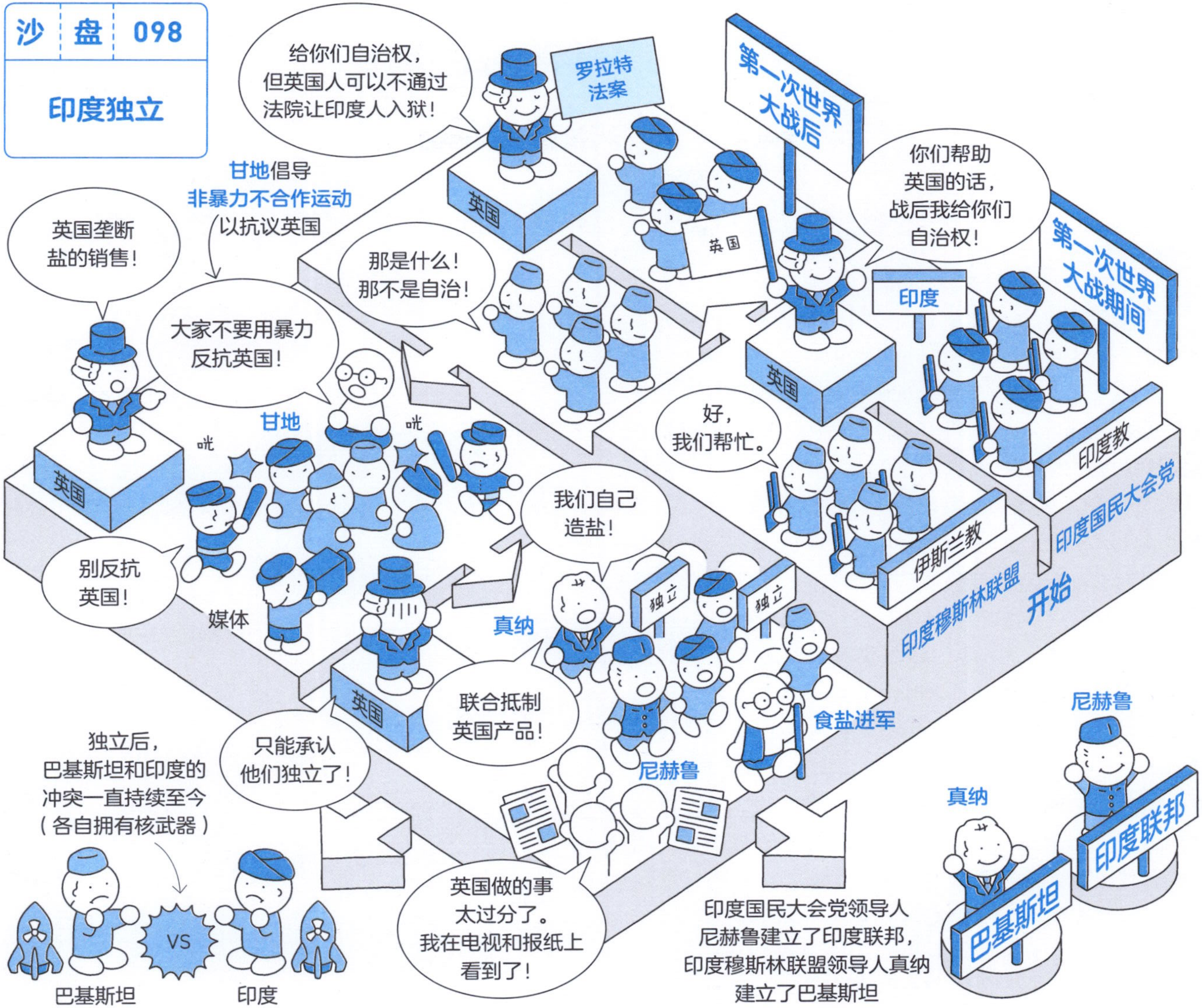

沙盘 098
印度独立
第一次世界大战期间
你们帮助英国的话，战后我给你们自治权！
印度
英国
好，我们帮忙。
印度教
伊斯兰教
印度国民大会党
印度穆斯林联盟
开始
第一次世界大战后
罗拉特法案
给你们自治权，但英国人可以不通过法院让印度人入狱！
英国
那是什么！那不是自治！
甘地倡导非暴力不合作运动以抗议英国
英国垄断盐的销售！
英国
大家不要用暴力反抗英国！
甘地
咣
咣
别反抗英国！
媒体
英国
我们自己造盐！
独立
独立
真纳
联合抵制英国产品！
尼赫鲁
食盐进军
只能承认他们独立了！
英国做的事太过分了。我在电视和报纸上看到了！
独立后，巴基斯坦和印度的冲突一直持续至今（各自拥有核武器）
VS
巴基斯坦
印度
印度国民大会党领导人尼赫鲁建立了印度联邦，印度穆斯林联盟领导人真纳建立了巴基斯坦
真纳
尼赫鲁
巴基斯坦
印度联邦

099

巴勒斯坦问题 ①

阿拉伯人和犹太人

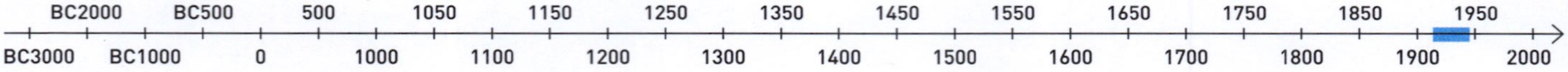

巴勒斯坦问题一直是重大国际问题之一。要探究其原因，就需要我们重新回到第一次世界大战时期（P168）。

大战期间，英国将巴勒斯坦地区作为缓冲区（为避免国与国之间的冲突而在国家间建立的中立区），以保护作为英国繁荣保障的苏伊士运河不受奥斯曼帝国军队的攻击。

1915年，英国支持奥斯曼帝国的阿拉伯人独立，条件是他们必须帮助英国与奥斯曼军队作战（《侯赛因-麦克马洪通信》，1915年）。在最后的协议中，巴勒斯坦被排除在阿拉伯人的独立地区之外。

第二年，即1916年，根据英国、法国和俄国的三方协议，巴勒斯坦被宣布为英国领土（《赛克斯-皮科协定》，1916年）。

此外，英国同意在巴勒斯坦建立犹太人的民族之家，以便从犹太人手中获得战争资金（《贝尔福宣言》，1917年）。

由于这些外交政策都是围绕巴勒斯坦而制定的，阿拉伯人和犹太人对此反复发生对抗和冲突，这便成了战后中东问题横生的背景[中东战争（P208）]。

第一次世界大战前后的奥斯曼帝国领土

第一次世界大战前

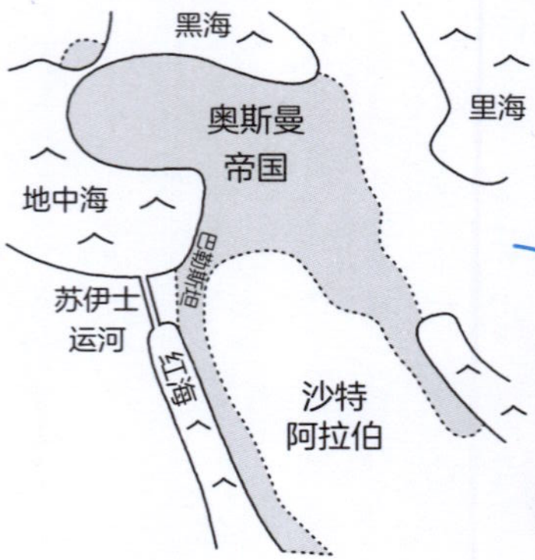

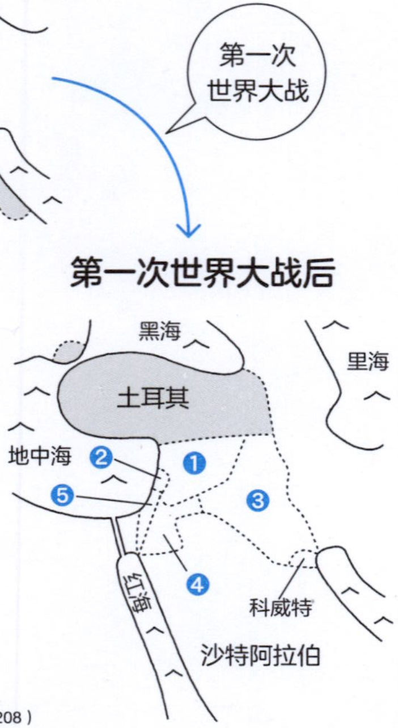

第一次世界大战后

① 叙利亚（法占）
1946年从法国独立
② 黎巴嫩（法占）
1943年从法国独立
③ 伊拉克（英占）
1932年从英国独立
④ 约旦（英占）
1946年从英国独立
⑤ 巴勒斯坦（英占）
1948年在联合国支援下，建立了犹太人国家以色列（P208）

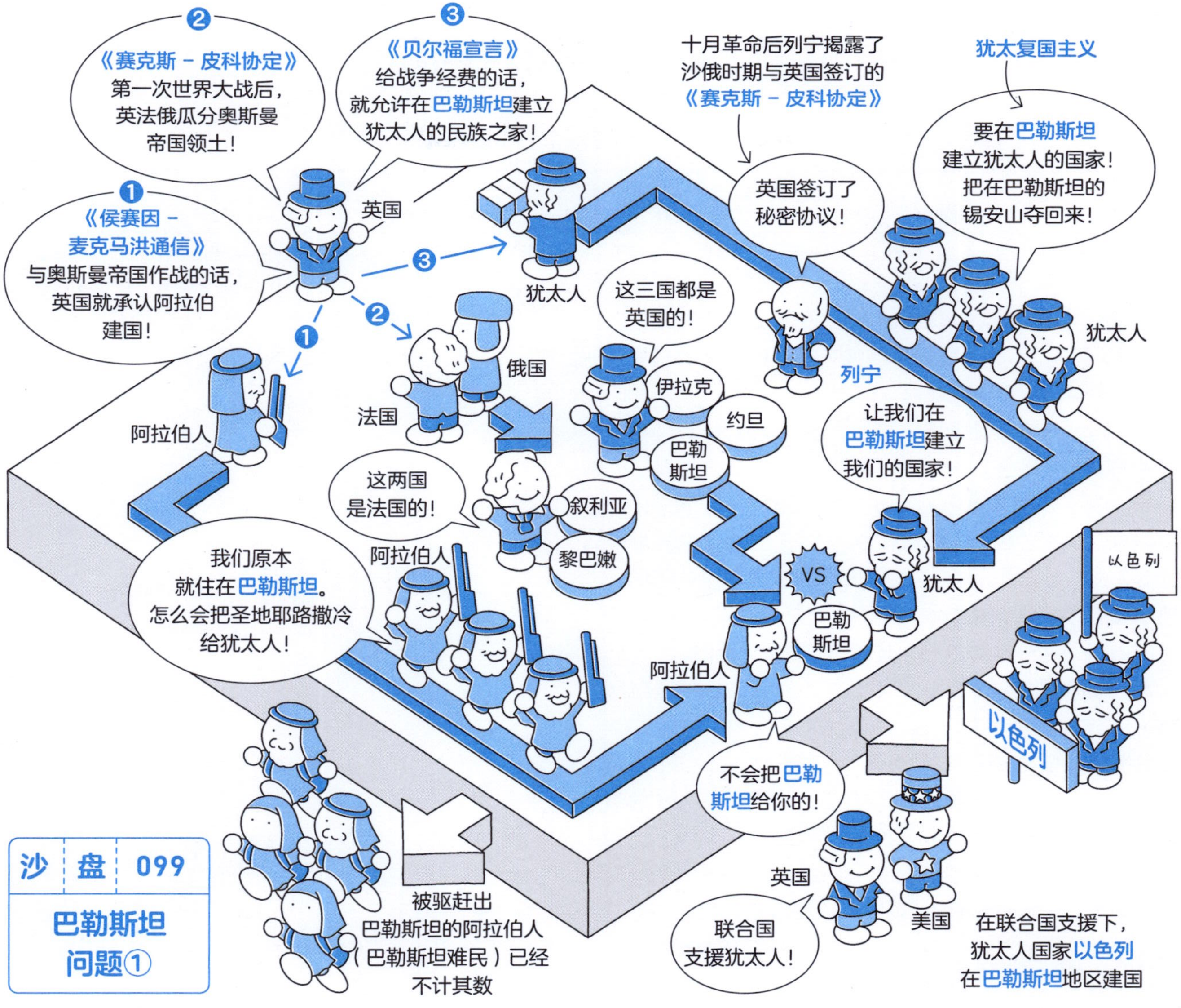

沙盘 099
巴勒斯坦问题①

巴勒斯坦问题②

中东战争和持续不断的冲突

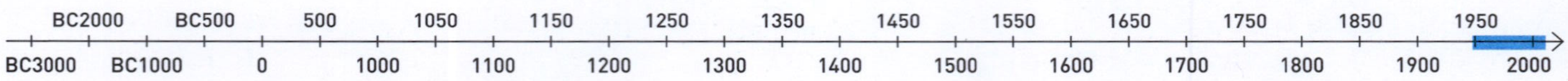

二战后，联合国宣布巴勒斯坦一半以上的土地为犹太人居住区。1948年，**以色列**正式宣布成立，这是中东地区的一个转折点（P206）。但这不仅遭到了生活在巴勒斯坦的阿拉伯人的反对，而且也遭到了阿拉伯各国的反对。因此，爆发了四次中东战争。

第一次中东战争（1948年）到**第三次中东战争**（1967年）期间，以色列趁机扩大了领土。原本居住在巴勒斯坦的阿拉伯人失去了国籍，形成了**巴勒斯坦难民群体**。这些巴勒斯坦难民组成了**巴勒斯坦解放组织**（PLO，1964年），由**阿拉法特**（1969—2004年在任）领导，以对抗以色列。

阿拉伯国家还与石油输出国埃及、沙特阿拉伯和科威特结成了**阿拉伯石油输出国组织**（OAPEC，1968年）。在**第四次中东战争**（1973年）期间，他们开始实施停止或限制向亲以色列的西方国家出口石油的战略。这一石油战略给世界带来了沉重的打击（**石油冲击**，1973年）。

阿拉伯国家和以色列之间的和解并没有取得预期的进展。直到1993年，在美国的调解下，**阿拉法特**和**以色列总理拉宾**（1974—1977年，1992—1995年在任）最终签订了《临时自治安排原则宣言》（即《**奥斯陆协议**》，1993年）。

然而，当拉宾总理被一个狂热的犹太教青年暗杀后，好不容易形成的缓和局面又回到了原点。这种状态一直持续至今。

巴勒斯坦的领土分配

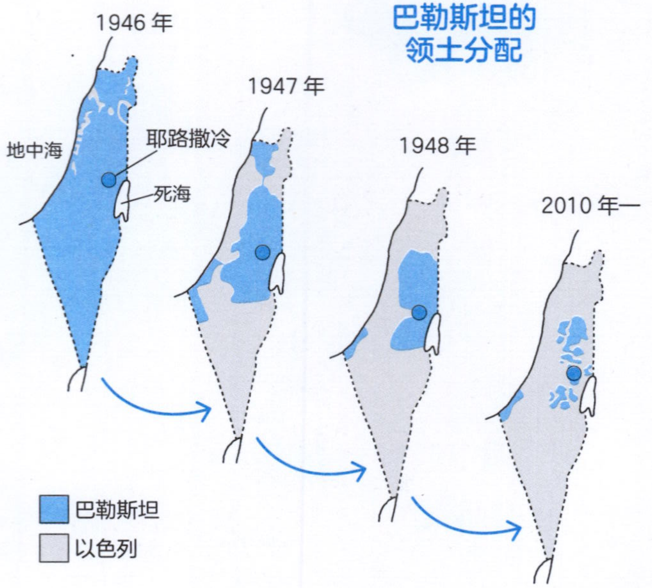

1946年　1947年　1948年　2010年—

地中海　耶路撒冷　死海

■ 巴勒斯坦　□ 以色列

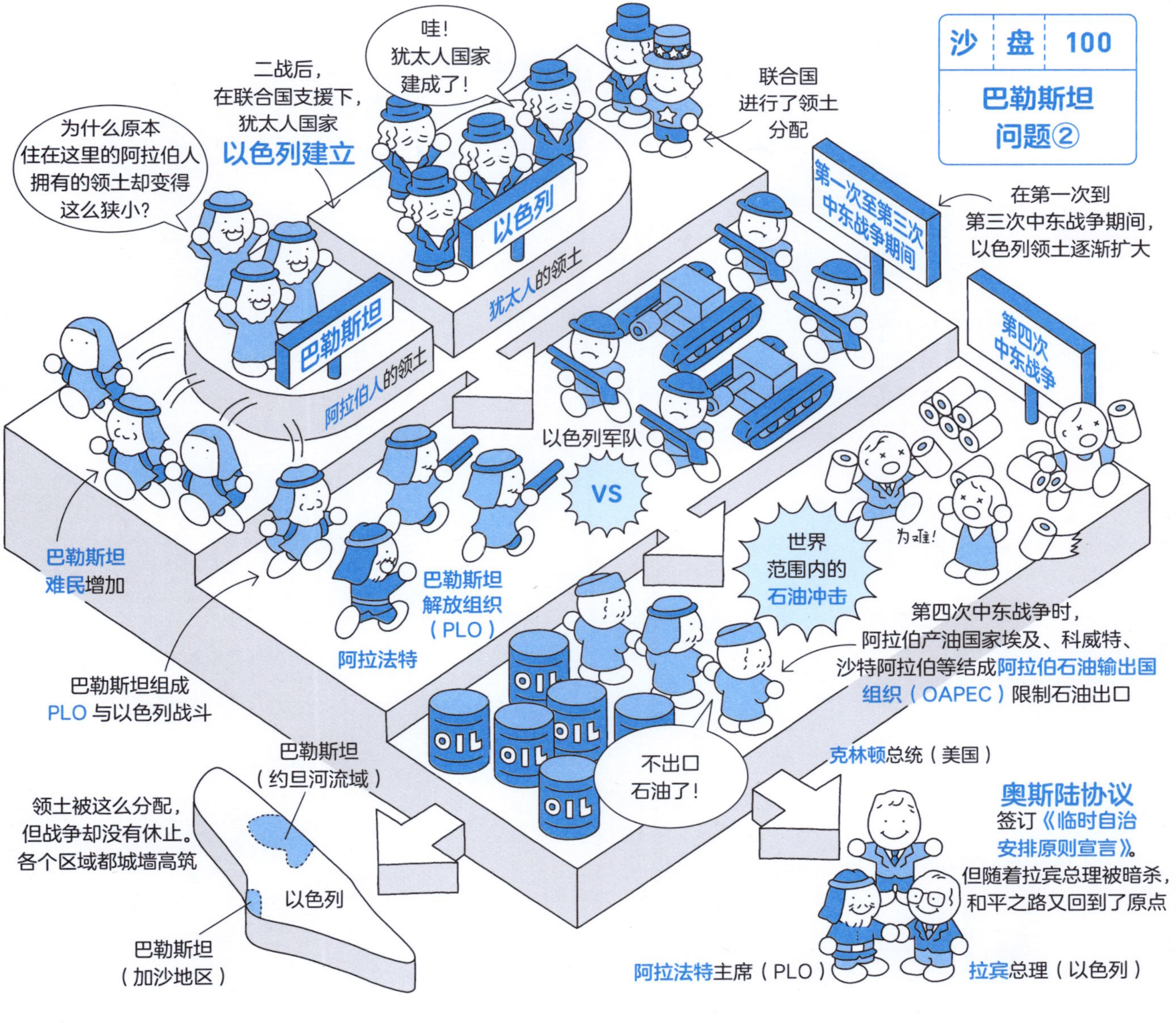
沙 盘 100
巴勒斯坦问题②
二战后，
在联合国支援下，
犹太人国家
以色列建立
为什么原本住在这里的阿拉伯人拥有的领土却变得这么狭小？
哇！犹太人国家建成了！
联合国
进行了领土
分配
以色列
犹太人的领土
巴勒斯坦
阿拉伯人的领土
第一次至第三次中东战争期间
在第一次到
第三次中东战争期间，
以色列领土逐渐扩大
第四次中东战争
以色列军队
VS
为难！
世界范围内的石油冲击
巴勒斯坦
难民增加
巴勒斯坦
解放组织
（PLO）
阿拉法特
第四次中东战争时，
阿拉伯产油国家埃及、科威特、
沙特阿拉伯等结成阿拉伯石油输出国
组织（OAPEC）限制石油出口
巴勒斯坦组成
PLO 与以色列战斗
OIL
不出口石油了！
克林顿总统（美国）
巴勒斯坦
（约旦河流域）
奥斯陆协议
签订《临时自治
安排原则宣言》。
但随着拉宾总理被暗杀，
和平之路又回到了原点
领土被这么分配，
但战争却没有休止。
各个区域都城墙高筑
以色列
巴勒斯坦
（加沙地区）
阿拉法特主席（PLO）
拉宾总理（以色列）

伊朗和伊拉克①

两伊战争

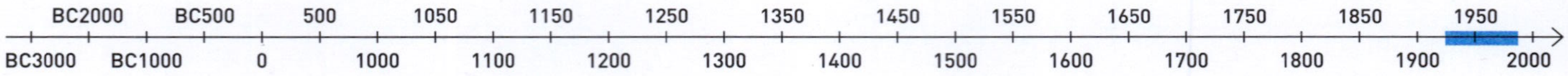

在伊斯兰文化背景下孕育出的伊朗于16世纪建立了以伊斯兰教什叶派为国教的**萨法维王朝（1501—1736年）**。

然而，在19世纪，**恺加王朝**（在萨法维王朝倒台后统一了伊朗）败给了入侵的俄国人。结果，格鲁吉亚、阿塞拜疆和亚美尼亚被割让给俄国，伊朗境内的俄国人可享受治外法权（**《土库曼恰伊条约》，1828年**）。

英国人也想从恺加王朝获益。他们对在伊朗的烟草**独家销售权有所企图**。然而，**烟草抗议运动（1891—1892年）**，运动增强了伊朗人的民族意识。

在此背景下，在政变中接任国家军队总司令的**礼萨·汗（1878—1944年）**，让衰落的恺加王朝起死回生。1925年，礼萨·汗推翻了恺加王朝，建立了**巴列维王朝**，以礼萨·沙（**1925—1941年在位**）之名成为国王。

该王朝第二任国王**巴列维二世（1941—1979年在位）**实施了被称为白色革命（1963年）的现代化政策。然而，贫富差距成为严重的社会问题，导致了1979年的**伊朗伊斯兰革命（1979年）**。主张信仰伊斯兰教的霍梅尼（**1902—1989年**）（什叶派）接任领导人。于是诞生了现在的**伊朗伊斯兰共和国**。

此时，邻国伊拉克（逊尼派）的总统萨达姆·侯赛因（**1979—2003年在任**）对伊朗的**"输出什叶派革命"理念**有所戒备。于是，萨达姆先发制人地攻入伊朗，**两伊战争（1980—1988年）**爆发。由于伊拉克经济处于疲软状态，联合国安全理事会的停火决议结束了这场战争。

什叶派

认为只有伊斯兰教创始人穆罕默德的正统继承人的后代才是其领袖。约占穆斯林人口的10%，但在伊朗人口中占比为90%，约占伊拉克人口的60%。

逊尼派

不是世袭，重视遵循穆罕默德言行的教派，约占穆斯林人口的90%。

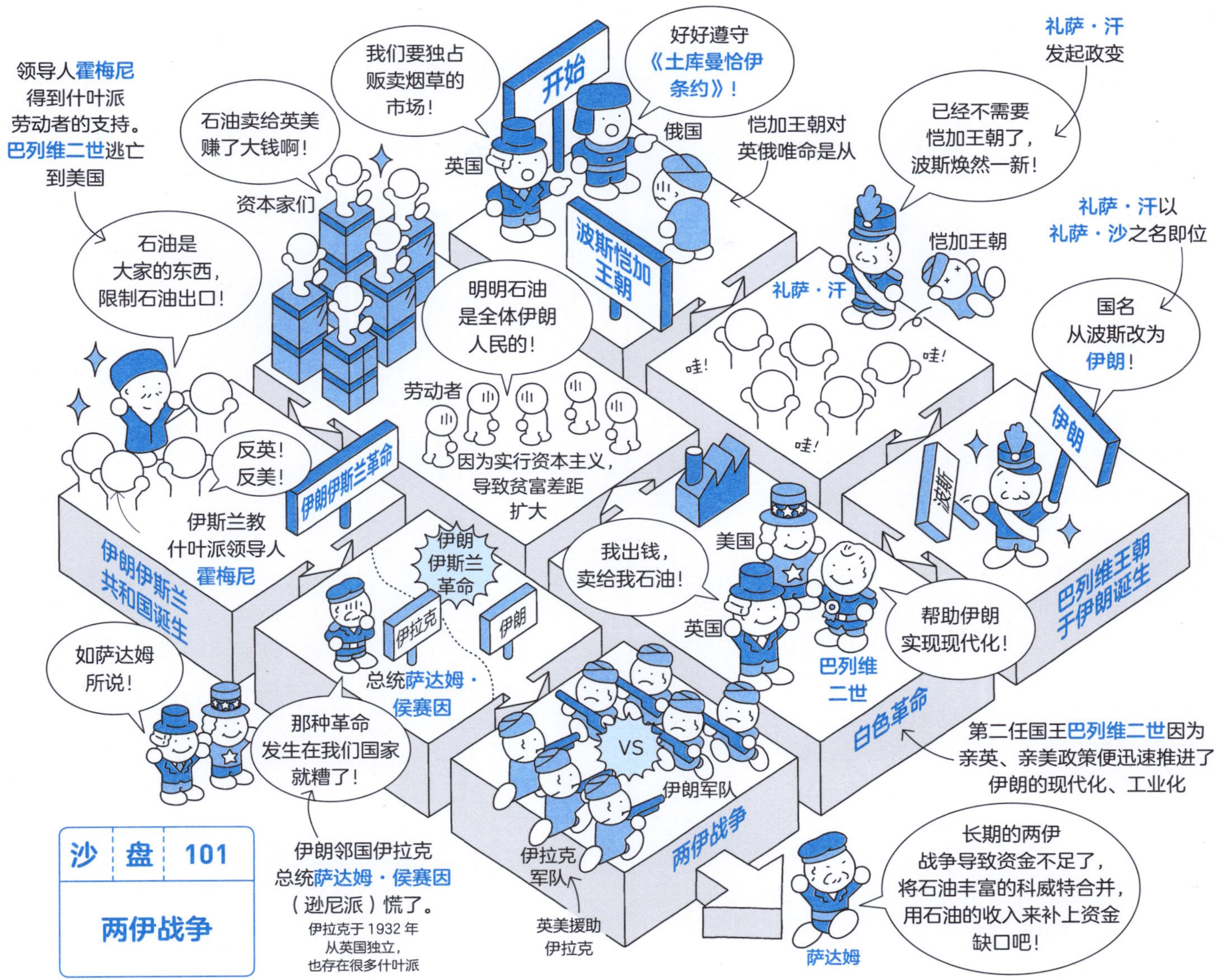
开始
波斯恺加王朝
英国
俄国
我们要独占贩卖烟草的市场！
好好遵守《土库曼恰伊条约》！
恺加王朝对英俄唯命是从
礼萨・汗发起政变
已经不需要恺加王朝了，波斯焕然一新！
礼萨・汗
恺加王朝
哇！
哇！
哇！
礼萨・汗以礼萨・沙之名即位
国名从波斯改为伊朗！
伊朗
波斯
巴列维王朝于伊朗诞生
资本家们
石油卖给英美赚了大钱啊！
劳动者
明明石油是全体伊朗人民的！
因为实行资本主义，导致贫富差距扩大
美国
英国
我出钱，卖给我石油！
巴列维二世
帮助伊朗实现现代化！
白色革命
第二任国王巴列维二世因为亲英、亲美政策便迅速推进了伊朗的现代化、工业化
领导人霍梅尼得到什叶派劳动者的支持。巴列维二世逃亡到美国
石油是大家的东西，限制石油出口！
反英！反美！
伊朗伊斯兰革命
伊斯兰教什叶派领导人霍梅尼
伊朗伊斯兰共和国诞生
如萨达姆所说！
伊朗伊斯兰革命
伊拉克
伊朗
总统萨达姆・侯赛因
那种革命发生在我们国家就糟了！
伊朗邻国伊拉克总统萨达姆・侯赛因（逊尼派）慌了。
伊拉克于1932年从英国独立，也存在很多什叶派
VS
伊朗军队
伊拉克军队
英美援助伊拉克
两伊战争
长期的两伊战争导致资金不足了，将石油丰富的科威特合并，用石油的收入来补上资金缺口吧！
萨达姆
沙盘 101
两伊战争

伊朗和伊拉克②

海湾战争和伊拉克战争

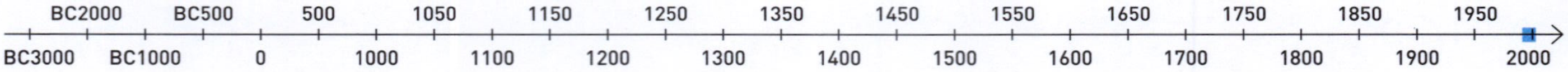

伊拉克总统萨达姆（P210）试图用石油收入来人偿还两**伊战争**的债务（P210）。萨达姆侵入了石油资源丰富的科威特，想要吞并科威特。

美国总统乔治·**布什**（父，1989—1993年在任）得知此事后，开始戒备萨达姆日益庞大的权力。布什在联合国的决议下，组织了一支多国部队，轰炸伊拉克，开始了**海湾战争**（1991年）。

海湾战争中，美国取得了胜利，萨达姆撤出了科威特。然而萨达姆支持"基地"组织的任何证据。

2001年9月11日，美国发生了**恐怖袭击（"9·11"事件）**。时任总统小布什（子，2001—2009年在任）认定袭击的肇事者是伊斯兰组织"**基地**"。他随后轰炸了阿富汗，声称阿富汗的**塔利班政权**窝藏了"基地"组织成员，塔利班政权由此垮台。

此后，小布什在没有通过联合国决议的情况下进攻伊拉克，理由是伊拉克总统萨达姆"支持'基地'组织并拥有大规模毁灭性武器"（**伊拉克战争，2003年**）。萨达姆政权被推翻，然而美国并没有发现大规模毁灭性武器，也没有发现萨达姆支持"基地"组织的任何证据。

不断变化的伊拉克战争理由

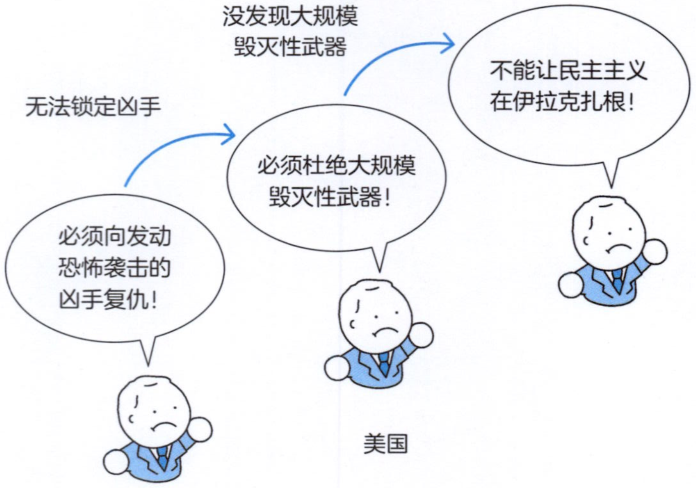

- 必须向发动恐怖袭击的凶手复仇！ → 无法锁定凶手
- 必须杜绝大规模毁灭性武器！ → 没发现大规模毁灭性武器
- 不能让民主主义在伊拉克扎根！

美国

沙盘 102 海湾战争和伊拉克战争

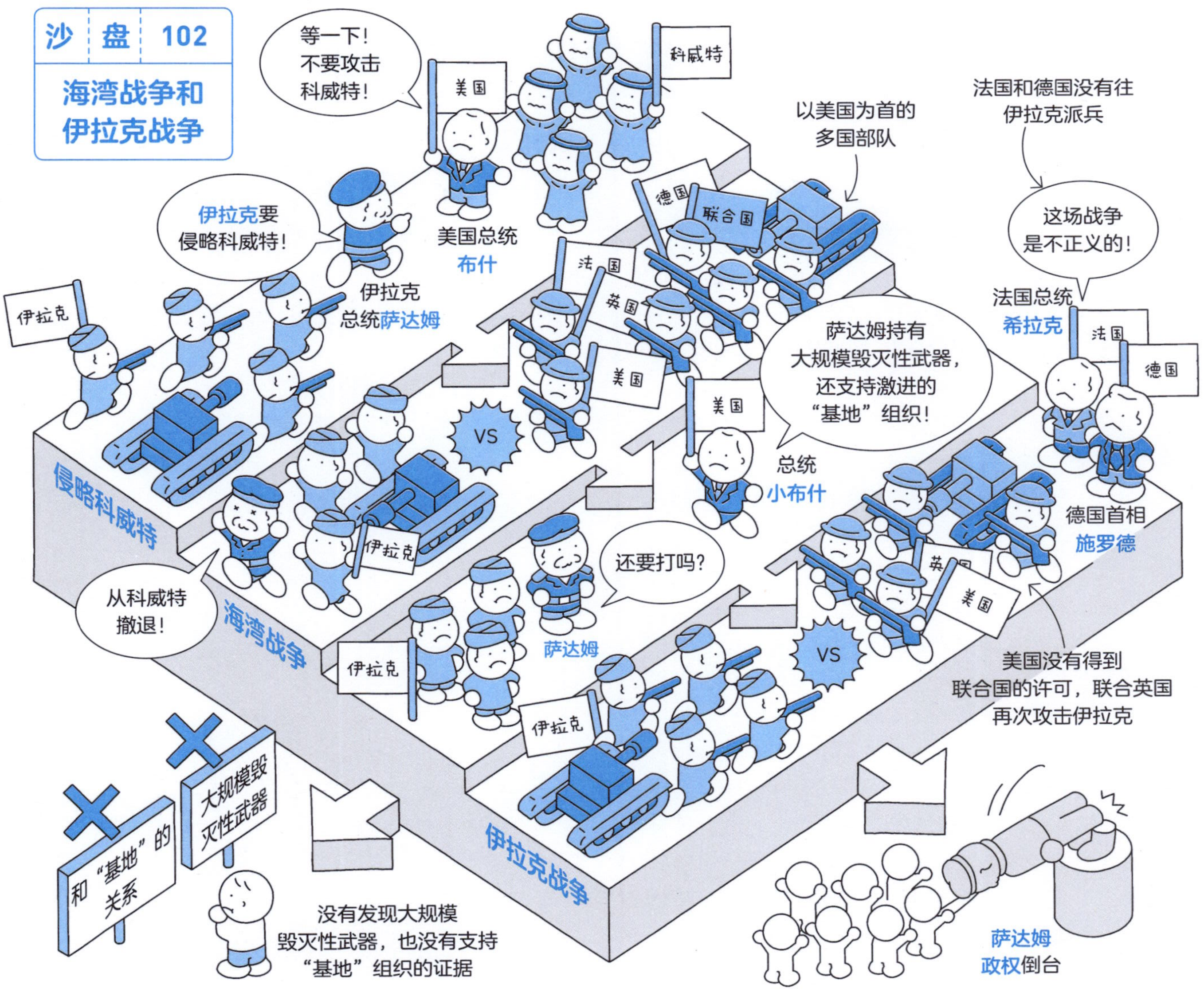

美国总统布什: 等一下！不要攻击科威特！

伊拉克总统萨达姆: 伊拉克要侵略科威特！

以美国为首的多国部队（美国、法国、德国、英国、科威特）

海湾战争

侵略科威特

伊拉克 VS 伊拉克

小布什总统: 萨达姆持有大规模毁灭性武器，还支持"基地"组织！还要打吗？

法国总统希拉克: 这场战争是不正义的！

法国和德国没有往伊拉克派兵

伊拉克战争

美国没有得到联合国的许可，再次攻击伊拉克

施罗德德国首相

伊拉克 VS 美国

萨达姆政权倒台

从科威特撤退！

"基地"的关系 × 大规模毁灭性武器 ×

没有发现大规模毁灭性武器，也没有支持"基地"组织的证据

213 现代

走向统一的欧洲

欧盟的诞生

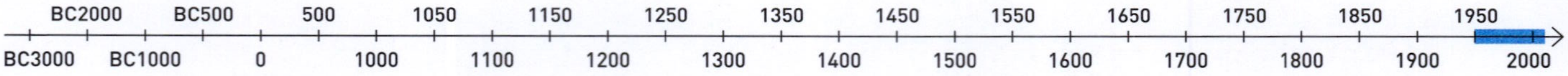

第二次世界大战后，欧洲弥漫着"除非德国和法国之间的关系得到恢复，否则欧洲将永远不得安宁与和平"的气氛。

法国外交部长舒曼（1886—1963年）注意到这一点：" 莱茵河是工业资源的宝库。德国和法国应该共同进行钢铁生产和煤炭管理。"由此宣布了"舒曼计划"（1950年）。

然而，政治强人、未来总统戴高乐（P190）因法国处于弱势地位而反对该计划。英国也认为德国和法国共同掌握工业资源会打破国际政治的力量平衡。但舒曼的提议仍然得到了相邻的比荷卢三国和意大利的支持。因此，1952年，由法国、西德、意大利、比利时、荷兰和卢森堡这六个国家组成的欧洲煤钢共同体（1952年）（ECSC）诞生了。

随后欧洲原子能共同体（1958年）（EURATOM）和欧洲经济共同体（1958年）（EEC）统一了组织结构，上述三个共同体合并为欧洲共同体（1967年）（EC）。加盟国允许贸易自由化、劳动者自由移动等，成了一个经济共同体。1973年英国、爱尔兰和丹麦加入，迎来了"欧洲共同体扩大"（1973年）的时代。

1992年，欧共体国家签署了《马斯特里赫特条约》。次年，**欧洲联盟（1993年）（EU）成立**。1999年实行了单一货币欧元，目的是建立"一个欧洲联盟"。

欧盟成员国的数量增加到27个。然而，由于国家之间的经济差距和难民问题，成员国之间开始出现立场冲突。在这样的情况下，**英国最终退出欧盟**（2020年）。此外，欧盟和俄罗斯的关系也因为东欧国家的加入逐渐恶化。

欧盟的未来将受到密切关注。

欧盟成员国
2022年

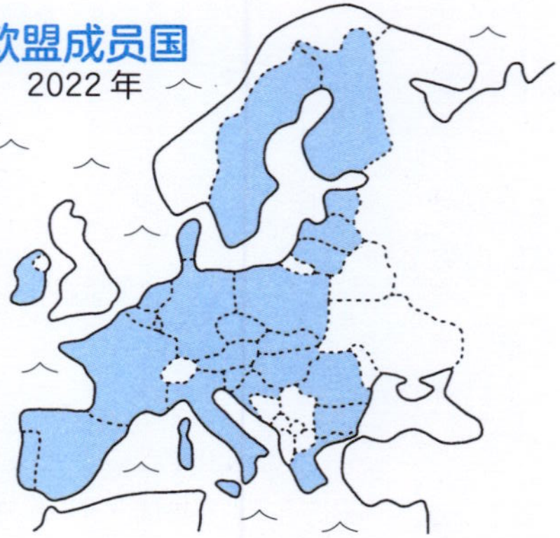

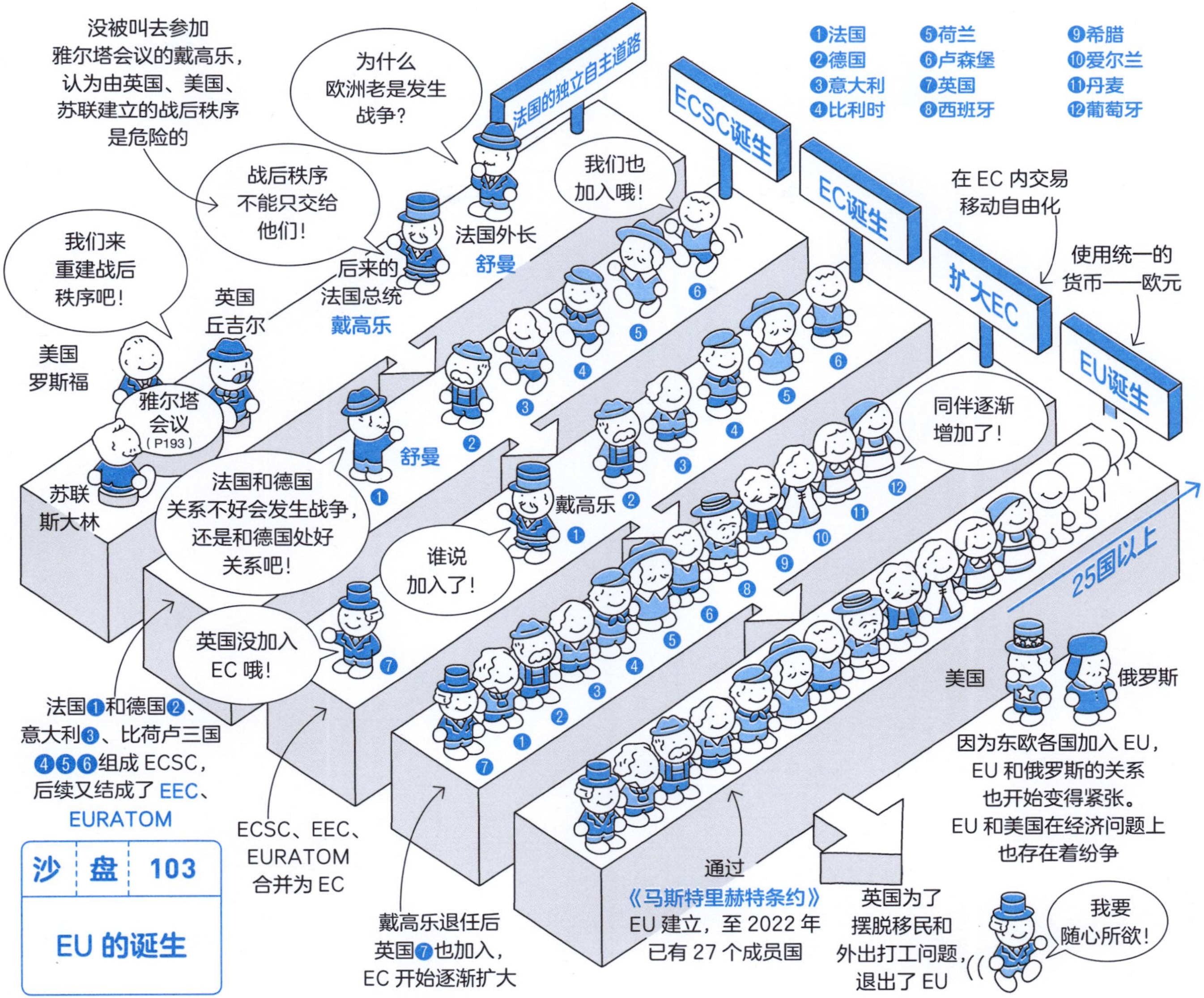

沙盘 103 — EU 的诞生

索引

A

阿卜杜勒-哈米德二世 —— 148、149
阿卜杜勒-迈吉德一世 —— 148、149
阿富汗保护国化 —— 150、151
阿克提姆海战 —— 21
阿拉伯石油输出国组织（OAPEC）—— 208、209
阿拉特法王国 —— 208、209
阿兹贡王朝 —— 56、57
阿美利哥·维斯普西 —— 66
阿纳尼事件 —— 50、51
阿契美尼德王朝 —— 8、9
阿维尼翁之囚 —— 50、51
阿兹特克帝国 —— 124
阿兹特克文明 —— 124、125
埃贝尔 —— 104、105
艾森豪威尔 —— 192、193
爱奥尼亚人 —— 6
爱德华三世 —— 58、59
爱尔兰 —— 114
爱尔兰共和国成立 —— 114

爱尔兰归属问题 —— 114、115
爱尔兰自由邦 —— 114
爱尔兰自治法案 —— 114
爱琴文明 —— 4、5、6、7
安第斯文明 —— 4、5、124、125
安东尼 —— 18、19、20、21
安东尼·庇护 —— 20、22
安妮女王 —— 82
安妮女王之战 —— 85
安提柯王朝 —— 13
盎格鲁-撒克逊人 —— 30
奥地利大公国 —— 88、89
奥地利王位继承战争 —— 88、89、90、91
奥多亚克 —— 30、31
奥尔良公爵 —— 105
奥尔良战役 —— 58、59
奥尔梅克文明 —— 124、125
奥格斯堡和约 —— 68、69、88、89
奥古斯都 —— 20、21、22、26
奥兰治亲王威廉 —— 78、79
奥林匹亚盛典 —— 6、7

奥斯陆协议 —— 208、209
奥斯特利茨战役（三皇会战）—— 108、109
奥托一世 —— 34、35、55

B

8月10日起义 —— 102、103
巴蒂斯塔 —— 200
巴尔干同盟 —— 166、167
巴勒斯坦难民 —— 208、209
巴勒斯坦问题 —— 206、207、208、209
巴勒斯坦解放组织（PLO）—— 208、209
巴黎公社 —— 113
巴黎和会 —— 170、171、178、179
巴黎条约（1763年）—— 85、128
巴黎条约（1783年）—— 130
巴黎条约（1856年）—— 144、145
巴列维一世 —— 210、211
巴列维王朝 —— 210、211
巴拿马运河 —— 140、141
白色革命 —— 210、211

白色货物 —— 85、127
百年内乱 —— 16
百年战争 —— 58、59
百日维新 —— 158、159
柏林分区管理 —— 198
柏林封锁 —— 198、199
柏林会议（1878年）—— 146
柏林会议（1884—1885年）—— 152、153
柏林空运 —— 198
柏林沦陷 —— 192、193
柏林-罗马轴心 —— 186
柏林墙 —— 199
柏林条约 —— 146、147
拜占庭帝国 —— 156
拜上帝会 —— 24、42、43
邦国 —— 54、55、88、89
薄伽丘 —— 63
保加利亚王国 —— 40、41
保罗 —— 26、27
保民官 —— 14
保守党 —— 114、115
北大西洋公约组织（NATO）—— 196、197

218

北德意志邦联 —— 120, 121, 122, 123
北方文艺复兴 —— 62
北纬17度线 —— 202, 203
北洋军阀混战时期 —— 160, 161
贝当 —— 190
贝尔福宣言 —— 206, 207
彼得 —— 26, 27
彼得一世 —— 92, 93
122, 123, 152, 153, 164, 165
俾斯麦体系 —— 122, 164, 165
边疆 —— 132, 133
冰河时代 —— 2, 3
波茨坦公告 —— 194, 195
波茨坦会议 —— 194, 195
波斯帝国 —— 40, 41
波斯坦会议 —— 8, 9, 10, 11
波斯顿倾茶事件 —— 128, 129
波兰王国 —— 110, 111, 112
波秀王朝 —— 40, 41
波斯战争 —— 7, 8, 9
波提切利 —— 63
波希米亚（捷克）王国 —— 40, 41

C

伯罗奔尼撒同盟 —— 10, 11
伯罗奔尼撒战争 —— 10, 11
卜尼法斯八世 —— 50
不冻港 —— 92, 93
不列颠治下的和平 —— 114
不是议事会，而是舞会 —— 110
部分禁止核试验条约 —— 200, 201
布匿战争 —— 14, 15
布鲁图斯 —— 18, 19
布里索 —— 104, 105
布尔什维克 —— 176
布尔人 —— 117, 153
布拉格 · 马特 —— 32, 33
查理大帝 —— 32, 33
查理大帝的加冕 —— 32, 33
查理二世 —— 82, 83
查理七世 —— 59
查理十世 —— 112, 113
查理五世 —— 75, 76
查理三世 —— 80, 81
查理 —— 42, 43
查士丁尼 —— 42, 43

查文文化 —— 124, 125
常识 —— 130, 131
城邦 —— 6, 7, 8, 9, 10, 11
城市联盟 —— 48
慈禧太后 —— 158, 159

D

大宪章 —— 52, 53
贷款和出租武器法案 —— 190
戴高乐 —— 190, 193, 215
丹东 —— 104, 105
但丁 —— 63
道威斯计划 —— 182, 183
德国革命 —— 170, 171
德国统一 —— 120, 121, 122, 123
德黑兰会议 —— 192, 193, 194
德意志民主共和国 —— 198, 199
德意日三国同盟条约 —— 189, 194, 195
德意志帝国 —— 122, 123
德意志邦联 —— 110, 111, 120, 121
狄奥多西 —— 30
狄奥多克 —— 22, 24, 25
迪亚士 —— 64, 65
迪亚雷西 —— 114, 115, 116, 117
底比斯 —— 10, 11
大西洋宪章 —— 190
大西洋三角贸易 —— 84, 96, 126, 127, 138
大西洋航线 —— 66, 67
大陆会议 —— 130, 131
大陆封锁令 —— 108, 109
大力扩充海军 —— 164, 165
大空位时代 —— 54, 55
大北方战争 —— 92, 93
大棒政策 —— 140, 141
打制石器 —— 2
鞑靼枷锁 —— 40
达拉第 —— 188, 189
达 · 伽马 —— 64, 65
达 · 芬奇 —— 62, 63

帝国主义	142、143
第一次巴尔干战争	166
第二次布尔战争	117、153
第二次工业革命	142
第二次英阿战争	151
第二次世界大战	188、189、190、191、192、193、194、195
第二次鸦片战争	156、157
第二等级	98
第二共和国	112、113
第三等级	98
第三共和国	113
第三罗马	40
第三次巴尔干战争	166
第一次工业革命	96、97
第一次世界大战	166、167、168、169、170、171
第一次殖民民主主义	84
第一等级	98
第一公民	20、21
东德	198、199
东法兰克王国	34、35
东方贸易	45
东罗马帝国	24、25、42、43

东印度公司	80、81、150、151
遏制政策	196
东征	12、13
恩里克	64、65
都铎王朝	58
二十一条	160、161
督政府	104、105、106、107
独立的城市共和国	48
二月革命	112、113
杜鲁门	196、197、199
杜鲁门主义	196、197
杜马	174、175
杜桑·卢维杜尔	138、139
对日石油禁运政策	194
多利亚人	6
多米努斯制	22
多轴纺纱机	96

E

俄法1812年战争	108、109
俄国二月革命	176、177
俄国共产党	176、177
俄国十月革命	176、177
俄罗斯人	40
俄罗斯正教会	72
俄土战争	146、147、149

厄尔巴岛	108、109

F

法国大革命	98、99、100、101、102、103、104、105、106
法国民法典	106
法兰克王国	32、33、34、35
法兰西第一帝国	112、113、123
法兰西第一共和国	106、107
法兰西第二帝国	102、103
法老	4
法利赛派	26、27
法绍达冲突	152、153
法属印度支那联邦	154、155
法西斯	186、187
法印战争	84、85、128、129
凡尔赛宫	86、87
凡尔赛体系	178、179

凡尔赛条约	178
反法同盟（第二次）	106、107
反法同盟（第六次）	108、109
反法同盟（第三次）	108、109
反法同盟（第一次）	105
反共产国际协定	186、189
反越战运动	202、203
反宗教改革	70
泛美会议	140、141
泛日耳曼主义	166、167
泛斯拉夫主义	166、167
飞梭	96
非暴力不合作（Satyagraha）	204、205
腓力二世	12、13
腓力六世	59
腓力四世	47、50、51
腓力五世	87
腓特烈二世	90、91
腓特烈一世	44
废除封建特权	100
费尔南多二世	57

费利佩二世 —— 76, 77
封建制度 —— 34, 49
佛朗哥 —— 186
弗朗西斯·约瑟夫一世 —— 119, 120, 121
弗朗切斯科二世 —— 119
弗朗索瓦一世 —— 75
弗里德里希·威廉三世 —— 111
富兰克林·罗斯福 —— 184, 189, 190

G

甘地 —— 204, 205
高加米拉战役 —— 13
哥伦布 —— 66, 67
格拉古兄弟 —— 16, 17
格拉沃利讷海战 —— 76, 77, 80, 81
格莱斯顿 —— 114, 115
格里高利七世 —— 36, 37
格瓦拉 —— 200
葛底斯堡演说 —— 135
葛底斯堡战役 —— 134, 135
公民大会 —— 8
攻占巴士底狱 —— 98, 99
共和国成立宣言 —— 113
共和制 —— 80, 81
共产党和工人党情报局（Cominform）—— 196, 197
古埃及文明 —— 4, 5
古巴革命战争 —— 200, 201
古巴导弹危机 —— 141, 200
古印度文明 —— 4, 5
雇佣兵 —— 10, 11
关于越南问题的巴黎协定 —— 202, 203
光荣孤立 —— 122, 165
光荣革命 —— 82, 83
光绪皇帝 —— 158
滚雷行动（轰炸北越）—— 202, 203
国际联盟 —— 178, 179
国民公会 —— 102, 103
国民议会 —— 98, 99
国王"统而不治" —— 82, 83

H

过境贸易 —— 78
哈布斯堡家族 —— 54, 55, 74, 75, 76, 78, 88, 91
哈布斯堡王朝 —— 121
哈德良 —— 20, 22
哈里发制度 —— 96
海湾战争 —— 212, 213
汉尼拔 —— 14, 15
汉萨同盟 —— 45, 48
胡佛 —— 183, 184, 185
胡格诺派 —— 71, 86
胡志明 —— 202, 203
护国公 —— 82, 83
胡安条约组织 —— 196, 197
华沙条约组织 —— 130, 131, 132
华盛顿 —— 178, 179
华盛顿会议 —— 178, 179
华属东印度 —— 154, 155
荷兰东印度公司 —— 79
荷兰王国 —— 110, 111
荷兰独立战争 —— 76, 77, 78, 79
赫鲁晓夫 —— 200, 201
黑色货物 —— 85
黑色星期四 —— 184, 185
黑死病（鼠疫）—— 48, 49
黑太子爱德华 —— 58, 59
亨利八世 —— 72, 73, 75
亨利六世 —— 52, 53
亨利七世 —— 58, 59
洪秀全 —— 156, 157
侯赛因-麦克马洪通信 —— 206, 207
横跨北美大陆的铁路 —— 136, 137
后三头政治 —— 18, 19, 21
胡格派 —— 183, 184, 185
缓和战役 —— 108
滑铁卢战役 —— 108
黄金年代 —— 182

霍梅尼 —— 210、211

J

基督教 —— 24、25、26、27
基督教国教化 —— 24、25、26、27
基辅公国 —— 38、39、40、41
吉伦特派 —— 102、105
加尔文 —— 70、71
加尔文教派 —— 70、71、72
加富尔 —— 118、119
加勒比海地区政策 —— 140、141
加里波第 —— 118、119
加洛林文艺复兴 —— 33
教皇国 —— 56、57
杰斐逊·戴维斯 —— 134、135
杰克逊 —— 132
解放 —— 200、201
解放黑人奴隶宣言 —— 132、134、135
金石并用时代 —— 2
金属器时代 —— 2、3
金玺诏书 —— 54、55
经济大萧条 —— 184
经济互助委员会（COMECON）—— 197
九十五条论纲
旧石器时代 —— 2、3
旧制度 —— 87、98、99
巨石文明 —— 4、5
巨石阵 —— 4、5
军阀 —— 160、161
君权神授 —— 80
君士坦丁 —— 22、24、25
君主立宪制 —— 82、83
君主专制 —— 76、77、80、81、82、83、86、87、88、89、90、91、92、93

K

喀罗尼亚战役 —— 10、12
卡尔马联盟 —— 56
卡卢十二世 —— 93
卡利古拉 —— 20、22
卡洛斯一世 —— 2
卡米哈米哈大帝 —— 66、67、75、76、77
卡米哈米哈大帝 —— 154
卡纳蒂克战争 —— 84、85
卡诺莎之辱 —— 36、37、51、55
卡佩王朝 —— 50、51
卡斯蒂利亚王国 —— 56、57
卡斯尔雷 —— 111
卡斯特罗 —— 200
开罗会议 —— 194、195
开明君主 —— 90、91、93
开明专制 —— 90
开普殖民地
恺加王朝 —— 78、79、110、111、153
恺撒 —— 210、211
康有为 —— 18、19
柯尔贝尔 —— 158、159
科尔特斯 —— 86、87
克拉苏 —— 66、67、126
克莱蒙会议 —— 18、19
克劳狄乌斯（克劳狄一世）—— 44、45
克雷西战役 —— 20、22
克里奥尔人 —— 58、59
克利奥帕特拉 —— 138
克里米亚战争 —— 20、21
克里特文明 —— 144、145
克伦斯基 —— 6、7
克伦威尔 —— 176、177
克罗马依人 —— 80、81、82、83
克洛维 —— 2
肯尼迪 —— 200、201
恐怖统治 —— 104、105
恐怖袭击（"9·11"）—— 212

L

拉宾 —— 208、209
拉丁帝国 —— 47
拉丁人 —— 14
拉法耶特 —— 100
拉斐尔 —— 62、63
莱比锡会战 —— 108、109
兰开斯特家族 —— 58、59
勒班陀海战 —— 77
雷必达 —— 18、19、20、21
冷战 —— 196、197、198、199、200、201、202、203
利玛窦 —— 70
黎塞留 —— 86

礼萨·汗 —— 210, 211
礼萨·沙 —— 210, 211
李鸿章 —— 158, 159
理查一世 —— 44
立法议会 —— 100, 101
利奥波德二世 —— 111, 112
利奥十世 —— 103, 152, 153
利留卡拉尼 —— 154
两西西里王国 —— 38, 39
两伊战争 —— 210, 211
列宁 —— 192
两党制内阁 —— 114, 115
两河文明 —— 4, 5
林肯 —— 132, 134, 135
林则徐 —— 156, 157
临时政府 —— 176, 177
临时自治安排原则宣言 —— 208, 209
流血星期日事件 —— 174, 175
卢德运动 —— 96, 97
路德 —— 68, 69

路德派 —— 68, 72
路易·菲利普 —— 112, 113
路易·拿破仑 —— 112
路易九世 —— 44
路易十八 —— 111, 112
路易十六 —— 98, 99,
100, 101, 102, 103
路易十六的出逃 —— 100, 101
路易十三 —— 86
路易十四 —— 86, 87
伦巴第同盟 —— 45, 48
伦敦 —— 78, 79
伦敦世博会 —— 115
罗伯斯庇尔 —— 103, 104, 105
罗马帝国 —— 20, 21, 22, 23, 24, 25
罗马和平 —— 20, 21
罗兰夫人 —— 104, 105
罗马特里赫特条约 —— 214, 215
罗马共和国 —— 14, 16, 17, 22
罗斯福新政 —— 184, 185
罗曼诺夫王朝 —— 92
洛迦诺公约 —— 183

M

马丁·路德·金 —— 202
马关条约 —— 162
马基雅维利 —— 63
马可·奥勒留 —— 20, 22
马克西米利安一世 —— 76
马来联邦 —— 116, 117, 154, 155
马其顿 —— 11, 12
马丘比丘 —— 124
马赛曲 —— 102, 103
马斯特里赫特条约 —— 214, 215
马志尼 —— 86
马克林 —— 113
玛丽·安托瓦内特 —— 90, 91, 98, 99, 105
玛格丽特一世 —— 56, 57
玛丽二世 —— 82, 83
玛利亚·特蕾莎 —— 90, 91
玛丽一世 —— 72, 73

玛雅文明 —— 124, 125
迈锡尼文明 —— 6, 7
麦金莱 —— 140, 141
麦哲伦 —— 66, 67
曼努埃尔一世 —— 65
玫瑰战争 —— 58, 59
梅特涅 —— 110, 111
美国从越南撤军 —— 202
美国独立战争 —— 130, 131
美国黑人民权运动 —— 202
美国 —— 136, 137
美利坚合众国宪法 —— 130, 131
美利坚联盟国 —— 134, 135
美墨战争 —— 132, 133
美西战争 —— 140, 141
美国梦 —— 141, 158
门户开放政策 —— 140
门罗宣言 —— 132, 167, 187
门罗 —— 132
米兰敕令 —— 148, 149
米德的基罗 —— 62, 63
米开朗琪罗 —— 24, 25, 27
米诺斯文明 —— 6
面包与马戏 —— 16, 17

M

民粹主义者 —— 146、147
民有，民治，民享 —— 134、135
民族会战 —— 108、109
摩洛哥危机 —— 52、53
摩泛议会 —— 152、153
磨制石器 —— 2
莫斯科大公国 —— 40、41、92
慕尼黑会议 —— 188
穆斯塔法·凯末尔 —— 180、181

N

拿破仑法典 —— 106、107
拿破仑三世 —— 112、113、119
拿破仑一世 —— 106、107、108、109
纳粹党 —— 186、187
纳尔逊司令 —— 108、109
纳斯卡文化 —— 124、125
纳西比战役 —— 80、81
南北战争 —— 134、135
南方古猿 —— 2
南非联盟 —— 116、117、152、153
南特敕令 —— 86、87
南下政策 —— 92、144、145、146、147
内维尔·张伯伦 —— 188、189
尼安德特人 —— 2
尼德兰联省共和国 —— 78、79
尼古拉二世 —— 174、175、176、177
尼古拉一世 —— 144、145
尼赫鲁 —— 204、205
尼克松 —— 202、203
涅尔瓦 —— 20、22、27
尼禄 —— 20、22
奴隶制度 —— 34、35、49
诺夫哥罗德公国 —— 38、39、40、41
诺曼底登陆战役 —— 192、193
诺曼底公国 —— 38、39
诺曼底公爵威廉 —— 38、39
诺曼人 —— 38、39
诺曼王朝 —— 38、39
诺曼征服 —— 38

O

欧洲复兴计划 —— 196
欧洲共同体 —— 214、215
欧洲经济共同体 —— 214、215
欧洲联盟 —— 214、215
欧洲煤钢共同体 —— 214、215
欧洲原子能共同体 —— 214、215

P

庞培 —— 18、19
佩德罗一世 —— 138
丕平三世 —— 32、33
丕平献土 —— 33
皮萨罗 —— 66、67、125、126
平民 —— 14
朴茨茅斯条约 —— 162、163
普奥战争 —— 120、121
普法战争 —— 122、123
普拉西战役 —— 84、85
普鲁士公国 —— 88、89
普瓦捷战役 —— 58、59
普瓦提埃战役 —— 32、33

Q

溥仪 —— 160、161
七大选帝侯 —— 54、55
七年战争 —— 90、91
七月革命 —— 112、113
七月王朝 —— 112、113
乞丐派 —— 71、78、79
千人义勇军（红衫军）—— 119
前三头政治 —— 18、19
强迫种植制度 —— 154
乔托 —— 63
乔治·布什（父）—— 212、213
乔治一世 —— 82、83
青年土耳其人革命 —— 148、149
青年意大利 —— 113
青铜时代 —— 2
清教徒 —— 71、80、81、84
清教徒始祖移民 —— 80、81、82
清教徒革命 —— 80、81、84
丘吉尔 —— 190、191、192、193、195
区域集团经济 —— 184、185

圈地运动 —— 96
权利法案 —— 82、83

R

热月政变 —— 96
人民阵线 —— 104、105
人权宣言 —— 186
日不落帝国 —— 99、100、101
日俄战争 —— 76、77
日耳曼人 —— 162、163
日美谈判 —— 30、31
日英同盟 —— 163、167、178
入侵波兰 —— 188、190、191

S

13个殖民地 —— 84、85、128、129、133
萨达姆·侯赛因 —— 210、211、212、213
萨法维王朝 —— 210
萨拉丁 —— 44
萨拉热窝事件 —— 168、169
塞尔维亚王国 —— 40、41
塞琉古王朝 —— 13
塞西尔·罗兹 —— 117、153
赛克斯-皮科协议 —— 206、207
三B政策 —— 164、165、166
三C政策 —— 152、164、165、167
三国干涉还辽 —— 162、163
三国协约 —— 122、164、165、167
三国同盟 —— 164、165、167
三级会议 —— 50、51、98、99
三十年战争 —— 88、89
三世纪危机 —— 22、23
三月革命 —— 112、113
色佛尔条约 —— 180、181
沙皇 —— 92
沙皇制 —— 92
社会革命党 —— 176
什叶派 —— 210
什一税 —— 36
神圣罗马帝国 —— 34、35、54、55、88、89、108、109
神圣同盟 —— 110、111
圣马丁 —— 138、139
圣茹斯特 —— 104
圣斯特法诺条约 —— 146、147
圣像 —— 32、33
施罗德 —— 213
施特雷泽曼 —— 183
施瓦本贝格 —— 120
十四点和平原则 —— 178、179
十月事件 —— 100、101
十月宣言 —— 174、175
十字军 —— 44、45、46、47、48、49
石油冲击 —— 208、209
士兵皇帝时代 —— 22、23、30
世界工厂 —— 96
收复失地运动 —— 56、57
收复威尼斯 —— 120、121
舒曼 —— 214、215
舒曼计划 —— 214
赎罪券 —— 68、69
水力纺纱机 —— 96
斯巴达 —— 6、7、8
斯巴达克斯 —— 16、17
斯大林 —— 177、191、192、193、197、199
斯坦利 —— 152
斯大林格勒战役 —— 192、193
四国同盟 —— 38、39、40、41
四大文明 —— 4、5
苏德互不侵犯条约 —— 110、111
苏法政策 —— 188、189、190、191
苏俄内战 —— 176、177
苏联 —— 176、177、188、189
苏联对日宣战 —— 192、194
苏美共产党 —— 174、175
苏维埃 —— 4
苏维埃社会主义共和国联盟 —— 174、175
宿命论 —— 70、71
绥靖政策 —— 188
孙中山 —— 160、161

T

塔利班政权 —— 212
塔列朗 —— 110、111

225 索引

太平天国 —— 156、157
太平天国运动 —— 156
太平洋战争 —— 194、195
太阳王 —— 86
坦齐马特 —— 148、149
淘金热 —— 132、133
特奥蒂瓦坎文明 —— 124、125
特拉法尔加海战 —— 108
特伦托会议 —— 70
特洛伊 —— 6
特洛伊文明 —— 6
特权身份 —— 98
提比略 —— 20、22
提图同盟 —— 10、11
天定命运（Manifest Destiny）—— 132、133
天主教会 —— 26、27、72
铁幕演说 —— 196、197
铁器时代 —— 2
铁血政策 —— 120
同盟国 —— 167、168、170、171
同盟国（第二次世界大战）—— 189、192、193、194、195
统一法令 —— 72

偷袭珍珠港 —— 194、195
图拉真 —— 20、22
土耳其革命 —— 180、181
土耳其共和国 —— 180、181
土库曼恰伊条约 —— 148、149、210、211
托勒密王朝 —— 13
托洛茨基 —— 177
托马斯·杰斐逊 —— 130、131、132
托马斯·潘恩 —— 130、131
托斯卡内利 —— 66

W

瓦尔密战役 —— 102、103
瓦卢瓦王朝 —— 58
瓦特·泰勒起义 —— 49
外交革命 —— 90、91
晚期智人 —— 2、3
王政复辟（法国）—— 110、111
王政复辟（英国）—— 82、83
网球场宣言 —— 98、99
威尔逊 —— 140、141、178、179

无限制潜艇战 —— 170、171
吴廷琰 —— 203
五四运动 —— 178
五贤帝时代 —— 20
五月花号 —— 80
武装中立联盟 —— 130、131
戊戌变法 —— 158、159
雾月政变 —— 106、107

威尔逊主义 —— 140、141
威廉二世 —— 164、165、167、171
威廉三世 —— 82、83
威廉一世 —— 38、52、53、120、123
威斯特伐利亚和约 —— 88、89
维登堡教堂 —— 68
维多利亚女王 —— 114、115、116、117
维京人 —— 38
维米尔 —— 78、79
维托里奥·埃马努莱二世 —— 118、119
维也纳会议 —— 110、111
维也纳体系 —— 110、111、112、113
魏玛共和国 —— 170、171
未收复的意大利 —— 118、167
文艺复兴 —— 62、63
乌尔班二世 —— 44、45
屋大维 —— 18、19、20、21
无代表，不纳税 —— 128、129
无敌舰队 —— 77、80

X

西奥多·罗斯福 —— 140、141
西班牙内战 —— 186
西班牙王位继承战争 —— 86、87
西庇阿 —— 14、15
西伯利亚铁路 —— 146、147
西德 —— 198、199
西法兰克王国 —— 34、35
西贡沦陷 —— 202
西里西亚地区 —— 90、91
西罗马帝国 —— 24、25、30、31
西蒙·玻利瓦尔 —— 138、139
希拉克 —— 213
希腊独立战争 —— 149

希腊化时代 —— 12
希腊化文化 —— 12
希腊人 —— 6
希腊正教会 —— 6, 7
希特勒 —— 26, 27, 42, 43, 44
—— 186, 187, 189, 191, 193
咸丰皇帝 —— 156, 157
宪章运动 —— 113, 115
辛亥革命 —— 72, 80
辛丑条约 —— 212, 213
协约国（第一次世界大战）—— 167, 168, 170, 171
小布什（子）—— 158, 159
乡绅 —— 160, 161
新航路开辟 —— 64, 65, 66, 67
新教徒 —— 2, 3
新英格兰殖民地 —— 128
新石器时代 —— 68, 69, 70, 71, 72, 73
匈人 —— 30, 31
叙任权斗争 —— 36, 37

耶稣 —— 26, 27
耶稣会 —— 160, 161
野蛮人 —— 12
叶卡捷琳娜二世 —— 92, 93
伊达尔哥 —— 138, 139
伊凡三世 —— 40, 41
伊凡四世 —— 92
伊丽莎白一世 ——
依纳爵·罗耀拉 —— 70, 71
伊朗伊斯兰共和国 —— 212, 213
伊朗伊斯兰革命 —— 210, 211
伊苏斯战役 —— 210, 211
义和团运动 —— 12, 13
义和团 —— 57, 66, 67
意大利统一 —— 158, 159
意大利独立战争 —— 118, 119
意大利王国 —— 118, 119
亚历山大二世 —— 109, 111
亚历山大三世 —— 13
亚历山大大帝国 —— 146, 147
亚历山大一世 —— 12, 13
亚琛和约 —— 6
雅各宾派 —— 192, 193, 194
雅尔塔会议 —— 102, 103, 104, 105
雅典 —— 6, 7, 8, 9
鸦片战争 —— 156, 157
1848年欧洲革命 —— 112
1791年宪法 —— 100, 101

Y

印度帝国 —— 106
印度民族大起义 —— 204, 205
印度穆斯林联盟 —— 150, 151
印度航线 —— 64, 65
印度共和国宪法 —— 204
印加文明 —— 124, 125
印加帝国 —— 124, 125
英国国教会 —— 72, 73
英苏联合行动协定 —— 190
英法协约 —— 152
英荷战争 —— 78, 79, 82, 83
英德海军协定 —— 188
永远的繁荣 —— 182, 183
犹太复国主义 —— 207
犹太人 —— 26, 27
雨果·卡佩 —— 50, 51
元老院 —— 14, 18, 19
元首 —— 20
元首制 —— 20, 21, 22, 23
袁世凯 —— 160, 161
猿人 —— 2
洋务政策 —— 54, 55
洋务运动 —— 10, 11
演说家 —— 210
烟草抗议运动 —— 210
烟草独家销售权 —— 210
亚裔人 —— 116, 117, 150, 151
远征高卢 —— 18, 19
远征埃及 —— 106

227 索引

远征意大利	106	
约翰·海伊	141	
约翰·凯伊	96	
约翰二世	59	
约翰逊	200、202、203	
约翰一世	52、53	
约克家族	58、59	
约克镇战役	130、131	
约瑟夫·张伯伦	117、153	
越南共和国	202、203	
越南国	202	
越南抗法战争	202、203	
越南民主共和国	202、203	
越南南方民族解放阵线	202、203	
越南社会主义共和国	202、203	
越南战争	202、203	
宅地法	106	
詹姆斯一世	134、135	
占领教皇国	80、81	
长老会	122、123	
爪哇猿人	71	
贞德	2	
珍妮纺纱机	58、59	
真纳	96	
朕即国家	204、205	
征服者	51、86、87	
正统主义	125、126	
直接民主制	110	
直立人	8	
至尊者	2	
中东战争	20、21	
中国抗日战争	208、209	
中国同盟会	194、195	
中华文明	160	
中华民国	4、5	
中美洲文明	160、161	
中日甲午战争	4、5、124、125	
	158、159、162、163	
中体西用	159	
中途岛战役	194、195	
终身执政官	106、107	
种植园	85、126、127	
重装步兵	8	
轴心国	189、192、194、195	
主权	74	
主权国家	74、75	
庄园	34、35、49	
庄园制度	34、49	
自由党	114、115	
自由法国	190	
宗教改革（德国）	68、69	
宗教改革（瑞士）	70、71	
宗教改革（英国）	72、73	

Z

曾国藩	158、159
早期智人	2
扎克雷起义	49

出版后记

作为一本世界史通识读物,《超好玩的沙盘世界史》旨在为初、高中学生教科书以及想要初步了解世界史的读者朋友们提供一种比一般教科书更有趣的、更好记的沙盘世界史的学习思路。本书用大事记般简洁文字,前所未有的简笔沙盘图和独具特色的卡通形象将原本枯燥无味的世界简史变得生动形象,将一个个历史事件有机地变换成沙盘图的形式,使事件脉络一览无余,清晰可见。

为了保证这本世界史通识读物的严谨性与权威性,原作者邀请世界著名学者视田秀全进行了专门的史学指导,又因为本书是从日本引进的,是以西方历史为视角的世界史读物,出版社也邀请两位历史学者作了审订。

第一,我们是绝对捍卫国家主权和领土完整的。书中简要地图图示的主要功能均是为了标识世界大事件的发生地,给予读者大致的方位提示与感受。并且为了沙盘和画面更加清晰,具有指引性,时间跨度较大的历史事件图示仅有大面积的陆地板块绘制,并非所有地方都能详尽画出各个国家的每一个岛屿。

第二,在有关现代史的划分方面,与我国所倡导,普及的观点不完全一致。我国所认定的世界现代史的开端通常是1917年的俄国十月革命,这是人类历史上第一次社会主义革命的胜利。而本书将第二次世界大战成作为现代部分的第一章,这是学术界的另一种划分方式,认为帝国主义形成、第一次世界大战,俄国十月革命等几件大事合起来才标志着新时代的开始。虽然各国、各学者之间关于世界现代史开端的具体时间点和事件都存在不同的看法,但将俄国十月革命作为世界现代史的开端是被广泛接受的,这点毋庸置疑。

另外,编者在本书引进之际,对原版的表述问题以及少许错误进行了更正,并且为了方便中国读者们了解,世界发展进程中的中国历史,结合出版社建议,我们专门在部分章节中增添补注说明了同时期的中国历史进程。在翻阅本书之时,不仅能了解西方大事件,还能知道在处于重大发展进程中的中国处于怎样的历史阶段。

希望本书能使读者带着轻松、愉快的心情学历史。

其实,历史从不枯燥,愿您能开心学历史。

图书在版编目（CIP）数据

超好玩的沙盘世界史 /（日）田中正人著；（日）祝田秀全编；
（日）玉井麻由子绘；李敏译. —广州：广东人民出版社，2024.12
ISBN 978-7-218-17316-0

Ⅰ. ①超… Ⅱ. ①田… ②祝… ③玉… ④李… Ⅲ. ①世界史—通俗读
物 Ⅳ. ①K109

中国国家版本馆CIP数据核字（2024）第010861号

广东省著作权合同登记图字：19-2024-168号

HAKONIWA SEIYOSHI © 2023 MASATO TANAKA;
All rights reserved.
Originally published in Japan by KANKI PUBLISHING INC.,
Chinese (in Simplified characters only) translation rights arranged with
KANKI PUBLISHING INC., through Shanghai To-Asia Culture Communication Co., Ltd.
Simplified Chinese Translation Copyright © 2024 by Beijing Zito Books Co., Ltd.

CHAO HAOWAN DE SHAPAN SHIJIESHI
超好玩的沙盘世界史

[日]田中正人 著　祝田秀全 编　玉井麻由子 绘
李敏 译

出版人：肖风华

责任编辑：周蓁
策划编辑：周蓁　李娜
责任技编：吴彦斌
监　　制：黄利　万夏
营销支持：曹莉丽
特约编辑：邓华　张文清
版权支持：王福娇
装帧设计：紫图图书ZITO®

出版发行：广东人民出版社
地　　址：广东省广州市越秀区大沙头四马路10号（邮政编码：510199）
电　　话：（020）85716809（总编室）
传　　真：（020）83289585
网　　址：http://www.gdpph.com
印　　刷：艺堂印刷（天津）有限公司
开　　本：710mm×1000mm　1/16
印　　张：15.5　字　数：349千
版　　次：2024年12月第1版
印　　次：2024年12月第1次印刷
定　　价：69.90元

如发现印装质量问题，影响阅读，请与出版社（020-85716849）联系调换。
售书热线：（020）87716172

版权所有　翻印必究